简明中国近代史
知识手册

张海鹏　翟金懿　编著

中国社会科学出版社

图书在版编目(CIP)数据

简明中国近代史知识手册/张海鹏,翟金懿编著.—北京:中国社会科学出版社,2019.5(2022.10重印)

ISBN 978-7-5203-4393-0

Ⅰ.①简… Ⅱ.①张…②翟… Ⅲ.①中国历史—近代史 Ⅳ.①K25

中国版本图书馆 CIP 数据核字(2019)第 087193 号

出 版 人	赵剑英
责任编辑	吴丽平
责任校对	冯英爽
责任印制	李寡寡

出　　版	中国社会科学出版社
社　　址	北京鼓楼西大街甲 158 号
邮　　编	100720
网　　址	http://www.csspw.cn
发 行 部	010-84083685
门 市 部	010-84029450
经　　销	新华书店及其他书店
印　　刷	北京明恒达印务有限公司
装　　订	廊坊市广阳区广增装订厂
版　　次	2019 年 5 月第 1 版
印　　次	2022 年 10 月第 3 次印刷
开　　本	710×1000 1/16
印　　张	27.5
插　　页	2
字　　数	345 千字
定　　价	98.00 元

凡购买中国社会科学出版社图书,如有质量问题请与本社营销中心联系调换
电话:010-84083683
版权所有　侵权必究

凡 例

一 本书以《简明中国近代史读本》知识体系为框架，收录相关基本历史知识，为中级以上文化水平的读者提供一本扼要的简明中国近代史读本历史知识手册，扩大一些《简明中国近代史读本》知识面。

二 本书包括中国近代史名词、中国近代史大事记。其历史知识涵盖范围自鸦片战争至中华人民共和国成立。

三 本书突出简明扼要特点，以通俗易懂的语言概述中国近代历史基本知识。名词部分以在《简明中国近代史读本》中出现的顺序为时间轴，按照政治事件、经济制度、思想文化、书名、人名等顺序排列。

四 因本书受编纂结构和篇幅限制，所收内容体系不追求完整，词目取舍详略或有不当，祈请读者鉴谅并惠予指正。

五 参考文献为略举，大体按出版先后排列。

目　　录

第一章　鸦片战争：中国走向半殖民地半封建社会的开始 …………（1）

第二章　内忧外患中的清朝政府 ………………………………………（17）

第三章　失去发展机遇的三十年 ………………………………………（40）

第四章　甲午战后中国形势与社会各阶级对国家命运的回答 ………（80）

第五章　社会大变革的酝酿时期 ………………………………………（128）

第六章　辛亥革命的成功和失败 ………………………………………（152）

第七章　北洋军阀统治
　　　　——中国社会"沉沦"到谷底的时期 …………………………（175）

第八章　中国社会开始走上曲折的"上升"之路 ……………………（208）

第九章　民族危机加深　国内阶级关系的调整 ………………………（263）

第十章　日本全面侵略中国　抗日战争爆发 …………………………（287）

第十一章　抗日战争中的两个战场与抗战胜利 ………………………（300）

第十二章　人民解放战争胜利与中华人民共和国成立 ………………（323）

第十三章　中华人民共和国成立的伟大历史意义 ……………………（346）

附录　中国近代史大事记（1840—1949）……………………………（347）

参考文献 …………………………………………………………………（431）

后记 ………………………………………………………………………（433）

第一章　鸦片战争：中国走向半殖民地半封建社会的开始

闭关政策。清政府在对外关系中执行的控制贸易及隔绝对外交往的政策，是当时自给自足的自然经济的反映。大体可分为前、后两个时期。前期海禁主要为了对付明末残留的民间抗清力量，防范居民出远洋与外国贸易；后期则着重防禁"民夷交错"，以条规立法形式，严密控制对外交往。顺治初年，清廷下令对来华贸易的外国商船只准在澳门一地交易。其后，郑成功抗清力量活跃于东南沿海，清廷遂加强了对出海的控制。直至1683年（康熙二十二年），清政府收复台湾，于次年开海禁，指定广东黄埔、福建厦门、浙江宁波、江南云台山（今江苏连云港附近）为对外贸易之地，并设置江、浙、闽、粤四省海关，管理进出口贸易及征收关税。至乾隆时期，清政府再次限制对外贸易。1757年（乾隆二十二年），清廷下令："（夷船）将来只许在广东收泊交易，不得再赴宁波。如或再来，必令原船返棹至广，不准入浙江海口。"同时广州的贸易又通过官方特许经营对外贸易的商人组成公行来具体实施。该谕令下达后，广州成为唯一的对外通商口岸，公行迅速发展到26家，后归并为13家，统称为十三行。1759年（乾隆二十四年），制订《防范外夷规条》，规定"防夷五事"，永行禁止外国商人在广州过冬，必须冬住者只准在澳门居住；外商到粤，"宜令寓居行商管束稽查"；禁止中国商人借领外商资本及外商雇请汉人役使；严禁外商雇人传递消息；外国商船停泊处，酌拨营员弹压稽查。1809年（嘉庆十四年），又颁布《民夷交易章程》。1831年（道光十一年），制订了《防范夷人章程》和《八条章程》。闭关政策的出台有三方面原因：一是封建的自给自足的小农经济占据主导地位，并不依赖对外贸易；二是防范抗清力量与外来势力相结合，动摇封建专制统治；三是中国封建社会长期以来"崇本抑末""重农抑商"思想的影响。从表面上看，闭关政策固然可以减少纠纷，限制外国侵略者的活动，但在客观上造成了封闭状态，妨碍了正常的经济、文化和科技的交流，使中国人远离了先进的观念和生产方式，阻碍了中国社会的进步。

虎门销烟。由于英美诸国非法在中国珠江口走私鸦片，清政府钦差大臣林则徐在广东虎门集中销毁鸦片的历史事件。该事件后来成为第一次鸦片战争爆发的导火线。1838年11月，道光皇帝召湖广总督林则徐进京，任命林则徐为钦差大臣，节制广东水师，赶赴广东查禁鸦片。1839年3月，林则徐到达广州后，立即与两广总督邓廷桢、广东水师提督关天培等整顿海防，严拿烟贩，严惩受贿买放的水师官弁。在详细了解了鸦片走私活动情况后，他通知外国商人在三天内将所存烟土全部交出，听候处理，并要求外商申明以后来华贸易不再随船夹带鸦片，否则就地正法。1839年4月至5月，英国、美国鸦片商人共呈缴烟土1.9万多箱，计118万多公斤。林则徐下令将所缴烟土在虎门海滩公开销毁。从6月3日起开始销烟，销毁行动延续20多天。虎门销烟是中国政府发起禁烟运动、维护国家主权的一个郑重宣示。这个宣示向世界表明中国人民的道德心和反抗外国侵略的坚强意志。天安门广场上人民英雄纪念碑的第一幅浮雕，就是1839年6月3日虎门销烟的庄严场面。

鸦片战争。1840—1842年英国对中国发动的侵略战争。林则徐命令外商呈缴鸦片的消息传到伦敦，英国资产阶级沸腾起来，特别是其中的鸦片利益集团，立刻掀起一片侵华战争叫嚣。1839年10月1日，英国政府正式做出出兵中国的决定。1840年2月，英国政府任命懿律和义律为正副全权代表，以懿律为侵华英军总司令。6月，英国舰船40多艘，士兵4000多人陆续到达中国南海澳门附近海面。英国发起的侵略中国的鸦片战争正式开始。随后英军进犯广州、厦门，攻占定海。8月，英军继续北犯，到达天津白河口。在这种形势下,道光皇帝任命直隶总督琦善为钦差大臣兼两广总督,到广州与英方交涉,同时将林则徐、邓廷桢革职。1841年1月,英军发动进攻,强占香港。8月,英军大举进攻中国沿海各地,先后攻陷厦门、定海、宁波、吴淞、上海和镇江等地,直逼南京。1842年8月初,英军舰船侵入南京江面。29日,耆英与璞鼎查在南京下关江面的英舰上,签订了中国近代史上第一个不平等的条约——中英《南京条约》。从此,中国由封建社会逐步沦为半殖民地半封建社会。

《穿鼻草约》。鸦片战争中,英国政府代表义律私拟的一份议和草约。鸦片战争爆发不久,道光帝对英人态度发生重大变化,他担心事态扩大,遂决定查办林则徐、邓廷桢,并于1840年11月派钦差大臣琦善到广州,署理两广总督,负责与英军谈判议和。1841年7月,英军攻陷沙角、大角炮台,20日,英国侵略军代表义律单方面宣布此项草约,主要内容是:割让香港,赔偿烟价600万元,开放广州口岸的贸易,英军归还定海等。29日,义律在未与琦善达成任何协议的情况下,发布所谓占领香港的《公告》。事实上,琦善虽答应赔款,但未同意义律提出的领土要求。他与英方交涉之际,清廷对英态度再次发生变化,因此,中英双方并未签约。

《广州和约》。鸦片战争中,清政府将领奕山与英国政府代表义律在广州签订的休战协定。沙角、大角炮台先后失守,清政府便发布了对英宣战诏书,同时派御前大臣奕山主持广东战事。奕山未到广州,英军却先攻占了虎门和广州以南各炮台。1841年(道光二十一年)5月27日,奕山到广州,稍与英军发生战事,便全部退入城内,与英军订立了可耻的城下之盟《广州和约》,规定向英军交出赎城费600万元,清军退出广州城。

三元里抗英斗争。鸦片战争中广州北郊三元里一带人民自发的抗英斗争。1841年(道光二十一年)5月27日,《广州和约》签订。29日,小股英军骚扰广州北郊三元里,抢劫行凶,侮辱妇女,乡民当场击毙英军七八人。次日清晨,三元里附近103乡约5000义勇,高呼"杀番鬼"向四方炮台进攻。英军司令郭富率领千余人出击。义勇诱敌至牛栏冈丘陵地带,此时,近两万民众将英军包围。义军趁势出击,伤毙英军近50名,迫使英军逃回营地。31日，番禺、南海、花县（今花都）、增城、从化各县数万人赶来支援，与三元里人民一起战斗。后奕山派广州知府余保纯驱散民众，为英军解围。6月1日，英军全部撤出广州。魏源在《筹海篇》中再三歌颂三元里等处人民的英勇斗争，指出：三元里之战，"以区区义兵围夷酋，歼夷兵"；广东"捐战舰者皆义民，两擒夷舶于台湾，火攻夷船于南澳者亦义民"。

《南京条约》。中国近代历史上与外国签订的第一个不平等条约，条约原本无名，史家一般称为《南京条约》，因南京又称江宁、白门，故亦称《江宁条约》《白门条约》，1842年8月29日，钦差大臣耆英、伊里布代表清政府与英国全权代表璞鼎查签订于南京。主要内容包括：一、割让香港，破坏了中国领土完整，成为英国进一步侵略中国的重要基地；二、赔款2100万元，尚不包括广州所付赎城费600万元，加重了清政府的财政负担，损害了中国社会经济的发展；三、被迫单方面开放广州、福州、厦门、宁波、上海五口为通商口岸，外国人在这些口岸有居住权，为日后在许多口岸建立租界设置了借口；四、协议关税权，破坏了中国关税自主权。《南京条约》还规定英国在通商口岸得派设领事等官员，英国官员与中国官员平行往来，以及废除广州公行制度等。从此，中国的大门被西方列强的鸦片和大炮打开了，闭关锁国的封建社会受到西方资本主义强权势力的猛烈冲击，封建经济开始走向解体，独立的封建的中国开始走上半殖民地半封建社会的道路。

五口通商大臣。鸦片战争后，清政府设置的管理广州、厦门、福州、宁波、上海五个开放口岸通商、对外交涉事务的钦差大臣。初由两江总督耆英兼任。1844年（道光二十四年）耆英调任两广总督，兼办"各省通商善后事宜"，该职遂改由两广总督兼任。旋因上海成为中外贸易、对外事务中心，1859年（咸丰九年）清廷谕令改为两江总督何桂清兼任该职。1861年总理各国事务衙门设立时，于上海、天津分设南洋、北洋通商大臣，虽沿用五口通商大臣旧称，实已是南洋通商大臣。

《虎门条约》。《南京条约》的补充条款，1843年（道光二十三年）10

月，由清钦差大臣耆英与英国公使璞鼎查在广东虎门签订。也称《中英五口通商附粘善后条款》，通称"虎门条约"或"虎门附约"。共16款，附有《小船定例》3款。主要内容包括：（1）英国取得片面最惠国待遇，清政府只要给予其他国家任何权利，英国都可以同样享受；（2）英人取得在五口租地建屋，永久居住之特权；（3）英国军舰可常驻中国港口。这一条约侵害了中国的领水权，构成了对中国沿海各港口的经常性威胁。随后，1844年7月，中美签订《望厦条约》，同年10月，中法签订《黄埔条约》。通过这一系列不平等条约，中国被纳入欧美殖民主义的"条约体系"，构成了近代中外关系的基本框架，中国的独立主权遭到了严重损害，外国列强在中国攫取了大量的侵略权益。

中英《五口通商章程》。1843年清政府同英国在虎门签订的南京条约补充条款。1843年10月8日，清政府派钦差大臣耆英与英国全权公使璞鼎查在广东虎门签订，作为《虎门条约》的一个部分。共十五款，附有《海关税则》。主要内容包括：（1）承认英国享有领事裁判权，"中英人民如有争执，双方官吏会审，各依本国法律治罪"；（2）协定关税，规定海关税率相当于值百抽五，此章程开启了中国同外国协定关税的恶例，中国从此失去了海关自主权；（3）兵船巡行权，五个通商口岸，各准英国停泊兵舰一支，以便约束水手人等。

中美《望厦条约》。亦称"中美五口贸易章程"。1844年（道光二十四年）7月3日，清政府派两广总督耆英与美国代表顾盛在澳门附近的望厦村签订了《望厦条约》，共34款，附有《海关税则》。在这个条约中，美国享有除割地、赔款以外英国在《南京条约》中所取得的各项特权，同时还新增了以下几项侵略权益：（1）扩大领事裁判权的范围；（2）进一步加强协定关税权；（3）美国兵船可以到中国沿海各港口"巡查贸易"；（4）美国可以在通商口岸租地建楼，设立教堂、医院等。

中法《黄埔条约》。亦称"中法五口贸易章程"。中美《望厦条约》签订后不久，法国也派专使来中国进行讹诈。1844年（道光二十四年）10月24日，清政府派耆英在广州附近的黄埔与法国代表拉萼尼签订了《黄埔条约》，共 36 款。在《黄埔条约》中，法国除取得五口通商、协定关税、领事裁判权、片面最惠国待遇和在通商口岸建造教堂等特权外，还强迫清政府增加了一条："倘有中国人将法兰西礼拜堂、坟地触犯毁坏，地方官职例严拘重惩。"实际是迫使清政府放弃对天主教的禁令。至 1846 年，法国获得了在各通商口岸自由传教的权利。

协定关税。又称协定税率，是一国根据与他国缔结的条约或贸易协定对进出口商品所规定税率的制度。分为自主协定和片面协定关税两种。前者是平等互利的，参与协定的国家共同议定各自应遵守的关税税率，相互间减少关税；而后者则是外国侵略者强加给殖民地、半殖民地国家的，缔结协议的双方只有一方减让税率，而另一方并不承担义务。近代中国的协定关税大多是片面协定关税。根据《南京条约》《五口通商章程：海关税则》规定，片面协定关税使中国的关税自主权遭到严重破坏，中国关税税率长期被固定在一个极低的水平上，使得中国海关失去保护本国工、农、商业生产的作用，而英国侵略者则通过它控制中国的财政，把中国变为其倾销商品的巨大市场和掠夺原料的基地。

领事裁判权。指一国通过其驻外领事对处于另一国境内的本国国民根据本国法律行使司法管辖权的制度。鸦片战争后，列强蓄意践踏中国主权、强加于中国的一种特权制度。1843 年中英《五口通商章程》开始规定此特权，接着美、法、俄、日等国援引片面最惠国待遇也相继在中国取得了此项特权。凡在中国享有领事裁判权的国家，其在华侨民如果违法时，可以不受中国法律的制裁，中国政府无权过问，而只能由各该国领事按照各自国家的法律进行裁判。这一制度保障了列强在华进行政治、经济、文化侵略，自产生之日起就遭到中国人民的强烈反对。1943 年 1 月 11 日，国民政府经与美、英等国谈判，改订新约，取消了美、英两国在华领事裁判权。

《上海租地章程》。即《上海地皮章程》，1845 年（道光二十五年）英国驻上海领事巴富尔胁迫苏松太道宫慕久签订，共计 23 款。除划定洋泾浜以北、李家厂以南作为英国在上海的租借地段外，还规定"业主不得任意停租"，他国商人在英租界内租地建屋或赁屋居住、存货者，应先向英国领事馆申请等，即后来的"英租界"，这是外国在中国设立租界的开始。接着，美、法两国也相继在上海强行划分了租界。由此开始，租界制度逐渐推广到其他通商口岸。最初，中国政府对租界内行政、司法等还保有干预权。后来列强逐渐排斥中国的治权，实行独立于中国的行政系统和法律制度，使租界成为所谓"国中之国"，成为他们进行政治和经济侵略的基地。他们在各通商口岸的租界或租借地，开设商行，经营贸易，更有人走私、贩毒、掠卖人口、充当海盗以及从事其他种种骇人听闻的活动。甚至英国驻上海领事也不得不承认，来自各国的这群外国人，生性卑贱，放纵强暴，为全中国所诟病，也为全中国的祸患，是"欧洲各国人的渣滓"。

社学。广东地方民间团体。鸦片战争时期，广东人民目睹英国侵略者的种种倒行逆施，曾进行过有力的抵抗。鸦片战争后，他们反对外来侵略的爱国热情愈益高涨，在地方民间团体"社学"的组织领导下，进行了反对英国在广州强行租地和反对英人进入广州城的多次抗争。1847年3月，英军突袭虎门，闯入省河，准备强行进城。广州的社学壮勇立即武装戒备，广州城乡出现揭贴，号召"四民人等，务宜齐心杀绝，不准一步入城"。清朝当局既屈服于侵略者的淫威，又害怕激起民变，只得约定英人两年后入城。而到了1849年，当港英总督文翰亲率兵船再次闯入省河时，南海、番禺各社学团练纷纷赶至河边，十余万人严阵以待，杀声震天。文翰慑于广州群众的声势，只得再次暂时放弃入城要求，退返香港。

天地会。清代秘密社会组织。清政府对各地的抗租抗粮采取武力镇压的强硬措施，逼使各地的斗争逐步演化升级为直指清王朝的武装起义。其中，秘密社会组织，尤其是南方的天地会，因而空前地活跃起来。该会以"反清复明""替天行道"为宗旨，在嘉庆、道光年间迅速发展。鸦片战争后的十年间，天地会（包括其各支派）的势力，已遍及闽浙、两广、湘赣、云贵等南方省份。据统计，在嘉庆初年，天地会所发动的武装起事约每年10起，而到道光末年每年平均发生100多起，差不多增长了10倍。而这些武装起事，又相对集中于地域相连的广东、广西和湖南。面对天地会点燃的遍地造反烽烟，清政府防不胜防，剿不胜剿，极大地耗散了精力。

《四洲志》。书名，由林则徐主持编译，介绍世界各国地理知识的著作。林则徐认为"必须时常探访夷情，知其虚实，始可定控制之方"。1839年（道光十九年），他在赴广州销毁鸦片的同时，组织幕僚将英国人慕瑞所著《世界地理大全》翻译成中文，并在此基础上编出《四洲志》。《四洲志》简要叙述了世界五大洲三十多个国家的地理、历史、疆域和政治状况，意在通过介绍这些殖民主义国家的国情，寻求御敌之法。是近代中国第一部相对完整、比较系统的世界地理译作，有利于人们开眼看世界。

《海国图志》。书名，魏源在《四洲志》和其他中外史地资料的基础上编写成的，以介绍世界各国地理知识为主，兼及各国历史、宗教、历法、军事、科技状况，附有《筹海总论》。全书饱含爱国热情，探讨了富国强兵、抵御外侮的方法，被誉为了解外国知识的"百科全书"。《海国图志》不同于以往的地理志，它突破了"中国是天下中心"的传统观念，代之以近代意义的世界观；传播了当时较为先进的地理知识，如地球形状、潮汐理论、雷电成因、四季成因等；介绍了全新的世界地理知识。1843年初编刻本50卷，1847年扩充为60卷，1852年增补为100卷。百卷本《海国图志》凡88万字，附各种地图75幅，西洋船炮器艺等图57页。魏源指出该书"为以夷攻夷而作，为以夷款夷而作，为师夷长技以制夷而作"，要求清王朝统治者发愤图强、改革弊政，提出"以守为战""以逸待劳"的战略构想。

《瀛寰志略》。书名，徐继畬编著，系统介绍西方史地知识的著作。全书分10卷，约15万言，辑42幅地图，于1848年刊刻出版。该书以图为纲，图皆以西方传入的地图钩摹而成，系统地介绍了当时世界上近80个国家和地区的地理位置、历史变迁、经济文化、风土人情，内容丰富，叙述完备，尤其重视对欧美各国的考察和介绍。此外，徐继畬还对西方资本主义的民主政治制度作了介绍和评论。此书突破了以中国为天下中心的局限，认识到世界的多元性。时任福建巡抚的吴文镕对此书特加褒扬，下令"再加修饰，钞缮进呈"。魏源也在《海国图志》增补为100卷的过程中，从此书中辑录了近4万字的资料。

道光帝（1782—1850），爱新觉罗·旻宁，庙号宣宗，登极后以道光为年号，通称道光帝，是清入关后的第六个皇帝，清嘉庆帝次子，生母为孝淑睿皇后喜塔腊氏。在位30年，终年69岁。在位期间，改革漕运、盐政，开禁采矿；矫正奢靡风尚；整顿吏治；禁止鸦片走私与贸易；平定张格尔叛乱。同时也因政治腐败，赋税沉重，人民屡起反抗，且在鸦片战争中，时战时和，摇摆不定，最后派耆英、伊里布向英军求和，签订了一系列不平等条约，中国开始逐步沦为半殖民地半封建社会，在太平天国运动爆发前病死。

许乃济（1777—1839），字叔舟，号青士，浙江仁和（今杭州）人。嘉庆年间以进士入翰林，历任山东道监察御史、给事中、广东按察史、光禄寺卿。1832年（道光十二年），以高廉道一度兼署广东按察使。常与广东地方官绅私下议论禁烟问题，据此写成《弭害论》在民间传播，地方官绅等也各写成文章流传，隐然形成一种弛禁的舆论。也曾多次上书道光帝，要求革除弊改，甚得道光帝赞许。1836年（道光十六年），任太常寺少卿。在清政府禁烟的论争中，以"闭关不可，徒法不行"为由上奏反对禁烟，提出"一奏一片"的"弛禁"主张，"准令夷商将鸦片照药材纳税"，使鸦片贸易合法化，以贸易货，每年可省千余万金之偷漏；甚至提议在内地栽种罂粟，制造土烟，以抵制洋烟。英国鸦片贩子查顿控制的《广州纪事报》将许乃济的奏折全文发表。"弛禁"主张遭到黄爵滋、林则徐等人激烈抨击。1838年秋，许乃济被道光帝降职。

黄爵滋（1793—1853），字德成，号树斋，江西宜黄人。道光进士。授翰林院编修。历任陕西道监察御史、工科给事中、鸿胪寺卿、刑部右侍郎，以敢于直谏而负时望。1838年（道光十八年）6月，上《严塞漏卮以培国本》折，力陈鸦片输入的祸害，分析禁烟不成的原因是由于官吏的贪赃枉法，主张"重治吸食"以严禁鸦片。道光帝将黄爵滋的奏折批转各地讨论，除林则徐等八位督抚同意黄爵滋"重治吸食"的意见外，其余主张加重处罚，但不必杀头；还有19人主张禁烟的重点在查禁海口，切断毒源，而不同意"重治吸食"。1839年6月，清政府制定《严禁鸦片烟条例》，基本上采纳了黄爵滋和林则徐的主张。1840年两次赴福建视察海防。先后上20余疏，讨论海防战略，并进呈《海防图表》，力主抗英御敌。著有《黄少司寇奏议》《仙屏书屋初集诗录》等。

林则徐（1785—1850），字元抚，又字少穆，晚号竢村老人，福建侯官（今福州）人。1811年（嘉庆十六年）进士，选翰林院庶吉士。1814年散馆授编修。历任监察御史，江、浙、闽、粤、云、贵、陕、甘等省按察使、布政使、巡抚、河道总督，两江、湖广、陕甘、云贵总督等职。任内清廉自好，忠于职守，秉公执法，严整吏治，平反冤狱，兴修水利，放赈救灾。鸦片战争前夕，他痛感鸦片流毒中华，在湖广总督任上严禁吸食鸦片，成效显著。鸦片战争爆发后，他力主禁烟，积极抵御英军入侵，复遭投降派打击，旋即充军伊犁。1849年（道光二十九年）因病辞职回籍。次年，再度受命为钦差大臣，赴广州督理军务，卒于赴任途中，谥文忠。林则徐在对外交涉中主张严厉禁烟，但不停止正当的中外贸易；主张抵抗外敌侵略又主张学习敌人的长处。他总结与英国斗争的经验，提出著名的"器良技熟，胆壮心齐"八个字，这也是他主张造炮、造船、发动群众抵抗侵略的理论根据。林则徐是最早了解西方有关万国公法（今称国际法）知识的中国官员，著有《云左山房文钞》《云左山房诗钞》《使滇吟草》等多种，后人编有《林则徐集》。历史学家范文澜在所著《中国近代史》上册中称他是近代中国开眼看世界第一人。

邓廷桢（1775—1846），字嶰筠，江苏江宁县（今属南京）人。25岁中进士，曾任知府、按察使、布政使等职。1826年（道光六年），任安徽巡抚。1835年（道光十五年），升任两广总督。1839年与林则徐协办海防，查禁鸦片。1840年（道光二十年）任闽浙总督。7月率军抵抗进犯厦门的英国侵略军。同年10月，遭陷害，革职戍伊犁，撰写诗词多首，记述新疆见闻。1843年（道光二十三年）获释，起用为甘肃布政史。1845年3月擢陕西巡抚，署陕甘总督。1846年病死于任所。著有《双砚斋诗钞》。

陈化成（1776—1842），字莲峰，福建同安（今属福建厦门同安区）人，行伍出身，历任水师把总、参将、副将、总兵等职。1840年鸦片战争爆发后，由福建水师提督调任江南提督。在两江总督裕谦支持下，积极在长江口设防备战迎敌，对部下说："武臣死于疆场，幸也。"1842年6月13日，英军进犯吴淞口，时任两江总督牛鉴欲向英军求和，他坚决反对并率部抵抗，击伤英舰多艘。后因牛鉴从宝山溃逃，英军乘势登陆，从后路抄袭，使吴淞炮台腹背受敌。陈化成身负重伤仍顽强抵抗，终与所属80余名官兵一道壮烈牺牲。

关天培（1781—1841），字仲因，号滋圃，江苏淮安府山阳县（今江苏淮安市淮安区）人，行伍出身，历任把总、千总、守备、参将、副将等职。1827年（道光七年）升为江南苏松镇总兵。1834年（道光十四年），任广东水师提督。任内全力协助林则徐查禁鸦片，整顿虎门海防设施，操练水师队伍，修整虎门、南山炮台，在穿鼻海战中督军击退英军进攻。1841年2月25日，英军进攻虎门炮台，他在靖远炮台率守军奋力抵抗，因琦善拒发援军，陷入孤军奋战，虽身受重伤，仍坚守炮台，终与众官兵壮烈牺牲，虎门炮台遂失陷。著有《筹海初集》。

懿律（George Elliot，1784—1863），即乔治·埃利奥特·懿律，查理·义律的堂兄，英国贵族。1834—1835年任英国海军部秘书，1837年任英国驻好望角舰队总司令。1840年鸦片战争爆发时，被任命为侵华英军总司令兼谈判全权代表。6月率英军舰队侵犯广州、厦门受挫后北上，7月攻占定海（今舟山），8月进犯天津白河口，递交英国外交大臣巴麦尊致清政府的"照会"，胁迫清政府议和。同年11月退兵至澳门，后因病回国。1853年授予海军大将衔。

义律（Charles Elliot，1801—1875），英国贵族。1815年入海军，1830—1834年在英属圭亚那任高级官员。1834年（道光十四年）随首位英国驻华商务总监律劳卑来华。曾多次破坏林则徐在广东的禁烟活动并怂恿巴麦尊使用武力侵略中国，还提供作战方案。鸦片战争爆发后，被任命为副全权代表，率英舰队攻陷定海，北犯大沽口。1841年1月，懿律因病回国，继任全权代表，与琦善私自议定《穿鼻草约》。5月，率英军进攻广州，迫使奕山签订《广州和约》。旋被英国政府调往北美，任驻得克萨斯代办、百慕大总督等职。后封爵士，授海军大将衔。

琦善（1790—1854），满洲正黄旗人，字静庵，博尔吉济特氏、袭一等侯爵。早年任河南按察使时，因镇压白莲教起义受到赏识，历任江宁、河南布政使，河南、山东巡抚，1825年（道光五年）后历任两江总督、四川总督等职。鸦片战争爆发，琦善时任直隶总督，允许英军在广州议和，并向道光帝诬陷林则徐等措置失当，力主求和。同年9月被任命为钦差大臣，赴广州与英国人谈判。抵粤后遣散水勇，拆除海防，擅自与义律签订《穿鼻草约》，为广东巡抚怡良、裕谦等参劾，被革职抄家。1842年起用，历任驻藏办事大臣、四川总督、陕甘总督。1851年（咸丰元年）再次被革职。1853年初授钦差大臣，在扬州建立江北大营，对抗太平军，屡战屡败，次年病死。

裕谦（1793—1841），原名裕泰，博罗忒氏，字鲁山，号舒亭，蒙古镶黄旗人。嘉庆进士。1826年（道光六年）任荆州知府。1839年任江苏布政使兼署巡抚，1840年署两江总督。1841年2月，授钦差大臣赴浙江筹划海防，办理军务，实授两江总督。他注重经世致用，推崇范仲淹"以天下为己任"的精神，曾支持林则徐抗英，认为查禁鸦片，"尤为目前急务"。1841年10月10日，英军攻陷定海后进攻镇江，他率4000余名官兵英勇抵抗，后因浙江提督余步云溃逃，总兵谢朝恩战死，镇海失陷，裕谦投水自尽，谥号靖节。著有《裕靖节公遗书》。

璞鼎查（Henry Pottinger，1789—1856），英国外交官。曾参与英国在印度的殖民活动。1841年（道光二十一年），出任英国侵华全权代表兼驻华商务监督。为扩大侵华战争，8月10日到澳门，率英军先后侵占厦门、定海、镇海、宁波和乍浦。1842年5月，侵入长江，切断漕运。6月，攻占吴淞、上海。8月初，率舰队至南京下关江面，29日，迫使清政府签订《南京条约》。1843—1844年，任香港第一任总督，与清政府签订中英《五口通商章程》和《虎门条约》。后相继出任好望角总督、印度马德拉斯总督。

龚自珍（1792—1841），又名巩祚，字璱人，号定盦，浙江仁和（今杭州）人。1803年（嘉庆八年），从外祖父段玉裁学习《说文》，接受了严谨的训诂学训练。十四岁考究古今官职，十六岁开始通读《四库全书提要》。1813年（嘉庆十八年），撰写《明良论》，表达自己的政治见解，抨击君权专制。但屡试不中。1829年（道光九年），经过六次会试，终于中了进士，先后任内阁中书、礼部主事等职。与魏源、姚莹、黄爵滋等人交往密切。1838年（道光十八年），支持林则徐广东禁烟，并向林则徐表示愿意随同南下参与禁烟。次年辞官返乡。博学多才，被誉为中国古代最后一位诗人，同时又是近代第一位诗人，著有《定盦文集》，其中收录《己亥杂诗》315首，包括著名的诗篇："九州生气恃风雷，万马齐喑究可哀。我劝天公重抖擞，不拘一格降人才。"

姚莹（1785—1853），字石甫，一字明叔，号展和，晚号幸翁，安徽桐城人，姚鼐侄孙。1808年（嘉庆十三年）进士，历任平和、龙溪、台湾、武进等县令。1838年（道光十八年），奉特旨为台湾兵备道，会同总兵达洪阿组织抗击来犯英军，受朝廷嘉奖，进阶二品。1841年（道光二十一年）9月、1842年3月屡次击退来犯英舰。《南京条约》签订后，以"冒功欺罔"入狱，后贬官四川，再罚入藏。1848年（道光二十八年），引疾归里。1850年（咸丰初年），授广西按察使，继迁湖南按察使，不久死于军中。著有《康輶纪行》。他认为：要雪中国之耻，首先需要知道敌人的虚实。书生眼光短浅，不勤远略，对海外夷势夷情，平日不肯讲求，一旦外国猝然来攻，惊若鬼神，畏如雷霆。这种拘迂之见，误尽天下国家大事。他对英、法、俄等国的情况，印度、尼泊尔入藏的交通要道，以及喇嘛教、天主教等问题进行探讨，指出英国在吞并印度之后，早已蓄谋窥伺我国的西藏，建议清政府加强沿海和边疆地区的防务。对藏区山川河流、风土人情、宗教源流等多有介绍，同时提出要警惕英国侵略西藏的野心，建议清政府加强沿海与边疆防务。

魏源（1794—1857），名远达，字默深，号良图，湖南邵阳人。道光进士。官至高邮知州，与龚自珍同属"通经致用"的今文经学派。道光初年，先后任江苏布政使、巡抚幕僚。曾主持《皇朝经世文编》编纂事宜，撰有《筹漕篇》《湖广水利论》等，后帮助江苏巡抚陶澍办理漕运、水利事宜。鸦片战争爆发后，在两江总督裕谦幕府任职，参与浙江抗英战争。1842年（道光二十二年），撰写《圣武记》。又根据林则徐的《四洲志》和历代史志、岛志、地图，编写了《海国图志》50卷，到1852年（咸丰二年）增补至100卷，包含地理、火器、造船、政治等内容，并率先提出"以夷攻夷""师夷长技以制夷"等观点，主张学习西方的先进技艺，抵抗外来侵略。他还倡导创办民用工业，允许私人设立厂局，主张革新漕运、盐法，减轻赋税，强调"变古愈尽，便民愈甚"，主张"及之而后知"，"知"从"行"来。其后，任扬州兴化知县、高邮知州。1854年（咸丰四年），与全家迁居兴化，专心著述。1857年（咸丰七年）3月26日，在杭州东园僧舍病逝。著作还有《古微堂集》《元史新编》《老子本义》等。今辑有《魏源全集》。齐思和先生曾评价魏源："夫晚清学术界之风气，倡经世以谋富强，讲掌故以明国是，崇今文以谈变法，究舆地以筹边防。凡此数学，魏氏或倡导之，或光大之。汇众流于江河，为群望之所归。岂非一代大儒，新学之蚕丛哉？"

徐继畬（1795—1873），字健男，号松龛，山西五台人。1826年（道光六年）进士，因朝考第一名，选翰林院庶吉士，授编修，迁御史。1836年（道光十六年）任广西浔州知府，1846年授广西巡抚，旋调任福建巡抚兼署闽浙总督。1851年（咸丰元年）授太仆寺少卿，次年被罢，主讲平遥书院。1863年（同治二年），任总理各国事务衙门行走，1866年授太仆寺卿等职。著有《瀛寰志略》，于1848年底刊行，共10卷，全面系统地介绍了当时世界上近80个国家和地区的地理位置、风土人情兼及历史经济，并附有按语，书中还探索了西方政治体制与国家独立富强之间的关系等，与《海国图志》同为较早介绍世界史地知识的书籍。

耆英（1790—1858），字介春，满洲正蓝旗人。历任步军统领、尚书、盛京将军等职。1825年（道光五年）授内务府大臣。1842年（道光二十年）3月，从广州将军任上调署杭州将军，赴浙江与英军议和。8月，与伊里布、牛鉴在南京与英国全权代表璞鼎查谈判签订中国近代史上第一个不平等条约——《南京条约》。次年10月，再任钦差大臣，赴广东与英国政府代表继续谈判，在虎门与英国签订中英《五口通商章程》及海关税则。1844年任两广总督，先后与美国签订《望厦条约》、与法国签订《黄埔条约》。1848年回京拜文渊阁大学士，1850年被咸丰帝革职。第二次鸦片战争期间，被派往天津协助钦差大臣桂良等与英法联军交涉，遭拒绝后回京，以擅离职守获罪赐死。

马礼逊（Robert Morrison，1782—1834），英国基督教新教来华传教第一人。1807年（嘉庆十二年）9月，到达广州。在英属东印度公司任职25年，并先后任英国特使阿美士德及驻华商务监督律劳卑的秘书兼译员。1814年，广东省香山县人蔡科接受马礼逊替他施洗，成为第一位中国基督教信徒。1815年马礼逊在马六甲出版了第一份华文报刊《察世俗每月统记传》（*Chinese Monthly Magazine*）。1818年马礼逊在马六甲创办英华书院兼活字版印刷所，教育华人青年及儿童，及栽培后进的来华传教士，是华人的第一所洋学堂。他根据大不列颠博物馆收藏的《圣经》天主教汉文译本，编译第一部基督教新教汉译本《圣经》，还编纂出版《华英字典》，对中西文化交流起到一定作用。马礼逊把信徒梁发立为中国第一个更正教牧师，协助其做印刷工作。梁发在1832年用中文写了一本《劝世良言》，于乡试时派发给赴考生员，影响了日后洪秀全创立太平天国。1834年（道光十四年）马礼逊在澳门病逝。墓前中文石刻曰："当其于壮年来中国时，勤学力行，以致中华之言语文字，无不精通。迨学成之日，又以所得于己者作为《华英字典》等书，使后之习华文汉语者，皆得借为律梁，力半功倍。"熊月之先生在《西学东渐与晚清社会》中评价马礼逊为"揭开新一轮西学东渐序幕的第一人"。

裨治文（E. C. Bridgman，1801—1861），美国基督教新教第一个来华的传教士。1830年（道光十年）受美国公理会派遣到达广州。1832年5月起创办并主编《中国丛报》（*The Chinese Repository*），至1851年12月停刊，出版20卷。该报记载了鸦片战争前后中国社会政治、经济、历史、地理、文化等方面的情况；记载了鸦片战争的全过程，主张用武力强迫中国签订不平等条约；还建议传教士应不顾中国法律深入内地活动，对列强制定对华侵略政策产生一定影响。1843年（道光二十三年），任美国专使顾盛（Caleb Cushing，1800—1879）的秘书兼议员，次年参与订立中美《望厦条约》。太平天国运动期间，曾随美国驻华公使麦莲到太平天国刺探情报。1858年（咸丰八年），在订立天津条约过程中，为列强出谋划策并翻译部分重要文件。1861年11月2日，在上海去世。

第二章　内忧外患中的清朝政府

太平天国运动。鸦片战争以后，风起云涌的农民起义形势下兴起的农民革命运动，发动者是洪秀全、冯云山。1843 年，洪秀全从《劝世良言》中吸取一些基督教教义，与冯云山、洪仁玕等人在广东花县创立拜上帝会。洪秀全与冯云山携手合作，很快紫荆山区的拜上帝教信徒就超过了 2000 人。不久，杨秀清和萧朝贵参加进来。此后，冯云山到广西贵县赐谷村一带传教。洪秀全则在广东花县以教书为掩护，创建农民起义理论，写下了《原道救世歌》《原道醒世训》《百正歌》等几篇文章，以及后来在紫荆山区写成的《原道觉世训》和《改邪归正》等文，将儒家思想、民间宗教和基督教教义糅合，进一步完善了拜上帝会的理论，提出上帝是唯一真神，人人应该敬拜；不拜邪神，不行恶事。主张天下男女尽是兄弟姊妹，要实现"天下一家，共享太平"，提出"奉天诛妖"的反清思想。1850 年 4 月 3 日，洪秀全在广西平在山正式就任太平天王。9 月初，洪秀全发布总动员令，号召会众到广西桂平县金田村"团营"，即集中编练队伍。11 月 4 日，聚集在广西金田等处的拜上帝会众同时举旗，宣布起义。在此期间，制订了太平军初期的军制和军纪，建成起义武装——太平军。1851 年 1 月 11 日，正值洪秀全 38 岁生日，洪秀全宣布太平天国建立，正号"太平天国元年"。金田起义后，在洪秀全的带领下，展开了轰轰烈烈的太平天国运动。9 月，太平军克永安（今广西蒙山），在此封王建制，政权初具规模。1852 年 12 月到 1853 年 1 月，太平军连克汉口、汉阳、武昌。武昌为湖北省省会，号称九省通衢。武汉之役显示了太平军的强大军事威力。1853 年 3 月

19 日，太平军采用穴地攻城法，攻克东南第一大都会城市南京。接着，又先后克镇江、扬州，自此形成了三城鼎立的局面。东王杨秀清自水西门入城，驻满城将军署，又率诸王百官至江干龙舟恭迎天王入城，即以原两江总督署为天朝宫殿。从此，太平天国以南京为都城，改称天京，颁布《天朝田亩制度》，规定改革土地制度的办法和其他社会改革措施。1853 年 5 月至 1856 年举行北伐和西征，军事上达到全盛阶段。1856 年 4 月攻破清军江北大营。6 月，攻破江南大营，至此太平天国达到鼎盛。此后，太平天国领导集团内讧，发生"天京事变"，清军乘机反扑。1859 年颁布《资政新篇》，试图在农民政权的基础上发展资本主义，在当时具有进步意义。这是中国人最早提出的一个中国现代化蓝图。由于当时的战争环境，没能付诸实施。第二次鸦片战争后，英、法、美、俄侵略者支持清政府镇压太平天国运动，在中外反动势力联合绞杀下，1864 年 7 月 19 日，太平天国首都天京陷落，太平天国运动失败。太平天国长达 14 年之久，克取城市 600 多座，势力发展到 18 个省份，沉重打击了清王朝统治，促使清朝政治结构发生了新的变化，产生了新的政治派别，并由此引起传统的政治和权力结构的变化。

金田起义。1843 年，洪秀全与冯云山等创立"拜上帝会"，在广西桂平紫荆山区建立基地，此后，韦昌辉、石达开相继加入，形成洪秀全、杨秀清、萧朝贵、冯云山、韦昌辉、石达开等人组成的领导核心。1850 年 4 月 3 日（道光三十年二月二十一日），洪秀全于平在山秘密穿起黄袍，正式就任太平天王。9 月初，洪秀全发布总动员令，号召会众到广西桂平县金田村"团营"，即集中编练队伍。在此期间，制订了太平军初期的军制和军纪，建成起义武装——太平军。11 月 4 日（十月初一日），聚集到金田等各处的拜上帝会众同时举旗，宣布起义。1851 年 1 月 11 日，正值洪秀全 38 岁生日，他宣布太平天国建立，正号"太平天国元年"。金田起义后，在洪秀全的带领下，展开了轰轰烈烈的太平天国农民战争。

太平军。太平天国农民起义武装。到 1850 年底，连同陆续来投的客家人与天地会武装，金田地区起义总人数已逾 2 万。杨秀清、萧朝贵等着手将此2万男妇编组成一支统一的军队,即太平军。按《太平军目》的规定,在正副军师统率之下,设有丞相、检点、指挥、将军、总制、监军等各级指挥将领。其编制系仿照古代《周礼》司马之法,以五人为伍,五伍为两,四两为卒,五卒为旅,五旅为师,五师为军,一军足员为13156人。但在金田时期,军制尚未健全,每军也不足员。有陆、水、土营,又分为男、女营。太平军有着严明的军纪,将士必须遵守命令,保护武器,爱护人民,不私匿金银。作战号令按《行军总要》部署。太平军全体将士蓄发易服,头包红巾,表示与清政府彻底决裂,由此,太平军有"长毛"之称。

永安建制。1851年9月太平军攻克广西永安后相继建立的各项制度。主要内容如下:其一,封王。封中军主将、左辅正军师杨秀清为东王,前军主将、右弼又正军师萧朝贵为西王,后军主将、前导副军师冯云山为南王,右军主将、后护又副军师韦昌辉为北王,左军主将石达开为翼王,规定"所封各王,俱受东王节制";其二,颁行《天历》,废除清朝纪年法;严禁私藏金银财物;下令民众蓄发;刊行官方文书。永安建制促使太平天国的中央政权初步形成,对太平天国的发展壮大起到一定的作用。但是,其封王措施也表明,太平天国不可能建立区别于封建王朝的新型政权,还是在走传统农民起义的老路。

江南大营。清军在天京城外建立的军营。1853年(咸丰三年)3月,钦差大臣向荣尾追太平军至天京城外,建立江南大营。4月,江南大营进驻紫金山,与驻扎在扬州城外的江北大营呼应,围困天京。此后三年中,该大营清军多次堵截太平军东进,进攻天京和太平天国其他城市,给太平军造成很大威胁。1856年6月被秦日纲、石达开等一举攻破,向荣败逃丹阳,自缢身亡。石达开出走后,江南大营加强了对天京地区的攻击。1858年1月,江南提督和春重建江南大营,再次进逼天京近郊。1860年5月,太平军再次攻破江南大营,和春逃至浒墅关(今江苏吴县境内)自杀。自此,江南大营彻底覆灭。

江北大营。清军在长江北岸扬州建立的军营。1853年(咸丰三年)3

月，太平军定都天京（今南京）。4月，钦差大臣琦善等在扬州城外建立江北大营，围攻扬州，目的是截断太平军北进道路，配合江南大营围困天京。1854年8月，江宁将军托明阿继任钦差大臣，督办军务。1856年春，太平天国派秦日纲进援镇江，大破清军，击溃江北大营，先后克复扬州、浦口。托明阿遂被革职，清廷改派德兴阿继任钦差大臣，重建江北大营。1858年9月，太平军集中兵力，在陈玉成、李秀成的带领下进攻浦口，再度摧毁江北大营，打通了天京北岸交通。接着，又挥师西上，迎击由九江来犯的湘军，于11月间在三河镇将其精锐六千余人一举歼灭，从而迟滞了湘军对安庆的围攻。1859年，清政府撤销江北大营，江北军务由江南大营和春节制。

太平军北伐、西征。太平天国定都天京后发动的向北、向西的大规模军事行动。1853年5月上旬，林凤祥、李开芳率北伐军自扬州出发，经安徽滁州、凤阳、亳州，进入河南，并于6月底在豫西抢渡黄河。由于清军封锁船只，北伐军人多船少，加之清军援军赶到，只得沿河西进。北伐军主力于7月初在汜水渡黄河，围攻怀庆（今河南沁阳）。部分将士未及渡河，被迫南走，转战豫、皖等省，最后与西征军会合。因久攻怀庆不克，北伐军于9月撤围西进，绕道山西，然后东出太行，进入直隶平原。10月末，北伐军进占杨柳青，直逼天津。由于时届严冬，南方来的北伐军将士多不适应，加上孤军深入，缺乏补给，进攻受阻。1854年2月，北伐军被迫南撤，5月抵达直隶东光县连镇待援。6月，杨秀清晋封秦日纲为燕王，令其统兵二次北援。秦日纲在安徽境内受挫，加之西征战事吃紧，二次援军中道夭折。北伐军孤立无援，于1855年5月覆灭，林凤祥、李开芳被押解到北京就义。北伐失败。

太平天国在北伐的同时，开始大规模的西征。太平天国西征的战略目的，是夺取长江中游地区以作天京屏障和供给基地，并进军华南。西征作战充分利用了水师的舟楫之便，采取了攻城据守、设官安民等与北伐截然不同的做法。1853年6月，首批西征军近万人分乘千余号船只离天京上驶，占安庆、江西之南康府，随即进抵南昌城下，开始攻城。攻城三月不克，撤围转守九江，旋分兵两路：一路进攻皖北，一路挺进湖北。次年3月，西征军攻入湖南境内，遭遇刚编练成功的湘军的顽抗。4月底，太平军在靖港大败湘军水师，曾国藩羞愤交加，投水寻死，被随从救起。7月，湘军开始全面反扑，太平军接连失利。10月，武昌、汉阳相继失陷。1855年初，湘军进逼九江，石达开、罗大纲率大军增援西征军。援军到达后，在湖口和九江两次战役中痛歼湘军水师。从此，西征军转入全面反攻阶段，乘胜西进，4月第三次攻克武昌。11月，一部分太平军攻入江西，到1856年3月，太平军攻克江西7府1州50余县。1856年4月，太平军击溃清军江北大营，再克扬州。6月，一举攻破江南大营。自此，太平天国解除了威胁天京长达三年之久的军事压力，在军事上进入全盛时期。

绿营。清代军制，指清政府招募汉人组成的军队，因用绿色旗帜且以营为主要的基层编制，是八旗以外的一种经制兵。绿营的兵种主要有马兵、步兵和水师。其中，驻防京师者称巡捕营，隶属步军统领衙门。驻各省者有督标（总督统辖）、抚标（巡抚统辖）、提标（提督统辖）、镇标（总兵统辖）等。标下设协，由副将统领；协下设营，由参将、游击、都司、守备分别统领；营下设汛，由千总、把总分别统领。绿营起初因八旗兵力不足而设，主要作为八旗兵的辅助。清中叶以后，由于八旗军的战斗力下降，绿营兵逐渐成为清军主力，人数也不断增加。至晚清，满族高官多已养尊处优，八旗、绿营基本失去了军事上的能力，无所作为。出于镇压太平天国的需要，清政府只能大量启用汉族官员，训练出湘军、淮军镇压太平天国运动。

湘军。由在籍侍郎曾国藩在湖南团练基础上编练而成的私人性质的武装。或称湘勇、楚勇，因其将领和士兵多为湖南人而得此称呼。太平天国运动兴起后，清朝正规军八旗、绿营无能抵御，清廷遂命各地在籍绅士编练团练。1853年（咸丰三年），清廷下令曾国藩协助湖南巡抚督办团练，1854年2月编成水陆两军，陆军13营、水师10营，共计1.7万人。湘军以营为基本单位，以士人为营官，以同乡和伦常情谊为纽带，选将募勇坚持同省同县的地域标准，鼓励亲朋师生一同入伍，甚至同在一营。每营500

人，士兵由营官自招，士兵只服从营官，每军只服从统将一人，饷银自筹。江南大营被摧毁后，湘军成为清政府绞杀太平天国的主要军事力量，也成为清王朝维系其统治的重要支柱。主要将领有曾国藩、胡林翼、左宗棠、曾国荃、刘长佑等。湘军组建开创了中国"兵为将有"的体制，成为后来军阀的滥觞。此后，湖南将领自带的湖南兵也称湘军。

九江、湖口之战。1855年（咸丰五年）1—2月，太平军西征中与曾国藩湘军展开战斗，最终扭转西征战场上的被动局面的著名战役。1854年（咸丰四年）12月初，曾国藩督率湘军突破太平军驻守的鄂东田家镇、取得长江江面控制权后，决定乘胜东攻九江。时太平军方面，由翼王石达开主持西征全局，在湖口前线部署防御，秦日纲、陈玉成率军驻扎在江北，胡以晃、罗大纲等率军增援。1855年1月9日，湘军主力围攻九江，连续进击均被太平军击退，曾国藩遂决定转攻湖口，以剪断九江太平军的羽翼。太平军依靠泊于鄱阳湖口的竹簰（在水面活动的炮垒）坚守。23日，湘军水师攻破竹簰。为阻止湘军冲入湖内，太平军将士连夜将大船装满沙石、凿沉江心，仅于西岸留一隘口。29日，湘军冲入湖内，太平军在石达开、罗大纲的指挥下，乘势将湘军水师一分为二，并出动战船，围攻湘军水师老营，两岸太平军也手持火箭、喷筒协同作战。2月11日，驻守九江、小池口的太平军再以小艇潜袭湘军水师大营，焚毁部分湘军船只，并一举掳获了曾国藩的座船，其管驾官、监印官等阵亡。曾国藩乘三板小船狼狈逃至其陆师营垒。太平军九江、湖口之战，沉重打击了湘军的气焰，粉碎了曾国藩夺取九江、直捣金陵的企图，扭转了西征战场上的被动态势。

三河之战。天京事变后，太平军于1858年（咸丰八年）在安徽三河镇（今属合肥）歼灭湘军精锐李续宾部的著名战役。三河镇是庐州之南（今属合肥）的天然屏障，属水陆交通要道，也是天京的供应枢纽，防守坚固。1858年（咸丰八年）秋，浙江布政使李续宾率部连陷潜山、桐城、舒城，于11月3日进逼三河镇。时洪秀全新任命的太平军前军主将陈玉成从苏北战场回救，后军主将李秀成率部支援，至13日，连营数十里、号称10万之众。11月15日起，两军展开决战。至18日，6000余湘军全部被歼，李续宾与曾国藩之弟曾国华毙命,湘军受到沉重打击,太平军趁势收复舒城、桐城,围攻安庆的清军被迫撤离,胡林翼哀叹湘军"三河之败后,元气尽伤,四年纠合之精锐,覆于一旦"。

第二次鸦片战争。1856—1860年英、法联合发动的侵华战争。这次战争虽未以鸦片为名,战争结果却实现了鸦片贸易合法化,故史家称为第二次鸦片战争,又称"英法联军之役"。第二次鸦片战争之所以发生,是资本主义侵略者的利益最大化未能得到满足。《南京条约》等一系列不平等条约签订后,西方列强虽然从中国取得了许多特权,但还有更大的野心。英国之所以发动这场战争,主要是谋求在华的全面经济与政治利益。1856年英、法、美三国提出修改《南京条约》等要求,被拒后,英国以"亚罗号事件"为借口进犯广州,挑起了第二次鸦片战争。次年,法国借口"马神甫事件"与英组成联军,攻陷广州,1858年5月攻陷大沽炮台,进逼天津。清政府派桂良、花沙纳为钦差大臣赴天津谈判,分别与俄、美、英、法等国代表签订《天津条约》。11月又在上海签订了中英、中法、中美"通商章程"。沙俄则乘机以武力强迫黑龙江将军奕山签订了中俄《瑷珲条约》。1859年,英国公使普鲁斯、法国公使布尔布隆、美国公使华若翰前来与清政府交换《天津条约》批准书。三国公使各自率领一支舰队,于6月间到达大沽海口,拒绝按照清政府指定的路线进京。25日,英法联军突然袭击大沽炮台。清军开炮还击,重创英、法舰队,这是鸦片战争以来清王朝在对外战争中所取得的第一次大胜利。

1860年8月1日,英法联军以舰船200余艘,陆军1.7万人,分别由大连、芝罘开拔,避开大沽,在未设防的北塘从容登陆。旋即占新河,陷塘沽,24日占领天津。9月初进犯北京,咸丰帝逃往承德,命恭亲王奕䜣留京主持议和。10月18、19两日,根据额尔金的命令,英军和法军大肆劫掠并焚毁了圆明园。奕䜣于10月24、25日,分别与英、法代表额尔金、葛罗签订了中英、中法《北京条约》。11月沙俄也借机胁迫清政府签订中俄《北京条约》。经过第二次鸦片战争和《天津条约》《北京条约》的签订,西方资本主义列强强加于中国的所谓"条约体系"业已形成,中国丧失了更多的主权，中国社会的半殖民地化进一步加深了。

亚罗号事件。1856年广东水师查捕海盗的事件。"亚罗号"是一艘走私的中国船，曾在香港注册，但已过期。1856年10月，广东水师在黄埔逮捕了船上的几名海盗和涉嫌船员。英国驻广州代理领事巴夏礼在英国驻华公使、香港总督包令的指使下，硬指此船为英国所有，并且捏造船上曾悬挂英国国旗被中国兵勇侮辱，要求送回被捕者和公开道歉。两广总督兼管理通商事务的钦差大臣叶名琛先是据实复函驳斥，后则妥协，将所获人犯送到英国领事馆。但巴夏礼蓄意扩大事端，拒绝接受。英国巴麦尊内阁利用这一事件发动了第二次鸦片战争。

马神甫事件。又称西林教案。法国天主教神甫马赖非法潜入中国内地活动，于1856年2月在广西西林县被处死。法国便以此事件对中国进行讹诈。为了换取英国支持它在越南"自由行动"，并取得天主教在中国传教不受干涉的保证，法国欣然接受英国的建议，派葛罗为全权公使，率军来华，协同英军对中国发动了第二次鸦片战争。

《天津条约》。第二次鸦片战争期间，英、法、俄、美强迫清政府分别签订的不平等条约。1858年5月20日，英法联军攻陷大沽炮台，进逼天津。29日，清政府派桂良、花沙纳赶往天津求和。于6月13日签订了中俄《天津条约》，沙俄取得了在福州、厦门、台湾、琼州等7处通商和在通商口岸设置领事，停泊军舰，购买土地，建造教堂、住房、货栈的权利，以及享有领事裁判权、片面最惠国待遇和自由传教等特权。条约第9条还规定中俄派员勘查"从前未经定明边界"，"务将边界清理补入此次和约之内"，为沙俄进一步侵占中国领土打下了伏笔。6月18、26、27日又分别与美、英、法签订《天津条约》。主要内容有：外国公使常驻北京；增开牛庄（后改营口）、登州（即蓬莱，后改烟台）、台湾府（今台南）、淡水、潮州（后改汕头）、琼州（今海口）、汉口、九江、南京、镇江为通商口岸；英法等国人可往内地游历、通商、传教；修改海关税则，减少商船船钞；赔偿英国银400万两，法国银200万两，赔款交清后英、法退还占领的广州。中美《天津条约》还规定，清政府给其他国家的任何特权，美国得"一体均沾"。11月，清政府于上海又同英、法、美三国分别签订了《通商章程善后条约》，规定：鸦片贸易合法化；中国海关由英国人"帮办税务"；海关对进出口货物照时价值百抽五征税；洋货运销内地，只纳按价值2.5%的子口税，免征一切内地税。咸丰皇帝批准了《天津条约》。

张家湾、八里桥之战。第二次鸦片战争中清军与英法联军的最后战役。1860年（咸丰十年）9月18日，英法联军向张家湾（通州以南约十三里）发起进攻，僧格林沁率军抵抗，后因调派马队抄袭敌军时，骑兵调头回奔，冲散步兵，阵脚大乱，退守至距北京城东20余里的八里桥一带。联军遂占领张家湾，随后出击占领郭家坟和通州城。21日，联军自郭家坟分三路猛扑八里桥一线，驻守清军分别由僧格林沁、胜保、瑞麟率领迎战，双方激战4小时，清军损失惨重。张家湾、八里桥之战，双方都投入了空前兵力，清军的马队冒死冲锋，但在敌军猛烈炮火下损失惨重。联军先头部队的弹药消耗一空，而人员伤亡较少；僧格林沁等部清军却溃不成军，完全丧失了战斗力。张家湾、八里桥之战结束后，英法联军直逼北京，22日，咸丰帝带领后妃和一批官员仓皇由圆明园逃往热河（今河北承德）。

《北京条约》。1860年10月，英法联军攻进北京后，英、法、俄强迫清政府分别签订的不平等条约。24、25日，奕䜣在北京分别与英、法全权代表额尔金、葛罗交换了《天津条约》文本，并签订了《续增条约》，即《北京条约》。主要内容是：承认《天津条约》完全有效；增开天津为商埠；准许英法招募华工出国；割让九龙司，"归英属香港界内"；退还以前禁教期间没收的教产，由法国公使转交各处教民；赔偿英、法军费各增至800万两，恤金英国50万两，法国20万两。

中俄《瑷珲条约》。1858年沙俄强迫中国签订的不平等条约。1858年，英法联军进攻天津、威胁北京，中国东北边防空虚。5月22日，沙俄东西伯利亚总督穆拉维约夫趁机率兵抵达瑷珲城（今属黑龙江黑河市）。28日，以武力逼迫黑龙江将军奕山签订中俄《瑷珲条约》。条约规定：黑龙江以北、外兴安岭以南60多万平方公里的中国领土划归俄国，仅在瑷珲对岸精奇里江以南的一小块地区（时称江东六十四屯）仍保留中国方面的永久居住和管辖权；乌苏里江以东的中国领土划为中俄"共管"，原属中国内河的黑龙江和乌苏里江，此后只准中、俄两国船只来往，别国不得航行。清政府没有批准《瑷珲条约》，并对弈山等人予以处分。沙俄方面则将瑷珲北岸的海兰泡改名为"报喜城"（布拉戈维申斯克），沙皇特颁嘉奖，晋封穆拉维约夫为阿穆尔（黑龙江）斯基伯爵。

中俄《勘分西北界条约》。 沙俄根据中俄《北京条约》关于中俄西段边界走向的条款强迫清政府签订的界约。自 1862 年起，中俄双方在塔尔巴哈台（今新疆塔城）开始勘分西北边界的谈判。中国的西部边界原在巴尔喀什湖。沙俄却硬指清朝设在境内城镇附近的常驻卡伦为分界标志，把中国的内湖斋桑泊（今哈萨克斯坦境内）和特穆尔图淖尔（今吉尔吉斯斯坦伊塞克湖）指为界湖，并出兵强占中国境内山隘、要津，垒石立界，制造既成事实。甚至扬言攻取喀什噶尔和伊犁。1864 年再开谈判后，俄国方面派兵威逼塔城卡外，并坚持中国必须按照俄国的分界议单划界。10 月，中俄签订《勘分西北界约记》，具体划定了从沙宾达巴哈山口（今俄境）起至浩罕边界为止的中俄西段边界。据此，沙俄再割巴尔喀什湖以东、以南 44 万多平方公里的中国领土。沙皇俄国是第二次鸦片战争最大的获利者。通过《瑷珲条约》《北京条约》和一系列勘界条约，侵占了中国 144 万多平方公里的领土。

天京事变。 1856 年由杨秀清逼封"万岁"引起的太平天国领导集团"内讧"事件。定都天京后，杨秀清假借天父下凡，逼迫洪秀全封他为"万岁"。天父下凡成为杨秀清打击诸王、挟制洪秀全的一种手段。这时，洪秀全迫于"天父"的压力和杨秀清的权势，一面同意杨秀清的请求；一面密召在江西的北王韦昌辉和在湖北的翼王石达开速回天京。9 月 2 日清晨，韦昌辉率部从江西前线火速赶回，在杨秀清并无戒备的情况下，闯入东王府，杀了杨秀清及其全家。此后两个月，韦昌辉又采用极其卑劣的手段，故意扩大事态，杀杨秀清部属连同在战乱中被杀的无辜群众。石达开回京后，对韦昌辉杀人过多表示不满，韦昌辉又欲杀石达开，石达开连夜逃至安庆，起兵讨伐韦昌辉。11 月，洪秀全下令天京军民"合朝同心"诛杀韦昌辉，石达开回京辅政。次年 5 月底，石达开因洪秀全对他猜忌，从天京出走，带领十余万精兵单独行动。天京事变和石达开出走使得太平天国的战场形势发生了根本性的逆转。此后，太平军由战略进攻转入战略防御。

洋枪队。清政府勾结英、美、法等国为镇压太平天国和捻军起义的武装。主要由三支队伍组成：一是 1860 年（咸丰十年）由美国人华尔在上海成立，1862 年（同治元年）改称"常胜军"。后由英国人戈登统领；二是 1862 年由英国人葛格在浙江成立，称"常安军""定胜军"，以及由法国人勒伯勒东、德克碑等统领的"常捷军"；三是 1862 年由崇厚在天津组建的"天津洋枪队"。洋枪队是中外势力勾结、镇压太平天国运动的产物。

上海小刀会起义。咸丰初年，活跃在上海地区的会党发动的武装起义。小刀会源起于天地会，创始于 1850 年（道光三十年）前后，由闽粤移民传入，与本地庙帮、塘桥帮、罗汉党等组成秘密会党联合体，共推刘丽川为首领。1853 年（咸丰三年）9 月，周立春、刘丽川等分别率众发动起义，击毙上海知县袁祖德，活捉苏松太道吴健彰，占领上海县城，随后相继攻克宝山、南汇、川沙、青浦等地，建立"大明国"，后改称"大明太平天国"，由刘丽川上书洪秀全，表示接受领导。清军在外国势力支持下于 9 月 22 日攻陷嘉定，捕杀周立春。起义军所占县城先后失陷，退守上海，宣布免除上海地区三年赋税钱粮，发展商业，受到上海人民拥护。1855 年 1 月起，英、法、美当局与清军配合作战，并封锁上海交通，断绝起义军粮源、军火接济。小刀会长期困守孤城，弹尽粮绝，加上内部矛盾，于 2 月 17 日被迫突围，刘丽川、周秀英（周立春之女）等在突围中战死，余部一部分由潘起亮率领参加太平军，其他各部流散各地，继续参加反清斗争。

辛酉政变。1861 年，由慈禧太后与恭亲王奕䜣联合发动的，以推翻咸丰皇帝遗命"赞襄政务王大臣"，夺取政权的一次宫廷政变，因这一年为农历辛酉年，史家称"辛酉政变"，也称"北京政变""祺祥政变"。1861 年（咸丰十一年）8 月，咸丰帝在承德避暑山庄病逝，诏立年方六岁的儿子载淳继位；命怡亲王载垣、郑亲王端华、协办大学士户部尚书肃顺、御前大臣景寿及军机大臣穆荫、匡源、杜翰、焦祐瀛8人为"赞襄政务王大臣",总摄朝政,辅佐载淳。载淳继位后,改元祺祥。他的生母慈禧太后图谋取得最高统治权,与在京的恭亲王奕䜣秘密联系,并拉拢握有兵权的胜保等人。9月初,奕䜣以吊丧为名,赶至热河行宫,与慈禧、慈安两太后密谋,旋返京布置。10月26日,两太后偕幼帝载淳回京,咸丰帝灵柩则由肃顺另路护送。11月1日,皇太后等返抵北京,大学士贾桢等在奕䜣的暗示下,奏请"皇太后亲操政权"。慈禧、慈安遂以贾桢等人上书为由,捕杀肃顺等三人,其余五大臣革职治罪,宣布由两宫太后"垂帘听政",以1862年为同治元年,任命恭亲王奕䜣为议政王大臣,桂良、文祥为军机大臣,夺取了实际最高统治权。

安庆保卫战。太平天国后期的重要战役之一。1860年(咸丰十年)5月,当太平军东征苏州、常州时,曾国藩派湘军主力乘机进逼天京西部屏障——安庆。9月,洪秀全调陈玉成、李秀成等二次西征,解围安庆,于12月陈玉成部在桐城战败。1861年4月,太平军合攻武昌未成。合取武昌的计划,是救援安庆的上策。此计不行,安庆保卫问题就变得十分严峻了。1861年4月至9月半年时间里,双方对安庆展开了激烈的争夺战。两军阵地犬牙交错,互相包围。洪仁玕、杨辅清等赶来援助,几次与湘军大战,不能取胜。6月,湘军攻破安庆城北十余里的太平军据点集贤关。9月,湘军用地雷轰塌安庆城墙,太平军守将叶芸来、吴定彩等守城将士1.6万人全部战死,安庆失陷。

安庆决战的用兵方向仍然是正确的,但由于太平天国的主要军事统帅对用兵安庆的认识严重分歧,致使会取武昌的计划流产,这是太平天国军事上的一次重大失误。从此,太平天国的军事形势日渐恶化,转入劣势,天京门户洞开。

淮军。李鸿章主导建立的武装,因以淮南地区的团练为基础而得此称呼。1861年(咸丰十一年),曾国藩命其幕僚李鸿章回淮南合肥、六安一带,按照湘军营制编练,招募淮勇,得6500人。次年开赴上海,购得洋枪洋炮,聘用外籍军官教习枪炮和阵法,配合英法侵略军和湘军,阻止太平军进攻上海。后势力不断扩大，至 1865 年（同治四年）已有六七万人。太平天国运动被镇压后，成为清政府同捻军作战的主力。1877 年（光绪三年），参照德国营制，建立克虏伯炮队。但在中法战争、甲午中日战争中遭到惨败，日益衰退，逐渐被袁世凯编练的陆军所取代。

捻军。太平天国运动时期活动于北方的农民起义武装。"捻"为淮北方言，一捻，即是一群、一组、一部分的意思。也称为"捻"或"捻子"，后称"捻党"。主要成员为农民、手工业者和无业游民，以抗粮抗捐、打富济贫为斗争方式。捻子以村庄设防，组成骑兵队，运用骚扰战术，遇到危险时全面退却。1851 年，开始在山东、河南、安徽等地发起动乱。1855 年（一说 1856 年春）各路捻子齐集安徽雉河集（今属涡阳），推选张乐行为盟主，建立五旗军制，制定《行军条例》19 条。1857 年（咸丰七年），与太平军联合作战，并接受太平天国领导，蓄长发，受印信，使用太平天国旗帜，但各旗仍保有独立的组织和领导系统。太平天国失败后，捻军曾长期坚持作战，击杀僧格林沁。1866 年起，先后转战河南、湖北、安徽、直隶、山东和江苏各地，曾国藩、李鸿章都曾受命征剿捻军，最后一支捻军在 1868 年 8 月覆灭。

《劝世良言》。基督教布道书，中国第一位基督新教华人牧师梁发作。1832 年（道光十二年）著于广州，意在将"真经圣理之旨分送劝戒世上之人"，以期"合正经之道理"，由伦敦会牧师马礼逊代为校订付印，全书共 9 卷，约 9 万字，大部分是辑《圣经》章节而成，其余结合中国风俗人情，阐发基督教基本教义。书中宣扬上帝爷火华（现译作耶和华）为独一尊神，要求人们敬拜上帝而不可拜别的邪神偶像。该书是洪秀全获得基督教神学知识的最初来源。

《原道救世歌》《原道醒世训》。洪秀全早期所写宣传拜上帝的文章，创立了一种以朴素的平等思想为内容的农民革命理论，着重谴责了"世道乖漓，人心浇薄，所爱所憎，一出于私"的社会弊端，批判了国与国之间，省、府、县、乡、里，乃至族姓之间"相陵相夺相斗相杀"的丑恶现象，提出人人皆是"皇上帝"的子女，因此人与人之间的关系应该是平等的、无私的。《原道醒世训》中说："天下多男人，尽是兄弟之辈，天下多女子，尽是姊妹之群，何得存此疆彼界之私，何可起尔吞我并之念。"封建帝王不过是妄自尊大，在上帝面前没有他的地位。提出"天下为公"的"大同"理想社会，号召天下凡间的兄弟姊妹，"相与作中流之砥柱，相与挽已倒之狂澜"，则可"共享太平"。显然，这是洪秀全所提出的改造社会的理想方案。

《原道觉世训》。洪秀全撰写的为农民起义服务的宣教文章。引用《礼记·大同篇》，结合基督教教义，提出"太平"世界很快就可以到来，"天国"应该建立在地上，这就给了在痛苦中呻吟的广大被压迫、被剥削群众一种新的希望和力量。他在《原道觉世训》中第一次明确提到各种妖魔邪神的总代表"阎罗妖"是上帝的对立面。他强烈谴责所谓阎罗妖，率领拜上帝会众前赴象州打甘王庙，捣毁孔子偶像。拜上帝会在广大贫苦劳动人民中获得了更多的支持。正如李秀成后来所回忆的：信上帝的多为"农夫之家""寒苦之家"。

《天朝田亩制度》。1853 年太平天国定都天京后颁布的涉及社会经济制度的纲领性文件，核心是解决农民最关心的土地问题。主要内容包括：一是经济上实行平均主义政策，遵循"有田同耕，有饭同食，有衣同穿，无处不均匀，无人不饱暖"的原则，实行土地财产平均分配制度，将土地按贫瘠程度，分为九等，授田多少与年龄有关、与性别无关，15 岁以下减半；二是建立起兵农合一、军政合一的社会组织；三是在思想上独尊"皇上帝"。《天朝田亩制度》是太平天国建设新世界的蓝图，是农民向封建统治全面宣战的总纲领，是革命农民对未来理想社会的结晶。两千年来，中国农民举行过无数次起义，提出过不少革命的口号，表达过对未来社会的理想，但还没有提出过像《天朝田亩制度》这样比较系统和完整的社会改革纲领。这个纲领否定了剥削压迫农民的封建土地所有制，动员广大民众起来反抗清政府的统治，但其具体实施方案具有平均主义的空想色彩，在战争还在进行的现实中很难实施，但对鼓舞农民参加起义产生了影响。

《资政新篇》。太平天国后期由干王洪仁玕提出振兴政务的纲领性文件。主要内容包括四部分：一、用人察失，禁止朋党；二、革除腐朽生活方式，移风易俗；三、实行新的社会和经济政策，仿效西方资本主义；四、采用新的刑法制度。《资政新篇》从政治上总结了太平天国立国以来的主要经验教训，要求加强中央集权，反对分散主义，反对结党营私；但其主要内容是回答太平天国或者说农民革命应当向何处去的问题。首先泛论当时世界各国的大势，指出各国富强或者落后的原因，然后列举出一系列仿效西方资本主义制度的建议，主要有：（一）创办报纸，沟通上下情感，设立不受众官节制，也不节制众官的各省新闻官，专收各地新闻纸呈送天王；（二）成立某些地方自治机构，管理地方财政、乡兵、教育、医院以及社会救济事业等；（三）兴办近代工矿交通等企业，仿造火车、轮船，设立邮局，提倡筑道路、修水利、开矿山、办工厂，兴办银行、发行纸币等；并实行准许私人投资、奖励发明创造、保护专利等政策；（四）与外国通商，平等往来，欢迎外国人前来传授工艺技术，但不准干涉内政。《资政新篇》从"因时制宜，审势而行"的原则出发，根据中国的实情和当时世界的潮流，提出了在中国发展资本主义经济和进行一些相应的上层建筑改革，在当时具有进步意义，是中国人最早提出的一个现代化蓝图。由于严酷的战争环境，没能付诸实施。因此，这个文件的颁布并未给太平天国后期的政治生活带来明显的影响。

洪秀全（1814—1864），原名洪仁坤，小名火秀，原籍广东嘉应州，生于广东花县。出身农民家庭，父兄耕种为业。自幼熟读四书五经，但几次参加科考都名落孙山，这使他愤懑不平。这时正当鸦片战争前后，鸦片战争失败、清政府腐朽、两广两湖以农民为核心的会党起事风起云涌，使洪秀全开始思考个人的出路、社会的安宁和国家的前途。1843年最后一次参加科考失意，始绝意仕途。此后他结合《劝世良言》所提供的某些教义和病中梦见上承天命、在上帝面前捆缚鞭挞孔丘的奇妙经历，借用上帝的名字，与乡人密谋策划组织拜上帝会，自称"天父"，从事传教活动。1850年11月，洪秀全率会众在广西桂平县金田村宣告起义，建立起与清廷对立的太平天国。随后，率军北上，进湖南，取武汉，沿江东进，连克九江、芜湖等地，太平军在作战中迅速发展壮大。1853年3月20日，攻克南京，在此建太平天国首都，名天京。政权建立后，分兵西征、北伐，使太平天国达到全盛时期。1856年，东王杨秀清与北王韦昌辉先后被杀，1857年，石达开出走，使太平天国濒危。随后几年，虽也取得了一些胜利，但大局难挽。1863年冬，天京被清军围困，粮尽援绝，次年6月3日，洪秀全在绝望中病故，时年50岁，太平天国失败。洪秀全的主要事迹有：（1）借用西方基督教教义，撰写《原道救世歌》《原道醒世训》《原道觉世训》等宣教文章，创立拜上帝会，号召农民反抗清廷统治；（2）建立太平天国政权，颁布《天朝田亩制度》和《资政新篇》，反对封建社会制度。

冯云山（约1815—1852），又名乙龙，太平天国领导人之一，广东花县人（今广州市花都区）。屡试不中，后充任村塾教师。1843年（道光二十三年），与洪秀全共创"拜上帝会"。5月，入广西贵县开展传教活动，后只身至桂平紫荆山区，吸收杨秀清、萧朝贵等入会，发展会众2000多人。金田起义后，任前导副军师，后在永安被封为南王、七千岁。1852年4月，与萧朝贵等率主力部队在平冲一带伏击清军并趁势北攻桂林。5月，在进攻全州时中炮负伤，不久死于蓑衣渡。主持订立《太平军目》《太平礼制》及天王、军师的政体等。《天情道理书》中称他"历尽艰辛，坚耐到底"。

杨秀清（1823—1856），原名嗣龙，太平天国领导人之一，广西桂平人。1846年（道光二十六年），加入"拜上帝会"。后假托天父附体，取得代天父传言权力。金田起义后，先被封为左辅正军师、中军主将。后在永安被封为东王、九千岁，节制诸王及群臣，掌握军政实权，因此"威风张扬，不知自忌"。太平天国定都天京后，居功自傲，逼洪秀全封他为万岁，与洪秀全矛盾日益激化。1856年9月，洪秀全密诏韦昌辉从前线回京，2日诛杀杨秀清，其全家及部属也都遭到杀戮。

萧朝贵（约1820—1852），太平天国领导人之一，广西桂平人，早年以烧炭为业。1846年（道光二十六年），加入"拜上帝会"。1848年冯云山被捕后，洪秀全返粤，他仿效杨秀清，假托天兄下凡附体，取得了代天兄传言的特殊身份。金田起义后，被封为右弼又正军师、前军主将。12月在永安被封为西王、八千岁。曾与东王杨秀清共同发布《奉天诛妖，救世安民谕》等檄文，号召民众起义推翻清政府统治。1852年率部攻长沙，杀清军总兵福诚，后被炮火击中负伤，回营后身亡。李秀成赞其"勇敢刚强，冲锋第一"。

韦昌辉（约1823—1856），原名志正，太平天国领导人之一，广西桂平金田村人。1848年（道光二十八年），参加"拜上帝会"并献出全部家产。金田起义后，不久被封为后护又副军师、右军主将。后在永安被封为北王、六千岁。1856年8月，接洪秀全密诏后赶赴天京。9月2日，杀东王杨秀清。11月被洪秀全处死，削去封号。

石达开（1831—1863），太平天国领导人之一，广西贵县（今广西贵港市）人。1850年（道光三十年），率3000余人至金田村参加起义，任左军主将，并在永安被封为翼王、五千岁。1855年在湖口等处大败湘军水师，次年与秦日纲等共破清军江南大营。"天京事变"时，奉命回京辅政，后遭洪秀全猜忌，感到洪秀全有"谋害之意"，于1857年6月率20万精兵出走，严重削弱了太平天国军事力量。后转战于闽、浙、川、黔等地。1863年（同治二年）5月，率部渡过金沙江，在大渡河畔遭到清军及土司部队围捕。6月13日，率部分将领和5岁儿子径赴清营，被解往成都后全部杀掉。

秦日纲（约1821—1856），广西桂平人。原名日昌，因避韦昌辉讳改名。1851年（咸丰元年），在永安任天官正丞相，后升顶天侯。1854年6月，晋封为燕王，杨秀清令其统兵二次北援，但在安徽境内受挫，加之西征战事吃紧，二次援军中道夭折，以后天京方面再也无力派兵北援。次年春，在湖口、九江之战后，率军反攻湖北，大破湖广总督杨霈所部清军，攻占汉阳、汉口和武昌。1856年1、2月间，率部与镇江守军里应外合，大败清军，并乘胜渡江，踏破江北大营大小营盘120余座。4月初，再次占领扬州，取得军粮运回镇江。5月底，于高资大破清军，击毙吉尔杭阿。6月初，再破九华山营垒，清军败退丹阳。得胜后回驻天京观音门、燕子矶一带，在石达开率主力赶到后，两路大军会攻江南大营，并成功击破。后参与"天京事变"，11月，继韦昌辉之后被诛，革去爵位。

林凤祥（1825—1855），一作凤翔，太平天国将领，广西武鸣人（一说广东揭阳人）。1851年（咸丰元年）秋，在广西永安参加太平军，隶属西王萧朝贵部。金田起义后历任将军、指挥、检点、天官副丞相。1853年5月，与李开芳等率2万余人北伐，10月，击溃直隶总督讷尔经额部，逼近京、津，清廷震惊。旋以功封定胡侯。次年初，南撤至阜城，5月据守连镇，孤军奋战九个月。1855年3月7日连镇陷落被俘，15日被杀于北京。后追封"求王"。

李开芳（约1826—1855），广西浔州（今桂平）人。太平天国将领。金田起义后，历任监军、总制等职。1853年（咸丰三年）5月奉命北伐，与林凤祥、吉文元率军自扬州出发。10月，在河北临洺关击溃直隶总督讷尔经额部，占领静海，直逼天津，以功封定胡侯。因援兵未至，后被迫南撤河北阜城，并与林凤祥分兵，自带一部南撤山东高唐，据地坚守，等待援助。1855年5月31日被俘，随即解至北京。6月11日被杀。1863年（同治二年），追封为"靖王"。

咸丰帝（1831—1861），即爱新觉罗·奕詝，道光帝第四子。1850—1861年在位。年号咸丰。1851年（咸丰元年），派兵镇压金田起义。后起用曾国藩等汉族官僚兴办团练，并任用肃顺、彭蕴章等筹划财政。1856年，英、法发动第二次鸦片战争。1858年6月，由于北京的门户已向英法联军洞开，清政府在俄、美两国公使的所谓"调停"之下，与侵略者开始谈判，派桂良、花沙纳等分别与俄、美、英、法签订《天津条约》。1860年英法联军进攻北京，逃往热河（今河北承德市），命其弟恭亲王奕䜣留京议和，又与英、法、俄等国分别签订《北京条约》，并承认中俄《瑷珲条约》。1861年病死于热河行宫。遗命载垣、端华、肃顺等八人为"赞襄政务王大臣"。

僧格林沁（1811—1865），蒙古族，博尔济吉特氏。1825年（道光五年），袭封科尔沁郡王。1853年（咸丰三年），受命率蒙古骑兵堵击太平天国北伐军。1855年,因镇压太平军"有功",封亲王。1857年任钦差大臣,督办军务,防守天津出海口。1859年,指挥大沽口海战,击败英法联军。次年,大沽、天津先后失陷,所部骑兵又败于张家湾、八里桥,被革职夺爵。后恢复郡王爵,参与镇压长枪会、白莲教、捻军等起义武装。1865年(同治四年),在山东西北的曹州(今菏泽)高楼寨被捻军击毙。清廷谥号"忠",配享太庙。1889年(光绪十五年),在北京安定门内建专祠——显忠祠。

李秀成(1823—1864),原名以文,太平天国将领,广西藤县人。1851年(咸丰元年)加入太平军,因屡立战功,先为右四军帅,不久升为后四监军。1856年,随燕王秦日纲去江苏镇江解围,参与击破清军江北江南大营,升任地官副丞相。天京事变后,升为地官正丞相,获封合天侯。石达开出走后,与陈玉成共掌军政。1858年,与陈玉成部再破江北大营,全歼李续宾部。次年底,封忠王。1861年率部西征,因进军迟缓,贻误了战机。1862年(同治元年),进攻上海受挫。天京被围后,任真忠军师,主持城守,劝洪秀全"让城别走",遭到拒绝。天京陷落后,在保护幼主出城时被俘,写了供词,不久被杀。

曾国藩(1811—1872),字伯涵,号涤生,湖南湘乡人。1838年中进士,历任四川乡试正考官、翰林院侍讲学士、内阁学士、礼部右侍郎署兵部、工部、吏部、刑部侍郎等职。1852年丁母忧回原籍守制,旋因太平天国起义,奉诏在湖南办团练,创建湘军。1854年2月,练成淮军水陆共1.7万人,发布《讨粤匪檄》,率湘军与太平军作战,麾下聚集了胡林翼、左宗棠、李鸿章、曾国荃等一批所谓的"中兴名将",1861年攻占安庆。此后以两江总督统辖苏、皖、赣、浙四省军务,分兵出江苏、浙江,在外国侵略军的合作下,先后占据太平天国所辖江浙大部分地区,并于1864年7月攻破天京,封一等侯爵、加太子太保。次年奉命督办直隶、山东、河南三省军务,北进剿捻,捻军冲出清军防线,剿捻失败。1868年调任直隶总督。1870年查办天津教案,屈从法国人的无理要求,遭到朝野谴责,从此声誉扫地。1872年病死,谥文正。曾国藩一生以理学家自居,强调义理为先、立志为本。他的主要事迹有：（1）文人从军，创建了湘军，以募勇代替世兵，官职私相授受，兵、政、财、人权集中于统兵将帅，并依靠它打垮了太平天国；（2）洋务运动的领袖之一，最早创建军事工业；（3）对外主张"守定和议""保持和局"，指导思想是忠、信、笃、敬、诚。后人将其著作辑为《曾国藩全集》。

左宗棠（1812—1885），字季高，号湘上农人，湖南湘阴人。左宗棠曾在童子试中考中第一，写下"身无半文，心忧天下；手释万卷，神交古人"以自励。道光举人。初入湖南巡抚张亮基、骆秉章幕。后以其学识受到两江总督陶澍和湖广总督林则徐赏识，并得以结识湘军首领曾国藩。1860年（咸丰十年），曾国藩举用左宗棠襄办军务，招募并训练"楚军"，赴江西、皖南镇压太平军。1862年（同治元年）任浙江巡抚，次年升任闽浙总督。洋务运动期间，左宗棠积极参与，创办了福州船政局、西安机器局、兰州机器局等。1877年（光绪三年），以陕甘总督率军赴新疆平叛，彻底打垮阿古柏军，收服全疆，巩固了西北边防，声名远播。1881年任军机大臣、两江总督兼南洋通商大臣。中法战争期间，以钦差大臣督办福建军务，后病死于福州。后人将其著作辑为《左宗棠全集》。

叶名琛（1807—1859），字昆臣，湖北汉阳人，进士出身。历任编修、知府、道员、盐道、按察使、布政使。1848年（道光二十八年）升任广东巡抚。在任期间，镇压凌十八统率的农民起义军，捕杀凌十八。也曾协助总督拒绝英人入城。1852年署理两广总督，后实授两广总督兼五口通商大臣。1854年，在英法侵略军协助下镇压广东天地会起义。1855年，授协办大学士。1856年，授体仁阁大学士，仍留总督任。第二次鸦片战争期间，1857年英军进犯广州，他不事战守，城陷后于1858年1月被俘，解往印度加尔各答，病死该地。

葛罗（Jean Baptiste Louis Gros，1793—1870），一译葛历劳士。法国外交官，历任法国驻葡、西、埃及等国外交官。1857年（咸丰七年）和1859年，两次以法国全权专使身份来华，与额尔金率领英法联军，发动侵华战争，先后攻占广州、大沽、天津、北京，强迫清政府先后签订中法《天津条约》、中法《北京条约》，随后向清政府表示"愿为中国助剿（太平天国）发逆"，遭拒绝。1862年调任驻英大使，次年退职。

陈玉成（1837—1862），原名丕成，太平天国将领，广西藤县人。14岁随叔父参加金田起义，因作战勇猛，封又正掌率。1854年（咸丰四年），升至殿右三十检点。次年，随秦日纲作战，屡立战功，升冬官正丞相。1858年，任前军主将，参与歼灭李续宾部，并取得三河大捷。次年封英王。1860年为解安庆之围，率部西征武昌，于次年8月抵达黄州，但因李秀成失约未能按计划成事，安庆失守后退守庐州（今合肥）。1862年（同治元年）庐州失守，前往寿州，被苗沛霖出卖，6月在河南延津被杀，年仅26岁。陈玉成的牺牲，标志着太平天国天京以西战场无可挽回的失败。

奕䜣（1832—1898），亦作奕忻，道光皇帝旻宁第六子，咸丰皇帝奕詝六弟，母贵妃博尔济吉特氏。自号乐道堂主人。咸丰帝即位后，以道光帝遗嘱封恭亲王。1853年（咸丰三年），任侍卫内大臣办理京城巡防。后在军机处行走，任军机大臣。1860年（咸丰十年），代表清政府留京任钦差大臣办理善后事宜，先后与英、法、俄签订《北京条约》。咸丰帝死后，与慈禧太后联合发动辛酉政变，清除以肃顺为首的八位顾命大臣，被任命为"议政王"，掌管军机处及总理衙门。1864年（同治三年），镇压太平天国运动后，继续捕杀捻军起义等武装力量。担任总理各国事务衙门大臣期间，支持曾国藩、李鸿章、张之洞等进行洋务运动，其间数次被慈禧太后解职。1884年（光绪十年），受弹劾后被罢免一切职务。甲午战争爆发后，起用为总理衙门大臣、总理海军、会办军务，在内廷行走。旋又命督办军务，节制各路统兵大臣。12月，授军机大臣。1898年（光绪二十四年），病故。谥曰"忠"。著有《乐道堂诗抄》等。

慈禧太后（1835—1908），即西太后，同治帝生母，叶赫那拉氏，满洲镶黄旗人，父亲惠征。1851年（咸丰元年）被选中秀女，次年进宫，封为兰贵人，深得咸丰帝宠爱，1857年被封为懿贵妃。1861年（咸丰十一年）咸丰帝病死于承德行宫，其子6岁的载淳即位，被尊为圣母皇太后，加徽号慈禧，俗称西太后。同年11月，与恭亲王奕䜣合谋发动辛酉政变，与慈安太后共同"垂帘听政",改年号为同治。从咸丰十一年(1861)辛酉政变上台,到光绪三十四年(1908)去世,慈禧太后统治中国近半个世纪。在其统治期间,任用曾国藩、左宗棠、李鸿章等汉族官僚镇压太平天国运动和捻军起义及西北回民起义等;也支持洋务运动,创办军事工业,训练新式陆军和海军;对外则一再妥协退让,在位期间有《中法新约》《马关条约》等一系列不平等条约的签订;1898年发动戊戌政变,打击维新势力;义和团运动中,曾利用义和团对外宣战。八国联军侵入北京后,她挟光绪帝逃往西安,并下令镇压义和团运动。后公然推行"量中华之物力,结与国之欢心"的卖国政策,与侵略者签订了中国自鸦片战争以来所遭受的最为惨重的宰割和耻辱的《辛丑条约》。1901年在西安,以光绪帝名义宣布推行新政和预备立宪,但其关注清王朝的皇位统治更胜于关注近代中国的前途与命运。预备立宪始终未能完成传统政治体制的结构性转型。1908年慈禧太后去世后,清王朝很快就在革命中覆亡。

李鸿章(1823—1901),字少荃,安徽合肥人。少时科举得意,道光进士,授翰林院编修。1853年在籍办团练,对抗太平军。1858年投靠曾国藩,襄办营务。1861年,经曾国藩奏荐编练淮军。旋率淮军乘外轮东下上海,就任江苏巡抚,在英、法、美等国支持下,与戈登合作,镇压太平军。后以钦差大臣身份,主持剿捻事业,经数年之功,彻底剿灭东、西捻军,此后迭任湖广总督、直隶总督、两广总督、总理衙门大臣等要职,尤以任直隶总督兼北洋大臣20余年,集内政、外交、军事、经济大权于一身,是影响朝政30多年的重要人物。他的主要事迹有:(1)在镇压太平天国和捻军的过程中,建立了一支比八旗、绿营乃至湘军都更为强大的武装力量淮军,是中国最早一支用西方武器和技术装备起来的军事力量。淮军走向全国,实际担任国防军任务数十年,直至甲午战争失败,新军产生;(2)由于日本侵略台湾引起海防危机,积极筹建当时亚洲相当现代化的北洋海军,但在甲午战争中消极避战,最终全军覆灭;(3)积极推动洋务运动,成为洋务派首领。从60年代开始,先后举办了江南制造总局、金陵机器局等军事工业和轮船招商局、开平煤矿、上海机器织布局、天津电报局等民用企业；(4) 主持晚清一系列重要的政治、外交活动。在主持对外交涉中一贯妥协退让，1876 年与英国签订中英《烟台条约》、1885 年中法战争中与法国签订《中法新约》、1895 年赴日本订立《马关条约》，另外，1896 年的《中俄密约》、1898 年的中英《展拓香港界址专条》和 1901 年的《辛丑条约》都由其签订。旋病死。遗著编为《李文忠公全集》，新编《李鸿章全集》。

呤唎（1840—1873），英国人，原名 Augustus Frederick Lindley，呤唎（Lin Le）是他来中国后改的名字。他出身于伦敦一个普通海员家庭。1859 年夏，作为英国海军的一名下级军官来到香港。在中国南方沿海各地考察了几个月后，辞去在英国海军中的职务，并在一艘小轮船上找到了一个大副的职位。1860 年进入太平天国统治区，同李秀成讨论了英、法干涉的问题，参加了太平军的礼拜仪式，还在一些起义者家里做客。这既加深了他对英国对华政策的认识，又提高了他对太平天国运动的认识，决心要尽最大的力量来帮助太平天国。同年底，呤唎到达天京，正式参加太平军。曾率炮队在江西、安徽作战，并去上海、镇江一带采办军火、粮食，教练太平军兵士炮术。1863 年，驻守九洑州炮台受重伤，随即赴上海调养。1864 年初到上海后被李鸿章布置的密探侦得，受到追踪，于夏天返回英国。同年在英国出版《太平军之真象》(The Taiping as They are) 一书。1866 年出版《太平天国革命亲历记》(英文书原名：Ti Ping Tien Kwoh：The History of the Ti—Ping Revolution, Including a Narrative of the Author's Personal Adventures)。在书中提出："我要痛斥英国所采取的太平天国的政策，这种政策不论在理论上和实践上都是绝顶愚蠢和自杀的政策，并且它的每一个后果都是绝对不义的。" 1873 年 3 月，病逝于伦敦。一个世纪后，英国学者柯文南博士在伦敦坎苏尔绿色墓地发现了呤唎的墓，于 1981 年发起修整。新立的墓碑上刻有呤唎的英文名字和生卒年月以及 "中国之友，压迫者之敌" 字样，并刻上了中国太平天国历史研究会的中文献词："献给呤唎，中国人民的朋友。"

第三章　失去发展机遇的三十年

总理各国事务衙门。1861年（咸丰十一年）1月，清政府根据《北京条约》设立的办理洋务的专门机构，主管外交、通商、关税等事务，简称总理衙门，又称总署。首任总理衙门的大臣是奕䜣、文祥、大学士桂良。总理衙门分设英国、法国、俄国、美国、海防（后改为日本）五股，附设总税务司和京师同文馆，并协调南、北洋大臣及出使各国大臣等的对外交涉事宜。辛酉政变后，总理衙门的体制发生了重大变化，开始形成"办夷之臣，即秉政之臣"的格局。列强通过这一机构加强了对清政府内政外交的控制。1901年应《辛丑条约》要求改称外务部，列六部之首。

总税务司署。清政府管理海关行政和关税事务的机构。1854年（咸丰四年），英、法、美趁上海小刀会起义之机，迫使上海地方政府订立协定，由三国各派一人组成海关税务管理委员会。1858年（咸丰八年），《中英通商章程》又规定各口海关皆邀英人帮办税务。次年，英国迫使南洋通商大臣任命英国人李泰国为总税务司。1861年（咸丰十一年），总理衙门加委李泰国为中国总税务司，不久李泰国回国，由英国人赫德代理。1863年（同治二年），赫德继任，并将总税务司署迁往北京。该署设正、副总税务司各一人，其下设总务、机要、统计、汉文、铨叙五科。主要职能是征收各海关关税、管理各海关行政及任免官员。《马关条约》《辛丑条约》的赔款都以海关关税为担保，总税务司署成为汇总各海关关税收入总汇出机构。

总税务司。官名，总税务司署的主管官员。1859年（咸丰九年），清政府在上海设立总税务司署，隶属总理衙门，以总税务司为主管官员，各口海关设税务司一人,并任命英人李泰国为第一任总税务司。1863年,英人赫德任总税务司,并将总税务司署迁至北京。从此,赫德充任总税务司长达45年之久,一直至1908年回国,奕䜣及其以后历届办理洋务的清朝大臣都深受其影响。实际上,总税务司不仅控制了中国海关,其活动触角还伸向中国的军事、政治、经济、外交以及文化教育等各个方面。

洋务运动。清政府中央大臣和地方督抚发动的"自强新政",也称"自强运动""洋务活动"。自强新政以自强为目标,但甲午战争北洋舰队被消灭,中国在战争中失败,标志着自强新政的破产。洋务运动30多年主要做了三件事,一是创建近代工业,二是建立近代海军,三是举办近代教育事业。1861年(咸丰十一年),恭亲王奕䜣会同桂良、文祥上奏《通筹夷务全局酌拟章程六条》,获准启动"自强新政"。在中央,先是以恭亲王奕䜣为代表人物,后是以醇亲王奕譞为首的总理衙门和海军衙门大臣;在地方,以曾国藩、李鸿章、左宗棠、张之洞为代表人物。洋务运动前期,洋务派以"自强"为旗号,引进西方先进生产技术,集中力量优先创办了一批近代军事工业,如安庆内军械所、江南机器制造总局、金陵机器局、福建船政局等。洋务运动后期,洋务派为解决军事工业资金、燃料、运输、通讯等方面的困难,打着"求富"的旗号,兴办了一批民用工业,如轮船招商局、开平煤矿、电报总局、上海机器织布局等。1874年,日本派兵侵略台湾,引发了清政府高层关于海防问题的大讨论。讨论中李鸿章等人主张优先发展海防的意见占了上风,清政府决定首先重点建设北洋水师,任命李鸿章、沈葆桢分别督办北洋、南洋海防事宜。1888年北洋水师正式成军。洋务自强事业最缺乏的是人才。为此,19世纪60年代初洋务派在北京、上海、广州等地首先开办了一批新式外国语学校——同文馆,并创办了一批专业学堂如船政学堂、电报学堂、武备学堂等。为了迅速掌握西方先进的科学技术,洋务派还向美国、英国、德国派遣了留学生,其中派往美国的四批,120人;派往欧洲的四批,85人。后来这些留学生大都学有所成,许多成为中国各项近代化事业的开创者。洋务派认为推行洋务新政"可以剿发捻,可以勤远略",结果在甲午战争中彻底失败,宣告洋务运动最终破产。虽然洋务运动发起者的思想和实践没有向政治改革继续前进，但他们确实充当了历史的不自觉的工具，为社会进步的部分质变和质变创造了条件，尤其是引进了西方资本主义国家的机器工业，培养了一批科技人员和技术工业，在客观上刺激了中国资本主义的产生和发展。

北洋通商大臣。简称"北洋大臣"，晚清管理直隶、山东、奉天三省通商、交涉等事务的官员。1870年（同治九年）因通商事务扩大，清廷下令改三口通商大臣为北洋通商大臣，除管理直隶（今河北）、山东、奉天（今辽宁）三省通商、对外交涉事务外，还办理有关外交、海防、关税及官办军事工业等各项事务。初由崇厚专任，后因与地方行政牵连较多，改由直隶总督兼任。

南洋通商大臣。简称"南洋大臣"，晚清管理东南沿海及长江沿岸各口通商、交涉等事务的官员。1861年总理衙门设立后，改五口通商大臣旧制，设钦差大臣管理东南沿海五口和长江沿岸三口（镇江、九江、汉口）、潮州、琼州、台湾、淡水各口的通商、交涉事务，即"南洋通商大臣"。初由江苏巡抚兼任，1865年（同治四年）改由两江总督兼任。

北洋水师。清政府建立的第一支海军。1874年（同治十三年），日本侵台事件使清廷大为震动，总理衙门提出创立北洋水师的建议。1875年（光绪元年），李鸿章受命督办北洋海防。1876年起，清廷陆续派遣留学生到英、法等国学习海军事务。1879年，天津设立了海军营务处。次年，李鸿章在天津开办北洋水师学堂。同时，清廷向外国订购了铁甲战舰，修筑军港。1888年北洋水师正式成军，已拥有当时远东最"坚猛"的铁甲舰两艘，及巡洋舰七艘、炮舰六艘、鱼雷艇六艘、练船三艘、运输船一艘，还建立了旅顺、威海两处基地。舰队指挥员以中国第一代留学培养的军官为骨干。北洋水师操练正规，在清军中素质最高。与此同时，广东水师、福建水师、南洋水师也陆续成军。但是，从1888年至1894年，北洋舰队虽舰艇数量增至35艘、总吨位4.6万吨，但因缺少更新，船况装备均已陈旧落后。甲午战争前，日本的舰船数虽略少于北洋海军，但总吨位远甚于北洋舰队舰艇，这也是甲午海战中清政府战败的重要因素之一。1909年，海军事务处成立,北洋海军被取消。

总理海军事务衙门。清末管理全国海军的机构,通称海军衙门,或称海署。1885年(光绪十一年)10月,中法战争后设立,由醇亲王奕譞为总理海军事务大臣,奕劻、李鸿章为会办大臣,其中,李鸿章专司其事,善庆、曾纪泽为帮办。奕譞遂在其管辖的神机营署内设立"总理海军事务衙门",开始按1874年(同治十三年)清政府海防决策,建设北洋海军,由李鸿章负责。1888年(光绪十四年)12月,北洋舰队建成,制订了《北洋海军章程》,规定每三年特派大臣会同北洋大臣出海校阅一次。1891年和1894年均按例举行。1891年1月,奕譞病死,奕劻继任总理海军事务大臣。甲午战争中,北洋舰队覆灭,次月,海军衙门被裁撤。

琉球事件。日本非法吞并琉球王国的事件,日本称为"琉球处分"。琉球是一个独立王国,自明朝初年起,与中国建立藩属关系。1871年11月,琉球王国渔船遭遇飓风飘至台湾南部,有船民数十人被高山族人捕杀,十余人被清政府送回国。日本以此作为吞并琉球、侵略台湾的借口,1872年即迫使琉球国王接受其藩王封号,又于1873年3月派外务卿副岛仲臣来华进行外交讹诈,被清政府据理驳回。1874年5月,在美国支持下,日本陆军中将西乡从道统领3000余人在台湾南部登陆,福州船政大臣沈葆桢受命带领清军渡海援台,致使日军侵占台湾的企图难以得逞。于是,日本转向外交谈判。同年10月31日,在英、美、法三国的压力下,奕䜣、李鸿章与日本特使大久保利通在北京订立《北京专约》。日本利用《北京专约》中有"保民义举"的不当文字,于1875年强迫琉球结束向中国进贡。1879年日本派出陆军和警察到琉球,以武力吞并琉球,改琉球为日本冲绳县。清政府当即向日本提出抗议,不承认日本吞并琉球。中日之间长期就琉球地位进行谈判,琉球遂成为中日之间一个悬案。

中日《北京专约》。日本以保护琉球漂流民为由讹诈清政府签订的不平等条约,亦称中日"北京专条"。1874年(同治十三年)春,日本政府以1871年琉球船民在台湾南部遇难为借口,发兵侵犯中国台湾,遭高山族人民顽强抗击,清政府亦调兵增援,全面布防。日本政府转而派代表与清政府会谈，谋从外交讹诈达到目的。清政府代表始则据理辩驳，后在英国驻华公使威妥玛的压力下妥协。10月31日，恭亲王奕䜣与日本特使大久保利通在北京订立本约，共3款，另附"会议凭单"一件。主要内容为：日本退兵；中国允给"抚恤"银10万两，赔偿日本在台"所有修道、建房等件"银40万两；中国承认遇难琉球船民为"日本国属民"，日本此次侵台为"保民义举"。该条约给日本日后兼并琉球以口实。

马嘉理案。英国人入侵云南引发的中英交涉事件，亦称"滇案""云南事件"。英国占领印度后，接着又占领缅甸，进而觊觎中国云南。1874年英国派柏郎上校（Horace A. Browne）率英国武装人员"探路队"企图开辟缅滇交通，驻北京的英国使馆派翻译马嘉理（Augustus Raymond Margary，1846—1875）从云南进入缅甸迎接。次年2月，马嘉理带领"探路队"由缅入滇，不通知滇地方官员，在中国境内与边民发生冲突，被当地人打死，柏郎被逐回缅甸。英国百般讹诈，以断交和武力要挟清政府，迫使李鸿章于1876年同英国公使在烟台签订《烟台条约》。

中英《烟台条约》。中英交涉马嘉理案形成的一项不平等条约，亦称"滇案条约"。马嘉理案发生后，英国强迫清政府签订的不平等条约。1876年（光绪二年）9月由李鸿章与英国公使威妥玛在烟台签订《烟台条约》，分三部分16款，附有《入藏探路专条》。主要内容有：英国派员到云南"调查"，准许商订云南和缅甸间的边界通商章程；开放宜昌、芜湖、温州、北海为通商口岸；允许英国人开辟印藏交通，可到西藏、云南、青海、甘肃等地"游历"；洋货运入内地，不论中外商人都只纳子口税，全免各项内地税；凡未设立租界之各通商口岸，应将外人居住处所"划定界址"；赔偿被害英人家属关平银20万两；扩大英国在华的领事裁判权。利用《烟台条约》，英国不断策划入侵西藏的图谋。1884年，英军从锡金越境，闯入后藏，企图挑拨班禅与达赖的关系。两年后，又派兵集结西藏亚东以南边境。1888年英军进攻西藏隆吐山要塞，当地军民奋勇抵抗，最后清政府撤换了驻藏大臣，与英国"罢兵定界"，签订《藏印条约》和《藏印续约》，承认锡金归英国保护，开放亚东为商埠，英国在亚东享有治外法权及进口货物五年不纳税的特权。与此同时，法国和俄国也争相向西藏伸展势力。

中俄《伊犁条约》。清政府因收回沙俄强占的我国新疆伊犁地区而与俄国签订的条约，实际上是一项不平等条约。1875年（光绪元年），清政府任命陕甘总督左宗棠为钦差大臣督办新疆军务，出兵新疆平乱，经过一年半的战争，击败阿古柏匪军，于1878年2月收复新疆南北两路。接着清政府派崇厚为出使俄国大臣，前往索还伊犁。崇厚昏聩无能，与俄擅签《交收伊犁条约》，中国损失甚大，引起国人愤慨。1880年，清政府改派曾纪泽重新谈判，在圣彼得堡签订中俄《改订条约》（或称《圣彼得堡条约》）。主要内容有：（1）中国收回伊犁和特克斯河流域等领土，但和尔郭斯河（霍尔果斯河）以西原属中国的领土划归俄国所有；（2）中国赔偿沙俄"代收代守"伊犁"兵费"及补恤俄商损失费由500万卢布增至900万卢布（合白银500万两）；（3）喀什噶尔（今新疆喀什）和塔尔巴哈台（今新疆塔城）的两国边界另议界约；（4）俄国在肃州（今甘肃酒泉）和吐鲁番增设领事；（5）俄国"代守"伊犁10年中，为沙皇效力之华人，清政府"均免究治，免追财产"，有愿入俄籍者，应听其便；俄人在伊犁置有田地者，"仍准照旧管业"。1884年，清政府在新疆正式建省。

黑旗军。原是太平天国时期广西天地会起义军的一部分，进入越南后以号称黑旗军著名。19世纪七八十年代，法国大规模入侵越南。中越之间早已存在传统的宗藩关系，法国侵越，必然引起中法的交涉与斗争。对法国在越南的军事行动，中国在越南的驻军一直保持了克制，而太平天国失败后由广西撤入越南境内的一支农民军却屡屡出动，几次大败法军。这支军队以七星黑旗为战旗，故称黑旗军，其首领刘永福被越南国王任命为三宣提督，受命协防越南北方，曾获得临洮大捷。随后被清政府调入台南。1895年在反割台斗争中，黑旗军同台湾义军一起浴血奋战，弹尽粮绝后刘永福内渡。黑旗军在近代反侵略斗争中有重要贡献。

中法战争。1883—1885年，由法国侵略越南进而侵略中国而引起的战争。法国早就想变印度支那为它的殖民地，17世纪就开始了对越南的侵略，且以越南为跳板进攻中国，是法国的基本方针。1883年，法军攻克越南京城顺化，越南国王投降，签订《顺化条约》，承认法国为其保护国。12月，法军以孤拔为统帅，进攻黑旗军和驻在越南山西地区的清军，中法发生军事冲突。次年初，法军进逼中越边境，与中国形成对峙局面。清政府内部在抗击法国侵略问题上犹豫不定，后慈禧太后授权李鸿章与法国谈判，李鸿章以双方撤军，法不向中国索要赔款的条件为满足，与法国在天津签订《中法会议简明条款》，清政府承认法国对越南的"保护权"，同意在中越边境开埠通商，清军撤回边界。

《简明条款》签订后法军气焰大长，不等中方撤军便抢占谅山，中国军队愤而还击，发生所谓"谅山事件"。该事件成为法国扩大侵略的借口。1884年8月初，法舰突袭停泊在福建马尾港的福建水师，26日清政府下诏对法宣战，宣布因"法人背约失信，众怒难平，不得已而用兵"，命令各军相机进取，沿海各口如有法国兵轮驶入，要合力攻击，悉数驱除。黑旗军首领刘永福也被授予记名提督的头衔，指挥他原有的队伍作战。战争由此扩大到中国本土，中、法间的外交关系随之断绝。1885年3月，冯子材、刘永福等率军先后取得谅山、镇南关、临洮等战役胜利。3月30日，巴黎群众举行示威游行，并聚集在议会外面和外交部前，高呼"打倒茹费理"等口号。在群众的压力下，茹费理内阁倒台。在中国军队已掌握了战场上的主动权的情况下，清政府经过长期秘密谈判，4月4日，与法国在巴黎签订停战条款，在重新肯定《简明条款》有效的基础上停战议和。6月，授权李鸿章在天津与法国谈判签订《中法新约》，承认越南为法国的保护国。当时人称"法国不胜而胜，中国不败而败"。

马尾海战。法国舰队对中国福建水师发动的突然袭击。1884年（光绪十年）7月，法国远东舰队司令孤拔率舰队进入闽台海面，封逼马尾港。此时，清政府正派员在上海与法使谈判。8月22日晚，法国舰队司令孤拔召开各舰长会议，布置作战方案，决定在次日下午退潮时发起攻击。23日，已驶入马尾港的法舰突然向港内的福建水师开火，中方舰只仓促应战。旗舰"扬武"号在未及起锚的状态下用尾炮击中法旗舰"窝尔达"号，自身也被鱼雷击中下沉;"福星"号在管带陈英指挥下,直冲敌阵,向大于自己数倍的法舰"凯旋"号开火,"凯旋"号重炮反击,陈英牺牲,三副王涟继续指挥,直至全舰沉没;"振威"号最早向法舰反击,旋遭三艘法舰包围,管带许寿山与舰同归于尽。其他如"福胜"号管带叶琛、"建胜"号管带林森林、"飞云"号管带高腾云等都率部拼死抵抗,壮烈捐躯。这场海战,福建水师近30艘舰船几乎全部被击沉击毁,官兵阵亡近800人。马尾海战中方失败的原因有两个方面,一是中国上层消极避战,寄望求和,不做准备,听任法国舰只驶入自己的军港,造成被动挨打的局面。二是中法海军实力对比悬殊。战斗中,中国炮舰朝法舰不停射击,由于距离近,命中率很高,但因炮弹威力小,没有给法舰造成致命伤。而中国舰船却经不住法舰的重炮,中弹后很快洞穿沉没。马尾海战后,清政府于8月26日下诏对法宣战,战争由此扩大到中国本土,中、法间的外交关系随之断绝。

镇南关大捷。中法战争中清军在广西镇南关(今友谊关)大败法国侵略军的著名战役。1885年(光绪十一年)3月,法军进攻镇南关。两广总督张之洞起用老将冯子材帮办广西关外军务。冯子材得令后,驰赴镇南关整顿部队,构筑工事,积极备战。在战斗最激烈的时候,七十多岁的冯子材手持长矛,大吼一声冲向敌人,全军振奋,最终击溃法军,毙敌千余人。中国军队乘胜追击,收复谅山。镇南关大捷改变了战争的形势,中国军队开始掌握战场上的主动权。

《中法新约》。清政府与法国签订的关于结束中法战争的不平等条约,即《中法会订越南条约》十款。1885年6月9日,清政府授权李鸿章与法国驻华公使巴德诺在天津签订。主要内容包括:(1)清政府承认越南为法国的"保护国";(2)中法合同勘定中国和北圻的边界;(3)中越边境设埠两处通商,允许法商在此居住并设领事;(4)货物进出中国的云南、广西边界,要降低通商税;(5)日后中国修筑铁路,应向法国经营铁路建筑者商办;(6)法军退出台湾、澎湖。就这样,清政府以军事上的胜利,换取的仍是对中国不利的不平等条约,被人称为"不败而败"。从此,法国势力侵入云南、广西,加深了中国西南边疆的危机。

天津教案。1870 年(同治九年)天津发生的因群众反洋教引起的中外交涉的案件。《天津条约》签订后,法国把联军议约总部望海楼改为领事馆,又取得与望海楼毗连的崇禧观的永租权,在领事馆旁建了个教堂,在城东区开了间仁慈堂。仁慈堂收养小孩,修女有时还给送孩子来的人一点身价钱。于是一些"吃教"耍无赖、拐骗幼童去换钱的事时有发生。1870 年夏,仁慈堂内收养的小孩因传染病死了不少,埋于河东乱葬岗,被野狗刨出。民众遂怀疑教堂有虐待行为。更有传闻教堂对幼童挖眼剖心的。恰在此时,一个叫武兰珍的人因迷拐幼童被乡民执获送官,审讯中供出同伙还有教民王三。天津知县刘杰审得此供,上报北洋大臣崇厚。崇厚照会法国驻天津领事丰大业,要他帮助将教民王三送案对质。丰大业敷衍应对。6 月 21 日,围聚在教堂外的民众与法国领事馆人员发生冲突,向教堂抛掷砖头。丰大业要求崇厚派兵弹压,崇厚派知县刘杰及巡捕 2 人前往制止。丰大业持枪率秘书西蒙往见崇厚,一进门即怒言相向,开枪示威,将室内什物信手打破,口称:"尔怕中国百姓,我不怕尔中国百姓",扬长而去。行至路上,遇见自教堂返回的刘杰,丰大业迎面放枪,将刘杰家人高升击伤。愤怒民众当场将丰大业和西蒙殴毙。接着群众将望海楼教堂、法领事馆、仁慈堂及洋行焚毁,又焚毁英国礼拜堂 4 处、美国礼拜堂 2 处。混乱之中殴毙或烧死 18 名外国人,连同丰大业和西蒙,共 20 人。遇害的还有中国教民 16 人。教案发生后,美、英、法、俄、德、比、西七国联合向清政府提出抗议,各国军舰逼近天津海河口示威,要求惩凶赔偿。清政府调派直隶总督曾国藩到天津查办,接着又派李鸿章会同办理。曾、李将天津知府和知县革职充军,判处肇事者 20 人死刑(缓刑 4 人),25 人流放,并赔款 50 万两白银。清政府还派崇厚专程赴法国赔礼道歉。

东学道起义。1894 年朝鲜农民反对封建统治和外国侵略的起义。又称甲午农民战争。1894 年 2 月,朝鲜南部东学道农民秘密公社发动起义。6 月,起义军攻占全罗道首府全州,进逼汉城。朝鲜国王请求清政府派兵协助镇压。清政府于 6 月 5 日派直隶总督叶志超率陆军 1500 人赴朝鲜,进驻汉城南的牙山。日本随即成立战时大本营，借口保护使馆、侨民，派兵分踞汉城一带要地，之后又陆续增兵。东学道起义平息后，日本拒绝从朝鲜撤军，蓄意挑起战争，引发甲午中日战争。

甲午战争。日本侵略朝鲜和中国引发的战争，因其爆发于旧历甲午年，史称甲午战争，或称甲午中日战争，日本则称为日清战争。1894年（光绪二十年）春，朝鲜南部爆发东学道农民起义，朝鲜政府请求清政府派兵协助镇压。此时日本正在寻找出兵朝鲜的借口，便诱使清政府先出兵。驻朝鲜的袁世凯在得到日本公使"我政府必无他意"的保证后，电告国内。主持军务外交的李鸿章经请示光绪皇帝，决定依保护藩属的旧例，派直隶提督叶志超率兵1500名援朝，并按约通知了日本方面。日本政府见阴谋得逞，立即决定出兵朝鲜。6月5日，日本政府成立战时大本营，13日在仁川登陆的日军即达8000人，同时迅速占据军事要地，完全控制了首都汉城。这样，中日形成了军事对峙。7月23日，日军占领朝鲜王宫，劫持国王，发动政变。25日，日军在丰岛海面突袭中国运兵船，不宣而战。29日，进犯牙山清军。8月1日，中日双方正式宣战。日本对中国宣战后，大本营随即迁到广岛，天皇以大元帅身份到广岛来统率大本营，举国一致的战时指挥体制正式形成。由于李鸿章坚持避战静守的方针，使清军陷于被动。9月16日，日军攻陷平壤。17日，日舰在黄海海面袭击中国北洋舰队，北洋舰队奉命退守威海卫基地。后日军占领了朝鲜全境并掌握了黄海、渤海的制海权，战火蔓延至中国境内。11月，日军陆、海两路进攻辽东半岛，连陷九连城、安东、大连、旅顺。1895年1月，日军海陆两路夹攻威海卫。2月，威海卫失陷，北洋舰队全军覆没。3月，辽东半岛陷落。4月清政府被迫与日本政府签订了《马关条约》。

丰岛海战。甲午战争初期中日海军在朝鲜丰岛海面的一场遭遇战。1894年7月下旬，清政府令济远、广乙、操江3舰护送租用的英船"高升"号运兵增援朝鲜牙山清军。日军海军少将坪井航三率数舰在牙山口丰岛海面集结，伺机拦击。25日，护送运兵船"高升"号的中国军舰"广乙"号和"济远"号驶抵丰岛海面，日海军"吉野""浪速""秋津洲"

三舰突袭中国军舰,战斗持续一个半小时,"广乙"重伤,"济远"受伤退逃旅顺。接着日舰拦住"高升"号,令其投降,遭拒绝。"浪速"号舰长东乡平八郎下令将"高升"号击沉,船上800名中国陆军官兵殉难。日舰还俘获了中方的护航木壳轮"操江"号。

平壤之战。甲午战争期间中日两军在朝鲜平壤爆发的一场大战。牙山之战后,日本陆军大将山县有朋率军约17000人(实际参战兵员12000人),有山炮44门,分四路进逼平壤,阻断清军退路。其时中方在平壤的兵力有15000人,山炮28门,野炮4门,机关炮6门,总指挥为叶志超。1894年9月13日,日军进逼平壤,叶志超仓促布置防务,另有朝鲜军千余人协同守城。由于补给困难,日军只带两天干粮,弹药也有限,山县令部下拼死力战,不得生为俘虏。15日凌晨,日军分四路向平壤发起猛攻,正面御敌的回族将军左宝贵身先士卒,在城上亲燃大炮轰敌,激战中中弹牺牲。后日军攻破玄武门,叶志超令守军连夜撤出平壤,一路狂奔,逃过鸭绿江。平壤战役仅一天即告结束。

黄海海战。中日两国海军主力在中国辽东大东沟附近黄海海面爆发的一场大战,又称甲午海战、大东沟海战。1894年9月16日,海军提督丁汝昌率北洋舰队护送援军返航到鸭绿江口大东沟时,在鹿岛海面遭遇日军,一场日本方面蓄谋已久的黄海大海战爆发。中国参战的军舰10艘,总吨位为31366吨,总兵力2000余人;日本参战的军舰12艘,总吨位40849吨,总兵力3500人。中国军舰平均航速为每小时15.5海里;日本军舰平均航速为每小时16.4海里。日本舰队拥有各种火炮268门,其中速射炮97门;北洋舰队各种火炮173门,但却没有一门速射炮。所以,日本舰队在吨位、兵力、速度、炮火等方面都占有明显优势。黄海大海战是世界史上第一次蒸汽机舰队的大规模海战,中日双方投入兵力之多,机械化程度之高,战斗时间之长,景状之惨烈都是空前的。海战结果,中方"致远""定远""扬威""超勇""广甲"五舰沉毁,伤亡800余人。日方"松岛""比睿""赤城""吉野""西京丸"五舰遭重创,伤亡300余人。中方损失较大,但主力舰只大部保留,日军舰队先撤退,海战结束。总结这次海战的教训,首先要检讨李鸿章"保船制敌"的消极作战方针。其次，中国海军近代化建设落后于日本，包括海军经费严重不足和任意挪用，导致新型武器装备的缺乏；全国海军领导机制的不统一，使得只有一支北洋舰队与日本全国海军对垒，而南洋等水师则袖手旁观；还有海军专业化指挥、训练水平滞后等。这次海战，对中方来说是遭遇战，指挥员事先没有与日军大战决战的准备。因是护航，各舰携弹不多，造成海战中弹药严重匮乏。战后，清政府派员查验北洋舰队，发现尚有大批炮弹放在仓库里未带上舰。在两国交战状态下，前敌指挥员在消极战略思想指导下疏于作战准备的教训是严重的。

威海卫之战。甲午战争后期日本海陆军围歼北洋水师及其基地威海卫中的一场战役。威海港居山东半岛突出部，三面环陆，中间有刘公岛及日岛，形成东西两个出口，岛上和陆地南北两帮建有炮台八座，配置德、英等国造的新式大炮百余门，可谓地势险要，工事牢固，是清政府海军提督衙门所在地。黄海大战后，李鸿章为了"避战保船"，北洋舰队余下的7艘战舰、6艘炮艇、13艘鱼雷艇和2艘练船都停泊在这里。1895年1月，日本出动舰艇25艘，军队2万多人，在山东半岛荣成湾登陆，分两路进犯威海卫。1月30日至2月3日，威海岸边南北两帮的炮台先后失陷，千余守军战死。炮台统领戴宗骞自杀。那些海岸炮除一部分被中方自毁外，悉落入日军手中。日军又封锁了东、西出港口，从陆海两面向港内开炮，使北洋舰队陷入绝境。丁汝昌下令港内布雷，决心死守。刘公岛及日岛炮台守军同舰上水兵一起坚持抵抗。2月4日夜，日本鱼雷艇偷袭旗舰"定远"号，"定远"击毁敌艇，自身也被重创。最后，"定远"弹尽，管带刘步蟾沉舰自裁。"来远""威远""靖远"等舰也陆续被敌人击沉。2月7日，北洋舰队内的外国雇员和牛炳昶等一批将领煽动部分士兵哗变，逼丁汝昌降敌。2月11日，丁汝昌及统领张文宣、杨用霖等人自裁殉国。次日，哗变官兵盗用丁汝昌名义向日军投降，交出残存全部舰只、器械和炮台，北洋舰队全军覆没。

《马关条约》。1895年清政府和日本签订的不平等条约，签订地点在日本马关，故名。中方代表为李鸿章和李经芳，日方代表为伊藤博文和陆奥宗光。共 11 款，主要内容为：中国承认朝鲜为独立国；将辽东半岛、台湾全岛、澎湖列岛割让给日本；赔偿日本军费白银二万万两，三年内交清；与日本订立通商行船条约及陆路通商章程；开放沙市、重庆、苏州、杭州为通商口岸，日本轮船可驶入以上口岸；日本臣民得在中国通商口岸任便从事各项工艺制造，又得将各项机器任便运进口，免征一切杂税；日本军队暂时占领威海卫，待赔款付清和通商行船条约批准互换后，才允撤退，威海驻兵费由中国支付。《马关条约》是中国自鸦片战争以来所遭受的最为惨重的宰割和耻辱。

公车上书。汇集在京师的应试举人为抗议《马关条约》签订给朝廷的上书，公车是应试举人的代称。《马关条约》签订以后，在国内引起了巨大的震动。朝野舆论哗然，官民悲愤交集，举国上下掀起了反侵略、反投降的斗争。当时在北京应试的各省 1300 名举人举行集会，公推康有为起草上皇帝万言书，于 1895 年 5 月到都察院呈递。这就是著名的"公车上书"。康有为在上书中提出四项办法：（1）下诏鼓天下之气；（2）迁都定天下之本；（3）练兵强天下之势；（4）变法成天下之治。其中，变法是立国自强之急务。公车上书在社会上产生了巨大影响。

反割台斗争。海峡两岸人民反抗日本武装占领台湾的斗争。《马关条约》签订以后，举国震惊，海峡两岸掀起反侵略、反割台斗争。在京会试的举人发动"公车上书"，主张拒和，迁都抗战；各界人士以罢市、发布檄文、通电等方式表达抗议；台湾在京师任职的 5 名官员叶题雁、李清琦、汪春源、罗秀惠、黄宗鼎联合上书都察院，强烈反对割让台湾，代表了台湾人民的心声。他们表示"夫以全台之地使之战而陷、全台之民使之战而亡"，"与其生为降虏，不如死为义民"。台湾同胞更是决心"捶胸泣血，万众一心，誓同死守"。《马关条约》生效后，台湾官绅宣布成立"台湾民主国"以自救；台湾同胞则纷纷组织义民军，建立起以吴汤兴、徐骧、姜绍祖、胡嘉猷、江国辉等为领导的武装力量，与刘永福的黑旗军联合抗击日军。1895 年 6 月，在台北陷落后，起义军坚持斗争，于新竹一带屡挫日军，迫使日军放弃迅速南下计划。9月，起义军在彰化保卫战中伤亡惨重。10月，在日军猛烈攻击下，嘉义、台南失陷。11月，日本宣告台湾"略定"。反割台斗争失败。在极端困难的条件下，台湾同胞与日军进行了长达6个月的抗争，日军投入兵力5万余人，伤亡及疲病遣返者约3万余人，为此付出惨重代价。在这场斗争中，福建沿海尤其是厦门、漳州、泉州等地成为支援台湾同胞斗争的据点，两岸民众一道为维护国家统一和主权完整进行坚决抗争，在近代中国人民反侵略斗争史上写下了光辉的一页。

台湾民主国。台湾官绅为抗议《马关条约》割让台湾而爆发的抗日举动。1895年5月8日，《马关条约》在烟台换约生效。台湾官绅见局势已难挽回，遂决定独立自救。25日宣布成立"台湾民主国"，定年号"永清"，推巡抚唐景崧为总统，众人又推举台湾军务帮办刘永福为大将军、丘逢甲为台湾义军统领。并致电北京："台湾士民，义不臣倭、愿为岛国，永戴圣清。"台湾民主国的成立，完全是台湾广大绅民在清政府弃台不顾的情况下，为了保卫台湾不被日本侵占而采取的保卫祖国领土完整的一种特殊的民间抗日举措，是为保台而建立的抗日救亡政权，并非是要脱离中国而"独立"。"台湾民主国"的抗日，是日后中国人民抗日运动的一个出发点。

《台湾总督府条例》。日本强占台湾后用台湾总督名义颁发的镇压台湾民众反抗斗争的管理规定。日本政府任命桦山资纪为台湾总督，1896年3月颁布《台湾总督府条例》，规定台湾总督为管理台湾的最高军政首脑，授予独裁统治的特权。总督府初设民政、陆军、海军三局，并设参谋部，以参谋长辅佐总督，并监督各局之业务。4月，日本政府颁布了第一部统治台湾的基本法《关于在台湾实施法令之法》（即是年的《第六十三号法律》，简称《六三法》），明确授予台湾总督颁布具有法律效力的命令即律令的权力，使台湾总督成为集行政、立法、司法和军事为一体的独裁者。

安庆内军械所。洋务运动期间洋务派最早创办的制造新式武器的军事工厂，因曾国藩在安庆湘军营地所办，故称。1861年（咸丰十一年）9月，由曾国藩创办于安庆。起初主要为湘军制造枪炮，用以镇压太平天国运动。1866年（同治五年），并入李鸿章创办的金陵机器局。

江南机器制造总局。洋务运动期间李鸿章在上海举办的新式机器制造厂，简称"江南制造局""上海机器局"。1865 年，李鸿章总结创办洋炮局的经验，在上海虹口购买美商旗记铁工厂，并入原有的两个制造局，再加上由曾国藩派容闳从美国购来的造船机器，建成该局。1867 年由虹口迁高昌庙，不断扩充，至 1874 年，先后设有汽炉厂、机器厂、铸铜铁厂、熟铁厂、洋枪楼、轮船厂、枪厂等，成为一个设备较为先进、生产规模较为齐全，也是洋务运动中规模最大的军事企业。此外，还附设广方言馆（外语学校）、工艺学堂和翻译馆等单位，职工达 3500 多人。这些工厂装备了当时世界上较先进的冶炼、加工及动力机械上千台，到 19 世纪 90 年代，约制造了西式炮 600 余尊，后膛枪 5 万余支，炮弹枪弹近千万发。为了所需钢材不受制于外商，沪局炼钢厂用英式炼钢炉每年可生产熟钢几十万磅，并能够自行轧制成材，这是中国近代钢铁工业的发端。沪局的船厂和船坞，于 1868 年造成第一艘轮船"恬吉号"，以后又造兵船及其他机动船十几艘，是中国最大的造船企业——江南造船厂的前身。

金陵机器制造局。洋务运动期间李鸿章在南京建立的新式机器制造厂，简称"金陵机器局"，又名"金陵制造局"。1865 年，李鸿章将苏州洋炮局迁至南京，在此基础上创办金陵机器局，用银 50 万两。有工厂十余座，主要制造枪炮、子弹，供应淮军，用以镇压捻军等武装起义。1881 年（光绪七年）添建火药局。因经费短缺，管理混乱，故生产的产品质量较为低劣。

福州船政局。洋务运动期间左宗棠在福州设立的新式造船厂，亦称马尾船政局、马尾船厂。1866 年，由闽浙总督左宗棠奏准创办于福州。闽局包括铸铁、打铁、模子、水缸、轮机、仪表、拉铁、帆缆、火砖、舢板等 14 个分厂，并附设船政学堂，有职工约 2000 人。船厂建立之初，机器设备由法国进口，由法国人日意格、德克碑任正、副监督，并雇用法国技师 45 人，5 年后外国员匠聘用期满回国，全部由中方人员接替。自 1869 年第一艘军用运输船"万年青"号下水到 90 年代末，共造大小舰船 30 余艘，其所造舰船的马力由 750 匹增至 2400 匹，成为当时中国四支水师补充舰只的主要基地。中法战争期间，船政局损失惨重。至 1894 年，共制造轮船 19

艘，船厂附设船政学堂，培养了一批技术人才。

天津机器制造局。洋务运动期间在天津设立的新式机器制造厂，简称"天津机器局"。1867年（同治六年），由崇厚创设于天津，初名"军火机器总局"。1870年，由李鸿章接办，始称天津机器制造局，主要制造枪炮、弹药、水雷等。1895年（光绪二十一年），改称"北洋机器制造局"。1900年，被八国联军焚毁。

湖北枪炮厂。洋务运动期间张之洞在湖北汉阳设立的官办近代军事工厂。张之洞创设。1888年（光绪十四年）两广总督张之洞在广州筹设枪炮厂。1889年张之洞调任湖广总督，筹办中的枪炮厂移设湖北汉阳大别山下，添购机器，兴建厂房。1894年建成，次年正式开工生产。1898年添设的炼钢厂和无烟火药厂，不久也并入枪炮厂。机器全部从德国订购，主要制造枪、炮、子弹和火药。1908年改称汉阳兵工厂。

上海轮船招商局。洋务运动期间李鸿章在上海设立的新式轮船航运企业，即轮船招商局。1872年（同治十一年）由李鸿章下令朱其昂试办。次年重订章程，在上海成立总局，称"轮船招商局"，唐廷枢任总办，朱其昂、徐润、盛宣怀、朱其诏先后任会办。在天津、牛庄（今辽宁海城市西）、烟台、汉口、福州、广州、香港以及国外的横滨、神户、吕宋、新加坡等处设分局。经运漕粮，兼揽商货。1877年（光绪三年）购进美商旗昌轮船公司设备以扩大经营，后因受到列强在华航运业排挤，加之管理腐败，1885年（光绪十一年）由盛宣怀改为"官督商办"，仍无法阻挡亏损。1909年（宣统元年）再次改组，成为"商办"，归邮传部管辖。后归国民政府管辖，新中国成立后收归国有。

上海机器织布局。洋务运动期间李鸿章在上海设立的棉纺织业近代工厂，属官督商办性质。1878年（光绪四年）起，李鸿章先后五次派员筹建，1882年，经李鸿章奏准，获得"十年内只准华商附股搭办，不准另行设局"的专利权，至1890年部分建成投产，设置纱锭3.5万枚、布机530架，投产后获利颇丰。1893年10月因遭火灾，厂房设备被毁。次年，由李鸿章派盛宣怀在原址设立华盛纺织总厂。

开平矿务局。洋务运动期间李鸿章在唐山兴办的新式采煤企业。1876年（光绪二年），李鸿章派轮船招商局总办唐廷枢筹办，次年拟定官督商办章程，招商集股。1878年在直隶（今河北）唐山开平镇正式成立。1881年全面投产，共计耗银70余万两。投产当年产煤1600余吨，次年猛增至3.8万余吨，此后，其生产能力不断提高，至1896年增至48.9万吨。配套设施较为完备，建设有连接铁路干线的支线、专供运煤的运河以及自备运煤轮船，并在塘沽、上海等地设有专用码头和堆栈。后被英国资本吞并。

天津电报总局。洋务运动期间由李鸿章在天津设立。1880年，李鸿章以电报有利防务、便利通讯，奏请清廷敷设上海至天津电线获准，委派盛宣怀为总办，郑观应为襄办。次年12月津沪线投入使用，全线长2724里，耗银17.8万余两，由北洋军饷垫付。设电报总局于天津，下设紫竹林、大沽、济宁、清江浦、镇江、苏州、上海7个分局，主要用于军务和政务。因亏损较大，1882年4月改为官督商办，开始用于商务。自此，事业不断扩充，1883年初开始架设苏浙闽粤电报线，次年竣工，全长5600余里。1884年，电报总局从天津迁到上海。后由官方收回，隶属邮传部，称电政局，兼办电话事业。

漠河金矿。洋务运动后期创办的企业。矿区在黑龙江省呼玛县漠河、奇乾河一带。1887年（光绪十三年）由李鸿章派员筹办，拟定筹办漠河金矿章程十六条，规定招商股20万两白银，还计划购买外国机器、聘用外国矿师、开辟山道等。次年，成立漠河矿务局，李金镛为第一任总办。金矿开办后，经济效益显著，如1889年产金18961两，1890年产金23105两，到1894年，年产金达28370两。1900年，八国联军入侵时被沙俄侵占。1906年由清政府赎回。1911年改由黑龙江省经办。北洋政府时期设官办广信公司高价提供粮食，低价收购砂金，并征收金税，金矿从此日趋衰落。

汉阳铁厂。洋务运动期间张之洞在湖北汉阳设立的近代钢铁厂。1889年（光绪十五年），两广总督张之洞在广州筹设炼铁厂。8月，张之洞调任湖广总督，筹备中的炼铁厂随之迁往湖北。次年张之洞从盛宣怀手中取得大冶铁矿开采权，并在大别山下兴建铁厂。1891年大冶铁矿投产。至1893

年冬，汉阳铁厂各主要分厂次第建成，有炼铁厂、熟铁厂、贝色麻炉钢厂、马丁炉钢厂、钢轨厂、钢材厂等十余个分厂，大冶运矿铁路和汉阳水陆码头也先后建成。次年6月正式投产，有工人3000人，外国技师40人。以后遇到经费困难和燃料问题，生产停顿，难以为继。1896年（光绪二十二年）5月，"招商承办"，由盛宣怀正式接办，性质由官办改为官督商办，先后招集商股250万两。1908年3月，汉阳铁厂、大冶铁矿和萍乡煤矿合并组成汉冶萍煤铁厂矿公司，由盛宣怀任总理、李维格任协理，进入商办时期。曾一度是中国也是亚洲最大的钢铁厂。后归国民政府管辖，生产停顿。新中国成立后收归国有。

官督商办。洋务运动时期清政府创办民用企业所采取的经济管理形式之一。一般是在企业筹建之初，由官方垫借官款，洋务派物色商界有影响的商人充当承办人，招徕民间资本，企业获利后逐步归还官款并偿付利息。按照李鸿章的设想，官督商办的原则是"由官总其大纲，察其利病，而听该商董等自立条议，悦服众商"，"所有盈亏，全归商认，与官无涉"。"官督"主要是官方保护、扶持和监督作用，"商办"则主要由经理负责业务经营、自负盈亏，以追求利润为主要目的。但是，企业的发展方向、高层管理人员和外国技术人员的任命都需要由官方定夺。从19世纪70年代开始，兴办的民用工业大多采用官督商办形式，这些企业在洋务派官僚的庇护下，享有减税、免税、贷款、缓息和专利等特权，对缓和企业资金困难、抵制外国资本侵略方面，起过一定的积极作用，较之传统体制也有一定进步，但也出现产权不清、政企纠结、过度依附官方产生垄断和腐败，带来市场竞争力低下等问题。到19世纪80年代后期，一些大型官督商办企业发生改组，停止公开招股、举借外债，企业经营权也为洋务派官僚直接掌握。到19世纪90年代后期，官督商办企业多半衰落，或改为官商合办或商办。

同文馆。洋务运动期间建立的培养翻译人员的外国语学校。洋务自强事业最缺乏的是人才，为此，19世纪60年代初洋务派在北京、上海、广州等地首先开办了一批新式外国语学校——同文馆。同文馆聘请外国人为教习，开设英文、法文、俄文、德文等分馆，后来又添设了天文、算学、物理、机械制造、国际法等其他学科的课目。其中，1862 年（同治元年）6月 11 日成立的京师同文馆最为有名。京师同文馆初创时只有英文馆，学生 10 人，专收八旗子弟，后陆续增设法文馆、俄文馆、德文馆、日文馆、天文馆、算学馆等，招生范围有所扩大，并由此转化成综合性的专科学校。至 1887 年，增加了自然科学、实用技术的内容，学生达到 120 人，学习期限为 8 年。馆内还附设印刷所，译印各国文献和科学书籍，出版《富国策》《政治经济学》等书刊。该校由美国传教士丁韪良任总教习近 30 年，1902 年（光绪二十八年）并入京师大学堂。

天津武备学堂。洋务运动期间李鸿章在天津设立。亦称"北洋武备学堂"。1885 年（光绪十一年），由李鸿章在天津创办，是中国最早的新式陆军学校。初设炮、步、骑、工程四科，后根据实际需要，增设铁路工程科。先后由杨宗濂、联芳、荫昌任总办。学堂规制仿效西洋陆军学堂，聘请德国军官为教练，教习天文、地舆、格致、测绘、算化及炮台营垒新法，演试枪炮新阵，兼习经史文义。学制起先定为 1 年，后逐渐延长年限，毕业后回各营任用。北洋系段祺瑞、冯国璋、曹锟、吴佩孚等均出自该校。1900 年毁于八国联军炮火。

广学会。清末传教士及其他在华外国人士设立的出版机构。1887 年（光绪十三年）由英美基督教新教传教士创立于上海，1894 年始称"广学会"，赫德任第一任董事长，韦廉臣、李提摩太等先后任总干事，主要成员包括艾约瑟、林乐知、丁韪良等。标榜"以西国之学广中国之学，以西国之新学广中国之旧学"。曾在北京、奉天（今沈阳）、西安、南京及烟台等地设立分支机构，编译出版宗教、政治、科学等门类书籍，发行《万国公报》，对维新派产生一定影响。

《天演论》。严复翻译赫胥黎所著《进化论与伦理学》，其中的"物竞天择、适者生存"流传甚广，对康有为、梁启超、黄遵宪等人的思想产生一定影响，为中国近代思想启蒙做出了突出贡献。《进化论与伦理学》初版于 1893 年，增订本出版于 1894 年。甲午战争失败后，严复发表《原强》

《救亡决论》等文，发出救亡图存的呼声，并于1896年着手翻译此书，并在书中加入大量按语，表达自己的观点。《天演论》于1898年正式出版。分上、下两卷，共35篇。他在《天演论·译例言》中自称"译文取明深义"，"不斤斤于字比句次"，"题曰达恉"，"取便发挥"，也就是后来我们所说的翻译的标准——信、达、雅。严复在书中摈弃原作者将自然法则和社会准则加以对立的观点，称颂斯宾塞"以天演自然言化""贯天地人而一理"的主张，并借用达尔文的进化论阐明中国如果顺应"天演"的规律，实行变法维新，就会"自强保种"，由弱变强，反之将要亡国灭种，为"天演"所淘汰。《天演论》问世以后，颇受硕儒和学子欢迎，"海内人士，无不以先睹为快"，为维新变法提供了理论依据，也使进化论广为传播，成为近代中国颇具影响力的社会思潮。

《校邠庐抗议》。书名，早期改良思想家冯桂芬的著作，二卷，凡四十篇，附录七篇。1861年，冯桂芬写成《校邠庐抗议》，称此书"参以杂家，佐以私臆，甚且羼以夷说，而要以不畔于三代圣人之法为宗旨"。作者在书中提出了系统的社会变革思想，论述了内政、外交、军事、文化进行改革之必要，提出要"采西学""制洋器"，且"以中国之伦常名教为原本，辅以诸国富强之术"。否则，"不独俄、英、法、美之为患也，我中国且将为天下万国所鱼肉，何以堪之？"此观点后发展成"中学为体，西学为用"。戊戌变法时期，维新派称之为"三十年变法之萌芽"，并将此书呈光绪皇帝阅读，光绪帝下令将此书刊行百官签注意见，或加以评论。

《盛世危言》。书名，早期改良思想家郑观应的著作。在《救世揭要》和《易言》（1880年，光绪六年出版）两书基础上写成，于1893年（光绪十九年）出版，书名取《论语》"邦有道，危言危行"之意。作者在书中提出学习西方"形器之学"，且设立议院，"君民共主"。全书内容丰富，涉及经济、政治、教育和军事等各个方面，如西学、议院、吏治、商务、商战、纺织、火器、电报、矿务、船政、防务、交涉等皆有涉及，在思想界产生较大影响。经作者手定的有三个版本：分别是1894年的五卷本、1895年的十四卷本和1900年的八卷本，篇数和篇名有所变动。辛亥革命后，郑观应又编辑了《盛世危言后编》。

《时务报》。清末维新派的重要刊物。1896 年 8 月 9 日在上海公共租界福州路创办，汪康年任总理，梁启超任主笔，章炳麟、麦孟华等先后任撰述，并聘有英、法、日文译员。《时务报》虽叫报，实为杂志，每旬出一册，每册二十余页，装印精美，辟有"论说""谕折""京外近事""域外报译"等栏目，以宣传维新变法、救亡图存为宗旨。一年多的时间，梁启超在《时务报》上发表近 40 篇文章。这些文章大受读者的欢迎，《时务报》在国内 70 县市、港澳以及国外日本、新加坡等地开设了 100 多个分销处，发行量达 1.2 万份，梁启超的名字一下子轰动了海内外。除梁启超外，主持人还有黄遵宪和汪康年，前者是位刚调回国内的外交官，后者是张之洞的僚属。1898 年百日维新期间，诏令改为官办，由康有为接办，同年 8 月 8 日终刊，共出版 69 期。后由汪康年改办为《昌言报》。

《万国公报》。外国传教士在华所办历史最长、发行最广、影响最大的中文刊物，原名《教会新报》。其发展经历了三个阶段：1868 年（同治七年）9 月 5 日在上海创刊，美国传教士林乐知（Young John Allen，1836—1907）任主编，周刊，刊有宗教、科学（物理、化学、医学等）和新闻等内容，也登洋行广告，但销路不广。从 1872 年 8 月第 201 期起，变更体例，分为政事、教务、中外、杂事、格致五类，并刊载诗词。1874 年 9 月出至 301 期后，改名为《万国公报》，"西学介绍"和"变法宣传"逐渐成为刊载的重要内容，其变法主张涉及政治、经济、文化教育等多个方面。1883 年 7 月出至 750 期休刊。1889 年（光绪十五年）2 月复刊，改为月刊，册次另起。在复刊词中明确宣示要成为引导中国"敦政本"，后成为广学会机关报。英国传教士李提摩太（Timothy Richard，1845—1919）也负责过该报的编辑工作。复刊后多刊载时事论文及中外重大政治法令，传播资本主义的宗教和文化，对维新派影响很大。复刊之初月印千册，1898 年共销 38400 册，1903 年共销 54000 余册，成为当时中国发行量最大的刊物。1907 年 7 月，因林乐知逝世停刊。

同治帝（1856—1875），爱新觉罗·载淳，咸丰帝长子，年号同治。

1861年8月，即位时年仅六岁，由肃顺等顾命八大臣辅佐，定次年改元祺祥。11月，慈禧太后、恭亲王奕䜣发动辛酉政变，改年号为同治，由慈安、慈禧两太后"垂帘听政"，实由生母慈禧太后掌权。在位期间，镇压太平天国和捻军、回民、苗民等起义；以"自强"之名，推行洋务"新政"。1873年（同治十二年）2月亲政，实际仍由慈禧太后掌权。1875年1月病死。

赫德（Robert Hart，1835—1911），英国人，字鹭宾。1853年毕业于英国贝尔法斯特女王大学，1854年（咸丰四年）来华，初在香港为驻华商务监督署翻译生，旋调宁波英领馆任助理翻译。1858年调广州英国领事馆任翻译，次年任粤海关副税务司。1861年，代替李泰国任署理总税务司。1863年（同治二年）11月实授中国海关总税务司，直至1911年病死，任中国海关总税务司达半个世纪之久，奕䜣及其以后历届办理洋务的清朝大臣都深受其影响。任职期间，他逐步建立一整套由外国人管理中国海关的制度，控制中国的财政收入，还直接插手中国的内政外交。如《辛丑条约》中赫德曾给列强提供清政府财政状况的报告，并提出赔款及其担保办法的意见。可见，在赫德控制下的中国海关，名义上是中国的行政机构，实际是英帝国推行侵华政策的实际执行者。赫德病故后，清政府追封其太子少保衔，欧洲各国政府也曾给予他各种"表彰"。著有《他从秦国来——中国问题汇编》《赫德日记》等。1990年中华书局出版《赫德、金登干函电汇编》。

桂良（1785—1862），字燕山，瓜尔佳氏，满洲正红旗人。历任云贵总督、福州将军、兵部尚书。1853年（咸丰三年）调任直隶总督，参与镇压太平天国运动。1857年擢东阁大学士。1858年5月，英法联军攻陷大沽炮台，进逼天津。清政府派桂良、花沙纳为钦差大臣赴天津谈判，6月分别与俄、美、英、法等国代表签订《天津条约》。11月又在上海签订了中英、中法、中美"通商章程"。1860年8月，英法联军再占天津，又被派前往议和，英、法以代表权不足拒绝谈判，未能达成协议。1861年1月任总理各国事务衙门大臣。辛酉政变后，任军机大臣，兼管钦天监算学实务，充实录馆监修总裁。

文祥（1818—1876），字博川，号文山，瓜尔佳氏，满洲正红旗人。1845年（道光二十五年）进士。历任太仆寺少卿、詹事府詹事、内阁学士、署刑部侍郎。1858年（咸丰八年），授礼部侍郎，后又历任吏部、户部、工部侍郎，兼副都统、左翼总兵。1860年（咸丰十年），以步军统领衔随恭亲王奕䜣留北京与英法联军议和。1861年，与奕䜣、桂良奏请设立"总理各国事务衙门"，被任命为总理衙门大臣。咸丰帝死后，参与"辛酉政变"。1862年（同治元年），任工部尚书兼署兵部尚书，后任内务府大臣。1871年后，历任协办大学士、体仁阁大学士、武英阁大学士。1874年（同治十三年），日本侵台事件后，上疏条陈洋务得失，后与奕䜣等筹划海防六事（练兵、简器、造船、筹饷、用人、持久），敦促清政府加强海防。至1876年（光绪二年）去世，文祥在总理衙门大臣任上长达16年之久，积极推行洋务"新政"、学习西方先进科学技术。著有《黑龙江松花江游记》。

傅兰雅（John Fryer，1839—1928），英国圣公会传教士。1860年毕业于伦敦海伯雷师范学院。1861年（咸丰十一年）来华，任香港圣保罗书院院长。1863年（同治二年）被清政府聘为京师同文馆英文教习。1865年，转任上海英华学堂校长兼《上海新报》编辑。1868年起任江南制造局翻译馆编译长达28年。1876年（光绪二年）创办科普杂志《格致汇编》，向中国翻译介绍西方科技书刊，同年创办上海格致书院。次年起任"益智书会"干事，兼任《教务杂志》教育专栏主笔。1896年赴美，任加利福尼亚大学东方语言文学教授。死于美国。在华主持和翻译著作约130部，涵盖自然科学、社会科学和应用技术等各个领域。编著有《中国教育名录》《中国留美学生获准入学记》，译著有《佐治刍言》《富国须知》等。

伟烈亚力（Alexander Wylie，1815—1887），英国伦敦会传教士。1847年（道光二十七年）来华，负责为上海伦敦会印刷《圣经》，后主持墨海书馆的编辑业务，曾编辑《六合丛谈》月刊。1877年（光绪三年）回国。译著颇丰，曾与李善兰等人以笔述结合的方式翻译介绍西方科技著作，如

《几何原本》后9卷、《代数学》、《谈天》、《重学浅说》等。伟烈亚力还通过英文著作向西方介绍中国，如《中国文献记略》《中国研究录》等。编辑《来华传教士纪念册》。

丁韪良（William Alexander Parsons Martin，1827—1916），字冠西，美国长老会传教士。1850年（道光三十年）由长老会派到中国，在宁波传教。1858年（咸丰八年）任美国公使列威廉翻译，并参与起草中美《天津条约》，迫使清政府同意到内地传教。1864年（同治三年），翻译出版惠顿的《万国公法》，介绍了西方近代国际法的基本内容，是晚清对国际法的首次系统输入。1869年（同治八年）起担任京师同文馆总教习，改革学制，增加数学、格致、国际法等课程，兼教授国际公法。曾担任清政府国际法顾问，因"劳绩"受清政府褒奖。1898年（光绪二十四年）至1902年，聘为京师大学堂总教习。义和团运动中，鼓吹"以华制华"，主张列强划分势力范围、"控制"各省督抚的行动和美国割据海南岛。后应张之洞之邀筹办武昌大学，未成。著有《中国之觉醒》《花甲记忆》《北京被围目击记》等。

詹天佑（1861—1919），字眷诚，号达朝，广东南海人。1872年（同治十一年）作为清政府派出的第一批幼童自上海启程，赴美国留学，1881年（光绪七年）以优异成绩毕业于耶鲁大学土木工程系。同年回国，被派往福州船政局马尾水师学堂学习海轮驾驶。次年，以一等第一名成绩毕业。此后，相继在福州船政局、广东博学馆、广东海图水陆师学堂任教。曾用西法测绘中国第一幅海图——《粤海险要图》。1888年起，参与和主持修筑多条铁路，尤以京张铁路为代表，该铁路比原计划提前两年完成，"之"字形的设计也体现出他的创造性，成为中国铁路工程的先驱。1914年升任汉粤川铁路督办。著有《京张铁路工程纪要》《华英工学字汇》等。现北京延庆八达岭长城北侧建有"詹天佑纪念馆"。

刘步蟾（1852—1895），清末海军将领，字子香，福建侯官（今福州）人。1867年（同治六年）考入福州船政学堂，后赴欧洲学习枪炮、水雷技术。归国后经丁宝桢、李鸿章推荐，擢游击，会办北洋操防。1885年（光绪十一年）赴德国购"定远"舰，次年任该舰管带。1888年擢北洋海军右翼总兵，仍兼"定远"舰管带。1894年黄海海战中，提督丁汝昌负伤，代为督战，奋力抵抗，重创日方旗舰"松岛"号。次年在威海卫之战中，"定远"舰遭日本鱼雷艇偷袭受重创，他下令将舰驶至刘公岛南岸继续战斗。"定远"弹尽后沉舰自尽。

林永升（1853—1894），清末海军将领，字钟卿，福建侯官（今福州）人。1871年（同治十年）毕业于福建船政学堂，以千总衔留任教习。1877年（光绪三年）被清政府派往英国留学，学习海军。1880年回国，任守备。1887年与邓世昌等赴英、德接收订购之"致远""经远"等4舰，并任"经远"舰管带。1889年署北洋海军左翼左营副将，仍兼"经远"舰管带。后因功升总兵。1894年9月17日，黄海海战中，配合"定远""镇远""致远""来远"兵舰英勇作战，击伤敌舰多艘，重创日舰"西京丸"。在率舰追敌途中，中弹身亡，"经远"舰中鱼雷后逐渐下沉，全体官兵壮烈牺牲。

叶祖珪（1852—1905），清末海军将领，字桐侯，福建侯官（今福州）人。1866年（同治五年）考入福州船政学堂。1875年（光绪元年）被选派赴英学习海军，次年进入英国格林威治海军学院学习。1880年（光绪六年）回国，次年管带北洋水师"镇远"号。1882年随丁汝昌赴朝，驻防四年，晋都司。1889年升北洋海军中军右营副将，兼"靖远"号管带。甲午战争爆发后，率舰投入黄海海战，随后奉命退守威海卫。1895年1月，日军水陆夹击威海卫，率舰力战多日，2月"靖远"号被击沉，叶祖珪被革职。1899年（光绪二十五年）官复原职，加提督衔，先后任北洋海军统领、浙江温州镇总兵、广东水师提督。嗣奉命总理南北洋海军、兼任上海船坞督办，议定水师学堂章程。病逝后，诰授"振威将军"。撰有《旗灯通语》《要隘地理图说》等。

萨镇冰（1859—1952），字鼎铭，福建侯官（今福州）人。1877年（光绪三年）毕业于福州船政学堂。后赴英国格林威治海军学院学习海军。回国后任天津水师学堂教习、"威远"号管带、"康济"号管带。甲午战败，北洋水师覆没，被罢职回原籍。1899年，起用为"海圻"舰管带，后历任广东水师提督、海军统制。曾随载洵赴日本、欧美考察海军。1912年（民国元年）授上将军衔，历任北洋政府海军总长、海军总司令，1920年一度代理国务总理。1922年任福建省长。1927年辞职，从事公益慈善事业。1933年赞助李济深等在福建成立中华共和国人民革命政府。1949年被选为中国人民政治协商会议特邀代表。新中国成立后，任全国政协委员、中央人民革命军委会委员、华侨事务委员会委员、福建省人民政府委员。1952年4月10日，在福州病逝。

刘冠雄（1861—1927），字子英，又字资颖，福建侯官（今福州）人。早年考入福州船政学堂学习驾驶。1886年（光绪十二年）留学英国，1888年回国后任北洋海军"靖远"舰帮带大副。甲午战争爆发后，参加黄海海战和威海保卫战。1902年任"海天"舰管带。1904年因"海天"舰长江口外触礁，被革职。1912年，被袁世凯任命为海军总长，授予海军上将衔。1913年率部入闽镇压"二次革命"。1916年袁世凯死后辞职，寓居天津。1917年后历任海军总长、福建镇抚使、闽粤海疆防御使。1923年1月，任厦门镇抚使。后辞职居天津。

李鼎新（1861—1930），字承梅，福建侯官（今福州）人。1875年（光绪元年），考入福州船政学堂。1881年赴英国格林威治海军学院学习驾驶。1884年回国。1889年，任"定远"舰副管带。甲午战争中，参加黄海海战，协助刘步蟾指挥"定远"旗舰，发炮击伤敌舰多艘。后历任"海圻"舰管带、山海关舰队副司令。1910年（宣统二年），海军处改为海军部，任署理军法司司长。1912年12月，接替黄钟英任海军总司令授海军中将。1915年12月5日，陈其美等联络"肇和"舰官兵发动起义，被袁世凯以"疏忽失职"罪革职留用。1916年6月，与林葆怿、曾兆麟等发表联合宣言，拥护孙中山护法主张，随后成立海军驻沪临时总司令部，自任总司令。1917年任总统府顾问，赴各地处理海军事务。1921年5月，任北洋政府海军总长。冯玉祥发动"北京政变"后辞职，闲居上海至病逝。

严复（1854—1921），原名宗光，字又陵，又字几道，福建侯官（今福州）人，近代启蒙思想家、翻译家。福州船政学堂首届毕业生，后入英国格林尼茨海军大学留学。1880年（光绪六年），李鸿章聘其担任天津水师学堂总教习，1890年升为总办。甲午战争后，撰写了一系列文章如《论世变之亟》《原强》《救亡决论》等，反对顽固保守，认为中国要富强，必须"鼓民力""开民智""新民德"。主办天津《国闻报》。1895—1898年翻译出版赫胥黎《天演论》，宣传"物竞天择、适者生存"，主张以进化论思想来救亡图存，在当时思想界产生了较大影响。戊戌政变后翻译大量西方社会科学名著，如《原富》《群学肄言》《群己权界论》等，对中国近代思想启蒙做出重要贡献。辛亥革命后，思想日趋保守。译著编为《侯官严氏丛刻》《严译名著丛刊》等。

容闳（1828—1912），字达萌，号纯甫、纯父、春浦等，广东香山（今珠海）人。1841年（道光二十一年）就学于澳门马礼逊学堂。1847年留学美国，入麻省孟松学校，后考入耶鲁大学，1854年（咸丰四年）毕业，次年回国，先后在广州美国公使馆、香港高等审判厅、上海海关、英商宝顺公司任职。1860年赴太平天国天京，向洪仁玕提议组织新式军队、设武备学校、海军学校、建设善良政府等7条建议，未被采纳。1863年（同治二年）入曾国藩幕，委派赴美采购机器，筹建江南制造局。1870年任留美学生副监督，于1872年率首批留学生30人赴美，并在美建立中国留学生事务所。在美期间，兼任驻美、西班牙、秘鲁副公使。1900年（光绪二十六年）参加"中国国会"，被推举为会长。受清政府通缉后辗转赴美。著有《西学东渐记》等。

倭仁（1804—1871），乌齐格里氏，字艮峰，蒙古正红旗人。道光进士。1844年（道光二十四年）任大理寺卿。师从理学家唐鉴，喜谈宋儒性理之学，为咸同年间著名的"理学大师"。1862年（同治元年），升任工部尚书，命授皇帝读，不久任翰林院掌院学士，擢文渊阁大学士。洋务运动中，面对外国侵略，别无良策，仅以"忠信为甲胄，礼义为干橹"等词，以为这就足以制敌之命，坚决反对洋务活动，反对任何新的改革，力言科甲人士不能入同文馆习天文、算学，请西人充教习尤为不可，引起洋务派和顽固派之间的大争论。1871年（同治十年），授文华殿大学士。著述辑为《倭文端公遗书》。

王韬（1828—1897），初名利宾，字紫诠，号仲弢，别号天南遁叟、弢园老民、蘅华馆主等，江苏长洲（今苏州）人。18岁中秀才，后屡试不中，任职于英国教会创办的墨海书馆了解到一些西方的情形，思想逐渐发生变化。在太平天国运动和第二次鸦片战争中，曾向清政府上书"御戎""平贼"，未被采纳。1862年（同治元年），曾化名"黄畹"，向太平军将领刘肇均献策，事发后被清政府下令缉拿，逃往香港。1867—1870年，王韬应聘到英国协助翻译中国经书，得到一个对西方资本主义国家实地察看的机会。他扩大了眼界，丰富了知识，由一个封建的知识分子变成一个资产阶级改良主义思想的鼓吹者。1873年，在香港创办《循环日报》，宣传变法自强，主张凡一切工矿运输，"皆许民间自立公司"，"令富民出其资，贫民殚其力"和实行"君民共治"的政治制度。1879年（光绪五年）游历日本。1884年，返居上海，任格致书院掌院以终。与丁日昌、盛宣怀等交游，认为"变古以通今者势也"，提出"富强即治之本"，批评"重农而轻商"。著有《弢园文录外编》《弢园尺牍》等。

郑观应（1842—1922），字正翔，号陶斋，别号杞忧生、慕雍山人等，广东香山（今中山市）人。1858年（咸丰八年），应童子试未中，改弃科举，到上海学商。曾任英商宝顺洋行、太古轮船公司买办，又自营贸易，投资轮船公司。1880年（光绪六年）后，历任上海机器织布局总办、轮船招商局会办、汉阳铁厂总办、粤汉铁路公司总办等。郑观应是位民间商人出身的"洋务通"，对改良自强看法独到，尤以所著《盛世危言》最有名，也最有影响。他曾经从事过商业活动，懂得商人的困难，在洋行中看到资本主义的侵略，又想发展自己的企业，使他强烈要求一个有商人参与政治的富强国家来作保障。针对西方列强"借商以强国，借兵以卫商"现状，提出"商战为主，兵战为末""通商以为富，练兵以为强"等口号，建议实行护商政策，收回海关、保护关税等。又认为"千古无不敝之政，亦无不变之法"，谴责洋务派"舍本图末""上下因循，不知通变"。著有《救时揭要》《易言》《盛世危言》《盛世危言后编》等，今人编有《郑观应集》。

马建忠（1844—1900），字眉叔，江苏丹徒（今镇江）人。少年时代随家迁居上海。1876 年（光绪二年），赴法国政治学院主修国际公法，同时担任驻法公使郭嵩焘的翻译。1879 年（光绪五年）获博士学位后回国，为李鸿章办洋务，并担任轮船招商局会办、上海机器织布局总办等，曾去印度、朝鲜处理外交事务。从欧洲回国后，他看到清朝统治的严重危机，看到洋人来自数万里外，以一旅之师北上，清政府马上投降，士大夫引为奇耻大辱，于是舍弃旧学，讲求洋务，"学其今文字与其古文词，以进求其格物致知之功，与所以驯至于致治之要，穷竟原委，恍然有得于心"。著有《适可斋纪言纪行》《马氏文通》。《马氏文通》为中国第一部较为全面、系统的汉语语法著作。

薛福成（1838—1894），字叔耘，号庸庵，江苏无锡人。早年充曾国藩幕僚，后随李鸿章办外交。1879 年（光绪五年）著《筹洋刍议》14 篇，提出变法主张，建议改革政治，发展资本主义工商业。1884 年任浙江宁绍台道，1888 年任湖南按察使。次年出任驻英、法、比、意四国公使。其间，考察西方政治经济文化制度，认为"天道数百年小变，数千年大变"，"方今中外之势，古今之变局也"，主张变法改良，推行君主立宪制度，认为这一制度"无君主、民主偏重之弊，最为斟酌得中"，强调重视发展工商业，掌握西人的"富强之术"。后人将其著辑为《庸盦全集》《薛叔耘遗著》等。

冯桂芬（1809—1874），字林一，号景亭，江苏吴县人。1840 年（道光二十年）中进士，授翰林院编修。1853 年在苏州办团练，1860 年太平军攻克苏州后逃至上海，主张"借洋兵助剿"。1862 年（同治元年）参与筹备中外会防局，策划镇压太平军。次年参与创设上海广方言馆，先后主讲于上海敬业书院、苏州紫阳书院。推崇经世致用之学，主张"以中国之伦常名教为原本，辅以诸国富强之术"，提出"采西学"、"制洋器"、"变人之利器为我之利器"，"始则师而法之，继则比而齐之，终则驾而上之"，强调为学必"先立志、次须植品,宜先宗经,次亲师友"。著有《校邠庐抗议》《说文解字段注考证》《显志堂集》等。

陈炽(1855—1900),字次亮,号瑶林馆主,江西瑞金人。举人出身,曾任户部郎中和刑部、军机处章京等职。曾游历沿海各地,并到香港、澳门考察,思想开通,积极钻研西学、主张变革。1893年(光绪十九年)撰成《庸书》内外百篇。1895年,与康有为在北京组织"强学会",主张变法,批评顽固派"茫昧昏蒙",批评洋务派"屈己伸人";主张设议院,认为议院制"合君民为一本,通上下为一心",是"强兵富国,纵横四海之根源";主张成立商部、制定商律、保护关税;提出效仿西方建立专利制度以"劝工",鼓励民间发明创造等。戊戌变法失败后,忧愤而卒。著有《续富国策》。

何启(1859—1914),字迪之,号沃生,广东南海人。1872年(同治十一年)留学英国,1882年(光绪八年)回香港,以律师为业。曾创办雅丽氏医院,并任香港立法局华人议员。1895年协助孙中山筹划广州起义,起草对外宣言。义和团运动时,草拟《平治章程》,建议兴中会与李鸿章"合作",据两广"独立",遭到兴中会拒绝。1909年(宣统元年)任香港大学助捐董事会主席。曾与胡礼垣合作撰写多篇政论文章,后汇编为《新政真诠》,主张"民自议其政,自成其令",建议像西方那样设立议院,由人民选举议员,由议员制定和修改法令,并决定政令,君主的责任在于任命官吏去执行命令。这实际上就是君主立宪制的主张。著有《睡与醒》《中国之评论》等。

阿古柏(约1825—1877),中亚浩罕汗国安集延人,全名穆罕默德·阿古柏伯克,任浩罕汗国军官。1864年(同治三年),乘全国各地发生农民起义之机,新疆地区发生少数民族上层分子反对清中央政府的暴动,形成内乱局面。1865年,利用新疆封建割据纷争局面,阿古柏随大和卓波罗尼都曾孙、张格尔之子布素鲁克和卓侵入中国喀什,占领南疆。1867年,建立"哲德沙尔"("七城"之意)汗国,自封为"巴达吾来特哈孜"(意即"洪福之王")。1870年,又侵占吐鲁番、乌鲁木齐、玛纳斯等地。为长期霸占新疆领土，阿古柏还同英国、沙俄勾结，寻求庇护。先同英国签订了《英国与喀什噶尔条约》12条，给予英国在商业、居住等方面的特权。继而与沙俄签订了《俄国与喀什噶尔条约》，沙皇正式承认阿古柏政权，沙俄可在南疆进行商业贸易。1875年（光绪元年），清政府任命左宗棠为钦差大臣，督办新疆军务，任命金顺为乌鲁木齐都统，帮办新疆军务，准备出兵新疆平乱。1876年，收复天山以北各城。次年春，南进收复吐鲁番，阿古柏在左宗棠所部清军打击下，兵败库尔勒，在绝望中死去。1878年2月，新疆南北两路收复。

崇厚（1826—1893），字地山，完颜氏，满洲镶黄旗人。道光举人。1860年（咸丰十年）英法联军进攻北京时，协助恭亲王奕䜣与英法议和，参与谈判《北京条约》。1861年任三口通商大臣，后署直隶总督。1867年（同治六年）创办天津机器局，并组织洋枪队，镇压捻军。1870年天津教案后，被派往法国"谢罪"。1878年（光绪四年），任出使俄国大臣，前往索还伊犁，崇厚昏聩无能，与俄擅签《交收伊犁条约》，把伊犁西、南大片土地割让给俄国，引起国人激愤。清政府迫于舆论，拒绝条约签字，将其逮捕，定斩监候。1884年，捐银三十万两为军费获释，降二级使用。1893年病死。

曾纪泽（1839—1890），字劼刚，湖南湘乡（今湖南双峰）人，曾国藩长子。1870年（同治九年）由二品荫生补户部员外郎。1878年（光绪四年）出任驻英、法大臣，补太常寺少卿。1880年，因崇厚与俄擅签《交收伊犁条约》被革职定罪，兼充驻俄大使，与俄谈判收回伊犁事宜，经艰苦谈判，重订中俄伊犁《改定条约》，争回了伊犁南境大片领土，以西境较小地区交换伊犁。中法战争爆发后，主张抵抗法国侵略，"与法人辩，始终不挠"，并上疏提出对策。1884年，晋兵部右侍郎，与英议定洋药税厘并征条约。次年归国帮办海军事务，旋任兵部左侍郎兼总理衙门行走。1887年，著《中国先睡后醒论》，主张"强兵"优于"富国"。著作辑有《曾惠敏公全集》。

刘锦棠（1844—1894），字毅斋，湖南湘乡（今湖南双峰）人，刘松山之侄。早年投湘军，随其叔父、湘军将领刘松山同太平军、捻军作战，刘松山被回民击毙后，接管其旧部。继随左宗棠赴新疆，总理营务。1876年（光绪二年）收复乌鲁木齐，次年击败阿古柏，再克库车、喀什噶尔、和阗等地，遂平定天山南北路。1883年（光绪九年）授兵部右侍郎。1884年清政府在新疆正式建省，任命刘锦棠为首任巡抚，后死于任所。著作辑有《刘襄勤公奏稿》。

刘永福（1837—1917），字渊亭，广东钦州（今属广西）人，后随父母迁至广西上思，黑旗军首领。早年参加广西天地会起义。1864年（同治三年）带领200余人加入吴亚忠部，驻安德，因这支军队以七星黑旗为战旗，故称黑旗军。后赴越南，驻保胜，被越南国王任命为三宣提督，受命协防越南北方。1873年和1883年（光绪九年）两度应越南政府约请率军抗法，并击毙法军头目安邺。中法战争中，曾在临洮大败法军，并在纸桥击毙法军舰队司令李维业。后被清政府收编。1886年任广东南澳镇总兵。甲午战争时，帮办台湾防务，移驻台南，扩充军队，仍号黑旗。次年联合台湾义军抗击侵台日军，给日军以沉重打击，后因孤军无援，内渡厦门。1911年11月广东宣布独立，被推为广东民团总长，旋即辞职。1915年反对签订"二十一条"。1917年病逝于家乡。

孤拔（1827—1885），法国海军将领。1883年7月，法国发动侵略越南的战争，孤拔任印度支那海军舰队司令，率侵略军先后侵占越南顺化、河内，强迫越南签订《顺化条约》，承认法国为其保护国，借机控制了越南的内政外交。10月，任法国远征军总司令，后调任法国远东舰队司令，升为海军中将。1884年6月，法国又挑起对中国的战事，7月，孤拔率海军侵犯福州马尾港。8月，发动马江之战，封锁沿海航运，马尾船厂被炸毁。10月初，率队再次进犯台湾，在淡水遭到清军抗击。1885年3月，孤拔率军侵犯浙江镇海海口时，中弹受伤，法舰慌忙撤走，孤拔不久毙命。

刘铭传（1836—1896），字省三，号大潜山人，安徽庐州（今合肥）人。1854年（咸丰四年）在乡办团练，1862年（同治元年）加入淮军，累迁至提督衔。1868年督办陕西军务，镇压回民起义。19世纪80年代中法战争期间，以巡抚衔督办台湾事务，抗议法国侵略者，取得淡水大捷。1885 年台湾正式建省，增强了台湾地位的重要性，提高了台湾省在国家的地位，任命刘铭传为第一任台湾巡抚。任上加强台湾防务，整顿吏治，开发和建设台湾，如建铁路、开煤矿、设学堂等，促进了台湾的近代化，增强了台湾与祖国大陆的联系。著作辑有《刘壮肃公奏议》等。

冯子材（1818—1903），字南干，号萃亭，广东钦州（今属广西）人。早年参加天地会起义。1851 年（咸丰元年）投入清军后，曾随向荣、张国樑等镇压太平军，升至副将、总兵。1862 年（同治元年）任广西提督。1875 年（光绪元年）调任贵州提督。1884 年，上书请战抗法，并召集旧部开赴广西前线。次年，新任两广总督张之洞起用冯子材帮办广西关外军务，遂在镇南关外修筑长墙，顽强坚守，并在镇南关、谅山大败法军。1886 年任云南提督，因病未赴任。义和团运动爆发时，赴北京防守。1901 年调任贵州提督。1903 年广西发生农民起义，时任两广总督岑春煊请其会办军务，卒于任上。著作辑有《军牍集要》。

山县有朋（1838—1922），生于长州藩（今属本州山口县）萩城川岛庄下级武士家庭，明治维新后历任兵部少辅、兵部大辅、陆军卿、参谋本部长，推行征兵制并致力于军制改革。1890 年，时任日本首相的山县有朋在日本第一届国会上提出"主权线"和"利益线"概念，认为日本是主权线，朝鲜是利益线，为了确保利益线，就要进取中国。显然，日本将发动侵华战争的命题已经提上国会讲坛。甲午战争时，任第一集团军司令、大本营监军兼陆军大臣。1898 年获元帅称号，再次组阁。后参加八国联军侵华活动，镇压义和团运动。日俄战争时，任陆军参谋总长兼兵站总监。1909 年伊藤博文死后，成为日本最有势力的元老。

叶志超（？—1901），字曙青，安徽庐州（今合肥）人。行伍出身。曾追随刘铭传镇压太平军、捻军，累升至正定总兵。1889 年（光绪十五年）晋直隶提督。甲午战争时，率兵 1500 名援朝，驻守牙山。7 月，日军侵袭牙山后败逃平壤，谎报战绩，被任命为平壤援朝清军总指挥。9 月，在平壤战役中，叶志超重演牙山故事，令守军连夜撤出平壤，一路狂奔，逃过鸭绿江。平壤战役仅一天即告结束，因此获罪，遭革职监禁。1900 年获释，次年病死。

聂士成（1836—1900），字功亭，安徽合肥人。武童出身。曾随刘铭传在浙江、江苏、福建、安徽等地镇压太平军和捻军，后官至太原镇总兵。1884 年（光绪十年）中法战争时，率军渡海守台湾，屡败法军。1894 年 6 月，受命与叶志超率军援朝，镇压朝鲜东学道起义。甲午战争爆发后，率军抗击日军，终因寡不敌众，后撤辽东摩天岭，攻克连山关，阻截日军于摩天岭达 4 个月。甲午战争结束后，授直隶提督，在芦台编练武毅军。1900 年，受命率部与义和团共同保卫天津，并攻打住满了新开来各国军人的租界，聂部英勇御敌，伤亡惨重。最终，聂士成在南郊八里台身中数弹，腹裂肠出而死。著有《东游记程》《东游日记》等。

光绪帝（1871—1908），爱新觉罗·载湉，醇亲王奕譞的儿子。1875—1908 年在位，年号光绪，庙号德宗。同治帝死后无子，年仅 5 岁的载湉登极，年号光绪，由慈安、慈禧两太后垂帘听政，政事悉由慈禧太后裁夺。1881 年（光绪七年），慈安太后暴亡，慈禧太后从此大权独揽，成为清王朝实际上的最高统治者。1887 年，光绪帝年至 17 岁，举行亲政典礼，慈禧太后仍"训政"，操纵朝政大权。1889 年，慈禧太后宣布"撤帘归政"，实际仍掌握大权。甲午战争时，光绪帝和翁同龢主张抵抗日本侵略。1895 年后维新运动兴起，光绪帝读到康有为的历次上书以及所著《俄大彼得变法考》《日本明治变政考》等，力排众议，于 1898 年 6 月 11 日下诏"明定国是"，实行变法，到 9 月 21 日西太后发动政变的 103 天中，光绪皇帝共下了 100 多道新政谕令，展示了一幅中国全面改革的图景，在国际、国内引起了巨大的震动。9 月 21 日，慈禧太后宣布"训政"，下令捉拿康有为，囚禁光绪帝于中南海的瀛台。1900 年，八国联军入侵北京，慈禧太后挟光绪帝逃往西安。1908 年 11 月 14 日，光绪帝死于北京。

邓世昌（1849—1894），字正卿，广东番禺（今广州番禺区）人，清末海军将领。早年入福州船政学堂，学习测量、驾驶。后调赴北洋舰队，曾随丁汝昌赴英国购铁甲舰。1887 年（光绪十三年），赴英、德，为北洋舰队接收"致远""经远"等四舰，后兼任"致远"舰管带。1888年升总兵。1894年9月17日，在中日黄海海战中，经激战，"致远"弹药告罄，船身中弹倾斜，邓世昌决心追撞日舰"吉野"，不幸中鱼雷沉没，全舰官兵250人壮烈殉国。

方伯谦（1853—1894），字益堂，福建侯官（今福州）人。福州船政学堂毕业。1877年（光绪三年），赴英国格林威治海军学院学习。归国后，历任北洋水师"威远""济远"舰管带、副将。甲午战争爆发后，受丁汝昌委派，率领"济远""广乙"诸舰护送兵船赴牙山，增援叶志超、聂士成部。在丰岛海面遭遇日舰袭击，避敌返回旅顺。1894年9月17日黄海海战中，在看到"致远"舰中雷沉没后，又转舵离阵。旋被清廷下令处斩。

丁汝昌（1836—1895），字禹廷、雨亭，安徽庐江人。早年随刘铭传镇压捻军，擢任参将，后晋提督。1875年（光绪元年），奉李鸿章命赴英国购置军舰，帮办海军。1888年，北洋舰队编成后，被任命为海军提督。1894年9月，率北洋舰队护送运兵船增援平壤，17日在归程中遭日舰攻击，当即应战，负伤后拒绝进舱，仍坐在甲板上鼓励士气。后奉李鸿章命避战保舰，退守威海卫港。1895年2月初，日军围攻威海卫，他下令港内布雷，决心死守。7日，北洋舰队内的外国雇员和牛炳昶等一批将领煽动部分士兵哗变，"向丁提督乞生路"。10日，这些人再次向丁施压，要求投降，均被拒绝。丁汝昌下达的沉船突围命令，他们不执行。11日，丁汝昌及统领张文宣、杨用霖等人自裁殉国。

刘坤一（1830—1902），字岘庄，湖南新宁人。1855年（咸丰五年），以廪生率团练在湖南与太平军作战。次年随刘长佑援江西，此后转战于江西、湖南、广西等地，累升至知府、广东按察使。1862年（同治元年），升广西布政使。1875年（光绪元年），擢两广总督。1879年调任两江总督兼南洋通商大臣。甲午战争爆发，旅顺失陷后，授钦差大臣，移驻山海关，督关内外诸军100余营抵御日军，但辽河一战，全军溃败。《马关条约》签订后，回两江总督任。戊戌变法期间，曾捐资强学会。义和团运动期间，偕张之洞与各国领事签订《东南互保章程》。清政府颁布"新政"诏书后，与张之洞联衔上了三个奏折（通称江楚会奏变法三折），提出"育才兴学""整顿中法""采用西法"三个方面建议，得到朝廷称赞。这个三折，成为此后新政变法的总纲。著作辑入《刘坤一遗集》。

张荫桓（1837—1900），字樵野，广东南海人。1881年（光绪七年），任安徽徽宁池太广道。次年，任按察使及在总理衙门学习行走等职，旋擢户部左侍郎。1885年奉命出使美国、西班牙、秘鲁三国大臣，办理华工被害案交涉事宜。甲午战争后议和之初，与湖南巡抚邵友濂一道被任命为全权大臣，日本政府声称他们资格不够为由拒绝协商，改由李鸿章前往。1897年，出使英、美、法、德、俄诸国，归国后条具闻见，累疏以陈。戊戌变法期间，受命管理京师矿务铁路总局，筹设铁路、矿物学堂。戊戌政变后受到徐桐等弹劾，被革职后流放新疆，交巡抚严加管束。1900年义和团运动时被杀。著有《三洲日记》。

邵友濂（1841—1901），原名维埏，字小村，浙江余姚人。1865年（同治四年）补行乡试举人。1874年（同治十三年），以御史记名补总理衙门章京。1878年（光绪四年）冬，以头等参赞名义随崇厚出使俄国，次年署理出使俄国钦差大臣。回国后仍任职总理衙门，受命襄办通商事务。1882年补授江苏苏松太道。中法战争时，奉命襄办台湾防务，筹划及转运后路军火饷械及续调兵勇等事，后协助两江总督曾国荃与法国谈判。1886年补授河南按察使。次年任台湾布政使，进行清丈地亩工作。1889年晋湖南巡抚兼署提督。1891年调任台湾巡抚，受制于财政支绌，停办部分近代化举措。甲午战争爆发后，曾布置台湾防务，同年秋调任湖南巡抚。1895年初受命为全权大臣，同张荫桓赴日议和，被拒后回国。不久因病解职。

康有为（1858—1927），原名祖诒，字广厦，号长素，广东南海县人，人称南海先生。自幼熟读经书，先秦诸子、汉宋以来的重要著作，他都系统阅读，有些著作出口成诵。面对外患日甚、国势衰微、朝政腐败的现实，渐渐对那些古老的经典产生了"究复何用"的怀疑。1888年他去北京参加举人考试，有感于中法战争的失败，激愤中给皇帝写了封五千字的信，痛陈列强环伺的险境，要求皇帝引咎罪己。1890—1893年间，在广州设万木草堂，聚徒讲学，宣传改良思想，陆续写成《新学伪经考》《孔子改制考》等书。1895 年 4 月，康有为正带着梁启超等几个学生在北京参加会试，《马关条约》的消息传来，便会同梁启超等 18 省会试举人 1300 名共上请愿书，要求拒签条约，迁都、变法，史称"公车上书"。虽然没有成功，意义却不小。它不仅提出了维新变法的主张，而且采取了政治集会、联名请愿这种西方近代民主斗争的形式，演成了中国近代历史上第一次学生爱国民主运动，对整个社会产生了巨大影响。后组织强学会、圣学会、保国会，办报纸，宣传改良主义。1898 年依靠光绪帝发动中国近代史上著名的维新运动。在变法期间，多次上书条陈政治、经济、军事、文化等一系列改革建议。戊戌政变后流亡海外。1899 年在加拿大组织"保皇会"，坚持君主立宪理念，反对孙中山领导的民主革命。1912 年组织"孔教会"，后支持张勋复辟帝制。著作辑入《康有为全集》。

丘逢甲（1864—1912），字仙根，又字仲阏，笔名仓海，别署海东遗民、南武山人。1888 年（光绪十四年）中举人，1889 年中进士，授工部主事。但丘逢甲无意做官，返回台湾，先后主讲于台中衡文书院、台南罗山书院和嘉义崇文书院，并担任崇文书院的山长。《马关条约》签订后，坚决反对割让台湾，以全省绅民的名义请巡抚唐景崧向朝廷呈奏："如日酋来收台湾，台民惟有开仗。设战而不胜，请俟臣等死后，再言割地。"推唐景崧为总统，自任副总统兼大将军，改年号为"永清"。同时还组织义军反抗，失败后内渡回到家乡嘉应州（今梅州），撰写出"宰相有权能割地，孤臣无力可回天"的诗句。后担任广东教育总会会长、广东咨议局议长等职。辛亥革命后，被推举为临时参议院议员，1912 年 2 月 25 日病逝于南京。著有《岭云海日楼诗钞》等。

唐景崧（1841—1903），字维卿，广西灌阳人。同治进士。1882 年（光绪八年）以吏部主事上书清廷，自请奔赴越南，会同刘永福黑旗军抗法。1884 年受张之洞命募勇入关，编成四营，号"景字军"，同法军交战。次年初，率部会同黑旗军与法军在越南宣光等地激战。1891 年任台湾布政使。1894 年甲午战争爆发后，署台湾巡抚，整饬军政。《马关条约》签订后，台湾士绅成立"台湾民主国"，被推为"总统"。1895年6月上旬，日军攻陷基隆后内渡厦门。1899年任广西体用学堂中学总教习，兼任榕湖书院、桂山书院山长。著有《请缨日记》。

李经方（1855—1934），字伯行，一字端甫，安徽合肥人。李鸿章嗣子。光绪举人。早年曾游历欧洲。1890（光绪十六年）至1892年任驻日本公使。长期跟随李鸿章办理外交事务，担任秘书与翻译。1895年3月，以议和使团参议身份随李鸿章赴日本马关（今下关）议约。24日，李鸿章遇刺受伤后，出任钦差全权大臣，负责具体谈判事宜。5月担任商办割台事件特派全权委员。6月2日，在基隆口外的日本兵舰上，正式将写有"台湾全岛、澎湖列岛之各海口，及各府县所有堡垒军器工厂及属公物件"的清单，移交日本首任台湾总督桦山资纪。次年随李鸿章赴俄，参与签订《中俄密约》。1907—1910年充驻英公使。1911年（宣统三年）署邮传部左侍郎。1934年在大连去世。

桦山资纪（1837—1922），鹿儿岛县人，日本海军将领。1871年任陆军大队长。1874年参加侵略中国台湾的战争。1884年由陆军少将转为海军少将，以功授子爵。次年晋海军中将。1890年5月，出任海军大臣。1894年7月17日，日本大本营召开御前会议，主张把日本海军全部力量集中起来，组成联合舰队，对中国海军发动进攻，夺取制海权。后被任命为海军军令部长，参与甲午战争的指挥与决策。甲午战争结束后，升海军大将，赐伯爵。后日本用军事手段残酷镇压台湾民众的反抗斗争，在台湾建立起了殖民统治机构，任命桦山资纪为第一任台湾总督，并于1896年3月颁布《台湾总督府条例》，规定台湾总督为管理台湾的最高军政首脑，授予独裁统治的特权。后调任内务大臣，1898年任文部大臣，1900年任枢密顾问官，1903年获元帅称号。

林朝栋（1851—1904），字荫堂，号又密，台湾彰化人。1884年（光绪十年）中法战争时，奉刘铭传之命，募台勇，成立"栋字军"，自任统领。同年秋，率所部乡勇2000余人镇守台北狮球岭，屡败来犯法军。因助战有功，1888年晋道员，赏戴花翎。甲午战争爆发后，奉命仍统率台勇驻守狮球岭，次年 2 月调守中路，移军彰化。6 月上旬，基隆被日军攻陷。台北失陷后，离台内渡。1904 年病逝于申江。

姜绍祖（1874—1895），台湾新竹人，祖籍广东。秀才出身。《马关条约》签订的消息传到台湾，出于民族义愤和爱国热情，自散家财，募集义军抗日。1895 年 6 月 12 日，与吴汤兴、徐骧等率领的义军相配合，凭借有利的地形，多次设伏重创日军，并对新竹展开反复的争夺。战况异常激烈。历时 50 多天，新竹才被日军占领，姜绍祖战败被俘牺牲。

徐骧（1858—1895），字云贤，台湾苗栗人，祖籍广东。秀才出身。日军入侵前的职业是教师。《马关条约》签订的消息传到台湾，他组织抗日义军，被举为民团团长，领导武装力量抗日。6 月中旬，会同姜绍祖、吴汤兴等其他义军分路迎击进犯新竹的日军，后因粮绝无援而退。8 月下旬，会同黑旗军在大甲溪、彰化一带与日军激战。10 月初，日军再陷云林、苗栗，抗日军的弹药粮食已快耗尽，徐骧仍坚守嘉义、台南。在台南保卫战中，徐骧率高山族义军坚守曾文溪防线，抗击两万多日军，最后全部战死。刘永福爱其才，曾劝他撤回大陆，"留为日后大用"。他回答："生死早置之度外，吾意已决，誓与台湾土地共存亡，安能袖手中原，坐视海外之变！"最终实现了自己的誓言。

吴汤兴（约 1860—1895），台湾苗栗人，祖籍广东。秀才出身。《马关条约》签订的消息传到台湾，出于民族义愤并得到巡抚唐景崧支持，募勇 5000 人，盟誓抗日。6 月日军进犯新竹时，与姜绍祖、徐骧等率领的义军相配合，凭借有利的地形，多次设伏重创日军。7 月上旬，与各路义军一道反攻新竹。8 月下旬，在彰化保卫战中率义军鏖战于彰化城东八卦山，此山是全城的制高点，"山破则城亦破"。日军集中大炮轰击，在激战中吴汤兴中炮阵亡。

梁启超（1873—1929），字卓如，号任公，广东新会人。1873 年生于广东新会县一个普通农民家庭，由于他聪明过人，12 岁考中了秀才，17 岁又中举人，成了远近闻名的神童。入万木草堂时，梁已是举人，而老师康有为还是秀才，但康有为变法维新的思想理论使他折服。在万木草堂里，康氏师生日夕讲中外之故，研救国之法，思想解放、议论大胆，显得生动活泼，时称"康梁"。1895年（光绪二十一年），在康有为的带领下，参与发动"公车上书"。1896年，在上海担任《时务报》主编，一年多的时间，梁启超在《时务报》上发表《变法通议》等近40篇文章，这些文章大受读者的欢迎，造成了轰动效应。借办报，梁启超创造了一种新的文体。这种文体从《时务报》时期开始面世，到后来的《新民丛报》时期达到顶峰。次年10月，受聘为长沙时务学堂中文总教习，宣传变法思想。1898年参与戊戌变法。变法失败后逃亡日本，创办《清议报》，宣传改良思想，倡导民权，主张君主立宪制。1907年成立政闻社，参与发起国会请愿运动。辛亥革命后归国，1913年组成进步党，拥护袁世凯，并出任司法总长。后反对袁世凯复辟帝制，和他的学生蔡锷在云南发动反袁护国战争。曾对段祺瑞抱有幻想，一度出任段祺瑞内阁财政总长。五四新文化运动期间，反对尊孔复古。学识渊博，著述颇丰，晚年讲学于清华大学。著作辑为《饮冰室合集》。今有《梁启超全集》编辑出版。

第四章　甲午战后中国形势与社会各阶级对国家命运的回答

三国干涉还辽。《马关条约》签订后俄国伙同法、德强迫日本归还中国辽东半岛的事件。1895年（光绪二十一年）4月，俄国得悉日本将割占中国辽东半岛，即拉拢德国、法国共同出面干涉，《马关条约》签订当天，又要求德、法一致行动。4月23日，三国同时照会日本，"劝告"日本放弃占领辽东半岛，限期答复。日本无力与三国开战，以清政府支付"赎辽"费三千万两银为条件，在偿清上述款项三个月内，日军撤出辽东半岛。此后，三国以干涉还辽"有功"，强迫清政府给予租界军港、修筑铁路、开采矿山的特权。沙俄还趁机迅速扩大了在中国东北的侵略势力。三国干涉还辽不过是列强为了维护各自在华利益进行角逐的结果，主要是俄国与日本企图侵占中国东北而进行的一次较量。此后，列强纷纷以还辽"有功"或其他借口，在中国展开了进一步攫夺租借地、划分势力范围的争夺。

中日《辽南条约》。李鸿章与日本代表林董在北京签订的中国从《马关条约》中收回辽南的条约，1895年11月8日签订。按俄、法、德三国与日本事先的约定，日本交还辽东半岛，清政府于11月16日前交给日本白银3000万两作为"报酬"；日军在款项交清后三个月内撤出辽东半岛。

巨野教案。德国传教士在山东曹州（今菏泽）附近各县纵容教徒欺压平民，激起民愤引发的案件，亦称"曹州教案"。1897年（光绪二十三年）11月，巨野县民众杀死张家庄教堂内德国传教士2人。济宁、寿张、单县、城武各县人民在大刀会的号召下纷纷响应。德国政府以此为借口，派军舰侵占胶州湾，强迫清政府签订《胶澳租借条约》，允许德国租借胶州湾、在山东享有修筑胶济铁路和开矿的特权，并将山东巡抚李秉衡等人革职。巨野教案导致德国强占胶州湾，引起列强瓜分中国的狂潮，更使传教与反洋教、侵略与反侵略斗争交织在一起。

《胶澳租借条约》。巨野教案后德国强迫清政府签订的划定胶州湾为租借地的不平等条约。1897年11月，德国利用山东巨野教案，乘机扩大事端，派兵抢占胶州湾，清政府被迫屈服。1898年3月，中德签订《胶澳租借条约》，规定德国租借胶州湾，为期99年；德国取得在山东建造胶济铁路及开采山东胶济铁路沿线两旁各30里内煤矿等权，以及中国此后在山东开办各项事务而需外国帮助，必须先征询德国人的意见等。这样，山东就成了德国的势力范围。

《旅大租地条约》。沙俄强迫清政府签订的划定旅大地区为租借地的不平等条约。1898年3月，中俄签订《旅大租地条约》，将旅顺口、大连湾及附近水面连通大连湾以北一段陆地租与俄国，租借地内军事、行政均由俄国管理。同时还取得修筑自哈尔滨至大连湾的东清铁路支路的让与权。连同它在1896年《中俄密约》中取得的东清铁路（又称中东铁路）的修筑权在内，整个东北地区成了俄国的势力范围。第二年，俄国把租借地自行改为"关东省"，设首席行政长官，俨然成了中国东三省的主人。

《续议界务商务专条附章》。法国与中国签订的打通进入云南通道的条约。法国一直在觊觎云南、广东、广西。1895年6月，通过《续议界务商务专条附章》，法国不仅取得了云南边境上的勐乌、乌德（划归法国殖民地老挝），还规定开放河口、思茅为商埠，中国在上述三省开矿、修铁路都要与法国商量。

法国在华势力范围。甲午中日战争后，法国在中国的土地上划分的具有优先或独占权利的特定区域，加深了中国社会的半殖民地化和民族危机。1895年，法国迫使清政府签订《续议商务专条附章》和《续议界务专条附章》，使中国西南边省的门户被打开，并取得云南、广西、广东的开矿优先权及越南至中国境内修筑铁路与架设电线权。1897年，法国还迫使清政府明确承担不将中国某一地区割让给其他国家的义务这一方法，来划定它在华势力范围。这年 3 月，法国强迫清政府向它保证："永不将海南岛让与任何他国。"这就意味着海南岛是法国的势力范围。这一办法很快为其他国家仿效。次年 4 月，中法互换照会，清政府被迫承认不将"越南邻近各省"（即云南、广东、广西）"全部或一部让与他国"。1899 年 11 月，中法正式订立《广州湾租界条约》，法国租借了广州湾及其附近水面，租期 99 年；还取得了自广州湾赤坎至安铺的铁路修筑权，以及承办中国邮政等特权。从此，云南、广西、广东三省成为法国的势力范围。

《续议缅甸条约附款及专条》。英国与中国签订的英国进入云南、广西的条约。英国是当时在华攫取利益最多的国家。它不仅在长江流域各省有着雄厚的政治经济实力，势力还深入东北、华南及西南地区。1897 年 2 月，中英签订《续议缅甸条约附款及专条》，在 1894 年条约基础上重新调整中缅边界，英国夺去原属中国的一些土地，取得对云南南碗三角地（勐卯三角地）的"永租权"，并开放西江通商，辟广西梧州、广东三水县城江根墟为商埠。

英国在华势力范围。甲午中日战争后，英国在中国的土地上划分的具有优先或独占权利的特定区域，加深了中国社会的半殖民地化和民族危机。1898 年 2 月，英国以互换照会的形式，强迫清政府"确切保证，不将扬子江沿岸各省租、押或以其他名义让与他国"，表明了长江流域是英国的势力范围。在法国宣布"越南邻近各省"为势力范围后，英国也要求清政府承诺不将云南、广东两省让与他国。6 月，英国强迫清政府签订中英《展拓香港界址专条》，租借了包括沙头角海到深圳湾之间最短距离直线以南、英国九龙割占地界限街以北广大地区以及附近岛屿和大鹏、深圳两湾水域，租期 99 年。为防止沙俄势力南下，7 月 1 日，以武力胁迫清政府签订中英《订租威海卫专条》，租借了刘公岛、威海卫内各岛和沿岸 10 英里地域，租期 25 年，英国可在租地内沿海一带修筑炮台、驻扎军队等。

俄国在华势力范围。甲午中日战争后，沙俄在中国的土地上划分的具有优先或独占权利的特定区域，加深了中国社会的半殖民地化和民族危机。

甲午战后，沙俄乘机以还辽"有功"为借口，向清廷索要"报酬"。1896年（光绪二十二年）5月，沙皇尼古拉二世举行加冕典礼。清政府原本派王之春出席典礼，沙俄政府以位阶不够为由，要求清政府派李鸿章为"钦差头等出使大臣"前往"祝贺"。6月，在沙俄政府的威逼利诱下，李鸿章代表清政府与沙俄签订中俄《御敌互相援助条约》（即《中俄密约》），使俄国取得在中国东北行驶军舰、修筑铁路等特权。9月，强迫清廷与华俄道胜银行签订了《合办东省铁路公司合同章程》，获准沙俄独揽中东铁路的修筑和经营权，以及在东北境内铁路沿线行政、警察、开矿、办厂权，实际上将这些地区变成其势力范围。1898年3月，强迫清政府签订《旅大租地条约》以及之后签订的《续订旅大租地条约》，强租旅顺、大连湾及其附近海面，租期25年；还获准修筑中东铁路支线，以连接旅顺、大连，后擅自将租借地改为"关东省"，将其势力范围扩展到东北全境。

德国在华势力范围。甲午中日战争后，德国在中国的土地上划分的具有优先或独占权利的特定区域，加深了中国社会的半殖民地化和民族危机。甲午战争结束后不久，德国趁机以干涉还辽"有功"为借口，先后与清政府签订《汉口租界合同》《天津租界合同》等，使德国在中国沿海和长江流域获得立足点。此外，德国还向清廷提出租借港湾的要求。1897年（光绪二十三年）山东巨野教案发生后，德国在沙俄的支持下，派兵强占胶州湾。次月，沙俄便派兵强占了旅顺口和大连湾。1898年3月6日，德国强迫清政府签订《胶澳租界条约》，使山东成为德国的势力范围。

胶济铁路章程。德国为修筑、经营胶济铁路而强迫清政府签订的不平等条约。1898年3月，清政府在德国逼迫下，签订《胶澳租界条约》，同意德国在山东境内修建铁路。1900年3月21日（光绪二十六年二月二十一日），时任山东巡抚袁世凯与德方代表锡乐巴（Heinrich Hild ebrundt）在青岛签订中德《胶济铁路章程》，共二十八条，主要内容包括：（1）设立胶济铁路公司，招华、德商人股份，由德方经理；（2）清政府派员会同勘查线路，并负责安全保卫；（3）该公司所用洋员案事依外国律例审办；（4）关于购地、施工具体事宜的规定。1904年该铁路正式通车。第一次世界大战期间，日本出兵占领青岛，攫取此路利权。1922 年，华盛顿会议期间，中日签订《解决山东悬案条约》，稍后又签订《山东悬案铁路细目协定》，规定将该路作价 4000 万日元，由北京政府赎回。次年 1 月 1 日，该铁路利权收回。

日本在华势力范围。甲午中日战争后，日本在中国的土地上划分的具有优先或独占权利的特定区域，加深了中国社会的半殖民地化和民族危机。清政府在甲午战败后，被迫签订《马关条约》，将台湾及其附属岛屿、澎湖列岛等领土割让给日本。随着法、德、英、俄对华划分势力范围取得"成功"，刺激了日本的侵略野心。1898 年 4 月 21 日，日本驻华公使矢野文雄与李鸿章、张荫桓等人进行非正式接触，要求承诺不将福建省内之地方让与或租与别国。后以照会的形式向总理衙门正式提出。24 日，总理衙门接受了日本的要求，照复矢野文雄："本衙门查福建省内及沿海一带，均属中国要地，无论何国，中国断不让与或租给。"日本将福建省列为势力范围。至此，除北京及西北边疆外，中国大部分已经被英、法、德、日、俄等几个国家所瓜分，建立起所谓的"租借地"，中国出现了空前严重的民族危机。

《中英展拓香港界址专条》。英国强迫清政府签订的划定香港新界为租借地的不平等条约。在中国同意法国租借广州湾后不久，英国以法国得了广州湾威胁香港安全为由，要求租借九龙半岛，借口"保卫"香港。1898 年 6 月 9 日，清政府被迫签订《中英展拓香港界址专条》，把九龙半岛及深圳湾、大鹏湾水面租让英国，租期 99 年，中国只在其中保留了九龙城和一条通往新安（今深圳市宝安区）的陆路。这就是香港新界。这个新界，比英国根据《南京条约》霸占的香港岛以及 1860 年抢占的南九龙半岛两者的总面积大 11 倍，从而使英国在华南地区的势力得到极大的加强。

《中英订租威海卫专条》。英国强迫清政府签订的划定威海卫为租借地的不平等条约。英国以俄国租借旅大影响了它的在华利益，"非租借山东之威海卫停泊兵轮，不足以抵制"为借口，要求租借威海卫。1898 年 7 月 1 日，清政府被迫签订《中英订租威海卫专条》，将威海卫、刘公岛及在威海卫湾内各岛和沿岸十英里地方租与英国，租期与"俄国驻守旅顺之期相同"。英国还可在东经121°40′以东沿海地方建筑炮台和驻兵。

门户开放政策。19世纪末20世纪初，美国向列强提出的共同宰割中国的政策。在欧洲各帝国主义国家争相在中国划定势力范围牟取殖民利益时，正值美国和西班牙战争，争夺菲律宾，美国未能在中国夺得势力范围。战争结束，美国加入对中国的利益争夺之中。1899年9月、11月，美国政府先后向英、德、俄、法、日等国提出所谓在华"门户开放"的照会，主要内容为：各国在华"势力范围"和它们已经得到的路矿等特权不得干涉，列强在租借地和"势力范围"内，对任何条约、口岸或任何既得利益不加干涉；对各国货物，一律由中国政府按照现行税率征收关税；在征收港口税、铁路运费方面，对别国船只、货物不实行差别待遇。由于该政策并没有损害列强在华实质利益，有关各国都表示接受。美国则借助这一政策，得到了整个中国市场对其商品的自由开放，它保护了美国的利益，使美国立于一个牢不可破的地位。门户开放主义的提出成为美国近代外交史上的得意之作。

俄法借款合同。中国与俄法银行团签订的偿付对日赔款的借款合同。1895年7月6日，在沙俄政府胁迫下，驻俄公使许景澄代表清政府在俄国圣彼得堡与俄法银行团签订了《俄法借款合同》，亦称《四厘借款合同》。该借款合同共19条，另附《四厘借款声明文件》1件。主要内容为：借款总额为4亿法郎（合银9896万余两）；分别由6家法国银行与4家俄国银行提供；年息4厘，偿还期限36年，以94.125%折扣交付，1910年1月1日前每年应还数额不能增多，不能议减年息，不能一次还清；以海关收入作担保；到期后如不能偿还本息，应向俄国提供其他项财政收入作担保。《声明文件》还规定，中国若许他国管理监督税收等项权利，亦准俄国均沾。

英德借款合同。中国与英德银行团签订的偿付对日赔款的第一次借款合同。1896年3月23日，总理衙门与汇丰银行及德华银行在北京签订《英德借款详细章程》，亦称《英德借款合同》，又称"中国五厘借款"。借款合同共 18 款，主要内容为：借款总额为 1600 万英镑（合银 9762 万余两）；以 94% 折扣交付，年息 5 厘；偿还期限 36 年，不得提前或一次还清；以海关收入作担保。借款合同还规定，在借款偿还期内，中国海关现行管理制度，不得作任何改变。也就是说，英国继续保持对中国海关的控制权，英国人继续霸占中国海关总税务司的职位，从而巩固了英国对中国海关的控制。

续借英德洋款合同。中国与英德银行团签订的偿付对日赔款的第二次借款合同，亦称"英德续借款合同"。俄、法与英、德为承揽第三次借款，争夺更加激烈，双方在总理衙门大吵大闹，威胁要发动战争。结果英、德资本再度勾结，在赫德帮助下战胜俄、法集团。1898 年 3 月，《续借英德洋款合同》签字，借款金额 1600 万英镑，折银 11270 万两，折扣 83%，年息 4.5 厘，分 45 年还清，除以关税作保外，还以江浙等地厘金和湖北等处盐厘作保。回扣盘剥之重，在国际债务史上是少有的。英、德借此进一步控制了清政府的财政。

《中俄密约》。清政府代表李鸿章与俄国签订的建设中东铁路的密约。1896 年俄皇尼古拉二世行加冕典礼，点名邀请李鸿章前往庆贺。在彼得堡，俄方对李鸿章招待甚殷，使其"顾而乐之，几忘身在异乡"。5 月初，沙皇秘密接见李鸿章，提出修铁路问题。6 月初，李鸿章与俄外交大臣罗拔诺夫、财政大臣维特代表两国政府在《御敌互相援助条约》（即《中俄密约》）上签字。《中俄密约》涉及修铁路事：中国应允许在黑龙江、吉林两省修筑铁路直达海参崴，该路的修筑与经营，由中国交与华俄道胜银行承办，其详细合同由中国驻俄公使与华俄道胜银行商办。《中俄密约》签订后，清政府与华俄道胜银行订立了《合办东省铁路公司合同章程》，设立了名为中、俄合办，实由俄方包办的"中国东省铁路公司"，负责修筑和经营西起满洲里、经哈尔滨、东至绥芬河的中东铁路，并享有在铁路沿线任命警察、开采煤矿和兴办其他工矿企业的权利。李鸿章幻想一纸《中俄密约》可给国家带来"二十年无事"，而事实却是帝国主义列强对中国的瓜分、强租接踵而来。

维新派。近代中国资产阶级政治运动中主张体制内改革的一类人，称资产阶级维新派，又分为早期维新派与维新派。早期维新派产生于19世纪七八十年代，代表人物有王韬、马建忠、薛福成、郑观应、陈炽等，主张发展中国资本主义，批判君主专制，提倡设议院、兴民权，仍维护封建伦常名教且积极参加洋务运动。19世纪90年代的维新派代表人物有康有为、梁启超、谭嗣同等人，他们反对帝国主义对中国的侵略，要求民族独立，发展资本主义，但没有触及封建土地制度；号召变法图存，幻想通过自上而下的体制内改革，在维护清政府统治的条件下，建立君主立宪制度。戊戌政变后，资产阶级革命兴起，康有为、梁启超等维新派主要人士逃亡海外，维新派发生分化，一部分人走上了反清革命的道路，而康、梁等人则反对革命，成为保皇派。

革命派。19世纪末和20世纪初中国资产阶级中主张以革命暴力手段推翻清政府的统治和建立共和国的一个政治派别，以孙中山为领袖。1894年11月24日，兴中会宣告成立，标志着资产阶级革命派的初步形成。1905年8月20日，资产阶级革命派在日本东京建立了统一的政党组织——中国同盟会。资产阶级革命派以西方的天赋人权、自由平等学说作为革命斗争的思想武器，主张用暴力革命的手段推翻清王朝统治，建立资产阶级民主共和国；主张改变封建土地制度，提出了平均地权的主张。曾在《民报》第三号刊出《民报之六大主义》一文，明确提出中国资产阶级民主革命派在近期的国内国外政治目标与政治诉求，它标举的六大主义是：一、颠覆现今之恶劣政府；二、建设共和政体；三、土地国有；四、维持世界真正之和平；五、主张中国、日本两国之国民的联合；六、要求世界列国赞成中国革新之事业。经过革命派一系列革命斗争的推动，1911年爆发了全国规模的辛亥革命，在孙中山等人领导下，推翻了封建专制和皇帝统治，传播了民主共和的理念，以巨大的震撼力和深刻的影响力推动了近代中国社会变革。中华民国成立后，革命派反对袁世凯窃国和北洋军阀的专制统治，维护共和制度，继续与反动势力进行斗争。

兴中会。孙中山创建的中国最早的资产阶级革命团体。1893年孙中山与陆皓东、郑士良、尤烈、魏友琴等人，在广东广雅书院聚会，倡议成立兴中会，以"驱除鞑虏，恢复华夏"为宗旨，但未形成具体的组织。1894年10月，孙中山赴檀香山。11月24日，孙中山在夏威夷首府火奴鲁鲁埠卑涉银行经理何宽家中召集会议，正式创立兴中会。孙中山起草的《兴中会章程》这样写道："方今强邻环列，虎视鹰瞵，久垂涎于中华五金之富，物产之饶，蚕食鲸吞，已效尤于接踵，瓜分豆剖，实堪虑于目前。有心人不禁大声疾呼，亟拯斯民于水火，切扶大厦之将倾。"危机的原因，在于"庸奴误国，荼毒苍生，一蹶不兴，如斯之极"。章程明确指出，设立兴中会的目的，就是为了"振兴中华"。誓词中提出了"驱除鞑虏，恢复中国，创立合众政府"的革命纲领。这个纲领大体上就体现了孙中山后来提出的三民主义中的民族主义和民权主义。兴中会成立后，立即开展活动，在夏威夷、香港、广东等地发展组织，筹集经费，积极准备武装起事。1905年8月20日，兴中会与华兴会、兴复会联合组成中国同盟会。在孙中山领导下，兴中会在资产阶级民族民主革命方面做出过极大的贡献，在国内外都有相当大的影响。尤其是兴中会自成立之始即着力于组织反对清政府的武装起义，屡败屡战，越战越勇，虽然起义未能成功，但在组织上、思想上都为后来成立全国性的革命组织作了有效准备，提供了条件。

广州起义。兴中会成立后筹划的最早一次武装起义。兴中会成立后，立即开展活动，在夏威夷、香港、广东等地发展组织，筹集经费，积极准备武装起事。孙中山的好友陆皓东、陈少白、郑士良、杨鹤龄等人都入会，成为骨干分子。他们在香港设立兴中会总部，计划袭取广州，然后以广东为基地，向北进军。经过半年的准备，兴中会买到600支手枪，联络了广东的一些会党、绿林和防营，决定在1895年10月26日重阳节，趁群众登高、扫墓回城之时，潜入城内，爆炸两广总督署，占领广州城。陆皓东还为起义设计了一面以青天白日为图形的旗帜。不料26日晨，香港方面来配合的人员和武器没能准时到达。孙中山立即要香港方面停止行动。广州方面两广总督谭钟麟也得到了密报，派兵包围了起义机关，陆皓东被捕。27日香港船到广州，朱贵全等40余人和600支手枪均被清军查获。起义失败。

伦敦蒙难。孙中山在伦敦被清政府驻英使馆劫持后被解救的过程。1896年10月11日上午,孙中山从伦敦住所出来,去看望他的老师康德黎,路上被清政府驻英公使馆人员劫持进了公使馆。在扣留期间,驻英公使龚照瑗用7000英镑租了条轮船,打算几日内把孙中山塞进木箱,秘密运回国。关在使馆三楼小室的孙中山想方设法与外界联系,终于托一位英籍清洁工人,把求救信送到了康德黎手中。康德黎等人得知消息后,立刻向伦敦警察总部报案,并采取紧急救援行动。他们一方面试图通过媒体披露此事,以取得舆论力量的同情;另一方面又请求英国外交部出面干预,以得到政府势力的支持。经过康德黎等人的多方活动,10月22日晚,英国外交部向清使馆发出一通最后通牒式的照会,施加外交压力,要求立即将孙中山释放;几乎与此同时,有一家名为《环球报》的晚报连夜迅速刊印号外,正式披露孙中山被清使馆绑架的信息,伦敦舆论界一片哗然。迫于各方面的压力,清使馆不得不无条件释放孙中山。孙中山用英文发表了《伦敦蒙难记》一文,使"革命家孙逸仙"的名声传遍世界,清政府的暗算阴谋反而变得不好下手了。孙中山在伦敦住了约一年,每天到大英博物馆阅览室看书,研究西方政治、经济学说,考查欧洲社会实际情况,探求救中国的方案。他的三民主义思想理论体系就是从这个时候开始孕育的。伦敦蒙难,使孙中山坚定了从事反清革命的思想。

惠州起义。1900年孙中山在广东惠州组织的第二次反清武装起义。1900年,孙中山利用义和团运动在北方蓬勃发展,唐才常在长江流域组织自立军起义之机,决定再次在广东发动起义,并派郑士良前往惠州联络会党。这次起义得到日本友人帮助,又与菲律宾独立军代表彭西商定,借用独立军买下的一批军械,10月6日,起义在惠州三洲田爆发,首战告捷。郑士良率领起义军多次击败清军,但因为得不到接济,陷于枪械弹药告竭的困境。惠州起义军很快就被清军镇压下去。郑士良等人逃到香港。随后,史坚如、邓荫南等人在广州谋炸广东巡抚署两广总督德寿,结果虽然炸塌了督署围墙,但并没有炸死德寿。史坚如被捕就义,成为继乙未广州起义时牺牲的陆皓东之后"为共和殉难之第二健将"。

强学会。维新运动期间康有为在北京发起成立的政治团体，又名"译书局""强学书局"。"公车上书"后不久，会试发榜，康有为中进士，获授工部主事。他无心上任，又连着两次上书，其中一次终于递到了光绪皇帝手上。这位不甘作"亡国之君"的年轻皇帝，此时正为被逼在《马关条约》上"用宝"（盖皇帝印玺）而万分懊恼，读了康有为的上书后很受启发，便命令转发各省议处。这样一来，在清政府的高级官员中间，就有公开表示支持和赞助维新活动的人了。康有为趁势在北京发起成立了一个组织，名曰"强学会"，参加的人中有不少名士高官，如光绪皇帝的近臣、翰林院侍读学士文廷式，军机处章京陈炽，刑部郎中沈曾植，还有袁世凯、徐世昌等。李佳白、李提摩太等外国传教士也表示支持。学会书记员由梁启超担任。强学会的主要活动包括：每10日集会1次，每次都有人发表演说，宣扬爱国、保种、保教思想，康有为所作《强学会叙》集中反映了这些内容；购置图书，开设图书室，以广见识；译书；将《万国公报》改为《中外纪闻》作为机关刊物，由梁启超、汪大燮任主笔，每期除刊登梁启超写的一篇论说外，还刊载国内外新闻和外国报章译文，介绍西方政经、科技等情况。1896年1月20日，在李鸿章等人授意下，御史杨崇伊上书弹劾强学会贩卖"西学"、"植党营私"、私刊报纸，请即查禁。23日，强学会解散。

南学会。戊戌变法时期维新派在湖南宣传变法的政治团体。1897年冬，由谭嗣同、唐才常等发起组织，得到湖南巡抚陈宝箴的支持。次年2月21日（光绪二十四年二月初一日）在长沙正式成立。省设总会，各州县设分会。主要活动方式为演讲，宗旨为"讲爱国之理，求救亡之法膏"。每七日集会一次，同年3月创办《湘报》为机关报，讨论湖南新政，推动了湖南维新运动发展。后遭到顽固派王先谦、叶德辉等攻击，戊戌变法失败后被关闭，《湘报》也随之停刊。

《应诏统筹全局折》。康有为向皇帝上的第六书，也是他所呈最重要、最著名的一篇奏折，在这里全面提出了变法维新的施政方案。康有为列数世界历史上埃及、波兰、土耳其、印度等国由于守旧不变,而遭瓜分或灭亡的事例,指出中国也面临同样的危险,形势严峻。前途只有两个,那就是"能变则全,不变则亡,全变则强,小变仍亡"。他建议光绪皇帝效法日本明治维新的三点要义,即大誓群臣以定国是;设上书所以广言路;开制度局以定新制。具体办好三件大事:一、在天坛或太庙或乾清门召集群臣,宣布变法维新;二、在午门设立"上书所",派御史二人监收,准许人民上书,对贤才加以录用;三、在内廷设制度局,下设法律、度支、学校、农商、工务、矿政、铁路、邮政、造币、游历、社会、武备十二局,以订立新章程,推行新政。光绪皇帝看了奏折,非常满意。康有为振奋不已,一面急召在上海看病的梁启超立刻进京,协助工作;一面废寝忘食,将《日本变政考》《俄大彼得变政记》等书不断誊出,呈供皇帝参阅。

保国会。戊戌变法期间维新派的重要政治团体。1897 年,德国强占胶州湾,引起瓜分中国危机。1898 年 4 月,康有为和御史李盛铎等在北京成立保国会。有章程 30 条,其宗旨是保国、保种、保教,即保国家政权、领土不丧失,保民族种类能自立,保圣教不失。讲求变法,外交,经济,以协助政府治理国家。在北京、上海设总会,各省、府、县设分会,接着,保滇会、保浙会、保川会等纷纷成立。共集会三次,意在合群策、群智、群力,发愤救亡,推动维新运动。保国会遭顽固派极力反对及御史潘庆澜等弹劾,不久形存实散,终停止活动。

定国是诏。光绪帝宣示变法大计的诏书。1898 年 6 月 11 日(光绪二十四年四月二十三日)颁布。在这篇诏书里,光绪皇帝总结国家多年洋务自强的教训,指出其弊端是对西学"徒袭其皮毛",且长期对改革问题争论不休,"莫衷一是","众喙哓哓,空言无补"。不务实造成国势与外界差距越来越大,"强弱相形,贫富悬绝",怎么能够不打败仗?因此他要"明白宣示",全国上下一致,"发愤为雄",实行变法。百日维新由此拉开帷幕。

戊戌变法。亦称"戊戌维新",由康有为、梁启超发动,受到光绪皇帝支持的清末一场政治改革运动。1895 年《马关条约》签订以后,康有为等人发动公车上书,提出变法的主张。在维新人士和"帝党"官员的积极推动之下，从 1898 年 6 月 11 日"诏定国是"到 9 月 21 日西太后发动政变的 103 天中，光绪皇帝共下了 100 多道新政谕令。其改革措施，属于政治方面的主要有：精简中央及地方政府机构，裁减冗员，撤除詹事府、通政司、光禄寺、鸿胪寺、太常寺、太卜寺、大理寺等衙门，取消湖北、广东、云南三省巡抚、东河总督及不必要的粮道、盐道等；重订各衙门的工作则例，除旧布新；严禁地方胥吏扰民；废除满人寄生特权，准许自谋生计；广开言路，提倡官民上书言事，政府部门不得稽压；准许自由开设报馆、学会；拟开懋勤殿，邀各方人士议新政；命出使大臣选择侨民中之著名可用者征送回国，以备任使等。属于经济方面的主要有：加速发展实业，设立农工商总局和矿务铁路总局及地方分局，在沿海沿江地区如上海、汉口先行一步，设厂兴工，开辟口岸，以带动内地；大力振兴农业，提倡西法种田；许办农会、商会，鼓励民办铁路、矿务，奖励各种发明，准其专利售卖；创办国家银行，编制国家预算，节省开支等。属于军事方面的主要有：裁减绿营，淘汰冗兵；改习洋操，精练陆军，加强海军；加快新式武器制造等。属于文教方面的主要有：开办京师大学堂，筹办铁路、矿务、海军等专门学堂，将各地旧式书院改为兼学中学和西学的中、小学堂；改革考试内容，废除八股，改试策论。讲求实学，不得凭楷法取士；选派学生赴日本留学；设立官办译书局，编译书籍，奖励著作等。从变法内容来看，变法涉及范围较为广泛，对旧制度进行了一定程度的改造，并且开始推行某些新制度。

戊戌政变。慈禧太后发动的推翻戊戌变法的宫廷政变。1898 年 9 月 21 日，慈禧太后发动政变，先将光绪皇帝软禁于中南海的瀛台，然后以"训政"的名义，重掌国政。促使慈禧太后采取行动的原因主要有两点：一是皇帝召见和提拔袁世凯，企图掌握军队；二是皇帝 20 日接见日本前首相伊藤博文。政变以后，慈禧太后下令搜捕维新派人士。康有为、梁启超分别在英国人和日本人的保护下，逃往国外。9 月 28 日，谭嗣同、康广仁、杨深秀、刘光第、杨锐、林旭六人未经审讯被杀于北京菜市口，时人称为"戊戌六君子"。慈禧太后还下令撤销新政期间若干举措，重组中央和地方政府要员。戊戌变法运动宣告失败。

帝后党争。清政府内部以光绪皇帝为首的"帝党"和以慈禧太后为首的"后党"群体展开的政争。"帝党"主要是光绪皇帝载湉和载湉的老师翁同龢，翁历任刑、工、户部尚书和军机大臣，他的门生好友便成了"帝党"的成员，再加载湉的一些近臣，如珍妃、瑾妃的哥哥、礼部侍郎志锐、珍妃的老师文廷式等。"后党"是慈禧太后掌控的庞大国家官僚集团。在维新变法问题上，改革与权力斗争搅在了一起，这就使得维新与守旧、"帝党"与"后党"的矛盾交织，在清廷内部出现了极其复杂的局面。

己亥建储。戊戌政变后，1900年1月（光绪二十五年十二月即己亥年），慈禧太后企图建立皇储"大阿哥"以废黜光绪帝的事件。戊戌变法失败后，慈禧太后就企图废黜光绪帝，但未能如愿。1899年底，荣禄上奏慈禧太后："上春秋已盛，但无皇子，不如择宗室近支一子，建为大阿哥（即皇储），为上嗣，兼祧穆宗（即同治帝），育之宫中，徐篡大统。"慈禧太后采纳荣禄的建议，于1900年1月24日召集御前会议，经讨论后发布上谕，宣布封端郡王载漪之子溥儁为大阿哥，继承穆宗毅皇帝同治为子，派崇绮为师傅授读，派徐桐常川照料。计划在庚子年元旦光绪帝行让位礼，改元"保庆"，因此日为农历己亥年十二月二十四日，中国近代史上称"己亥建储"。下诏后天下哗然，上海绅商在经元善领衔下通电反对，外国公使亦拒绝进贺，遂未实现。由此引发"保皇运动"。

义和团运动。19世纪末主要在中国华北发生的以农民为主体的反帝爱国运动，又称义和拳、义和团事件、庚子事变。义和团运动的兴起，与甲午战争后国际局势的变化及国内社会经济萧条有着直接的关系。中国下层民众在甲午战后承受着更多的痛苦，战争的失败使他们的生活更加艰难，他们没有能力和途径就国家大事直接表明自己的态度。以广大农民、手工业者为主体的中国社会各阶层民众自发地再次联合起来，他们用自己独特的应变方式掀起一场以挽救民族危亡为根本目的的爱国救亡运动，即义和团运动。首先在山东兴起，之后扩展到河南、直隶（今河北）一带，其组织构成复杂，包含白莲教、金钟罩（大刀会）、义和拳（梅花拳）、神拳、红拳等，通过揭帖、坛谕、传言等方式，宣称义和团顺应天意、拯救劫难，宣传自己斗争的正义性，以此来发动群众、扩大影响。义和团的基本政治口号是"扶清灭洋"（也有助清灭洋、兴清灭洋等说法）。"扶清"是扶助大清国的意思；"灭洋"是消灭洋鬼子，反对帝国主义侵略的意思。在中国历史上，农民提出这样的口号，是没有先例的。它说明，义和团的斗争锋芒是帝国主义，而在反帝斗争中要联合清朝统治者，这就是说，不以清朝统治者为斗争对象。把斗争对象指向帝国主义，对于农民起义来说，是一个进步。这是近代中国列强入侵导致民族矛盾上升、阶级矛盾下降，在农民斗争方向上的反映。面对义和团运动风起云涌，各国驻华公使极为紧张。他们一面向清政府施加压力，要求清廷发布镇压义和团的谕旨，制止"拳乱"；一面报告本国，要求派军舰到大沽口示威，派卫队到北京保护使馆，一定要迫使清政府屈服。与此同时，北京城内使馆区的外国军队也同义和团发生了武装冲突，一些团民被打死，群情日益激愤。1900年6月17日，俄国海军中将基利杰勃兰特指挥各国军舰公然向大沽口炮台发动进攻，经激战，联军占领了大沽炮台以及塘沽、北塘、新河一带，屠杀了许多当地居民。21日，清政府颁布"宣战"上谕。但是这个宣战上谕，并未说明向何国宣战，也未送达任何国家，其作用只是统一了内部思想。随后，发生八国联军侵华战争。8月，八国联军攻占北京。慈禧太后在西逃途中，于9月7日发布"剿匪"谕旨，要坚决对反抗帝国主义侵略的义和团"痛加铲除"。在中外反动势力的镇压下，义和团运动失败。

八国联军侵华。1900年（农历庚子年）列强发动的武装侵略中国的行为。1900年（光绪二十六年）8月4日，八国联军20000人从天津出发，沿运河两岸向北京进攻。其中有日军8000人，司令为山口素臣；俄军4800人，司令为利涅维奇；英军3000人，司令为盖斯里；美军2000人，司令为沙飞；法军800人，司令为福里；德军200人（大部队尚未登陆）；意军、奥军共约100人。守卫北京的清军有10万人左右。5日，联军攻北仓，清军马玉崑部与义和团掘运河放水阻敌，经激战，北仓失守，联军伤亡以日军最重，达400多人。6日，联军进攻杨村，清军宋庆部顽强抵御，杀敌不少，终因力所不支，败退通州。眼看八国联军兵临北京，慈禧太后一面急催两广总督李鸿章北上与列强议和，一面派人与联军商议停战。12 日，联军占领通州，14 日北京失陷。联军进攻北京时，清军董福祥部和义和团民进行了抵抗，并在城内展开巷战。联军则对中国军民实行疯狂的屠杀，仅庄王府一处坛口，就烧死、杀死团民 1700 人。烧杀的同时是奸淫劫掠，大批珍贵文物、图书等遭到焚抢，中华民族数千年文化遗产遭到空前的浩劫。

东南互保。八国联军侵华期间，东南各省督抚商定不承认朝廷旨意、避免联军侵扰的互保策略。1900 年 6 月 26 日，两江总督刘坤一、湖广总督张之洞、两广总督李鸿章等人通过盛宣怀秘密与英、美等国谈判，订立《中外互保章程》，宣布在他们的辖区保护外国商民和教堂，制止动乱，严拿匪徒。时任山东巡抚袁世凯也表示赞成。"互保"范围从东南扩大到内地，共有十多个省参加，这实际上等于脱离了清政府，变相独立。这期间，张之洞在武汉残酷镇压了康、梁策划的以"勤王"为旗号的自立军起义，唐才常、林圭等维新派骨干惨遭杀害。

中国国会。戊戌政变后，维新派在上海组织成立的政治团体，亦称"中国议会"。1900 年（光绪二十六年）7 月，唐才常以保国保种为口号，拟用"国会"名义，邀集一批著名知识分子在上海张园开会，决议成立"中国国会"。参会者百余人，包括马相伯、汪康年、孙宝瑄、张元济、郑观应等人。容闳、严复被推选为正、副会长，唐才常任总干事。宣布五项宗旨：一是保全中国自立，创造新自立国；二是不承认清政府有统治中国之权；三是联络外交；四是平定内乱；五是推广中国文明进化。参会人员来源复杂，政见难以统一。章炳麟因反对既"排满"又"勤王"的矛盾主张，离会而去。毕永年也因劝说唐才常与康有为断绝关系无效，深感失望后离开。自立军起义失败后，唐才常被捕遇害，"国会"的主要成员也遭到通缉，被迫解散。

自立军起义。唐才常等人在义和团运动期间组织的军事起义。1900 年春，唐才常、沈荩、毕永年在上海创立正气会，不久改名为自立会，宣布

"保全中国自立之权，创造新自立国"。8月2日，唐才常在上海以"中国国会"名义组建"自立军"，准备发动武装起义。不久，在汉口英租界组建自立军总机关，在长江中下游各省沿岸联络会党。八国联军进犯津京时，唐才常、林圭等商议8月9日在汉口率先发动起义，湖南、江西、安徽和湖北其他地区起兵响应，因军费不继，被迫延期。此外，由于交通不畅，信息无法及时传递，身在安徽的秦力山未得通知，如期在大通起事，遭到清军围追堵截，大通起义失败。唐才常闻讯，决定22日在汉口起义，夺取汉阳兵工厂，拿下武汉三镇后西进。但尚未发动即被湖广总督张之洞侦破，唐才常、林圭等惨遭杀害。自立军起义失败。

勤王运动。戊戌政变后，康有为逃亡海外发起的保救光绪皇帝的行为。康有为、梁启超在新政失败后流浪海外，获得了许多道义上的同情和支持。1899年（光绪二十五年）3月，在清政府与日本政府交涉下，康有为被迫离开日本赴欧美活动。其间，康有为声称携有光绪帝的密诏，令其设法相救。7月20日，他在加拿大与华侨领袖李福基、冯秀石等创立"保救大清光绪皇帝会"，简称"保皇会"，其宗旨"专以救皇上，以变法救中国救黄种"，后陆续在日本、檀香山、南洋各地建立支会100多个，发展会员达100余万人。义和团运动期间，康有为也曾以"保皇会"名义募款，以支持自立军起兵"勤王"。从1906年起，"保皇会"已名存实亡。1907年，为表示支持清政府"预备立宪"，康有为改"保皇会"为"国民宪政会"，因梁启超反对，遂改称"帝国宪政会"。

《议和大纲》。1900年12月帝国主义列强为对华谈判而制定的纲领性文件，实际上是11国驻华公使提交给清政府的一份联合照会，又称《各国驻京大臣议定条款》。1900年8月上旬，八国联军进逼北京，清廷忙调两广总督李鸿章为直隶总督，担任全权大臣，呼吁各国停战议和。联军占领北京后，清廷又任命庆亲王奕劻会同李鸿章办理议和事宜。但列强不理睬清廷的呼吁，甚至不承认李鸿章的全权代表身份。德国在9月18日提出要把追究"那些毫无疑问地犯有唆使或参与犯罪的主要中国人犯"作为停战议和的先决条件，实际上是要追究慈禧太后和清政府的责任。俄国出兵东

第四章　甲午战后中国形势与社会各阶级对国家命运的回答

北，希望得到清政府对占领东北的承认，同意清政府的议和要求，接受李鸿章的全权代表身份。法国在这一点上站在俄国一边。日本虽反对俄国占领东北，但不反对清政府的议和要求。美国主张"门户开放"政策，反对分而治华主张，实际上是要求列强共同统治中国。侵华各国之间就从中国攫取权益上矛盾尖锐。经过争吵，列强在"保全中国"这一点取得了大致相同的认识。9月25日，清廷宣布惩处"无端肇祸"的几个亲王大臣载漪、载勋、刚毅、赵舒翘等人，并致书德国、日本对克林德、杉山彬之死表示道歉。列强看到清政府有认罪的表示，愿意接受议和的要求。10月4日，法国照会各国政府，建议向清政府集体提出以下六点要求，作为同清政府谈判的基础：1. 惩办由各国驻华使节提出的罪犯；2. 禁止输入军火；3. 赔偿各国、社团和个人的损失；4. 北京使馆永久驻兵；5. 拆毁大沽炮台；6. 天津、北京间择二三处实行军事占领，保证使馆至沿海之间通畅。法国的照会受到各国重视。10月中旬，李鸿章到达北京，各国驻华公使也调整完毕。清政府议和全权代表向各国驻华公使提出议和草案五款："围攻使馆极违万国公法，允许嗣后绝无此事"；"商认赔款"；"修改条约以重商务"；"收回衙署以维政权"；"撤兵停战"，并要求商定日期，开始议和谈判。各国公使认为这些建议是狂妄的，不愿对它加以考虑。他们认为，在开始谈判前，应首先统一列强间的认识。10月下旬，各国公使陆续对法国建议集中进行了讨论，将法国提出的六条建议增改为十二条，主要增改如下：1. 凡在辖境内发生排外纠纷的官员立即革职；2. 对服务于外国人而遭受损失的中国人，给予赔偿；3. 各国使馆应各自维持一支卫队，划定使馆区，区内中国人无居住权利；4. 拆毁大沽炮台及他处炮台；5. 在北京至海岸之间安排若干据点由各国分别予以军事占领；6. 颁布禁止加入排外会社、违者处以死刑的上谕，并在全国各地张贴两年；7. 按德国和日本提出的方式，对克林德和杉山彬的被杀进行赔偿。在十二条之后，强调只有在中国政府做出了令各国满意的允诺之后，各国才能从京畿一带撤兵。12月22日，这个文件以各国给清政府联合照会的形式出现，依次签字在上面的国家是德国、奥国、比利时、西班牙、美国、法国、英国、意大利、日本、

97

荷兰、俄国。这就是《议和大纲》。12月24日，11国公使向奕劻面交这份照会，不容改易一字。三天以后，慈禧太后批准了这个大纲。1901年1月16日，清政府将载有《议和大纲》全文的同文照会送交11国公使，同时附送《议和大纲》上谕，宣布该文件生效。《议和大纲》是帝国主义列强对华谈判单方面强加给清政府的，成为此后形成《辛丑条约》的基础性文件。

《辛丑条约》谈判。为签订《辛丑条约》，由清政府派出的全权大臣与列强驻华公使间进行的一系列谈判。正式谈判从1901年1月中旬开始，拖延了大约8个月。谈判是在不平等的条件下进行的，只是把《议和大纲》的原则具体化。谈判的重点集中在惩办祸首、议定赔款两大问题上。《议和大纲》第二款对惩办祸首做了"照应得之罪，分别轻重，尽法严惩"的规定。正式谈判一开始，英国、德国公使即提出应对各国已提出之祸首一律处以死刑，同时新提出礼部尚书启秀、前刑部左侍郎徐承煜应列为祸首，各公使尤其注意对端王载漪、甘肃提督董福祥、庄王载勋的惩处。清政府认为一律处死的要求与《议和大纲》"分别轻重"的规定相矛盾，又因懿亲不加刑的成规，不同意对端王等处以死刑；董福祥因握有兵权，护跸行在，且在甘肃、宁夏一带颇著声望，也不能处死刑。此外，清政府认为英年、赵舒翘不够祸首，而对启秀、徐承煜的指控则"均系空言，毫无实据"。各国态度也不一致，美、日、俄等国不同意对端王等懿亲处死刑。德国纵容联军统帅瓦德西以不撤兵及向京畿一带加强讨伐相要挟，迫使清政府做出让步。2月13日，清廷发布上谕，宣布对庄王赐令自尽；端王及辅国公载澜革去爵职，发往新疆永远监禁；山西巡抚毓贤正法；吏部尚书刚毅因已病故，追夺原官，即行革职；董福祥即行革职；英年、赵舒翘定为斩监候；大学士徐桐、前四川总督李秉衡已病故，均革职，同日又宣布革去启秀、徐承煜职务。这一谕旨，虽已在主要之点上满足了各国公使的要求，但他们仍不满意。驻华公使团一再照会中国全权大臣，提出对载漪、载澜应定斩监候罪名，遣戍新疆，永远监禁，不得再行减免；对董福祥，必须定拟死罪，缓办理由仅在中国政府"有碍难之处"，但须立即剥夺其

第四章 甲午战后中国形势与社会各阶级对国家命运的回答

兵权；英年、赵舒翘须绞立决；启秀、徐承煜须正法。2月21日，清廷再次发布上谕，实际上全部接受了列强的条件，唯一的区别，只将英年、赵舒翘由绞立决改为赐令自尽。惩办祸首问题解决后，关于从犯即外省支持义和团官员的惩处问题谈判，又迁延了很长时间。经过反复交涉，清廷先后于4月29日、6月3日、8月19日发布谕旨，宣布对外省获咎官员110余人的惩处。

从2月开始，赔款问题提上了议事日程。清政府早有思想准备，除了承认《议和大纲》提出的赔款要求外，在2月14日发布的自责诏中，表示了"量中华之物力，结与国之欢心"的原则立场。为了最大限度对中国勒索，驻京公使推举美国、德国、荷兰、比利时四国公使负责确定赔偿标准、原则及范围；又成立英国、德国、日本、法国公使组成的中国财政调查委员会（又称赔款委员会），根据中国财源状况，确定赔款总数。5月1日，列强经过计算，提出了45000万两（约6750万英镑）白银的赔款总额，并提出，如果7月1日条约不能签字，还要另加占领军费用。为了迅速取得赔款，俄国、德国曾提出替中国借一笔"总债"，一次还清赔款。清政府不同意，要求分年摊还本利，英国、美国也反对借债办法。7月30日，各公使发出照会，大体确定赔款办法，即前五年除付利外，每年带还本不及百万，以后按年递增，至39年止。指定盐课及常关、新关进项作抵。为了确保收入，除新关早已由外国人控制外，常关要由新关管理。赔款一案大体了结。此外还有停考问题、禁运军火问题，也经过谈判，逐条结案。8月初，德国公使提出，所议各款，恐各使意见不一，应加整齐一致，另立新约。各使推举德、英、法、日四使办理约稿。约稿草稿于8月20日送交清政府谈判全权大臣。9月7日条约签字，《辛丑条约》最后告成。

《辛丑条约》。 清政府被迫与各国签订的处分中国的条约，又称《最后议定书》《辛丑各国和约》。1901年9月7日签订于北京。1901年是光绪二十七年，干支纪年为辛丑，故称。该条约是在1900年12月22日的《议和大纲》基础上经过谈判而缔结的，按《议和大纲》的分款办法共列出12款，另加19个附件。主要内容为：一、派醇亲王载沣为头等专使赴德国谢罪；派户部侍郎那桐为专使赴日本谢罪。在德使克林德被杀处立碑；对杉山彬"从优荣之典"。于外国坟墓被挖掘及被损坏之处，建立"涤垢雪侮"之碑；二、惩办"首祸诸臣"。赐令庄王载勋自尽，端王载漪、辅国公载澜斩监候，发往极边，永远监禁。毓贤即行正法。赵舒翘、英年斩监候，赐令自尽。刚毅斩立决，以病故免议。启秀、徐承煜正法。徐桐、李秉衡均斩监候，已自尽，革职、撤销恤典。董福祥革职降调。其他各省凡经发生教案和义和团的地区，文武官员百余人分别斩首、充军或革职永不叙用；三、在外国人被杀被虐的城镇，停止文武各等考试五年。颁行布告永远禁止成立或加入敌视诸国之会，违者皆斩。各省督抚文武官员于所属境内如复有伤害外国人等情事，必须立时弹压惩办，否则，该管之员，即行革职，永不叙用；四、向各国赔款白银4.5亿两，加年息四厘，分39年付清，本息合计9.8亿两，以海关、常关及盐政各进款为担保。此外，还有各省地方赔款2000多万两，总数超过了10亿两；五、将大沽炮台及自北京至海的所有炮台"一律削平"。在天津周围二十里内，不准驻扎中国军队；准许各国派兵驻扎在京榆铁路沿钱的黄村、廊坊、杨村、天津、军粮城、塘沽、芦台、唐山、滦州、昌黎、秦皇岛、山海关等12处战略要地，以控制北京至海的交通。禁止军火和制造军火的各种器材运入中国，为期两年，并可延长禁运期；六、在北京东交民巷划定外国使馆区，许各国驻兵保护，不准中国民人居住；七、将总理各国事务衙门改为外务部，班列六部之前。变通诸国钦差大臣觐见礼节。《辛丑条约》是1842年《南京条约》签订以来头一次由11国联合起来强迫中国签订的、中国失权最严重的不平等条约，是帝国主义列强套在中国人民身上的新的沉重枷锁，从此中国的国际地位空前低落。《辛丑条约》标志着中国半殖民地半封建社会形态的确立。

庚子赔款。简称庚款，指《辛丑条约》规定的清政府应付各国的赔款总数，因系针对1900年（庚子年）义和团事件而起，故称。又因其较同年的地方赔款数额巨大的多，又俗称大赔款。《辛丑条约》第6款规定清政府给各国赔款海关银450兆即45000万两，年息四厘，自1902年1月1日起到1940年止，分39年付清。正本每年支付一次，第一次付本定在1903年

1月1日。利息自1901年7月1日起算。每届6个月付息一次，头6个月之息可展在1902年1月1日以后三年内支付，但所展息款之利，亦按四厘计算。第一次付息定在1902年7月1日。按条约附件《还本息表》的安排，到1940年总计应付982238150两，加上延期支付的头6个月的利息及利息之息972万两，总数高达近10亿两白银。又规定，付款事宜在上海办理，由清政府官员将届期应付之本利总数交由诸国组成的银行董事会；清政府将全数保票（债券总额）交付驻京公使团首席公使，然后发行零票（分债券），经清政府官员画押后，由上述银行董事会分发。上述赔款总数，经各国争吵后，于1902年6月签订协议，进行分配。俄国得到130371120两，德国得到90070515两，法国得到70878240两，英国得到50620545两，美国得到32939055两，意大利得到26617005两，七国共分总数的96.89%。根据列强付款安排，清政府头9年内每年付还本息1882万两，以后逐年递增还本数量，递减付息数量，按还款计划，1911—1915年，平均每年付本息约2000万两，1916—1931年16年内，每年付本息2448万两，1932—1940年9年内，每年付本息3535万两。加上归还从前俄、法、英、德大借款，1940年前，中国政府每年要从岁入中拿出4200万两还债。对于列强的这笔巨大勒索，清政府不堪负担，只得允许各地增加各种税捐，把赔款负担转嫁到全国人民头上，并指定各省分摊赔款数目。以后由于银价大跌，发生还金还银之争。在列强压迫下，1905年清政府承认以金偿付，1905年1月1日以前之镑亏，以加赔海关银800万两作结。中华民国建立后，继续履行赔款义务，经办者转移到海关总税务司手里，以后又发生缓付、停付及退款种种情况。1919年《凡尔赛和约》签订后，德、奥宣布放弃庚子赔款。1924年5月中苏签订《中俄解决悬案大纲协定》，苏联政府正式宣布放弃庚子赔款，将该款充作提倡中国教育之用。退还庚款发端于美国。1908年5月美国议会决定，年底美国总统发布命令，将美国应得赔款2444余万美元（按每两海关银＝0.742美元折算）中的1078万余美元退还中国，作为对华文化投资，由中国政府拨充教育经费，培养赴美留学生之用。1925年美国第二次退还保留庚款。美国第一次退还庚款后，中国政府要求各国效法。法国政府曾表示退还庚款之意，但第一次世界大战后纸法郎大贬值，法国要求中国按金法郎付款，遭中国政府拒绝，从1922年起争执不决，至1925年4月中国政府被迫屈服，法国名义上退还庚款，但该款只用来挽救业已倒闭的中法实业银行的信誉，对中国并无多少实际利益。且因实行金法郎付款，中国又损失许多。英国自1922年12月宣布退还庚款，至1930年始实现以英国庚款作为发展中国实业和教育之用。日本自1923年确定退还庚款，作为"对华文化事业"之用，由日本政府控制，遭到中国各方面人士反对。其他国家如比利时、意大利、荷兰也有退还举动。日本侵华战争爆发后，日本庚款曾由总税务司照旧拨付正金银行，1937年9月起始改付上海汇丰银行开立专账，1939年1月停付。1943年中美、中英等签订新约宣布取消《辛丑条约》，放弃庚子赔款。到1938年为止，中国政府积年所付各国庚子赔款本息共计668661220两。庚子赔款是近代中国战争赔款最巨大的一次。

华俄道胜银行。沙俄和法国为对华经济侵略建立的金融机构。政治贷款是列强向中国资本输出的主要方式，《马关条约》规定中国要在三年内偿付对日赔款白银2亿两，加上后来的赎辽费3000万两，还有威海日军驻军费150万两。这对全年收入只有8000万两白银的清政府来说是根本拿不出的。列强看到这是控制中国、捞取特权的大好机会，于是争相承揽借款。1895年5月初，《马关条约》尚未互换批准书，沙俄外交大臣罗拔诺夫就抢先向清廷驻俄公使许景澄表达了借款的意愿。俄国出面拉拢六家法国银行和四家俄国银行，组成对华借款银行团。在沙俄胁迫下，7月6日，许景澄在彼得堡与俄法银行团签订借款合同，总额4亿法郎，合库平银9900万两，年息四厘，九四又八分之一折扣，以海关收入担保，36年还清。还同时签订了具有条约效力的《声明文件》，规定中国政府此后决不许他国"办理照看税入等项权利，如中国经允他国此种权利，亦准俄国均沾"。12月，经沙皇批准，正式成立华俄道胜银行。俄国财政大臣维特主持银行的组成工作，其资金大部分来自法国。正如一位俄国外交官供认的，道胜银行完全是"一个政治和金融的混合机构，事实上不过是俄国财政部的一个稍微改头换面的分支罢了"。这个银行从成立的第一天起,就成了沙俄帝国主义侵华的有力工具。

卢汉铁路。卢汉铁路(卢沟桥至汉口,即京汉铁路)是贯通中国南北的一条铁路。清政府于1896年开始筹划建设,预计经费需银5000万两。当时国家被对日赔款压得喘不过气,根本没有钱建铁路,所以打算借洋款,以路作抵押,边借边修。消息一出,美、英、德等国公司纷纷前来竞争。美国公司的条件太苛刻,清政府对英、德又有疑惧,看中了小国比利时的一家铁路公司,这家公司的大股东却是俄国和法国。卢汉铁路的承造权和经营权就落入了俄、法集团的手里。1905年建成通车。

大生纱厂。南通商人张謇创办的一家商办企业。1895年(光绪二十一年)由张謇筹办于江苏南通唐家闸。原拟集资六十万两商办,因只募到三、四万两,遂商请两江总督刘坤一将湖北织布局的一批纺织机器折价充作官股,因原商股反对,张謇遂与盛宣怀共同承领这批官机,纱厂也改为"绅领商办",官股不问盈亏,按年取息。1899年正式开机生产。1907年在崇明北沙(今启东)开设大生二厂。1915年扩充一厂,增设织布车间,购置织布机400台,同时又在海门增设第三厂。1921年在南通增设八厂。从1924年起,因经营亏损,资金短缺,被上海银行团监管。1935年二厂倒闭,后实行一、三、八厂联合经营。新中国成立后改为公私合营。1966年实行国营。

张裕酿酒厂。1892年(光绪十八年),由华侨商人张振勋投资300万两白银在山东烟台创办的一家酿酒公司。后从欧洲引进葡萄苗木,雇工创建葡萄园,继而兴建厂房,添置机器设备,建造酒窖,历时十余年始具规模,产品投入市场后得到好评。1915年2月,在巴拿马太平洋万国博览会上,张裕的可雅白兰地、红玫瑰葡萄酒、味美思、雷司令白葡萄酒一举荣获四枚世界金奖。

商务印书馆。1897年(光绪二十三年),在上海创办的中国第一家新式出版机构。2月11日,由夏粹芳、高凤池、鲍咸恩、鲍咸昌等集资在上海创办。初创时主要印刷商业簿册、报表,后以出版学校教科书、古籍、科学、文艺、工具书、期刊等为主要业务。张元济、王云五等相继任编译所所长。设有印刷部、编译部、发行部和研究部。1916年成立总务处，由陈叔通主持，统一管理编译、发行、印刷等业务。1921年，王云五接任编译所所长，业务再次扩充，设有总编译所和9个编辑部，成立了9个编辑委员会，出版《东方杂志》《小说月报》等。1924年在上海附设东方图书馆等，分馆遍布全国各大城市。淞沪会战中损失惨重，一度停业。抗战时迁至长沙、重庆等地。新中国成立后，经公私合营收归国有，1954年总馆迁至北京。编印数百种教科书，《辞源》《英汉双解韦氏大学字典》等工具书，以及《四部丛刊》《百衲本二十四史》等。

中国通商银行。1897年（光绪二十三年）户部奏准成立的中国第一家商业银行，由盛宣怀主持。主要业务为发行银两、银圆和钞票，经营存、放款等，在天津、北京、汉口、镇江等地设立分行。辛亥革命后，官股减少，由官商合办逐渐转为商办，傅筱庵主持业务。1935年以后，改组为"官商合办"银行，受四大家族所控制，与四明商业储蓄银行、中国实业银行、中国国货银行合称为"小四行"。新中国成立后，实行公私合营。

《商会简明章程》。清末新政期间清政府颁布的鼓励民间成立商会的法规。1903年，清政府颁布《商会简明章程》，推动了商会的组织。上海率先组成上海商务总会，天津、苏州相继成立商会。1911年全国各省成立的大小商会已有835个，这还不包括海外华侨商会。商会是资产阶级的阶级组织，它的产生和普及，大大推进了资产阶级的组织形态，推动了资本主义的社会整合。商会的成立，表达了资产阶级政治参与意识的增强，是资产阶级的阶级意识生成的标志。

万木草堂。康有为培养生徒的旧式学塾。1891年（光绪十七年）创设于广州长兴里，后迁至府学宫，康有为任总教授、总监督。采取书院式教学，康有为作《长兴学记》为学规，以所著《新学伪经考》《孔子改制考》等书为主要讲学内容，兼有西学、佛学相关内容，宣传维新变法主张。学生中陈千秋、梁启超、麦孟华、徐勤等均成为戊戌维新运动中的重要人物。梁鼎芬曾称赞："九流混混谁真派，万木森森一草堂。"戊戌政变后，被清政府查抄。

《孔子改制考》《新学伪经考》。 康有为所撰推动变法维新的重要理论著作。这两部书集中了康有为的变法理论，立论有胆有魄，观点新奇怪异，抨击乾嘉汉学所依据的儒家经典并不可靠，"新学"者，谓新莽之学。康有为认为清儒所诵曰汉学，其实是新代之学，非汉代之学，以釜底抽薪的手法否定正统学说的权威。《孔子改制考》《新学伪经考》的价值不在于学术层面，其价值主要在于康有为给他的变法理论提供了一种历史的和哲学的依据。此书一出，便立即遭到清政府的查禁和毁版。

《变法通议》。 1896—1899 年（光绪二十二年至二十五年）梁启超在《时务报》《清议报》发表的一系列文章总题。由《变法通议自序》《论不变法之害》《论变法不知本原之害》等文组成，凡十四篇，计 6 万余言，分期连载，开篇就说道："法何以变？凡在天地之间者莫不变：昼夜变而成日……故夫变者，古今之公理也。"这段开宗明义的话，表明了梁启超变法思想的宇宙观。在这里，他没有沿用康有为的"三世说"，而是采用了刚由西方传来的自然科学知识，从地球到生物乃至人类，天地之间，万物运动，无不符合变化与进化。在《变法通议》中，梁启超提出了自己的政治主张，言"法者，天下之公器也。变者，天下之公理也"。强调"变法之本，在育人才，人才之兴，在开学校，学校之立，在变科举，而一切要其大成，在变官制"。即变科举，兴学校，育人才。其中，改革教育制度是维新的首要任务。只有如此，才能够"开民智"，塑"新民"，从根本上改造国民的素质，为社会进步奠定基础。变官制，即改革政治体制是变法的核心内容，其实质是企图用西方民主政治制度来改变和代替君主专制制度。

时务学堂。 戊戌变法中维新派创办的新式学堂，由谭嗣同等发起，于 1897 年（光绪二十三年）在长沙开办，经黄遵宪推荐，梁启超任中文总教习，熊希龄任提调。教学内容包括传统的经史子集和西方政治法律与自然科学。梁启超主讲"民权"学说，和学生们一起讨论民主政治理论，批判君主专制主义，甚至流露出反满的民族革命意识。成立仅数月就遭到王先谦、叶德辉等保守势力的攻击。变法失败后，改为求实书院。

《国闻报》。严复等在天津创办的在北方影响很大的报刊，由严复、夏曾佑、王修等人于1897年（光绪二十三年）10月在天津创办。此前，严复已在德国人办的《直报》上发表了《论世变之亟》《原强》《辟韩》《救亡决论》等著名文章，鼓吹变法维新，后来他感到有必要自办报刊，遂办了《国闻报》。在到政变发生近一年的时间里，该报除译载西报、宣传西学外，还发表了四十多篇社论，多为严复所撰，主张开民智，昌言改革。严复在《国闻报》上发表的《道学外传》为科举功利之徒画了幅漫画："面带大圆眼镜，手持长杆烟筒，头蓄半寸之发，颈积不沐之泥，徐行偻背，阔颔扁鼻，欲言不言，时复冷笑"，除四书五经、功名利禄，不知他物。严复指出中国"积二千年之政教风俗，以陶铸此等人材"，"必有致祸之实"。《国闻报》出刊后，又出过旬刊《国闻汇编》，严复的《天演论悬疏》《斯宾塞尔劝学篇》等文就是在《国闻汇编》上刊载的。

《湘学报》。又名《湘学新报》，1897年4月创刊于长沙，为旬刊，由江标、徐仁铸任督办，唐才常、蔡钟浚等撰述，唐才常的许多宣传维新变法的文章都发表于此刊。后因维新运动高涨，旬刊来不及反映瞬息变化的信息，又出版日报《湘报》，由唐才常主编，1898年3月7日创刊，同年10月15日停刊。该报快速、信息量大，南学会的演讲报告、讨论纪要都在此及时刊出，还发表了许多湖南维新青年的文章，其中3月29日一篇署名易鼐的文章《中国宜以弱为强论》，主张"西法与中法相参"，"民权与君权两重"，"中教与西教并行"，"黄人与白人互婚"。张之洞看到大为震怒，立即致电陈宝箴、黄遵宪，说"此等文字远近煽播，必致匪人邪士倡为乱阶"，要求省府"随时留心"舆论导向。这反映了当时思想的解放与政治控制之间的必然斗争。

《西学书目表》。1896年梁启超编成的一种目录索引，由时务报馆出版，书中收录西学书目630种，书前还附有《读西学书法》，为国人提供了一份相当完整的西书索引。

大同译书局。1897年末维新派在上海设立的出版机构，由康广仁任经理。在近一年时间里，该书局出版了康有为的重要论著《董氏春秋学》

《孔子改制考》《新学伪经考》《四上书记》《六上书记》《日本书目志》，以及梁启超的《中西学门径》、麦仲华的《经世文新编》等一批宣传变法的书籍。

《劝学篇》。 戊戌变法时期张之洞的代表性著作，阐述了"中学为体，西学为用"的基本观点。该书分为二十四篇，内篇九，主要讲求仁务本正人心，篇次为《同心》《教忠》《明纲》《知类》《宗经》《正权》《循序》《守约》《去毒》；外篇十五，主要讲求务通开风气，篇次为《益智》《游学》《设学》《学制》《广译》《阅报》《变法》《变科举》《农工商学》《兵学》《矿学》《铁路》《会通》《非弭兵》《非攻教》。全书主张在维护原有统治和纲常名教的基础上，接受西方近代的科学技术以及具体的政治制度和管理方法，借兴办洋务来抵制维新变法思想。光绪帝称之"持论平正通达，于学术人心大有裨益"，下令军机处颁发各省督抚、学政，要其广为刊刻，且"实力教导，以重名教而杜卮言"。

《大同书》。 康有为构想建立一个与现实社会相对立的理想"大同"社会的著作。"大同"一词出自《礼记·礼运》篇，表示"天下为公"。1885年（光绪十一年），康有为开始撰写《人类公理》。1901—1902年，康有为避居印度，根据《人类公理》改写成《大同书》。他在书中描述了没有阶级、没有压迫、没有剥削、人人平等、按劳分配的空想社会主义即大同社会，主张公有制应该成为大同社会的经济基础。在大同社会里，农工商各业，一概归公，个人不置私产。这种大同理想所设想的财产归公，分配公平，社会成员人人都能发挥适当作用，"使老有所终，壮有所用，幼有所长，鳏寡孤独废疾者，皆有所养"。该书还提出"三世说"。这一说法源于《春秋公羊传》，春秋的历史分作"据乱""升平""太平"三个阶段。这是一种朴素的历史进化论。康有为用这个旧套子填进了自己的进化史观和改革主张，认为"孔子拨乱升平，托文王以行君主之仁政，尤注意太平，托尧、舜以行民主之太平"。这就是描绘了由君主而君民共主而民主，也就是由专制而立宪而共和的社会发展规律。他说春秋那时候，其实没有升平世，更没有太平世，尧舜之治不过是孔子改造社会的理想而已，以往几千年的中国历史基本上是一部"据乱世"的历史，现在我们应该建立"君民共主"的"升平世"（即"小康"）社会，将来才能渐入"太平世"（即"大同"）社会，这就为变法维新确立了思想理论体系和行动纲领。

许景澄（1845—1900），原名癸身，字竹筼，浙江嘉兴人。同治进士。曾任四川、顺天等乡试考官。1880年（光绪六年），经文祥推荐为出使日本大臣，以父死未成行。1884年中法战争期间，上疏条陈筹备事。同年，作《外国师船表》，建议加强海防，在大沽口设铁甲船。后任驻法、德、意、奥、荷五国公使，次年兼任比利时公使。1887年回国。1890年任俄、德、奥、荷四国公使，累迁至内阁学士。1892年，沙俄侵占中国帕米尔地区萨雷阔勒岭以西2万平方千米领土，同俄国谈判，据理驳斥沙俄侵略行为。1895年7月6日，在彼得堡与俄法银行团签订借款合同。后调任驻德国公使。1898年任总理衙门大臣兼工部左侍郎。1900年力主镇压义和团，反对围攻各国使馆和对外宣战，激怒慈禧太后，与袁昶同时被处死。著作辑有《许文肃公遗稿》《许竹筼先生出使函稿》《许文肃公外集》等。

张之洞（1837—1909），字孝达，号香涛，直隶南皮（今河北南皮）人。1863年中进士，历任翰林院编修、湖北学政、四川学政、侍讲学士、内阁学士兼礼部侍郎。以言官身份，抨击时弊，弹劾失职官吏，反对对外妥协投降，一时声名鹊起，是清流派中的中坚人物。后屡迁，至1884年任两广总督，在中法战争中极力主战，起用老将冯子材，在镇南关一役中大败法军，扭转战局。1889年调任湖广总督。后一度调任两江总督，1896年再任湖广总督。1906年晋大学士，授军机大臣、兼管学部。张之洞在维护清廷统治的前提下，提出并实施了一些重要的改革措施，在一定程度上推动了中国近代化进程。（1）在湖广总督任内，积极创办军工、民用等洋务企业，如湖北枪炮厂、汉阳铁厂、大冶铁矿和湖北纺纱、织布、缫丝、制麻四局，筹办卢汉铁路等。（2）甲午战争后，在南京编练江南自强军，完全采用西方军制，回任湖广后，继续扩大编练，到20世纪初，湖北新军与北洋六镇齐名。（3）兴学育才，提倡教育。大兴新式学堂、图书馆、报纸、舆图总局等各类文化事业。1903年主持制定"癸卯学制"。（4）1902

年与两江总督刘坤一送呈"江楚三折"，就改革教育制度、革除弊政、施行西法提出系统意见，促进清末"新政"的实施。（5）晚年改变过去反对对外妥协投降的立场，义和团运动期间除力主剿灭义和团外，还发动东南督抚与帝国主义国家签订《东南互保约款》，为八国联军放手进攻华北提供了保证。（6）1898年4月，发表《劝学篇》一书，提出"中学为体，西学为用"的思想，批判维新派开民智、伸民权的变法主张。遗著辑为《张之洞全集》。

张謇（1853—1926），字季直，号啬庵，江苏通州人。清末状元。1876年（光绪二年）在淮系庆军统领吴长庆幕中任文书，后随军移驻山东登州时认识袁世凯。1882年夏，朝鲜发生"壬午兵变"，遂随庆军赴朝，参与兵变处理，撰写《朝鲜善后六策》等，受到关注。1885年中举人，1894年考取状元，授翰林院编修。甲午战争爆发时，因父病故回乡守制。甲午战败后，他逐渐认识到："策中国者，首在救贫，救贫之方，首在塞漏"，提出实业救国主张。1895年夏，曾为两江总督张之洞拟《条陈立国自强疏》，提出自强之要在于练陆军、治海军、造铁路、分设枪炮厂、广开学堂、速讲商务、讲求工政、多派游历人员、预备巡幸之所九条建议。是年冬，受张之洞委派，在南通筹办大生纱厂，于1899年建成投产，其后相继开办通海垦牧公司、大达和天生港轮步公司、资生铁冶厂，以及大生二厂、三厂、八厂等。提倡教育救国，1903年在南通创办中国第一所师范学校，后相继开办女子师范、盲哑学校、伶工学校、南通图书馆、博物苑等文教公益事业。1904年替张之洞、魏光焘等起草《拟请立宪奏稿》，投身立宪运动，1906年，与汤寿潜、郑孝胥等组织预备立宪公会，被推为副会长。1909年江苏咨议局成立，当选为议长，参与发起国会请愿运动。辛亥革命后，表示拥护共和，当选为南京临时政府实业部总长。1913年9月任熊希龄内阁农林、工商总长兼全国水利局总裁。1915年8月，不满袁世凯恢复帝制辞职南归，继续经营实业及教育和"地方自治"事业。一生先后创办各类企业几十家，所涉及的行业有纺纱、面粉、金融、运输、肥皂、瓷业、电灯、垦牧、盐业、渔业、水利、市政等，为近代民族工业的兴起和教育事业的发展做出贡献，推动了中国近代化的进程，被称为"状元实业家"。后人辑有《张季子九录》《张謇全集》等。

张振勋（1841—1916），字弼士，号肇燮，广东大埔人。1856年（咸丰六年）赴荷属巴达维亚（今印度尼西亚雅加达）以学徒佣工为生。1866年（同治五年）起先后开办裕和、亚齐、笠旺、万裕兴等垦殖公司，万裕兴、广福、裕昌等轮船公司及东兴矿务公司等企业。1890年（光绪十六年）任清政府驻槟榔屿首任领事，后升新加坡总领事。从1895年起先后创办烟台张裕酿酒公司、广西三岔银矿、广东福惠玻璃厂、雷州垦牧公司等企业，尤以张裕酿酒公司最为有名。1905年清政府赏头品顶戴，补授大仆寺正卿，任商部考察外埠商务大臣。1907年任督办铁路大臣。1910年（宣统二年）任全国商会联合会会长。辛亥革命后历任南洋宣慰使、华侨联合会名誉会长、全国商会联合会会长等。1916年病死于巴达维亚（今雅加达）。

祝大椿（1856—1926），字兰舫，江苏无锡人。1872年（同治十一年）到上海，在铁行当学徒。约1885年前后，开设源昌号，经营煤铁五金业务，后又经营轮船运输业，购买轮船多艘，来往于新加坡、上海、日本等地，并在上海经营房地产。自1888年（光绪十四年）开始，陆续开办源昌机器碾米厂、源昌机器缫丝厂、龙章造纸厂、怡和源机器打包公司等。1900年前后成为英商怡和洋行买办。1908年，清廷因其兴办实业（实际谎报资本），赏给二品顶戴。曾任上海商务总会董事、锡金商务分会总理。1916年，发起成立中国电业公司联合会，担任会长。晚年任上海总商会董事。后因车祸死亡。

王先谦（1842—1917），字益吾，号葵园，湖南长沙人。同治进士，曾任国子监祭酒、江苏学政，参与国史馆编纂工作。后任湖南岳麓书院、城南书院院长。戊戌变法时期，与叶德辉等反对南学会讲学，攻击梁启超、谭嗣同等主讲的时务学堂"伤风败俗"，斥责梁启超"专以无父无君之学说教人"，是"背叛圣教"，提出停刊《湘报》，驱逐梁启超，破坏湖南的维新运动。1900年8月，自立军起义失败后，与叶德辉一道向巡抚俞廉三告密，杀害湖南维新人士百十人。1907年，其著《尚书孔传参正》经湖南巡抚岑春蓂呈送朝廷，赏内阁学士衔。1910年（宣统二年）长沙发生抢米风潮，降五级调用。辛亥革命后，延揽文人设局刻书，从事古籍和历史文献编校刻印工作，校刻《皇清经解续编》，编有《十朝东华录》等，著作辑有《虚受堂文集》。

盛宣怀（1844—1916），字杏荪，号愚斋，江苏武进（今常州）人。1870年（同治九年）入李鸿章幕。1872年参与创建轮船招商局，任会办。1878年（光绪四年），与郑观应等在上海办义赈公所，救济灾荒。1881年任中国电报局总办。1893年在上海机器织布局基础上建立华盛纺织总厂，任督办。后历任山东登莱兵备道兼东海关监督、天津海关道兼津海关监督等职。1896年（光绪二十二年）起，相继接办汉阳铁厂、大冶铁矿兼办萍乡煤矿，被清廷委任督办中国铁路总公司，主持开设中国通商银行。义和团运动期间，力主镇压并参与"东南互保"。1902年升任会办商约大臣，参与签订《续修增改各国通商进口税则善后章程》。后创办天津中西学堂和上海南洋公学。1908年任邮传部右侍郎，成立汉冶萍煤铁厂矿公司，任总理。1911年初（宣统二年底），在皇族内阁邮传部大臣任内，与四国银行团签订湖广铁路币制实业借款合同及湖广铁路借款合同，激起铁路风潮。武昌起义爆发后被革职。1913年任汉冶萍公司董事长、轮船招商局副董事长。著作辑入《愚斋存稿》《盛宣怀未刊信稿》等。

孙中山（1866—1925），名文，字德明，号日新，改号逸仙，在日本化名中山樵，时人遂以中山名之，广东香山（今中山）人。1878年（光绪四年）起，先后到檀香山、香港等地读书，开始接受西方文化科学知识的教育。20世纪初他在欧美游历，大量阅读了欧美资产阶级的社会科学理论著作，开始酝酿他从事中国革命的基本思想原则。1894年经上海北上天津，曾上书李鸿章，建议"人能尽其才，地能尽其力，货能畅其流"的主张遭拒。上书失败，孙中山了解了清政府的腐败，决心以革命手段推翻清政府。11月，他在夏威夷成立兴中会，兴中会宣言提出的"驱除鞑虏，恢复中华，创立合众政府"，就包含了民族主义、民权主义的最初思想。在经历伦敦蒙难、惠州起义失败后，1905年由欧洲赴日本，8月在东京成立中国同盟会，孙中山起草的同盟会誓词是："驱除鞑虏，恢复中华，创立民国，平均地权"，这16个字就包含了三民主义的基本内容。1905年10月，同盟会机关刊物《民报》创刊，孙中山撰写发刊词，明确提出了民族、民权、民生"三大主义"的基本概念，较为全面、系统地阐释了中国资产阶级革命派关于中国革命的目标、纲领和斗争方式。从此，"三民主义"就成为中国政治生活中使用最频繁的政治词语之一。辛亥革命后，被推为中华民国临时大总统，于1912年1月1日在南京宣誓就职。与袁世凯妥协后辞职。8月，同盟会改组为国民党，当选为理事长。1913年发动"二次革命"，起兵讨袁。1914年7月，在日本建立中华革命党，被举为总理，次年发表讨袁宣言。1917年段祺瑞解散国会，拒绝恢复《临时约法》，他在广州召开国会非常会议，组织护法军政府，当选为大元帅，誓师北伐。1919年在上海将中华革命党改组为中国国民党。1920年回广东，次年召开国会非常会议，就任中华民国非常大总统，组织北伐。1922年6月，因陈炯明叛变，退居上海。在俄国十月革命的影响和中国共产党的帮助下，决心改组国民党。1923年回广州重建大元帅府，派遣考察团访问苏联。1月26日，发表《孙文越飞联合宣言》，标志着孙中山联俄政策的正式确立，也加快了同中国共产党合作的步伐。1924年1月，在广州主持召开中国国民党第一次全国代表大会，确立了"联俄、联共、扶助农工"三大政策，把旧三民主义发展成为新三民主义。同年11月，应邀北上讨论国是。1925年3月12日在北京病逝，遗嘱"必须唤起民众，及联合世界上以平等待我之民族，共同奋斗"。遗著编为《孙中山全集》。

陆皓东（1868—1895），原名中桂，字献香，号皓东，广东香山（今中山）人。1885年（光绪十一年）进上海电报学堂学习，毕业后充任电报翻译生，升至领班。1894年随孙中山赴天津上书李鸿章，未达。次年协助孙中山组建兴中会香港总部，密谋发动广州武装起义，并设计青天白日旗为革命军旗。旋因事败被捕。11月7日，与邱四、朱贵全等同遭杀害。孙中山称他是："中国有史以来为共和革命而牺牲的第一人。"

陈少白（1869—1934），原名闻韶，号夔石，广东新会人。1888年（光绪十四年）入广州格致书院学习。1890年转入香港西医书院。后追随孙中山从事革命活动。1895年与孙中山、杨衢云等筹建香港兴中会，并计划袭取广州，然后以广东为基地，向北进军。失败后流亡日本。1899年奉孙中山命到香港筹资兴办《中国日报》，于1900年1月25日创刊，任社长和总编辑，并参与组织兴汉会，推孙中山为总会长。1905年任同盟会香港分会长，参与抵制美货运动。1911年（宣统三年）广东宣布独立，任广东都督府外交司长。不久辞职，组织粤航公司，担任总司理，1919年停办。1921年，孙中山重返广州任非常大总统，受聘为总统府顾问。1922年辞职回故乡，热心于家乡建设，兴修公路、捐资建学等。著有《兴中会革命史要》《兴中会革命史别录》等。

康德黎（James Cantlie，1851—1926），英国人，苏格兰阿伯丁大学毕业，外科医生。1889—1896年任香港西医书院教务长，对该院学生孙中山很是器重。回国后任伦敦市议会顾问医师。1896年10月，孙中山在伦敦被清政府驻英公使馆诱捕，将秘密运回国。关在使馆三楼小室的孙中山想方设法与外界联系，终于托一位英籍清洁工人，把求救信送到了康德黎手中。康德黎等人得知消息后，立刻向伦敦警察总部报案，并采取紧急救援行动。他们一方面试图通过媒体披露此事，以取得舆论力量的同情；另一方面又请求英国外交部出面干预，以得到政府势力的支持。经过康德黎等人的多方活动，10月22日晚，英国外交部向清使馆发出一通最后通牒式的照会，施加外交压力，要求立即将孙中山释放；几乎与此同时，有一家名为《环球报》的晚报连夜迅速刊印号外，正式披露孙中山被清使馆绑架的信息，伦敦舆论界一片哗然。迫于各方面的压力，清使馆不得不无条件释放孙中山。1921年在伦敦设立皇家热带医药卫生协会，创办《热带医学评论杂志》。著有《孙逸仙与中国的觉醒》等。

郑士良（1863—1901），字安医，号弼臣，广东归善（今惠阳）人。早年随乡中父老习武，得以结识不少会党人物。1881年（光绪七年）入德国教会所办广州礼贤学校。1886年入博济医院附属南华医学校，与孙中山结识，1888年休学，返乡以经营同生药房为掩护，与各路会党秘密联系，被推为三合会首领。1895年加入兴中会，参与筹划广州起义，失败后逃亡日本。1900年受孙中山之命领导惠州（今广东惠阳）三洲田起义，率领起义军多次击败清军，但因为得不到接济，陷于枪械弹药告竭的困境，起义军很快就被清军镇压下去，后逃到香港，次年去世（一说被清廷奸细毒杀）。

史坚如（1879—1900），原名文纬，广东番禺（今广州）人。甲午战争后力主革命，认为"民主为天下公理，君主专制必不能治"，"中国犹如破屋，非尽毁而更新之不为功"。1899年由陈少白等介绍，加入兴中会。积极联络粤、湘、鄂等地会党，准备发动起义。1900年，孙中山组织发动第二次反清武装起义，派史坚如、邓荫南等到广州布置，以乘机举事来配合惠州起义。10月6日，起义在惠州三洲田爆发，首战告捷，后与邓荫南等人在广州谋炸广东巡抚署两广总督德寿，结果虽然炸塌了督署围墙，但并没有炸死德寿，被捕就义，成为继乙未广州起义时牺牲的陆皓东之后"为共和殉难之第二健将"。

谭嗣同（1865—1898），字复生，号壮飞，湖南浏阳人，"戊戌六君子"之一。其父任湖北巡抚。1896年春，梁启超与谭嗣同在北京相识，遂成为好朋友。爱读西书，喜研哲学，赞成康有为的变法主张。甲午战争失败，奇耻大辱，谭嗣同写下诗句："世间无物抵春愁，合向苍冥一哭休。四万万人齐下泪，天涯何处是神州？"以此表达自己的痛苦心态。遂在浏阳创立算学社，开湖南新学先声。1896年撰成代表作《仁学》，对君主专制制度批判深刻犀利，痛诋："二千年来之政，秦政也，皆大盗也。"认为中国纲常"君臣一伦，尤为黑暗否塞，无复人理"。1897年参与创办《湘学报》，组织南学会，成立时务学堂。戊戌变法期间，应光绪帝之召入京，与杨锐、刘光第等同授四品卿衔的军机章京，奏章经他们阅览，上谕由他们拟稿。戊戌政变发生时，拒不出走，"立志为变法而流血"，被捕后斩首于北京菜市口。

陈宝箴（1831—1900），字右铭，江西义宁（今江西修水）人。举人出身。历任浙江、湖北按察使、直隶布政使。《马关条约》签订后，上书陈利害得失，对李鸿章颇多责难。1895（光绪二十一年）至1898年任湖南巡抚，任内锐意整顿，与按察使黄遵宪、学政江标、候补知府谭嗣同等倡办新政，除经济上积极鼓励创办民间工商业外，还有政治方面的变革：南学会从讲学到议政，陈宝箴、黄遵宪等多次亲临讲演和回答问题，地方士绅纷纷前来省城听课，与省里官员对话，提出建议，供政府参考，开了民主议政的风气；省里还设立了课吏馆和保卫局。前者是以新政为内容的干部培训机构，后者相当于西方的警察局，这在中国都是前所未有的新事物。是地方督抚中推行新政最得力者，因此受到光绪帝褒奖。戊戌政变后被"即行革职，永不叙用"。

黄遵宪（1848—1905），字公度，别号人境庐主人，广东嘉应（今梅州）人。举人出身。1877年（光绪三年），任驻日使馆参赞，其间开始撰写《日本国志》。后历任驻美国旧金山总领事、驻英使馆二等参赞、驻新加坡总领事，注重保护华侨和华工的利益。1894年回国，任江宁洋务局总办。1896年在上海参与创办《时务报》。次年任湖南长宝盐法道，代理湖南按察使。其间，协助湖南巡抚陈宝箴推行新政，任课吏馆总理，主持分设学校、农工、工程、刑名、缉捕、交涉六课；积极参加南学会活动，参与创办湖南时务学堂。1898年任出使日本大臣，因病未能成行。戊戌政变时被扣留在上海洋务局，经英、日等国使节疏解，清政府允许其回乡赋闲。诗作颇丰，著有《人境庐诗草》，收录1864年（同治三年）至1904年（光绪三十年）所作诗600余首，按年编排，描写亲历和耳闻的重要历史事件，有"诗史"之称，此外，还著有《日本国志》《日本杂事诗》等。

江标（1860—1899），字建霞，号师郑，又自署笘誃，江苏元和（今吴县）人。光绪进士。1890年（光绪十六年）授翰林院编修，薛福成颇赏识其才干，以"使才"保举。1894年任湖南学政，"以变士风，开辟新治为己任"。到任后，即提倡实学，以舆地、掌故、算学试士，识拔有科学知识的人才。1897年，创设校经学会，参与创办时务学堂、出版《湘学新报》，积极协助巡抚陈宝箴规划新政，赞设矿务、学堂、报馆、南学会、保卫局等。戊戌变法期间，授四品京堂，命在总署章京上行走。未就职而政变起，被革职永不叙用，"交地方官严加管束"。著有《灵鹣阁稿》《红蕉蔗词》等。

唐才常（1867—1900），字黻丞，后改佛尘，湖南浏阳人。贡生出身。甲午战争后，指斥李鸿章签订《马关条约》是"奸臣卖国，古今所无"。1897年（光绪二十三年）与谭嗣同办时务学堂，编辑《湘学报》，次年参与创办《湘报》、南学会、时务学堂，任《湘报》总撰述，宣传变法思想。戊戌变法失败后流亡日本。1899年冬与林圭回国。次年春，在上海组织正气会，旋改名自立会。7月，在上海张园召开"中国国会"，自任总干事，宣布"保全中国自立之权，创造新自立国"，并在汉口英租界组成自立军总机关，积极联络会党，准备发动起义。8月21日晚，湖广总督张之洞联合英国领事破获起义机关，被捕后于次日惨遭杀害。著作辑为《唐才常集》。

熊希龄（1870—1937），字秉三，湖南凤凰人，苗族。光绪进士，授翰林院庶吉士。1897年（光绪二十三年）任时务学堂提调，主持校务，确立"中西并重"教育宗旨，聘请梁启超担任中文总教习。戊戌变法期间，他提出"朝廷变法，旨存兴学；兴学之本，先重师范"的主张，计划全面整顿湖南所有书院。后以"参与变法"之罪名被革职。1903年经赵尔巽和端方推荐起用。1905年出洋考察宪政，游历日、美、德、法、英、俄等国。回国后历任奉天盐运使、东三省财政监理官等职。辛亥革命后，任财政总长、热河都统等职。1913年9月任国务总理兼财政总长，任内提出"国民教育以师范为先"。1914年2月辞职。1928年南京国民政府成立后出任全国赈务委员会委员，还担任过中华教育改进社董事长。1932年任世界红十字会中华总会会长，注重慈善教育事业。著作辑有《熊希龄集》。

毕永年（1870—1901），字松甫，一作松琥，化名安永松彦，湖南善化（今长沙）人。1897年（光绪二十三年）拔贡生。与谭嗣同、唐才常来往密切，曾投身哥老会，被封为龙头。戊戌变法期间，积极参与创办《湘学报》、组织南学会，曾劝康有为不可依靠袁世凯。戊戌政变后赴日本，加入兴中会。1900年（光绪二十六年）7月，唐才常在上海张园召开"中国国会"，策划自立军起义，因唐才常不顾其反对加入保皇会，决定自行脱离自立会。在参加惠州三洲田起义遭到失败后，遂投广州罗浮寺为僧，法名悟玄，1902年圆寂于山寺。

翁同龢（1830—1904），字声甫，号叔平，晚号松禅，江苏常熟人。咸丰状元。为同治帝、光绪帝师。历任户部侍郎、都察院左都御史，刑部、工部、户部尚书，并于1882年（光绪八年）和1894年两入军机处兼总理各国事务衙门大臣。中法战争时力主出战，反对妥协。甲午战争爆发后，力主抗战。《马关条约》签订后，愤于李鸿章割地求和，倾向于变法图强，主张光绪帝亲政，曾走访康有为并推荐康编《日本变政考》和《俄大彼得变政论》两书给光绪帝，也曾支持北京城里强学会，并搜集维新人士的新政条陈著述。1898年6月，光绪帝宣布"诏定国是"后第四天，被慈禧下令开缺回籍。戊戌政变后，遭刚毅弹劾被革职永不叙用。谥号"文恭"。著有《翁文恭日记》《瓶庐诗文稿》《瓶庐丛稿》等。

廖寿恒（1839—1903），字仲山，晚号抑斋，江苏嘉定（今上海嘉定）人。同治进士。历任湖南学政、国史馆纂修、翰林院侍读学士、内阁学士等职，参与纂修同治实录。1884年（光绪十年）署刑部左侍郎，在总理衙门行走。中法战争时，曾力主筹饷制械，支持抗击法国侵略，旋赴天津与李鸿章共商中法条约细则。后历任礼部右侍郎，户部、兵部左侍郎等职。1897年，在军机大臣上学习行走兼总理衙门大臣，擢刑部尚书。戊戌变法期间，曾帮助康有为向光绪帝递折，劝说孙家鼐聘康有为担任京师大学堂总教习。1900年因病开缺回籍。著有《抑抑斋日记》等。

李盛铎（1858—1937），字椒微，号木斋，江西德化（今九江）人。光绪进士，授翰林院编修。曾任江南道监察御史、京师大学堂总办。1898年（光绪二十四年），与康有为等在北京发起保国会，旋投附荣禄，奏请光绪帝奉慈禧太后去天津阅兵，与荣禄密谋以武力迫使光绪帝让位。戊戌政变后以四品京堂候补任出使日本大臣。是年，在东京劝说孙中山为清廷效命，遭拒。回国后任顺天府丞、署理太常寺卿。1905年，任出使比利时大臣，出洋考察各国政治，次年回国。民国成立后，曾任山西民政长、北洋政府农商总长兼全国水利局总裁、参议院议长等职。晚年寓居天津。编有《木犀轩书目》等。

张元济（1867—1959），字筱斋，号菊生，浙江海盐人。光绪进士。曾任刑部主事、总理衙门章京等。提倡西学，1897 年（光绪二十三年），在严复协助下，于北京创设西学堂（后改称通艺学堂），因参加维新运动，戊戌政变后被革职永不叙用。后在上海任教于南洋公学，之后进入商务印书馆，历任编译所长、经理、监理、董事长等。曾主持校印百衲本《二十四史》，影印《四部丛刊》，主办《东方杂志》和《教育杂志》，创办《外交报》等。辑有《续古逸丛书》。新中国成立后任上海市文史馆馆长、商务印书馆董事长，并当选为第一届全国人大代表。著有《校史随笔》《涵芬楼烬余书录》《涉园序跋集录》等。

荣禄（1843—1903），字仲华，瓜尔佳氏，满洲正白旗人。1852 年（咸丰二年）由荫生以主事用，后升工部员外郎。1862 年充任神机营翼长，再迁左翼总兵，后任户部侍郎兼总管内务府大臣。1875 年（光绪元年）兼步军统领，1878 年擢工部尚书。因纳贿被参免职，1891 年出任西安将军。1894 年为慈禧太后六十寿辰，荣禄入京祝嘏后授步军统领，会办军务。1895 年任军机大臣，授兵部尚书，上疏奏请命袁世凯到天津小站训练新式陆军，调回甘肃提督董福祥保卫京师。1897 年上疏请参酌中外兵制，设武备特科，主张每省设武备学堂，聘请精通西法练兵教习，招收武生，选拔军事人才。1898 年，晋大学士，任直隶总督兼北洋大臣。反对维新变法，固执"祖宗之法不能变"，协助慈禧发动戊戌政变，幽禁光绪帝，捕杀谭嗣同等。遂被召为军机大臣，管理兵部事务，节制北洋海陆各军。后支持慈禧太后立端王载漪之子为"大阿哥"，图谋废黜光绪帝。义和团运动起，力主镇压。1902 年慈禧太后回京后，以荣禄"保护使馆，力主剿匪，复能随时赞襄，匡扶大局"，擢为文华殿大学士。荣禄称老病拒纳，不许。1903 年病死。著作辑有《荣文忠公集》等。

刚毅（1834—1900），字子良，满洲镶蓝旗人。笔帖式出身。历任江西按察使，广东、云南布政使，山西、江苏巡抚等。1877年（光绪三年）因平反"杨乃武与小白菜案"，受嘉奖。1894年（光绪二十年）附和主战言论，补礼部侍郎，入值军机处。1896年迁工部尚书。1898年授协办大学士，反对变法维新，附和慈禧太后发动政变，获宠信。后奉命赴江苏、江西、广东等地查办税收、清理财政，却借机搜刮并散布"宁赠友邦，毋与家奴"的卖国论调。1900年初，支持荣禄等人策划废黜光绪帝、立溥儁为大阿哥。义和团运动期间，主张招抚义和团，借助以对付外人，并主张围攻各国使馆。八国联军攻陷北京，随慈禧太后西逃途中病死。

文廷式（1856—1904），字道希，号云阁，一作芸阁，晚号纯常子，江西萍乡人。光绪进士。初以举人入京会试，即负才名，与王懿荣、张謇、曾之撰称"四大公车"。光绪帝亲政后受到器重，授翰林院编修，充国史馆协修、会典馆纂修等。1894年（光绪二十年），升授翰林院侍读学士兼日讲起居注官。甲午战争中，与翁同龢一道主战，上疏弹劾李鸿章畏葸，反对《马关条约》割地赔款，支持光绪帝掌握实权。1895年，在北京与康有为等组织强学会，常与维新人士议论时政。强学会被封禁后改为官书局，与沈增植共同管理书局事务，后遭到御史杨崇伊弹劾，被革职回籍，永不叙用。戊戌政变后东渡日本。学问渊博，擅长诗词，著有《纯常子枝语》《云起轩词钞》《闻尘偶记》等。

董福祥（1840—1908），字星五，甘肃固原（今属宁夏）人。回族。1862年（同治元年）陕甘回民起事期间，起兵安化（今甘肃庆阳），以甘肃花马池（今宁夏盐池）为据点，势力扩至陕、甘十余州县，后向左宗棠投降，所部编为董字三营，称甘军。1869年随刘锦棠攻占回民军据点多处，升为提督。1876年（光绪二年）随左宗棠入新疆，参与平定阿古柏之乱。1890年任喀什噶尔提督。1895年镇压甘南回民起事，解除河州（今临夏）之围。次年任甘肃提督。1897年驻防北京，次年任武卫后军统领。义和团运动期间，曾率部控制北京车站，所部士兵杀了前来迎接联军的日本公使馆书记生杉山彬。八国联军进攻北京时，率部和义和团民进行抵抗，并在城内展开巷战。北京被攻陷后，仓皇西逃，被列强指为"首凶"，革职。

伊藤博文（1841—1909），生于日本长州藩（今山口县）。早年参加明治维新运动，历任外国事务局判事、兵库县知事、大藏少辅、内务卿等职。1885年（光绪十一年），出任日本首届内阁总理大臣兼宫内大臣。同年，以全权大使身份来华同李鸿章谈判朝鲜问题，签订《天津会议专条》，双方协定同时从朝鲜撤军，将来如再出兵，须彼此知照。这样日本便获得与中国同等的对朝派兵权，为甲午战争埋下伏笔。此后主持起草《明治宪法》等法案，任枢密院长、贵族院议长等职。1894—1895年，主持签订新的《日英通商航海条约》，策动朝鲜甲申政变，制定并推行侵略中国和朝鲜的政策。发动甲午战争，同日本外相陆奥宗光一起强迫清政府签订《马关条约》，攫取大量特权，割取中国领土台湾，实行殖民统治。1906年任朝鲜总监，晋升公爵，把朝鲜置于日本统治之下。1909年去总监职，10月26日在哈尔滨被朝鲜爱国志士安重根刺死。

杨崇伊，生卒年不详，字莘伯，江苏常熟人。与李鸿章有姻亲，光绪进士。授编修，任广西道监察御史。《马关条约》签订后，他上疏弹劾北京强学会"干朝廷黜陟之权"，"树党援而分门户"，要求严惩创立之人。1896年（光绪二十二年），弹劾文廷式"广集同类，互相标榜，议论时政"，致文被革职，驱逐回籍。戊戌变法期间，反对变法，上密折请太后"训政"，并特别强调伊藤博文"将专政柄"会导致"祖宗所传之天下，拱手让人"。戊戌政变后，再上密折，提醒清廷注意孙中山的动向，称"乱党虽平，慎防后患"，"孙文尚在，祸机犹未已也"。

袁世凯（1859—1916），字慰亭，号容庵。河南项城人。少年科举失利，投身军营，曾随淮军提督吴长庆入朝鲜，任前敌营务。因功得李鸿章保举为驻朝鲜总理通商大臣。甲午战争时回国，后被派往天津小站督练"新建陆军"，那时他还只有道员的头衔，并不甚引人注意。袁世凯请了德国人为军事教练，按照湘淮军"兵为将有"的旧制，以自己为全军统帅，用封建忠君思想，加上西洋军事操典，把清末新军的训练提到了一个新的高度。戊戌政变后，他由于出卖了康有为、梁启超等维新派，得到了慈禧太后的近臣荣禄和慈禧太后本人的宠信，开始在政治上崭露头角。这时候，他所部新建陆军被收编为荣禄统辖的武卫右军，他自己也由道员提升为候补侍郎。1899年义和团起山东，袁世凯率武卫右军驻防山东，旋被任命为代理山东巡抚，次年2月正式担任山东巡抚。由于袁世凯镇压义和团有功，《辛丑条约》签订后不久，李鸿章在临死前推荐袁世凯代替他为直隶总督兼北洋大臣。辛亥革命后，在帝国主义支持下，窃取中华民国临时大总统职位，在北京建立北洋军阀政权。其间解散国会实行独裁专制。1915年5月接受日本提出的企图灭亡中国的"二十一条"（除第5号），12月宣布称帝，改次年为洪宪元年，准备办即位大典，在护国战争中被迫取消帝制。1916年6月6日，在全国人民声讨中抑郁而死。今人辑有《袁世凯全集》。

宋伯鲁（1854—1932），字芝栋，陕西醴泉（今礼泉）人。光绪进士。授山东道监察御史，后又任掌印御史。甲午战争后，以国势日衰，上书条陈新政。1898年（光绪二十四年）3月，联络杨深秀等在北京发起成立关学会，后积极参与保国会事务，曾代康有为递呈变法奏章，并上书奏请练兵、购买舰船、设厂、筑路并举，以振国体而御外侮。戊戌变法期间，与杨深秀一同参奏礼部尚书、总理各国事务大臣许应骙"守旧迂谬"，阻挠改革八股取士制度，上书请废八股改试策论，开经济特科以网罗通才，皆诏准。奏请改《时务报》为官报，首陈报馆之益。还支持康有为开勤懋殿以议制度。戊戌政变后，被革职通缉，逃往上海，后回陕西。晚年主持修撰《新疆省志》《续修陕西通志》，著有《海棠仙馆诗集》等。

杨深秀（1849—1898），字漪村，原名毓秀，山西闻喜人，"戊戌六君子"之一。光绪进士。历任刑部主事、郎中。1898年（光绪二十四年）1月任山东道监察御史。3月，参与创立关学会，后加入保国会。6月，康有为代其拟定上书请定国是，力陈"审观时变，必当变法，非明降谕旨，著定国是，宣布维新之意，痛斥守旧之弊，无以定趋向而革旧俗"。又上书请设译书局、派王公游历各国、派学生留学日本等，均被采纳。变法期间，上奏弹劾"守旧礼臣"怀塔布、许应骙等人，支持陈宝箴在湖南推行新政。慈禧太后发动政变后，"请太后撤帘归政"，遭捕遇害。著作辑有《杨漪村侍御奏稿》《雪虚声堂诗钞》。

许应骙（1832—1905），字筠庵，广东番禺（今广州市番禺区）人。道光进士。历任翰林院侍读学士、甘肃学政、兵部侍郎。1897年（光绪二十三年）在总理衙门行走，擢礼部尚书。戊戌变法期间，因守旧迂谬，遭宋伯鲁、杨深秀弹劾。光绪帝要求许应骙明白回奏，许反而对康有为大肆攻击，说康"逞厥横议，广通声气，袭西报之陈说，轻中朝之典章"，"勾结朋党，快意排挤，摇惑人心，混淆国是"，要求将其"罢斥驱逐回籍"。后因不肯代递礼部主事王照的奏疏，光绪帝以壅塞言路革其职。戊戌政变后擢闽浙总督兼署福州将军。义和团运动期间，参与"东南互保"，并与英、俄、美等六国驻福州领事签订《福州互保协定》。

谭钟麟（1822—1905），字文卿，湖南茶陵人。咸丰进士。历任江南道监察御史、杭州知府、河南按察使等。1871年（同治十年）授陕西布政使，不久护理巡抚。任内兴义学、开书局，疏通郑白渠，教民种桑养蚕。1875年（光绪元年）实授陕西巡抚。1879年调任浙江巡抚，招抚流亡，核实漕粮，更定厘税，修整海塘，重建文澜阁等。1881年迁陕甘总督，立官车局，减苛捐杂税。1891年以尚书衔补吏部右侍郎，兼署户部左侍郎，并兼管三库事务。次年署工部尚书，不久擢闽浙总督。1894年署福州将军。翌年调任两广总督。戊戌变法期间，推宕敷衍，对于新政谕令，置之不理。1899年以病告归。

王照（1859—1933），字小航，号水东，直隶宁河（今属天津）人。光绪进士。由庶吉士改礼部主事。戊戌变法期间，曾写了一份奏稿，请皇帝奉皇太后出国考察，特别要到日本考察，借以考证得失，决定从违。但礼部尚书怀塔布、许应骙等不予代递。王照认为堂官不应该"壅于上闻"，他告上司阻挠新政，其坚持惊动了光绪皇帝。1898年（光绪二十四年）9月1日，光绪皇帝将怀塔布、许应骙等交吏部议处，重申此后各衙门司员等条陈事件即由各该堂官原封呈进，毋庸拆看。随后又在上谕中宣布将怀塔布、许应骙等礼部六堂官即行革职，并赏给王照三品顶戴，以四品京堂候补。戊戌政变后，逃往日本。著有《小航文存》等。

怀塔布（？—1900），叶赫那拉氏，满洲正蓝旗。1853年（咸丰三年），以荫生补员外郎。历任太仆寺卿、太常寺卿、左都御史、工部尚书。1882年（光绪八年），升泰宁镇总兵兼总管内务府大臣，深得慈禧太后信任，为"后党"成员之一。1896年，官至礼部尚书。戊戌变法期间，抵制光绪帝关于改革科举的诏令，拒绝为王照代上奏折，被光绪帝革职。戊戌政变后，任理藩院尚书兼署礼部尚书。

杨锐（1857—1898），"戊戌六君子"之一，字叔峤，四川绵竹人。举人出身。早年与张之洞联系密切。1885年（光绪十一年）参加顺天乡试，考取内阁中书，修会典，晋侍读。1895年参加强学会。1898年3月，在京师四川会馆创立蜀学会，4月参加保国会。戊戌变法时授四品卿衔军机章京，参与新政，但主张缓设议院。戊戌政变后遇害。著有《说经堂诗草》。

刘光第（1859—1898），"戊戌六君子"之一，字裴村，四川富顺人。光绪进士。1883年（光绪九年）授刑部候补主事。1898年3月，与杨锐等在京成立蜀学会，后参加保国会。戊戌变法时授四品卿衔军机章京，同谭嗣同、杨锐、林旭等参与新政。戊戌政变后遇害。著作辑有《介白堂诗集》《衷圣斋文集》等。

林旭（1875—1898），"戊戌六君子"之一，字暾谷，福建侯官（今福州）人。1895年（光绪二十一年）入京会试时参与"公车上书"，拒绝与日本议和。与杨锐交往密切。后受康有为"孔子改制"学说影响，"遂受业焉"。1898年3月在京成立闽学会。戊戌变法时授四品卿衔军机章京，参与新政，主张设议院、开懋勤殿。光绪帝曾要其带出给康有为的密诏。戊戌政变后遇害。著作辑有《晚翠轩集》。

康广仁（1867—1898），"戊戌六君子"之一，名有溥，字广仁，号幼博，广东南海（今佛山）人，康有为之弟。曾任浙江小吏，因憎恶官场辞去职务。1897年（光绪二十三年）在澳门参与创办《知新报》，任总理，宣传变法主张。同年赴上海经理大同译书局，倡设女学堂。参与发起"不缠足会"，任董事，主张婚姻自由。1898年入京，帮助康有为拟新政奏稿。主张废八股取士，广兴学校，大开民智，养成实用人才。戊戌政变后遇害。

著作辑有《康幼博茂才遗稿》。

李提摩太（Timothy Richard，1845—1919），生于威尔士南部卡马森郡，英国浸礼会传教士。1870年（同治九年）来华，先后在山东、山西等地传教。1884年（光绪十年）回国，1886年再来山西。1890年（光绪十六年）到天津担任《时报》主笔，写出200余篇社论阐述变法主张。次年至上海任同文书会（后改名广学会）总干事。与李鸿章、张之洞交往密切。甲午战争后发表《新政策》一书，要求清政府设新政部，聘英、美等国四人主管新政。1895年戊戌变法期间参加强学会。戊戌变法失败后帮助康有为出走。义和团运动期间，请求美国干涉。义和团运动失败后，索取山西省地方赔款白银50万两，在太原创办山西大学堂。1916年回国。著有《留华四十五年记》《泰西新史揽要》等。

徐用仪（1826—1900），字吉甫，别字筱云，浙江海盐人。咸丰举人。1862年（同治元年），任军机章京，次年在总理衙门学习行走。1873年，任鸿胪寺少卿。1884年（光绪十年），任总理衙门大臣。1894年，以吏部左侍郎入为军机大臣，加太子少保衔。甲午战争中，力主和议，次年命退出军机处并解除总理衙门大臣职务。戊戌政变后，复任总理衙门大臣。次年，任兵部尚书。义和团运动中，坚决主张镇压义和团，反对与外国开战，因忤慈禧太后之意，1900年8月11日与袁昶、立山、联元等人一道被处死。

李秉衡（1830—1900），字鉴堂，奉天海城（今属辽宁）人。捐资为县丞。1879年（光绪五年）任冀州知州。1881年任永平知府。1884年升广西按察使。次年护理广西巡抚，支持冯子材统率前敌各军，取得谅山大捷。甲午战争爆发后，调任山东巡抚，因威海卫失守受谴责。1897年因巨野教案被革职，在安阳闲居。1900年起用为巡阅长江水师大臣。八国联军攻陷大沽后，由江苏北上，入京"勤王"。慈禧太后命其为帮办武卫军事务大臣，将各地支援首都的几万"勤王"部队归其节制，又请义和团3000人同行。然而这支临时凑成的队伍根本不听李秉衡的指挥，有的还没等看见联军便四下散去。8月11日李秉衡退到通州张家湾，身边已无一兵一卒，绝望中服毒自杀。

张汝梅（1840—1912），字翰仙，河南密县（今新密）人。1890 年（光绪十六年）任山西右江道。1891 年任山西按察使。1895 年任陕西布政使。1897 年山东巨野教案后，继李秉衡任山东巡抚。1898 年，向朝廷报告，说习拳民众原为保卫身家，防御盗贼起见，并非故与洋教为难。他建议"化私会为公举，改拳勇为民团"。后因赵三多等又聚众起事，打出"助清灭洋"旗号，进攻教堂。张汝梅见控制不住拳民，怕事情闹大，酿成"巨祸"，急忙派兵弹压，但弹压无力，1899 年被清政府革职，改派毓贤出任山东巡抚。

朱红灯（？—1899），原名朱逢明，山东泗水人。游民出身。1898 年（光绪二十四年），曾率拳众攻击徐家楼教堂。1899 年 2 月，在茌平设场练拳，宣传"替天行道灭洋人"。10 月 9 日，率长清、茌平、高唐等县义和团民至平原县杠子李庄，击退前来镇压的平原知县蒋楷所带捕役与马队，打出"天下义和拳兴清灭洋"旗号。接着，又在森罗殿与山东巡抚毓贤派来的清军激战，后来转战长清、茌平、博平一带。1899 年 12 月 24 日，与心诚和尚、刘太清等被毓贤诱捕杀害。

心诚和尚（？—1899），原名杨照顾，亦称杨天顺，山东高唐人。早年出家为僧，又称本明和尚，精于刀枪拳棒。后在山东禹城丁家寺设场练拳，成为当地义和拳主要首领之一。1899 年（光绪二十五年）10 月，和朱红灯、余清水等率众至平原县杠子李庄，协助当地拳民首领李长水，击退前来镇压的平原知县蒋楷所带捕役与马队。旋又与朱红灯等在森罗殿与山东巡抚毓贤所派清军激战。后转至茌平，又和朱红灯等攻打大张庄教堂。11 月，被毓贤派出的东字正军统领马金叙捕获。1899 年 12 月 24 日，与朱红灯等同时在济南遇害。

毓贤（？—1901），字佐臣，汉军正黄旗人。监生出身。历任知府、道台、布政使、巡抚。1899 年升任山东巡抚，对拳民仍采取剿抚兼施，以抚为主的政策，正式承认义和拳为民间团练，改义和拳为义和团。由于教案问题日益严重，毓贤对义和团的态度遭到外国的抗议，他后来虽杀了朱红灯和心诚和尚，仍被清廷免职。1900年，调任山西巡抚后，杀害传教士与教民数十人。清政府与八国联军和议开始后，被指为"首祸"，于兰州被处死。

载漪（1856—1922），爱新觉罗氏。嘉庆帝曾孙。惇亲王奕誴次子。1860年（咸丰十年）出继瑞亲王绵忻，袭贝勒爵。1893年（光绪十九年）任御前大臣，后封端郡王。1900年初，慈禧太后谋划废黜光绪帝，册立其子溥儁为"大阿哥"（皇储），遂受重用。后出任总理衙门大臣。义和团运动中，与裁员办刚毅等力主"招抚"义和团排外，围攻东交民巷使馆，坚持处死反对向各国宣战的徐用仪、许景澄、袁昶等人。北京陷落后跟随慈禧太后西逃。清政府与八国联军和议开始后，被指为"首祸"，充军新疆。1917年返回北京。1922年病死。

林圭（1875—1900），字述唐，号悟庵，湖南湘阴人。1898年（光绪二十四年）入长沙时务学堂，戊戌政变后留学日本，入梁启超创办的东京大同高等学校。1899年冬，和唐才常回国，参与发起成立自立会。1900年7月，在上海张园召开的"中国国会"上被推举为干事。随后，唐才常前往汉口，将各路会党、湖北武备学堂学生组建成自立军7军，林圭受任中军统领，计划8月9日起义。事泄后被湖广总督张之洞逮捕，与唐才常等同时遇害。

奕劻（1836—1918），字辅廷，庆僖亲王永璘第六子绵恺之子。幼袭辅国将军，年十二封贝子。1860年（咸丰十年）晋贝勒，由于取得慈禧的宠信，自1867年（同治六年）以后，奕劻历任镶红、镶白、镶黄旗蒙古都统，镶黄、镶蓝各旗汉军都统，宗人府左右宗正及宗正。1872年（同治十一年），加郡王衔，授御前大臣；1884年（光绪十年），任总理各国事务衙门大臣，封庆郡王；1885年，会同醇亲王奕譞办理海军事务。1894年（光绪二十年），封庆亲王。1900年（光绪二十六年），八国联军侵入北京，慈禧挟光绪逃至西安，奕劻奉命与李鸿章同为全权大臣，与各国代表议和，次年签订《辛丑条约》。旋任外务部总理大臣。1903年（光绪二十九年），又任军机大臣。1907年，兼管陆军部。1911年（宣统三年），清政府裁撤军机处，初设责任内阁，奕劻任皇族内阁总理大臣。辛亥革命爆发后，清政府被迫改组内阁，由袁世凯担任内阁总理，组成"完全内阁"，奕劻改任弼德院总裁。宣统帝退位后，闲居天津德租界。1918年病故。

载勋（？—1901），爱新觉罗氏，第九代庄亲王奕仁子。1879年（光绪五年），袭庄亲王。义和团运动兴起时，力主"招抚"义和团排外。清政府下令对各国宣战后，与刚毅等被任命去统率义和团，部分团民进京后，先向官方登记挂号，然后可称"奉旨义和团"，庄王府也因此成为各地义和团进京"挂号编伍"的总部。旋又任京师步军统领，发布捕杀外国人的奖赏令等。义和团运动中，带领团民四处追杀仇人，声称要杀"一龙二虎三百羊"。八国联军攻陷北京后，随慈禧太后西逃，任行在查营大臣。清政府与联军和议开始后，被指为"祸首"之一，削去爵位后赐令自尽。

赵舒翘（1849—1901），字展如，陕西长安（今西安）人。同治进士，授刑部主事。1882年（光绪八年），以平反河南王树汶冤狱，处死真犯胡体安，受清廷重用，升员外郎。1886年，任安徽凤阳知府。1889年，擢浙江温处道，再迁布政使。1893年为浙江按察使，次年迁布政使。1895年升江苏巡抚。1897年召为刑部左侍郎，翌年兼署礼部左侍郎。后会同王文韶督办矿务铁路总局，历任刑部尚书、总理衙门大臣、军机大臣兼顺天府府尹。义和团运动兴起时，奏请"抚而用之"。八国联军攻陷北京后，随慈禧太后逃至西安。清政府与八国联军议和时，被指为"祸首"之一，赐令自尽。著有《温处盐务纪略》，辑有《慎斋文集》。

第五章　社会大变革的酝酿时期

清末新政。20世纪初年，清政府在其统治的最后十年所进行的各项改革的总称，具体改革涉及政治、经济、军事、文化教育与社会生活各个领域。八国联军侵华给清统治者留下了极为深刻的教训。他们认识到完全按旧的方式很难维持统治，决心实行新政。还在辛丑议和过程中，列强就表达了希望中国进行革新的意愿。在列强的强大压力下，清廷于1901年1月29日在西安发布上谕，宣示变法。从1901年到1911年，清政府在实行新政方面确实有相当大的动作。不仅派出五大臣赴东西洋各国考察政治（这是承认政治不如人的表示），而且在政治、军事、经济、教育、法制改革方面迈出了较大的步伐，颁布了大量的政策法令、规章条例。某些措施已经触动了清朝统治的根本，如在政治上宣布预备立宪，在中央设资政院，在各省设咨议局，扩大了民意表达，在官制方面也作了一些革新；在经济措施上鼓励资本家投资工商企业、鼓励资本家发展；在教育上废除了科举，建立了新式学制，举办大中小学，形成新的人才机制；法制改革，也冲击了传统的政法不分、立法司法不清的观念，等等。这些都是比此前的两次新政步子迈得更大一些的。"新政"目的在于维护清王朝的统治，但客观上也有利于中国社会政治从传统到近代的转型，因而具有某种近代的意义。

《江楚会奏变法三折》。两江总督刘坤一、湖广总督张之洞联衔上了三个奏折（通称江楚会奏变法三折），提出"育才兴学""整顿中法""采用西法"三个方面建议，得到朝廷称赞。这三折成为此后新政变法的总纲。

督办政务处。1901年（光绪二十七年）4月，清廷宣布成立"督办政务处",作为举办新政的"统汇之区",实际上是一个负责筹划变法新政事宜的办事机构。这个机构,以庆亲王奕劻、大学士李鸿章、荣禄、王文韶等为督办政务处大臣,并以刘坤一、张之洞遥为参预政务处事宜。

咨议局。清政府在预备立宪期间设立的地方咨议机关。1907年(光绪三十三年)筹办,1908年颁布《各省咨议局章程》十二章六十二条,《议员选举章程》一百十五条。具体规定了各省议员数额及选举程序、议员选举权和被选举权的条件,并规定各省督抚有奏请解散咨议局和施行议案之权。1909年(宣统元年)10月,在各省纷纷成立这一机构。设议长一人,副议长二人;选派一批官绅和资产阶级上层分子充当议员,任期三年。规定有讨论本省行政兴革、预决算、公债、税收等权,其建议仅供督抚采纳,不能监督地方行政。1911年武昌起义爆发后,许多省的咨议局曾策动督抚宣布独立。

新军。清末模仿西方军制编练的新式陆军。1902年,清政府向全国推广北洋、湖北训练新军的经验。1903年,在京师设立练兵处,作为全国组建、训练新军的中央办事机构。1904年,练兵处提出了全国常备军约需36镇始符需要的设想,同时制订新军编制及陆军学堂规范,决定选派陆军学生出洋留学。1905年,袁世凯宣布他所负责的北洋六镇练成。随后不久,湖广总督张之洞在湖北宣布练成一镇一混成协,这是北洋以外练军成绩最好的。1907年,新建立的统摄全国军事工作的陆军部宣布,视各省财力和战略需要,将计划建立的36镇兵力分配于各省,要求各省在三五年之内训练完成。实际上,到清政府垮台,也只练成了14镇又18混成协又4个标(镇相当于后来的师,协相当于旅,标相当于团,混成协相当于合成旅的建制)。加上京城禁卫军,总共成军约20万人。这支军队可以说是近代中国真正的新式陆军。新军较之旧军有许多区别,也有许多进步,它是中国军事近代化的起点。但是新军作为地主阶级国家阶级压迫的工具,却与旧军一样,并无丝毫变化。武昌起义前,各地爆发的多次人民武装起义和暴动,都是被新军镇压下去的。

巡警部。清末"新政"期间设立的官署,掌管全国警政以及京城内外工巡事务及督饬各省巡警。1905年（光绪三十一年），清廷下令改工巡总局为巡警部，官制由徐世昌负责制定。设尚书一人，左右侍郎各一人，由皇帝特简，为该部最高首长；左右丞各一人，正三品，负责该部日常事务，统率各司，辅佐尚书侍郎"整理全国警政，筹议警察制度"。设左右参议各一人，正四品，分判各司事务，稽核司员以下功过，与左右丞协同审核全国警章。下设警政、警法、警保、警学、警务五司十六科，各司长官为郎中1人，员外郎若干人。还设有机务所，掌开用印信、收发信件、接洽电话、值日值宿等事宜。附属京师内、外城巡警总厅，内、外城预审厅，高等巡警学堂，京师习艺所，稽查处，路工局，消防队，协巡营，探访队等。1906年改为民政部。

商务部。清末"新政"期间设立的官署，主管路、矿、工、商、农垦、畜牧等方面实业。新政的目的在于富国强兵，因此清廷在制定新政举措的时候，除了强兵一项外，更致力于振兴商务，奖励实业。1903年（光绪二十九年）8月，清廷正式设立商务部，作为"振兴商务之地"，并以此部的名义颁布一批具有近代资本主义色彩的工商条例或实业章程，例如，《奖励公司章程》《奏定商会简明章程》《接见商会董事章程》《重定铁路简明章程》《重定矿务暂行章程》《公司律》《公司注册试办章程》《商标注册暂拟章程》等。这些规章宣布发展实业为合法，奖励资本家发展实业，并且承担保护投资者的责任，鼓励民族资本创办各式各样的实业公司、银行等，鼓励资本家建立商会，对近代中国工商业的发展起过积极的作用。

度支部。清末"新政"期间设立的全国最高财政管理机关。晚清时期财政陷入严重的混乱状态，清理财政便成为新政的当务之急。1903年（光绪二十九年），清政府设立财政处，作为专门的财政管理机构。1906年，户部改为度支部，合并财政处。此后，度支部便开始综理全国财政，管理各省田赋、税收、漕仓、金融货币以及隶属该部局、厂、学堂等事宜。设有尚书1人，左、右侍郎各1人，内设承政、参议两厅，田赋、漕仓、税课、筦榷、通阜、库藏、廉俸、军饷、制用、会计十司，以及收发稽察处、金银库、核捐处、统计处、清理财政处等，附设土药统税总局、币制调查局、大清银行和造币总厂等机构。1909年（宣统元年）初，清廷颁布《度支部清理财政章程》，规定：清理财政，以结清旧案，编订新章，调查出入确数，"为全国预算、决算之预备"。在中央政府的督促下，各省先后编辑、完成了《财政说明书》，这部分资料今天仍不失为研究清末各省财政的重要参考资料。1911年，尚书改称度支大臣，侍郎为副大臣。

学部。清末"新政"期间设立的统筹全国教育管理与指导的官署。1905年（光绪三十一年），清廷决断从次年丙午科开始，所有乡试一律停止。同年12月，清廷谕令成立学部，设有尚书、侍郎各1人，左右参议各1人，参事官4人。下设总务、专门、普通、实业、会计五司十二科及司务厅，附设编译图书局、京师督学局、学制调查局等机构。学部成立后，原国子监并入，设国子丞1人，负责文庙辟雍殿一切礼仪事务。1911年（宣统三年），尚书改称学务大臣，侍郎为副大臣。

预备立宪。清政府为抵制革命采取的预备实行立宪政治的措施，是"新政"的主要举措之一。"新政"实行了几年，没有什么大的动作。清政府驻法国公使孙宝琦向政务处上了一份请求清政府立宪的奏折，请求政府"思穷变通久之义，为提纲挈领之谋，吁恳圣明，仿英、德、日本之制，定为立宪政体之国，先行宣布中外，于以固结民心，保存邦本"。随后，云贵总督丁振铎、署两广总督岑春煊、贵州巡抚林绍年等封疆大吏也纷纷奏请清廷准予立宪。于是立宪问题便自然在部分内外大臣中议论开来，成为中外舆论注视的焦点。1905年7月，直隶总督袁世凯、两江总督周馥、湖广总督张之洞等联名上奏，请清廷宣布12年后实行宪政，并奏请清廷简派亲贵大臣分赴各国考察宪政。奏上不到十天，清廷即发布谕旨，决定派载泽、戴鸿慈、徐世昌、端方、绍英五大臣，于9月分赴日、美、英、法、比、德、意、奥等东西洋各国考察一切政治，以为清廷将来实行宪政作准备。后来，五大臣出发离京时，在正阳门火车站乘车，遭遇革命党人吴樾投掷炸弹，清廷又改派李盛铎、尚其亨顶替徐世昌、绍英二人，并于同年12月正式启程。经过长达半年多的考察，1906年夏秋之交，出洋考察宪政的五大臣先后回国复命，吁请朝廷准备立宪。载泽等人的意见基本上被清廷所

131

认可。9月1日，清廷发布上谕，宣布"仿行立宪"，同时改革官制。次年，宣布于中央筹立资政院，各省筹立咨议局。1908年颁布《钦定宪法大纲》，以本年至1916年为预备立宪时期。1909年，江苏、浙江等16省咨议局代表在上海开会，成立国会请愿同志会，请求清政府速开国会，并联络各省代表进行请愿。清政府被迫宣布缩短"预备立宪"的期限，准备于1913年召开国会。1911年5月，皇族内阁成立，预备立宪骗局终于破产。

官制改革。预备立宪期间清廷颁布的官制改革措施。1906年8月，清政府派载泽、铁良、袁世凯等负责编纂官制，命各总督派司道大员至京随同参议，而由奕劻、瞿鸿禨、孙家鼐等总司核定。经过两个多月的编制、评议，中央及地方官制改革的方案陆续出台。同年11月，正式实行改革的新官制。按照"留、改、并、增"的原则，做了如下的调整。（一）留。所谓"留"，即枢纽机要机关，保持原样不变。这些机关有内阁、军机处、外务部、吏部、学部；宗人府翰林院等。（二）改。如巡警部改为民政部，户部改为度支部，兵部改为陆军部，刑部改为法部，理藩院改为理藩部，大理寺改为大理院，等等。（三）并。左常寺、光禄寺、鸿胪寺并入礼部，财政处并入度支部，练兵处、太仆寺并入陆军部，工部并入商部（更名为农工商部）。（四）增。增设邮传部。这个所谓改革的新官制，形式上好像是分权，实际上贯穿了"大权统一于朝廷"的总原则，保留军机处表明清廷的核心利益不能变更。从官制改革后重新任命的各部尚书看，11个部中，汉族官员只有4席，满族官员却有6席，蒙族1席。名义上是满汉不分，实际上比过去满汉各一员的情况还倒退了。而且核心部门都掌握在满人手里，如负责财政的度支部、负责军队的陆军部，都由满人掌握。陆军部尚书铁良把原由袁世凯训练的北洋六镇中的大部分镇的指挥权力，都收归陆军部。这样的改革，反映了权力集中于满人的趋势，可能引起满汉矛盾的紧张。消息公布，朝野各界都不满意。20世纪初，中国社会秩序出现新变化，主要体现在民族资产阶级的初步成长、新型知识分子群体的出现等方面。

新型知识分子群体。指区别于传统的科举体制教育体系，接受了欧美、日本资产阶级教育体系的教育而成长起来的有别于传统知识分子的一群人。这群人，一种是有国外留学背景的人，另一种是国内新学制出身的人，伴随着新式学堂的发展而队伍不断壮大。20 世纪初年形成的新型知识分子群体，是当时中国社会变革最根本的革新力量，无论是革命派、立宪派人士，还是清政府内部的趋新势力，基本上都源于此。正是在这些所谓"革新之健将"的新型知识分子的主演下，新政、立宪与革命的精彩剧目交互激荡，将一场中国社会政治大变革的历史重头戏推向了高潮。

中国教育会。清末"新政"时期蔡元培、蒋智由、章炳麟等发起成立的文化教育团体，从事革命文化宣言活动，一度成为上海新学界的重要中心。1902 年（光绪二十八年）4 月在上海正式成立，蔡元培任会长，以"造成理想的国民，以建立理想的国家"为宗旨。同年 11 月，上海南洋公学发生学生退学风潮，中国教育会决定成立爱国学社，接纳大部分南洋公学退学的学生。学社由蔡元培任总理，吴稚晖为舍监，并由教育会选派教师。爱国学社后来还接纳了一些其他学堂退学的学生，成为培养爱国与革命青年的摇篮。"苏报案"发生后，爱国学社被迫解散。1907 年停止活动。

拒俄运动。清末中国人民反对沙俄侵占中国东北的爱国运动。1900 年（光绪二十六年）八国联军侵华，沙俄趁机侵占中国东北，于 1902 年与清政府签订《交收东北三省条约》，答应在 18 个月内分 3 期撤出在东北的军队。1903 年 4 月，沙俄到期拒不履约撤兵，反而向东北增兵占领营口等地，并向清政府提出 7 项无礼要求，作为撤军条件，激起了中国人民的极大愤慨。4 月 27 日，上海各界 1000 余人召开拒俄大会，北京、武昌、广州、长沙、杭州等地学生也纷纷集会抗议，留日学生秦毓鎏等在东京召开拒俄大会，并成立拒俄义勇队，要求赴东北抗俄，遭到清政府压制。在拒俄运动的推动下，国内学潮陡然高涨，清政府最终没有接受沙俄的无理要求。

英国侵藏战争。英国发动的第二次侵略西藏战争。英国觊觎西藏甚久，1888 年，英国就发动过一次侵略西藏的战争。1890 年中英签订《中英藏印条约》，明确划分中国西藏与哲孟雄（今印度锡金邦）边界以分水岭之山顶为界。英国与俄国在西藏存在利益冲突。1895 年十三世达赖亲政，俄国派出间谍德尔智为十三世达赖的侍讲经师，接近西藏地方统治的核心。在俄国影响下，十三世达赖有依靠俄国反对英国的倾向。1902年，英印武装人员百余人，一度侵入西藏边境干坝宗的甲岗，遭到俄国干涉。1903年，俄国在停止从中国东北撤兵问题上，引起中国和国际不满，英国利用这个时机，对西藏发动侵略。7月，以荣赫鹏为首的英印代表团带着200多名武装卫队，到中国西藏边境干坝宗，与中国方面举行会谈，要求确定西藏与英国的从属关系。11月，在英国政府批准下，英印武装集团进占西藏江孜。12月中旬，英印侵略军2000多人，在麦克唐纳少将指挥下，从咱里拉侵入西藏境内，占领亚东、春丕和帕里，挑起了侵藏战争。西藏地方上下痛恨英国侵略者，他们冲破清政府驻藏大臣的压制，开展了反侵略斗争。1904年3月底英军向骨鲁发动进攻。荣赫鹏伴作谈判，诱使藏军放下武器，随令英军机枪扫射，藏军伤亡严重，英军突破骨鲁防线。英军向江孜进军，在康马峡谷遭遇藏军坚决抵抗，双方发生激战。藏军调集1万余人，在江孜、日喀则、卡惹拉岭之间布防，打了一场英勇的江孜保卫战。5月初，藏军千余人突破荣赫鹏营地，留守英军几乎全被歼灭。6月下旬，麦克唐纳带领增援部队赶到江孜，与藏军展开江孜争夺战。终因力量悬殊，江孜被英军占领。8月3日，英军占领拉萨。

《续议藏印条约》。1906年清政府与英国政府签订的不平等条约。1904年9月4日，英国侵藏战争结束后，荣赫鹏与西藏地方代表签订了严重损害中国主权的《拉萨条约》，清政府不承认这个条约，国际上也有对英国不利的反映。1905年初，中英两国政府商决重新立约。双方谈判达十余次，至1906年4月，中英之间签订《续议藏印条约》。英国虽然将《拉萨条约》中的许多侵略权益保留下来，但续约规定"英国国家允不占并藏境及不干涉西藏一切政治"，在事实上肯定了中国对西藏地方的主权。

十三世达赖逃亡。英军占领拉萨后，十三世达赖离开拉萨开始长期逃亡生活。俄国人德尔智企图劫持十三世达赖到俄国。1904年12月十三世达赖到达外蒙古库伦，由于清政府派钦差前来看护，北逃俄国目的未达到。1908年9月底到北京，陛见慈禧和光绪后，于1909年12月返回拉萨。

日俄战争。列强为争夺中国东北而在中国领土上进行的一场帝国主义战争，1904年2月爆发，1905年9月结束。东北是帝国主义在华角逐的焦点之一，俄国和日本在东北的利益直接矛盾。19世纪末俄国强行从清政府手中夺取旅顺、大连地区，作为它的租借地，又把整个东北划为俄国的势力范围。1900年乘义和团在华北爆发、八国联军出兵中国之际，俄国出兵占领东北，并企图永久占领。占领东北是日本"大陆政策"的重要组成部分，由于俄国占领东北，日本的野心无法实现。美国积极支持日本侵华，阴谋借助日本而达到插足东北的目的。英、俄在亚洲长期对立，英国也站在日本一边。1902年4月，俄国与中国订约，规定俄军分三期全部撤离东北。1903年4月，值俄军第二期撤兵，俄国违约不撤，实际上全部俄军仍留在东北。这样，俄、日矛盾空前激化，双方进行了紧张的战争准备。中国东北成了这次帝国主义战争的主要战场。1904年2月8日，日本海军联合舰队偷袭旅顺俄国太平洋舰队，日俄战争爆发。9日，俄国向日本宣战。10日，日本向俄国宣战并迅速采取主动。2、3月间，日第一军分别从朝鲜仁川和镇南浦登陆，4月底强渡鸭绿江，5月1日在九连城与俄军激战，俄军败退。4月，日第二军从辽东半岛貔子窝和盐大澳登陆，5月，日第四军从辽东半岛大孤山登陆，6月，日第三军从大连附近登陆。除旅顺外，辽东半岛很快为日军占领。各路日军向辽阳附近集中，双方均准备在辽阳决战。8月，海陆两路决战同时展开。10日，海战首先打响。先是日军调集重兵包围旅顺，旅顺俄国舰队实行突围，在黄海与日舰遭遇。日舰集中火力攻击俄旗舰，俄舰队司令被打死，余舰纷纷逃窜，俄国太平洋舰队被摧毁。日本接着攻击旅顺，经过几个月战斗，日军终于以极大代价占领了旅顺外围制高点，俄军士气瓦解。1905年1月1日，旅顺俄军向日军投降。1905年2月，奉天会战打响，日俄双方集中了60万人的兵力，在奉天以南的沙河南北岸相对峙。这次战役，日俄双方损失惨重。3月9日，俄军撤退，日军乘胜占领奉天。5月27日，自波罗的海驶来的俄海军第二太平洋舰队进入对马海峡，早已埋伏在那里的日本舰队突然攻击，俄旗舰受到重创，余舰向海参崴方向逃窜。次日上午，日舰队在竹岛附近包围俄国舰队，俄舰被迫投降。1905年9月5日，在美国政府调停下，日俄两国代表在美国朴茨茅斯签订了和约，日俄战争结束。日俄战争主要是在中国领土上进行的。战争期间，日俄两国军队在东北残杀中国人民，劫掠财物，焚毁房屋，破坏生产，给当地人民带来了无穷灾难。清政府腐朽无能，对于如此严重损害中国主权的战争行为，既无力预防其在中国领土上发生，又不能制止战争的蔓延，甚至在帝国主义的压力下，宣布辽河以东为战场，自己在战争中严守"局外中立"，还要曲意保全同这两个帝国主义侵略者的"邦交"。战争结束，损失最重的却是中国。

《朴茨茅斯条约》。日、俄背着中国在美国朴茨茅斯签订的关于划分两国在中国东北和朝鲜的势力范围的协定。在美国的"调停"下，1905年8月10日，日俄两国代表在美国新罕布什尔州的朴茨茅斯进行议和谈判。9月5日，沙俄大臣维特与日本外相小村寿太郎签订了《朴茨茅斯条约》。条约正文15条，附约2条。主要内容有：（1）俄国承认日本在朝鲜的政治、军事、经济上均享有特殊利益，不阻碍干涉日本在朝鲜的任何措置；（2）俄国将旅顺口、大连湾及其附近领土、领水租借权，以及该租界内所有设施财产均移让给日本；（3）俄国将由长春（宽城子）至旅顺口之铁路和支路，以及附属之一切权利财产、煤矿均无偿移让给日本；（4）俄国将库页岛北纬五十度以南部分及其附近一切岛屿永远让与日本。在英美政府的支持下，日本通过这一条约迫使沙俄在东北和朝鲜问题上做出重大让步。

《会议东三省事宜条约》。日本强迫清政府签订的攫取东北权益的不平等条约。1905年12月，日本政府与清政府订立《会议东三省事宜条约》，迫使清政府同意了这种划分：俄国将旅大租借地、长春到旅顺间的铁路以及与上述租借地、铁路相关的一切权利全部转让给日本。在《附约》中，日本还攫取了直接经营安奉铁路和在鸭绿江右岸采伐木材等权利。《附约》还规定在东三省广泛开埠通商。通过上述条约，俄国势力范围退到东三省北部，日本势力侵入东三省南部。

中国同盟会。孙中山创建的中国资产阶级革命政党，1905年（光绪三十一年）由兴中会和华兴会及光复会部分成员联合成立。以"驱除鞑虏，恢复中华，创立民国，平均地权"为纲领，表示要在推翻清朝统治后，建立一个中华民国。中国同盟会以孙中山为总理。按照同盟会章程的规定，同盟会本部机构遵循三权分立的原则，在总理之下设执行、评议、司法三部。中国同盟会成立，是中国革命发展的必然产物。同盟会正式成立后，在组织上迅速发展。它的总部设在东京，国内拟设五个支部，国外设南洋、欧洲、美洲、檀香山四个支部，国内支部下，按省设立分会。分散在国内外的各类进步人士尤其青年知识分子纷纷入盟，同盟会的队伍迅速壮大，人员遍及国内及日本、新加坡、马来亚、越南、澳大利亚、美国、加拿大、欧洲及南美各地，尤以留日学生为数众多。在海外入会，并登记造册的有近千人。中国同盟会的成立，为后来爆发的资产阶级民主民族革命在组织上作了充分的准备。1911年11月总部由东京迁至上海。南京临时政府成立时，又迁至南京。1912年8月改组为国民党。

华兴会。黄兴创建的资产阶级革命团体，酝酿于1903年（光绪二十九年）11月，正式成立于1904年2月15日。主要成员有黄兴、宋教仁、刘揆一、陈天华、刘道一、张继、秦毓鎏、章士钊、周震麟等，黄兴为会长，政治口号是"驱除鞑虏，复兴中华"。这一口号显然与孙中山的兴中会的政治口号极为接近或一致。总部设在长沙华兴公司内，下设黄汉会以运动新军、设同仇会以联络会党。准备11月在长沙起义，事泄，遭清廷搜捕，黄兴等逃亡日本。1905年8月，在日本与兴中会等团体联合组成中国同盟会。

光复会。蔡元培等创建的资产阶级革命团体，1904年（光绪三十年）11月在上海成立，蔡元培为会长。其主要成员基本来自江浙地区，领袖及知名人物有陶成章、蔡元培、章太炎、徐锡麟、秋瑾等。光复会的政治诉求见诸他们的誓词中："光复汉族，还我河山，以身许国，功成身退。"其核心在于"光复"二字。1905年加入中国同盟会，但部分会员仍坚持独立活动。1910年章炳麟、陶成章在东京建立光复会总部，并在浙江、上海等地组织光复军。武昌起义后，光复军起而响应。1912年，陶成章遭暗杀，该会解体。

科学补习所。湖北人吕大森、刘静庵等发起创建的资产阶级革命团体。1904年（光绪三十年）7月3日成立于武昌，吕大森任所长，胡瑛任总干事，曹亚伯负责宣传，时功璧负责财政，宋教仁担任文书，康建唐担任庶务。会员约30余人，多为学堂学生和军营士兵，以"革命排满"为宗旨，借研究科学为名，在学校和新军中进行革命活动。华兴会策划在长沙起义时，科学补习所积极准备响应。长沙事泄后，清政府发现科学补习所与华兴会有联系，下令搜查，因事先有准备，未造成大的损失，但活动基本停止。1906年2月，刘静庵等组织日知会，继续活动。

日知会。刘静庵、曹亚伯等发起创建的资产阶级革命团体。1906年（光绪三十二年）2月在武昌成立，刘静庵为总干事，会员约一二百人。主要在新军、学生和会党中开展活动，组织演讲会，宣传"革命排满"。萍浏醴起义爆发时，日知会准备响应，被清政府发觉，刘静庵、胡瑛、朱子龙等被捕，日知会活动遂停止。

三民主义。孙中山提出的资产阶级民主革命的纲领，即民族、民权、民生主义，也是孙中山一生从事民主革命的指导思想。1894年11月，孙中山在夏威夷成立兴中会，兴中会宣言提出的"驱除鞑虏，恢复中华，创立合众政府"，就包含了民族主义、民权主义的最初思想。1905年8月在东京成立中国同盟会，孙中山起草的同盟会誓词是"驱除鞑虏，恢复中华，创立民国，平均地权"，这16个字就包含了三民主义的基本内容。1905年10月，同盟会机关刊物《民报》创刊，孙中山撰写发刊词，明确提出了民族、民权、民生"三大主义"的基本概念，较为全面、系统地阐释了中国资产阶级革命派关于中国革命的目标、纲领和斗争方式。中国同盟会的政治纲领，在孙中山所创立的"三民主义"学说中得到鲜明的体现。从此，"三民主义"就成为中国政治生活中使用最频繁的政治词语之一了。

革命派和保皇派关于中国前途的论战。以孙中山为首的资产阶级革命派与康有为、梁启超为首的保皇派，分别以《民报》和《新民丛报》为主阵地围绕展开关于中国前途和发展方向的论争。论战的具体内容基本上围绕四个问题。（一）要不要进行民族革命，推翻清政府统治？保皇派极力否认在清政府统治之下存在民族歧视和民族压迫,从而认为没有必要推翻清政府的统治。革命派用大量事实揭露清政府实行的民族歧视与民族压迫政策,还无情地揭露了清政府的媚外卖国行径,认为要救国必须推翻清政府的统治。(二)要不要进行政治革命,建立民主共和政体?保皇派反对实行民主共和政体,主张实行君主立宪政体甚至开明专制。革命派认为宪政改革不能依靠政府,只能依靠国民。革命派的目标是依靠国民的力量,通过政治革命的途径,建立民主共和政体。(三)要不要进行社会革命,实行以土地国有制为中心的民生主义?保皇派反对实行社会革命。革命派则以欧美等国革命后社会问题严峻为例证,说明社会革命的必要与可行。在革命派看来,要解决贫富不均的社会经济问题,就必须进行社会革命,实行以土地国有制为中心的民生主义。(四)革命是否会引起瓜分和内乱?保皇派反对暴力革命,认为革命会引起瓜分与内乱,甚至导致中国的灭亡。革命派则热情地歌颂革命,认为:"革命者,救人世之圣药也。终古无革命,则终古成长夜矣!"在革命派看来,国家不能自强自立必将发生内乱和招致瓜分,只有革命才能救中国。这次论战,归根结底是革命派与保皇派之间关于民主共和与君主立宪的两套政治方案之争;但在具体论战的过程中,双方的最大分歧不是实现民主政治的目标,而是实现这个目标的方式:是激进的革命道路还是温和的改良道路?论战的结果并没有使双方趋向认同,革命运动仍是与立宪运动分途发展,互争雄长。可以说,通过双方的持续论战,进一步划清了革命与改良在政治上、思想上的界限。一方面,立宪思潮与立宪运动借清廷预备立宪之势急剧高涨;另一方面,民主革命思想的广泛传播,也推动了革命运动迅速走向高潮。

抵制美货运动。1905年由上海总商会发起的全国抵制美货的运动,起因于美国拒绝修改中美华工条约。1894年签订的中美华工条约有效期十年,到1904年,中美续修条约期满,理应另议新约。恰当此时,美国国会却议决所有过去一切"排华律"继续有效。1903年底,旅美华人十余万人联名致信清政府外务部、商部等,要求废除美约,为在美华人争取平等的权利和待遇,海外的一些华侨报纸乃至一些国内报纸都不断发表要求清政府废约的言论。而在舆情的压力下，清廷指示驻美公使梁诚与美国政府商榷，提请改约，梁诚与美政府商榷数月，美国政府一意坚持，无所通融，乃至美新任驻华公使在同清政府交涉时，竟然以恐吓手段，要求中国政府签约。消息传出，国人愤慨，于是自1905年5月起，一场以抵制美货为主要手段的反美运动便在中华大地，尤其是各大中城市中轰轰烈烈地开展起来了。这次抵制美货运动是由上海总商会发起的。1905年5月10日，上海商务总会召开商董大会，决定阻止清政府续订禁止华工条约，要求美国政府在两个月内修改排华法。否则于7月起抵制美货。上海的号召得到各地的响应。7月起，抵制美货运动席卷中国十几个省。居于东南亚、日本等地的华侨也纷纷募捐，支持抵制运动。由于中国民族资产阶级的软弱性和清政府的无力，轰轰烈烈的抵制美货运动只持续了半年之久，虽然中小工商业者和青年学生仍在坚持，但到1905年10月之后，各地大规模的集会就逐渐停息，美货的经营与销售也逐渐有所恢复。广东则维持到第二年年底。抵制美货运动有着重要的社会动员意义，再一次表现了中国人民中蕴藏着的反对帝国主义侵略的积极性，它不仅启发了人民群众进一步认识清政府的媚外政策，使其中一些激进分子走上了反清革命的道路，也迫使美国政府不敢与清政府续签限制华工条约。

收回利权运动。清末反对帝国主义掠夺中国路矿利权的爱国运动。随着西方资本主义在中国抢占市场和资源，中国的利权尤其是铁路、矿山的建设权利严重丧失，越来越多的人逐步意识到，路矿利权的丧失不仅使中国丧失极大的经济利益，而且将直接关系到整个中华民族的未来发展与生死存亡。同时，随着中国民族资本的发展，民族资本在20世纪初年已开始逐步扩大向铁路、矿山等领域的投资，这便在经济基础方面为中国民族资产阶级提出收回路矿利权提供了相当的物质条件。拉开收回利权运动的序幕的，是1904年湖南、湖北、广东三省提出向美国合兴公司收回粤汉铁路筑造权案。至翌年8月，经过艰苦的谈判，中美双方终于就收回粤汉铁路的修筑权达成协议。这一胜利也极大地鼓舞中国人民收回利权运动进一步高涨。接着，浙江、江苏提出收回苏杭甬铁路的修筑权，直隶、山东和江苏三省也向清政府提出废除中国同英国汇丰银行、德国德华银行签订的《津镇铁路草合同》，将路权收回，筹款自办。在收回铁路修筑权的同时，中国民族资产阶级也开始着意收回矿山的开采权。1906年，山西各界不断向清廷呼吁废除与外国列强签订的开采山西矿产的协议，收回自办，并在1908年终于取得了成功。与此同时，安徽收回铜官山等处矿权、山东收回德国在山东所占的五处矿权等斗争，在经历了漫长的时间之后，都不同程度地取得了胜利。收回利权的斗争对当时的中国来说，并不仅仅具有经济方面的意义，它既进一步激发了中国人民的爱国热情，也使越来越多的人看清清政府的卖国本质，逐步对清廷表示失望，甚至有相当一部分人由此而逐步转向革命。

立宪派。清末资产阶级的政治派别。日俄战争结束后开始形成，主要代表人物有梁启超、张謇、汤寿潜、杨度、汤化龙等，主张君主立宪，反对暴力推翻清政府的革命活动。1906年以后，他们先后在江苏、浙江、上海、两湖、北京和广东等地成立了预备立宪公会、政闻社、宪政公会、宪政筹备会、国会请愿同志会等组织，领导了国会请愿运动。皇族内阁成立，使立宪派对清政府深感失望。辛亥革命爆发后，在各省宣布独立的过程中，多数立宪派选择支持革命。

国会请愿运动。清末资产阶级立宪派发起并领导的政治运动。1906年9月，清政府宣布预备立宪，活动在国内、国外的立宪派立即活跃起来，他们纷纷组织成为代表资产阶级利益的政治团体。其中，宪政讲习会首先发起了面向清廷的国会请愿运动。他们向清廷发出了第一份要求速开国会的请愿书，并且在报纸上公开发表，这一行动得到各地响应。上海、湖南积极推动国会请愿运动。各省还派出代表进京请愿，一时声势闹得很大。在这种政治压力下，清廷于1908年7月批准公布了《资政院章程》和《咨议局章程》，同意在中央设立资政院，以作议院基础；在各省设立咨议局，要求咨议局在一年内设齐，资政院在1910年开会。8月27日颁布《钦定宪法大纲》，核准了宪政编查馆拟定的九年为期，逐年筹备宪政，期满召开国会的方案。立宪党人对清廷九年立宪的承诺不甚满意，认为九年的道路实在太长，他们期望越快越好。1909年11月，共16个省的咨议局代表云集北京，举行"请愿国会代表团谈话会"，策划如何组织国会请愿活动。与此同时，梁启超也在积极活动，一面鼓励资政院、咨议局的议员发言，一面运动要求清廷缩短立宪年限。翌年1月16日，"请愿国会代表团"向都察院递交请愿书，要求清廷"期以一年之内"，"速开国会"，以定治本大计。对于这一次国会请愿活动，清廷决策层并没有给予善意的回应。十多天后，清廷的上谕断然拒绝了请愿代表的要求，坚持照原定九年的期限，循次筹备立宪事宜。清廷的态度进一步激起立宪派的反感，他们在上谕发布后不久，迅即组织第二次请愿活动，并成立"请愿即开国会同志会"作为领导机关，京师设总部，各省设分会，又创办报纸进行鼓吹。到了1910年6月，遂有十余个政治团体向都察院递交了第二份要求清廷速开国会的请愿书。立宪派的第二份请愿书依然没有得到清廷的善意回应，清廷依然在固守原先的承诺，坚持九年立宪的既定方案。清廷的做法，使原本与清廷密切合作的立宪党人大失所望，离心离德的倾向便越来越严重。8月15日，请愿国会代表团召开评议会，议决10月再向清廷请愿。这年10月，国会请愿书如约递达清廷，请愿书认真分析了当时中国所处的国际环境及国内危机，特别提出日、俄可能分割东北的危险。面对这种政治压力，最高决策层决定接受这些督抚的建议，遂于11月4日发出上谕，宣布预备立宪的期限由原定的九年缩短为五年，定于宣统五年开设议院，并明令规定此一"年限一经宣布，万不能再议更张"，各省请愿代表等应立即返回原籍。在清廷宣布这一决定之后一个月左右，东三省的代表又一次来到京师，再递请愿书，要求清廷明年召开国会。清廷命令军警将东北请愿代表押解回境，同时谕令有关督抚，对学生滋事予以弹压，从而坚决地拒绝了再一次缩短立宪年限的要求。

资政院。清政府在预备立宪期间设置的中央咨议机关，是开办正式议院的过渡性机构。1907年（光绪三十三年）谕令筹设，1910年（宣统二年）10月正式开院，宗旨是"取决公论，预立上下议院基础"。设总裁、副总裁各2人，由特旨简充。议员分钦选和民选，各100人。钦选议员包括宗室王公世爵16人，满汉世爵12人，外藩王公世爵14人，宗室觉罗6人，各部院衙门官32人，硕学通儒10人，纳税额多者10人，共计100人；民选议员由各省咨议局议员互选产生，共计100人。资政院主要有议决预算、决算、税法、公债、制定法规及弹劾大臣之职权，但议决事项须"具奏请旨"，貌似资产阶级议会，实为清政府御用机关。清帝退位后解散。

《钦定宪法大纲》。1908年8月27日，清廷颁布的具有以九年为期预备立宪内容的"宪法大纲"。是中国历史上第一个有"宪法"字样的宪法性文件。《钦定宪法大纲》共23条，包括"君上大权"和"臣民权利义务"两部分。"君上大权"是"正文"，共14条；"臣民权利义务"是"附录"，共9条。《钦定宪法大纲》中关于臣民权利义务的部分，主要是规定人民有当兵、纳税和服从清政府法律的义务，虽规定了人民有言论、出版、集会、结社和人身等自由权利，但又规定必要时皇帝"得以诏令限制臣民之自由"。

《革命方略》。中国同盟会成立后孙中山、黄兴、章太炎等人于1906年秋冬之间制定的推动革命事业的重要文件。革命方略是一个大题目，它还包括《军政府宣言》《军政府与各国民军之条件》《招军章程》《招降清朝兵勇条件》《略地规则》《对外宣言》《招降满洲将士布告》《扫除满洲租税厘捐布告》等文件，以作为各地革命党人组织武装起义、推翻清朝进而建立中华民国的指导性文件和基本政策依据。"中华民国"的名称就是在这个《革命方略》里提出的。同盟会制订的《革命方略》，规定了三民主义是民主革命的政治纲领，确立了武装起义为推翻清王朝建立中华民国的基本方针，同时还制定了一系列关于内政外交的政策与措施，对于资产阶级民主革命运动具有重要的指导意义。

萍浏醴起义。同盟会策动江西萍乡、湖南浏阳、醴陵地区会党和矿工的武装起义，也是同盟会组织的第一次武装起义，又称"丙午萍浏之役"。1906年（光绪三十二年）湖南灾情严重，米价飞涨，民不堪命。同盟会会员刘道一、蔡绍南从日本回到湖南从事运动会党与联络新军的革命活动。蔡绍南、魏宗铨到萍乡、浏阳、醴陵一带同会党领袖龚春台联络各山堂，成立洪江会。刘道一传达了黄兴对这次起义的指导意见。12月4日，起义首先在浏阳麻石爆发，各地纷纷响应。会党领袖龚春台、蔡绍南将起义军定名为"中华国民军南军革命先锋队"。起义军发布《中华国民军起义檄文》，历数清廷十大罪状，号召"且必破除数千年之专制政体，不使君主一人独享特权于上。必建立共和民国与四万万同胞享平等之利益，获自由之幸福。而社会问题，尤当研究新法，使地权与民平均，不至富者愈富，成不平等之社会"。檄文反映了同盟会革命纲领三民主义的基本精神，充分表明了同盟会对这次起义的领导作用，使这次起义具有与旧式会党起义完全不同的新特色。次年1月，起义失败，刘道一等被捕死难。

广东潮州黄冈起义。同盟会组织的一次武装起义，又称"丁未黄冈之役"。1907年（光绪三十三年）5月25日，许雪秋派陈涌波、余纪成（或作既成、继成）等率起义军于5月22日夜攻占黄冈，成立军政府，以陈涌波、余纪成为正、副司令，以"大明都督府孙"或"广东国民军大都督孙"的名义发布安民告示，起义军纪律严明，深受群众拥护。25日，起义军遭遇清军阻击，因力量悬殊，27日起义失败。

广东惠州七女湖起义。同盟会组织的一次武装起义，又称"丁未惠州七女湖之役"。1907年（光绪三十三年）6月2日，陈纯、邓子瑜等在惠州城外二十里的七女湖聚众起义，劫夺防营枪械，发布反清讨满檄文，起义军先后攻克泰尾、杨村、三达、柏塘，直逼博罗县城，在清水师提督李准带兵镇压下，以失败告终。

广东钦州防城起义。同盟会组织的一次武装起义，又称"丁未防城之役"。1907年9月1日，广西三合会首领王和顺率200余人在钦州王光山起义，以"中华国民军南军都督"的名义发布《告粤省同胞书》及《招降满洲将士布告》，起义军攻克防城（今广西防城港），队伍发展到3000人。之后，起义部队在攻灵山未克、转南宁时遭遇清军围攻，最终起义失败，余部退入十万大山。

广西镇南关起义。同盟会组织的一次武装起义，又称"丁未镇南关之役"。1907年12月2日，广东会党首领黄明堂率众攻占镇南关炮台，孙中山与黄兴、胡汉民等人登上炮台，鼓舞士气，孙中山亲自发炮轰击清军，他颇有感慨地说："反对清政府二十余年，此日始得亲发炮击清军耳。"之后，清巡防营统领陆荣廷率军反攻，起义军在炮台坚守数日后，终因寡不敌众失败。

两广钦廉上思起义。同盟会组织的一次武装起义，又称"戊申马笃山之役"。1908年（光绪三十四年）3月，孙中山任命黄兴为总司令，再次在钦廉地区发动起义。黄兴组织云南旅越侨民200余人为"中华国民军南路军"，向钦州进发，起义军连战皆捷，于4月2日在马笃山大败清军郭人漳部，黄兴威名大振，会党纷纷投军，队伍扩大到600余人。此后，黄兴率领这支队伍在钦、廉、上思一带转战40余日，给清军以沉重的打击，因弹药缺乏以失败告终。

云南河口起义。同盟会组织的一次武装起义，又称"戊申河口之役"。1908年（光绪三十四年）4月，黄明堂、王和顺等率部起义，攻占河口，成立云贵都督府，并以"中华国民军南军都督"的名义发布安民告示，宣布军律，同时发表对外宣言。5月5日，黄兴受孙中山的委托，以"云南国民军总司令"的名义亲自到河口督师。清云贵总督锡良调集兵力反攻，起义军退入越南，遭遇法军后被缴械，最终解散。

安庆新军起义。1908年11月安徽革命组织岳王会领导人熊成基带头发动的起义，亦称"安庆起义"。光绪皇帝与慈禧太后相继去世的消息传来，革命党人群情激愤，认为这是发动起义的大好时机。熊成基、范传甲等决定当晚举行起义，由马营率先发动，炮营响应，然后会攻安庆。熊成基被推为起义总指挥。当晚21时，起义按计划发难。熊成基督率马、炮、步各营会攻省城安庆。围攻安庆一昼夜，没有攻下，起义军内外受敌，只好突围出走。在清军的追击下，熊成基率部退至庐州，起义失败。熊成基逃往日本，加入同盟会，后潜赴东北活动。1910年（宣统二年）1月30日，熊成基在哈尔滨被捕入狱。他在供词中慷慨宣传革命宗旨，声称："我今早死一日，我们之自由树早得一日鲜血，早得血一日，则早茂盛一日，花方早放一日。故我现望速死也。"2月27日，熊成基在吉林遇难。

广州新军反清武装起义。1910年（宣统二年）2月同盟会会员倪映典等人在广州举行的策反新军反清武装起义，亦称"庚戌广州新军之役"。倪映典时任广州新军炮兵排长，在新军中运动发展革命力量。黄兴与倪映典、赵声等决定于2月15日举行起义。2月10日，部分新军捣毁了巡警局，两广总督袁树勋怀疑有革命党人从中煽动，下令加强戒备，部分新军的枪械被收缴，水师提督李准所部已经全副武装，严密布防。倪映典当机立断，于12日晨持枪冲入炮队一营，当场击毙管带齐汝汉，振臂高呼："齐管带反对革命，我已杀之矣！凡我同志，与及赞成革命者，请集队随我来！"起义正式发动。倪映典率起义军进攻广州城，在东门外遭遇清军李准、吴宗禹部。吴部管带李景濂、唐维炯、童常标以商谈反正条件为由诱倪映典入营中，在倪退出时被清军机枪乱射击毙。倪映典牺牲后，起义军在失去统帅的情况下仍然与清军激战，起义于次日失败。

《二十世纪之支那》。宋教仁主持的以两湖地区留日进步青年为主体的革命刊物，同盟会成立时确定为机关报，后改名《民报》。月刊。1905年（光绪三十一年）在日本东京创刊，以"提倡国民精神，输入文明学说"为宗旨，宋教仁为总庶务，程家柽任总编辑，田桐、陈天华、白逾桓等任编辑，分论说、学说、政法、历史、军事、实业等栏。同盟会成立后确定为机关报。因第二期刊载《日本政客之经营中国谈》等文被日本政府查封。后改为《民报》。

《民报》。以传播中国同盟会纲领、主张、思想的一份杂志，是中国同盟会机关报。前身是宋教仁主持的以两湖地区留日进步青年为主体的《二十世纪之支那》杂志。在同盟会成立会上，由黄兴提议，将《二十世纪之支那》杂志转为同盟会机关报，并更名为《民报》，暗寓孙中山倡导的民族、民权、民生"三大主义"这一革命宗旨，1905年6月创刊于日本东京，主要编辑人和撰稿人先后有陈天华、朱执信、宋教仁、汪精卫、胡汉民、章太炎等。它的出版时间为1905年11月至1908年10月共24号。1910年初，又在日本秘密印行第25、26两号。《民报》号称报，实际上是一本宣传同盟会思想理论主张的杂志。

《新民丛报》。梁启超主编的以传播保皇派思想、观念为主要内容的资产阶级改良派刊物，1902年2月8日创刊于日本横滨，大型综合半月刊。以开民智，宣传变法思想为宗旨。作者群体还有康有为、麦孟华、杨度等人。内容有25类：论说、学说、教育、时局、政治、史传、地理、宗教、国闻短评、名家丛谈、杂俎小说、文苑、中国近事、海外汇报等。前期标榜以提倡民权为宗旨，要求自由平等，批判封建专制主义。广泛介绍西方学术思想，大量刊载评述亚里士多德、康德、笛卡尔、培根、孟德斯鸠、卢梭、达尔文、赫胥黎、斯宾塞、边沁等人学说的文章。1904年起，受康有为影响，思想倾向转变，反对共和政体、诋毁革命的内容日益增加。1905年至1907年，该刊与《民报》开展了激烈的思想论战，于1907年11月20日出至96期后停刊。

黄兴（1874—1916），原名轸，字廑午，后改名兴，字克强，湖南善化（今长沙）人。1902年（光绪二十八年）入日本东京弘文学院速成师范科学习，参与创办《游学译编》杂志，组织"湖南编译社"。1903年回长沙，次年2月与宋教仁、陈天华等组织华兴会，任会长，策划长沙起义未成，亡走日本。1905年，在东京与孙中山等发起创立中国同盟会，任执行部庶务。1907年以后，组织并参与钦廉防城起义、镇南关起义、云南河口起义和广州新军起义等。1911年（宣统三年）1月底，与赵声领导广州黄花岗起义，在香港成立起义的统一领导机构统筹部，任部长。立下绝命书，4月27日，如期起义，率领敢死队进攻两广总督署，负伤后到香港。武昌起义后，从香港经上海赴武昌，被推选为革命军总司令，在汉阳、汉口指挥民军对清军作战20余日。沪、苏、杭等地相继光复后到上海，被推为副元帅，未就任。1912年，南京临时政府成立，任陆军总长兼参谋总长。临时政府北迁后，留守南京，主持南方军队整编。1913年7月，任江苏讨袁军总司令，"二次革命"失败后流亡日本。1914年，孙中山在日本组织中华革命党，他并不赞成重组新党、反对写誓约摁手印，但仍主张与孙合作讨袁。1914年夏，离日赴美，在美继续宣传反袁，并为护国军筹措军饷。1916年6月袁世凯死后回上海，不久病逝。著作辑为《黄兴集》。

杨度（1875—1931），原名承瓒，字皙子，湖南湘潭人。王闿运门生。曾两次留学日本。1902年（光绪二十八年），与杨笃生等创办《游学译编》杂志。曾为清政府出洋考察宪政五大臣起草报告，后任宪政编查馆提调。1906年组织宪政讲习会（后改宪政公会），次年办《中国新报》，宣传君主立宪思想。辛亥革命爆发后，与汪精卫组织国事共济会。1914年袁世凯解散国会，任参政会参政。次年8月，与孙毓筠、严复、刘师培、胡瑛等人组织筹安会，任理事长，为袁世凯恢复帝制制造舆论。袁死后，遭通缉，思想开始改变。1917年反对张勋复辟，1922年投向孙中山，赞同"联俄、联共、扶助农工"三大政策，1927年营救李大钊。晚年移居上海。先后参加中国互济会、自由大同盟等团体。根据夏衍回忆，杨度于1929年加入中国共产党。

宣统帝（1906—1967），爱新觉罗·溥仪，醇亲王载沣之子，字耀之，清朝末代皇帝。1908年（光绪三十四年）即帝位，次年改元宣统。辛亥革命爆发后，被迫于1912年2月12日退位，根据南北议和中"关于清帝逊位后优待之条件"，仍住在紫禁城宫廷内，保留其皇帝尊号。1917年7月1日，在张勋的簇拥下复辟，仅12天后再次宣布退位。1924年10月23日，冯玉祥发动"北京政变"后，废除大清皇帝称号，被赶出紫禁城，短暂居住醇王府后移居天津日租界。"九一八"事变后，日本关东军于11月10日将他从天津秘密接到东北，1932年在长春任伪"满洲国"执政。1934年3月1日在长春"登极"，"国号"为"满洲帝国"，改元"康德"。1945年抗日战争胜利后被苏联红军俘虏，押至赤塔，转入伯力监狱。1950年8月被押解回国。1959年获得特赦。1961年起在全国政协文史资料研究委员会工作。1967年在北京病逝。著有《我的前半生》。

载沣（1883—1951），宣统皇帝溥仪生父。1890年（光绪十六年）袭醇亲王。1901年派充头等专使大臣，就德国驻华公使克林德被杀一案赴德国"谢罪"。1908年宣统帝即位，封摄政王。次年罢袁世凯，设禁卫军，自任代理海陆军大元帅，任命其弟载洵为筹办海军大臣，载涛管理军咨府事务，集军政大权于皇族。1911年（宣统三年）成立皇族内阁。同年10

月武昌起义爆发，多省先后响应，纷纷独立，于12月被迫辞职。

锡良（1853—1917），巴岳特氏，字清弼，清末蒙古镶蓝旗人。同治进士。历任山西、湖南按察使、湖南布政使。1900年（光绪二十六年）秋，率兵赴太原"护驾"有功，升任山西巡抚。次年调任湖北巡抚，旋改河南巡抚兼河道总督，继迁热河都统。1903年出任四川总督，主张铁路集股自办。次年派兵平定西藏上层变乱后，在藏改县治，兴垦开矿，创设学堂，发展西藏文化经济。1907年调任云贵总督，任内查禁鸦片创练陆军，开设讲武堂。次年派兵镇压云南河口起义。1909年（宣统元年）授钦差大臣，调任东三省总督，奏请清廷立宪，又加强东北防务，建立清乡局，编练巡警民兵。1911年称病辞职。武昌起义爆发后，授热河都统，曾与山西民军作战。清帝退位后离职。著作辑有《锡良遗稿》。

陈天华（1875—1905），字星台，号思黄，湖南新化人。1903年（光绪二十九年）留学日本，作《猛回头》《警世钟》等书，揭露帝国主义瓜分中国的阴谋和事实；痛陈中国面临亡国灭种的危机；抨击清政府卖国求荣，成为"洋人的朝廷"；宣传排满思想，主张革命，推翻清政府统治，建立资产阶级共和国；提出发展实业，兴办女学，普及教育等主张，影响甚大。次年回国，与黄兴、宋教仁等在长沙创立华兴会，积极联络会党，策划武装起义，事泄后逃往日本。1905年参与建立同盟会，起草《革命方略》，参与创办《二十世纪之支那》杂志。同年11月，日本政府颁布《取缔清国留日学生规则》，他在日本投海自杀以示抗议，留有《绝命书》，激励人们"去绝非行，共讲爱国"。

章炳麟（1869—1936），初名学乘，后改名绛，字枚叔，号太炎，浙江余杭人。1890年（光绪十六年）到杭州从俞樾学习经史。1897年到上海，担任《时务报》撰述，宣传改良思想。戊戌政变后遭通缉逃往台湾，任《台北日报》记者。1899年编辑《訄书》，以尊君改良为遵旨。1900年参加唐才常发起的"中国国会"，1902年在日本与秦力山等发起"支那亡国二百四十二年纪念会"。1903年回国，因在《苏报》发表《驳康有为论革命书》和《革命军序》，发生"苏报案"被捕入狱，在狱中研读佛经。

1906年出狱后，东渡日本参加同盟会，任《民报》主编。民国成立后，提出"革命军起，革命党消"的主张，要求解散同盟会，后主编《大共和日报》，与张謇等组织统一党。旋统一党与民社党等合并为共和党，被推举为副理事长。"宋案"发生后参加讨袁，被袁世凯软禁，袁死后被释放。1917年参加护法军政府，任秘书长。五四运动时，反对新文化运动，宣扬"尊孔读经"。1924年反对国共合作，反对孙中山提出的"三大政策"。"九一八"事变发生后，谴责蒋介石"攘外必先安内"政策，有赞助抗日救亡运动的表现。一生著述甚丰，在经学、史学、文字音韵和文学诸方面都有深湛造诣，被尊为经学大师，著作辑为《章太炎全集》。

徐锡麟（1873—1907），字伯荪，浙江山阴（今绍兴）人。1901年（光绪二十七年）任绍兴府学堂算学教师，后任副监督。1903年以参观大阪博览会名义赴日本考察，曾参加浙江留日学生营救因苏报案入狱的章炳麟的活动。1904年回国，参与创办热诚学堂，提倡军国民教育，后在绍兴参与创办特别书局。同年冬赴日本，欲入陆军联队、振武学校学习陆军，因近视被拒。1906年回国，受安徽巡抚恩铭重用，任安徽巡警会办兼巡警学堂监督。1907年兼巡警学堂堂长，与秋瑾筹划于浙、皖两省同时起义。同年7月，刺杀安徽巡抚恩铭后被俘就义。著作辑有《徐锡麟集》。

秋瑾（1875—1907），字璿卿，号称鉴湖女侠，浙江山阴（今绍兴）人。1890年（光绪十六年）随父入湘。1904年4月，冲破家庭束缚，自己筹资留学日本。创办《白话报》，提倡反清革命、男女平权。经徐锡麟介绍加入光复会，后加入同盟会，被推为浙江主盟人。因反对日本政府颁布的《清国留学生取缔规则》而回国，1906年在上海参与创办中国公学，安置留日归国学生。1907年1月创刊《中国女报》，出两期而止。后被推举为大通学堂督办，积极联络上海、浙江军队与会党，组织光复军，密谋发动反清武装起义。7月，徐锡麟等人在被俘后就义。秋瑾得知安庆败讯后，立即掩埋军械，焚烧党人名册，疏散学生。清政府将其逮捕后于15日在绍兴轩亭口将其杀害。著作辑有《秋瑾集》。

恩铭（1873—1907），于库里氏，字新甫，满洲镶白旗人。举人出身。

1878年（光绪四年）后历任兖州知州、太原知府、山西按察使、直隶口北道、浙江盐运使、两淮盐运使、江苏按察使等职。1905年任江苏布政使。次年升任安徽巡抚，镇压建德和霍山地区的反洋教斗争。1907年奉旨推行"新政"，整顿巡警学堂，开办巡警处。同年7月6日，警察学堂甲班学员举行毕业典礼，亲往校场检阅，被徐锡麟枪杀。

马宗汉（1884—1907），字子贻，浙江余姚人。1902年（光绪二十八年）入浙江高等学校学习，毕业先后在家乡润德学堂与三山学堂任教。1905年（光绪三十一年）参加光复会，次年东渡日本入早稻田大学预科学习，途中与徐锡麟结识。回国后在家乡以教职为掩护，从事革命宣传与组织工作。1907年到安庆准备参加7月6日徐锡麟组织的起义，协助枪杀安徽巡抚恩铭，并率巡警学堂学生攻占了机械所，不久便被清军包围，双方展开激战，被捕后英勇就义。

第六章 辛亥革命的成功和失败

辛亥革命。爆发于1911年（宣统三年）的中国近代资产阶级民主革命，是年以干支纪年为辛亥，故名。它是在清朝统治阶级日益腐朽，帝国主义侵略进一步加深，中国民族资本主义初步成长的基础上发生的。其目的是推翻帝国主义掌握的工具清王朝的专制统治，挽救民族危亡，争取国家的独立、民主和富强，领导和发起者是中国资产阶级的政党同盟会及其领袖孙中山。《辛丑条约》签订后，帝国主义列强加紧对中国的压迫与掠夺，封建统治者则是加强了统治和剥削。辛亥革命前十年间，全国各地水旱灾害连年不断。天灾人祸，百姓生活举步维艰，他们不得不铤而走险，发起各种各样的反抗斗争。其表现形式，大体有抗租抗粮、抢米风潮、抗捐抗税暴动、秘密会社起义、反洋教斗争以及周边少数民族起事等。为了缓和人民的仇恨情绪，清政府自1901年（光绪二十七年）起推行"新政"，但新政非但未达到预期目的，反而因筹措庞大的练兵费用和对帝国主义的巨额赔款，加重了人民的负担，激化了社会矛盾。到了清末时期，清朝统治阶级的内部矛盾和满汉官僚之间对立情绪扩大，汉族官僚与清政府离心离德，中央集权效果不彰，形成了"内外皆轻"的权力格局，清政府面临统治危机。1894年11月（光绪二十年十月），孙中山在檀香山成立兴中会，次年2月，孙中山在香港建立兴中会总部，规定誓词为"驱除鞑虏，恢复中国，建立合众政府"，初步提出了中国资产阶级民主革命的纲领。兴中会成立后，上海、湖南、湖北、江苏、四川、福建、江西、安徽等省也都建立了革命团体，开展武装起义。1905年同盟会成立，确定了"驱除鞑房,恢复中华,创立民国,平均地权"的十六字纲领,并出版机关报《民报》,孙中山在发刊词中提出了三民主义的革命纲领,资产阶级革命运动就有了统一的领导中心。进入1911年,革命的形势日益成熟,四川保路运动迅速发展,为武昌起义的成功点燃了导火线。10月10日,武昌首义发生,起义在全国得到了连锁反应,各省革命党人纷纷行动起来。这一时期,全国宣告独立、脱离清政府的省就有14个。武昌起义之后,立宪派纷纷表示赞成革命。这一变化,加速了清政府的崩溃,但是革命派的软弱性也很快体现出来。经过南北和谈、清帝退位、袁世凯在北京宣誓就职、孙中山正式解职、"二次革命"、袁世凯称帝之败亡后,辛亥革命以来的历史发展暂告一个段落。孙中山领导的辛亥革命,推翻了清王朝统治,结束了统治中国几千年的君主专制制度。由于历史进程和社会条件的制约,辛亥革命虽然没有改变旧中国半殖民地半封建的社会性质,没有改变中国人民的悲惨命运,没有完成实现民族独立、人民解放的历史任务,但开创了完全意义上的近代民族民主革命,打开了中国进步的闸门,传播了民主共和理念,极大地推动了中华民族思想解放,以巨大的震撼力和影响力推动了中国社会变革。

长沙抢米风潮。清末长沙地区群众自发的抢米风潮。1909年春、夏间,湖南沿洞庭湖产米各县普遍发生水灾,长沙以南又逢旱灾,粮食产量锐减。恰值常德、岳州、安乡等地大批饥民涌入长沙,长沙城的官绅、商人及外国洋行竞相抢购米谷,囤积居奇,哄抬粮价,导致长沙米价飞涨,百姓生活困苦不堪。1910年4月11日,长沙南门外挑水工黄贵荪因米价不断上涨而买不起米,全家投水自杀。12日,发生碓房主挑剔大钱、不给老妇人买米一事。这些事情极大激怒了民众,长沙城乡内外的农民、手工业工人和饥民万余人,齐集巡抚衙门前,要求开仓平粜。巡抚岑春蓂命令卫队和新军开枪,打死打伤群众数十人。14日,全城罢市,岑春蓂再次下令开枪杀人。于是,群众掀起更大规模的斗争,焚烧巡抚衙门、洋行、教堂,捣毁外国人的商店、住宅,抢夺米店、碓房。长沙的行动迅速扩展到湖南各地和湖北邻县。事态发展到无法控制的地步,岑春蓂自请免职,清政府令庄赓良署理湖南巡抚，同时调派湖北新军协助镇压，英、美、日、法、德各国派军舰向群众示威，最终这场暴动被镇压下去。

丁未政潮。1907年（光绪三十三年，丁未年），京师发生高层官僚之间相互倾轧，是谓"丁未政潮"。军机大臣瞿鸿禨和新任邮传部尚书岑春煊发难，攻击奕劻和袁世凯保荐的官员"声名狼藉，操守平常"，又揭发署黑龙江巡抚段芝贵从天津借得10万金为寿礼向奕劻行贿，并花了1.2万金买了天津歌妓奉献给奕劻的儿子载振，才得到了巡抚的位置。揭发的言官说，这种事"人言藉藉，道路喧传"，无人不晓，"京师士大夫晤谈，未有不首先及段芝贵而交口鄙之者"。还说段芝贵"人本猥贱"，原来在袁世凯署中听差，"为时未久，百计夤缘，不数年间，由佐杂至道员"，只是由于"善于迎合，无微不至"，才博得袁世凯的喜欢。这一揭发，使奕劻和袁世凯受到很大打击。不仅段芝贵的署巡抚任命被撤销，还批准了农工商部尚书载振的辞职。奕劻和袁世凯立即反击。他们借故让岑春煊外放两广，又攻击岑春煊暗结康、梁，被罢官。接着，他们揭发瞿鸿禨暗通报馆，阴结外援，并且图谋推翻戊戌成案，想让慈禧太后"归政"。这一下刺痛了西太后的难言之隐，瞿鸿禨被罢官。这是统治阶级内部的斗争，也反映了满汉之间的矛盾。瞿鸿禨和岑春煊被罢官，保护了庆亲王奕劻，削弱了汉族大臣在朝中的权力，满洲亲贵感到满意。

皇族内阁。皇帝退位前，清廷以仿行宪政为名推动的一次内阁变动。1911年5月，清廷宣布实行责任内阁，仿日本、德国体制，总理大臣只对君主负责，不对议会负责，议会虽有弹劾之权，却不能干涉内阁大臣的升贬。清廷任命奕劻为内阁总理大臣，那桐、徐世昌为内阁协理大臣，同时还任命梁敦彦为外务大臣、善耆为民政大臣、载泽为度支大臣、唐景崇为学务大臣、荫昌为陆军大臣、载洵为海军大臣、绍昌为司法大臣、溥伦为农工商大臣、盛宣怀为邮传大臣、寿耆为理藩大臣，所有内阁协理大臣和各部大臣均为国务大臣。在这个13人的内阁中，皇族成员为责任内阁的基本构成，其中，皇族占7人，另有满族2人，而汉族只有4人。内阁权力集中于皇族的倾向实在过于明显。这就是史称的"皇族内阁"，表明清政府的"预备立宪"只是一场骗局。

"内外皆轻"。学者研究晚清政局提出的一种分析。晚清政府虽然实行中央集权,由于统治阶级内部矛盾以及满汉官僚之间矛盾发展,经过戊戌政变和八国联军之役,中央集权效果不彰,到了清末形成了"内外皆轻"的权力格局。所谓"内外皆轻",指中央无法控制地方,地方无力效忠中央。这个权力格局的形成,使清廷中央和地方均不能有效应对孙中山为首的革命势力的进展,导致清王朝走向覆亡之路。

黄花岗起义。1911年同盟会在广州举行的武装起义。广东是孙中山的故乡,也是他联系最多、革命基础较好的地方之一。自从他早期投入革命活动开始,就对广东寄予很大的希望,一直期盼着能在广东爆发真正意义上的武装起义,并能由此开始完成夺取全国政权的任务。1910年11月13日,孙中山、黄兴、赵声、胡汉民等同盟会的重要骨干在马来亚的槟榔屿与南洋及国内东南各省的代表举行秘密会议,部署广州起义的工作。计划在起义军占领广州后,由黄兴率一军出湖南趋湖北,由赵声率一军出江西趋南京;长江流域各省由谭人凤、焦达峰等率兵响应,会师南京,即行北伐,一举夺取全国政权。经过几个月的紧张准备,同盟会在广州设立的秘密据点已达38处,省城内外及各省革命力量也已联络就绪,经过认真筛选的800人"敢死队"(当时称选锋队)也逐步到达香港集中。1911年1月底,黄兴在香港成立起义的统一领导机构统筹部,黄兴为部长,赵声为副部长。总机关设立后,立即开展筹款、购械、选派起义人员等工作。4月8日,黄兴在香港统筹部召开发难会议,与会者数十人。会议决定分十路进攻。23日,黄兴先行潜入广州,在小东营五号设立起义总指挥部,并最后确定起义日期。27日下午,黄兴如期起义,亲率选锋百余人进攻总督衙门。"死士多人以攻入督署,空洞无一人。观其情形,有如二、三日前去者。"黄兴等人从督署撤出时正与李准和张鸣岐的卫队相遇,激战中党人死伤多人,黄兴的右手也被打断两指。起义终因寡不敌众而失败。据统计,这次起义牺牲的革命党人有姓名可考者共86人,其中有72人的遗骸后来被党人潘达微收葬于广州东郊白云山麓的黄花岗,此即著名的"黄花岗七十二烈士"。因此，这次起义也被史家称为黄花岗起义或黄花岗之役。又因起义那天为农历三月二十九，这次起义又被称为广州"三二九"之役。起义沉重地打击了清朝统治者，烈士们用鲜血与生命激起了革命党人与全国人民的反清革命怒潮。

保路运动。清末民众反对清政府出卖路权掀起的反抗运动。1911年5月，清政府唯帝国主义之命是从，颁布铁路国有上谕，宣布各省商办干路一律收回，随即同英、德、法、美四国银行团签订了借款合同。此举立即引起全国人民的愤怒。与铁路国有直接相关的湖北、湖南、广东、四川等省人民强烈反对出卖路权，掀起了轰轰烈烈的保路运动。四川保路运动尤为波澜壮阔。四川为了筹办川汉铁路，在成都成立了四川川汉铁路总公司，在湖北宜昌成立了川汉铁路分公司，已征集铁路股款1400万两，其中实收租股950万两，官民购股260万两，土药盐茶商共认股120万两。可见，路股中的大部分是从四川全省包括农民在内的土地所有者征收得来的，因此，路股的绝大部分都转嫁到全省农民头上。反过来说，修筑铁路，与全省人民的实际利益联系了起来。6月1日，清朝中央政府邮传部大臣盛宣怀会同粤汉川汉铁路大臣端方向四川发出专电，要将川汉铁路公司现存、已用之款全部提走，只发给股票，并且威胁说，如果四川省一定要筹还路款，清政府必定要大借外债，并以四川财政收入作抵。这表明，清政府赤裸裸地向四川人民劫夺全部路款。这使四川立宪派大感失望。控制四川咨议局的资产阶级立宪派眼看路款不保，便于6月17日发动成都各团体数千人成立"四川保路同志会"，以立宪派领袖蒲殿俊、罗纶为正、副会长，下设总务、讲演、文牍、交涉四部，各司其职，并刊发《四川保路同志会报告》为言论机关刊物。保路同志会还发布《宣言书》，斥责刚上台就颁布铁路干线国有政策的新内阁。8月初，成都召开了全川特别股东大会，会后听到了清政府强行接收川汉铁路宜夔段（宜昌至奉节），并以川款继续修路的消息。群众的愤怒再也不能遏制了。8月下旬，成都各界开始罢市、罢课，接着全川各地数十座城镇卷入罢市热潮，9月初，人民群众进一步实行抗粮抗捐。9月7日，新到任的四川总督赵尔丰将四川立宪派领导人、

第六章　辛亥革命的成功和失败

四川咨议局正副议长蒲殿俊、罗纶及川汉铁路股东会负责人张澜等骗至总督署办公处，加以拘禁，并封闭了铁路公司。成都数万人民前往督署请愿，遭到军警开枪镇压，当场打死数十人，伤者无数。整个四川因此沸腾起来，爆发了全省规模的起义。同盟会员龙鸣剑、王天杰等乘机联络会党，组织保路同志军，准备起义。于是在9月初，四川爆发了以哥老会群众为主的保路同志军的起义，数十万人揭竿而起，清廷在四川的统治已岌岌可危。四川保路同志军的起义，为武昌起义的成功点燃了导火线。

武昌起义。资产阶级革命派发动的反清武装起义，又称武昌首义。1911年9月，清政府令端方率湖北部分新军入川镇压保路运动，武汉防务空虚。14日，文学社、共进会的领导人召开联席会议，商讨两团体如何利用有利时机，在武昌发难起义问题。会议决定建立统一指挥系统，协调行动，军事上由蒋翊武任总指挥，王宪章任副指挥，孙武任参谋长；政治上，由刘公任总理，孙武任常驻政治筹备员，下设若干政治筹备员，负责文告、印信、旗帜、符号以及制造炸弹等事宜。鉴于武昌新军中的革命者没有同盟会领袖人物，会议决定派员赴香港、上海邀请黄兴、宋教仁、谭人凤等人来汉主持大计。24日，两会再次举行联席会议，经过周密的讨论定于中秋节即10月6日举行起义，推举蒋翊武为临时总司令，孙武为参谋长，并对各标、营和军事学堂的任务及进攻路线作了部署。中秋节那天，湖北当局风闻起义传闻，收缴了新军士兵的子弹，决定中秋节戒严。武昌起义的领导者未能按预定的日期发动起义。出人意料的是，10月9日午后3时，孙武等在汉口俄租界宝善里14号的秘密机关部配制炸弹时，不慎引起爆炸。俄租界巡捕查抄了室内所存为起义准备的旗帜、符号、文告、印信、钞票等物品及革命党人名册，并逮捕了在场数人。在清朝官府严刑逼供下，有人吐露了革命党人武装起义的秘密情况。湖广总督瑞澂下令武汉全城戒严，军警四出，大肆搜捕革命党人。蒋翊武、刘复基等在武昌小朝街85号起义总指挥部获悉汉口失事，考虑到"与其坐而被捕，不如及时举义"，决定按9月24日拟定的行动计划，于当晚12时发动起义。但深夜里，军警突然闯进起义总指挥部，正在那里等待起义消息的指挥部负责人蒋翊武、

157

刘复基、彭楚藩等多人来不及躲避，除蒋翊武逃逸外，均被逮捕。此前，杨宏胜因运送炸弹不慎，被逮捕。经过简单审讯，彭楚藩、刘复基、杨宏胜三人于10月10日凌晨被处决。随着三烈士的牺牲，以及军警继续按图索骥搜捕革命人士，武汉的形势更紧张了。起义总指挥部前晚决定起义的命令，因城门封闭，未能送到。由于武汉革命党人革命意识强烈，平时的组织工作到位，在失去领导的万分危急的时刻，在新军各标营内待命起义的党人发挥革命主动精神，决定破釜沉舟，立即在当晚实施起义计划。10月10日晚7时左右，武昌城西北塘角的新军辎重营火起，烈焰冲天，炮声隆隆，炮队随即向城内进发。在城内，工程八营在熊秉坤指挥下，打响第一枪，旋即集合革命士兵奔向楚望台军械库。改变中国历史进程的武昌起义爆发。11日黎明前，革命军占领了总督署旁的新军第八镇司令部，包围了总督署。湖广总督瑞澂破墙而出，躲进了停在长江边的楚豫兵舰。11日上午，革命军宣布成立湖北军政府，推新军协统黎元洪为都督，咨议局议长汤化龙为政务部长。武昌起义揭开了辛亥革命的序幕。

文学社。清末湖北革命团体，在军队同盟会、群治学社、振武学社的基础上发展而来。1911年1月由振武学社改组而成，负责人是曾肄业上海中国公学的新军士兵蒋翊武，王宪章为副社长。以"研究文学"为名，在武汉新军中发展会员，开展革命活动。创办《大汇报》。发展社员5000余人。1911年9月24日，文学社和共进会正式联合成立了统一的起义领导机构，推举文学社领导人蒋翊武为革命军总指挥、共进会领导人孙武为参谋长，于10月10日晚发动了武昌起义，起义后解散。

共进会。1907年8月成立于日本东京的中国革命团体。主要领导者有焦达峰、孙武等。本部设总理一人，下辖内政、外交、交通、军务、参谋、财政、党务、文牍等8个部。主张以长江流域为中心开展革命运动。起先，它主要在会党中发展组织，后来把眼光逐渐转向新军。1911年的广州起义和四川保路运动，推动了革命形势的迅速发展。9月24日，共进会和文学社正式联合成立了统一的起义领导机构，于10月10日晚发动了武昌起义，起义后解散。

第六章　辛亥革命的成功和失败

湖北军政府。辛亥革命时湖北起义武装的军政机关。又称武昌军政府、武昌都督府。武昌起义后，宣告成立湖北军政府，由原新军第二十一混成协统黎元洪为都督。军政府下成立的主要组织机关如下：（1）参谋部，（2）交通部，（3）军需部，（4）书记部，（5）民政部，（6）测量部，（7）稽查部，（8）外交部。另外，还特设执法处、侦探处、间谍处、招纳处。1911年10月17日，正式颁布《中华民国军政府暂行条例》。从人事安排来看，湖北军政府显然是一个由旧官僚、立宪派与革命党人多种政治势力组成的联合体，其中，以汤化龙为首的立宪派明显地占有优势。这是革命党人无法接受的。25日，在孙武、刘公、张振武等人的提议下，军政府再次开会，修改了原订组织条例。最重要的变动是取消了包揽大权的政事部，将原政事部下属7局中除文书局以外的6局升为部，与原有军令、军务、参谋3部，直属都督，组成军政府。新的人事安排，大大增强了革命党人的力量，相应地削弱了立宪派的力量。新的军政府虽然仍由旧官僚、立宪派与革命党人多种政治势力组成，但其实权已基本上控制在革命党人的手中。湖北军政府成立后采取如下革命措施，以巩固新生的革命政权：（1）发布通电、文告，宣布革命宗旨；（2）整顿内政，稳定社会秩序；（3）照会各国驻汉口领事，谋求对外交涉；（4）制订和颁布《鄂州约法》。其中，《鄂州约法》对鄂州政府的组织原则与人民的民主权利进行了明确的规定。它以西方资产阶级三权分立原则构建了近代中国第一个民主共和制政权，是中国历史上第一部具有宪法性质的地区性资产阶级民主立法，为以后南京临时政府制订和颁布《中华民国临时约法》提供了范本。以上举措，充分显示了湖北军政府的资产阶级革命政权的性质。这对以后相继独立的各省军政府的组建，甚至南京临时政府的建设，都有相当程度的指标意义。

南京临时政府。孙中山等革命派在南京建立的中华民国中央政权。1911年12月2日，各部革命军在一片欢呼声中顺利地开进南京城里。南京，这一江南最为重要的政治中心遂落入革命党人的控制之中，并为全国性的革命胜利进一步地准备了条件，为即将成立的中华民国临时政府设立于南京奠定了基础。12月29日上午9时，17个省的50名代表在南京举行临时大总统选举，每省一票，孙中山以 16 票被推举为中华民国临时大总统。1912 年 1 月 1 日夜 11 时，孙中山在南京总统府举行就职典礼。同时，宣布《临时大总统宣言书》和《告全国同胞书》。接着，临时大总统孙中山下令定国号为中华民国，纪年改用阳历，以 1912 年 1 月 1 日为中华民国建元的开始。至此，中华民国正式建立，中国五千年的历史终于掀开了新的一页。应当指出，中华民国南京临时政府的组建并不是完全依照革命党人的意愿，在某种程度上甚至可以说，是革命党人与立宪派旧官僚不得不调和、妥协的产物。因此，在新政府的人事构成上，可以清楚地看到革命的力量远远不能抵消或掩盖旧的官僚面孔。经南北和谈，4 月 1 日，孙中山正式解除临时大总统职务。5 日，临时参议院随即决议临时政府和临时参议院迁往北京。资产阶级共和国和南京临时政府只存在了三个月，就夭折了。袁世凯终于实现了他的愿望，夺取了辛亥革命的胜利果实。

南京临时参议院。中华民国临时政府宣告成立后，根据《临时政府组织大纲》组建的具有议会性质的机构。中华民国临时政府成立时，由各省都督府代笔联合会暂时代理参议院职权。1912 年 1 月 28 日，在南京正式组成参议院，称"南京临时参议院"，推林森、王正廷为正、副议长。参议院议员由各省都督府派 3 名参议员充任，议事时每省只有 1 票表决权。参议院设议长、副议长各 1 人，由参议员互选之。议长维持参议院秩序，对外代表该院，任免秘书长及其以下各职员。议长有事时，副议长代行职权。南京参议院设立期间，通过了《中华民国临时约法》《参议院法》等文件，接受孙中山的辞职，选举袁世凯担任总统，黎元洪担任副总统。后因袁世凯拒绝到南京就职，4 月迁至北京，称"北京临时参议院"。1913 年 4 月 8 日解散。

《优待条例》。南京临时政府与清政府议和代表商订的敦促清帝溥仪退位的条例。1912 年 2 月 6 日，南京临时参议院正式通过了《优待条例》，其中规定：清帝称号不变；每年由民国政府给予 400 万元；清帝仍留居皇宫，以后居住颐和园；原有私产由民国保护等。2 月 12 日，清帝宣布接受《优待条例》，正式退位。

清帝退位诏书。在革命派打击下清廷颁布的皇帝退位诏书。中华民国南京临时政府在无力北伐、直接推翻清廷的情况下,与代表北方政府、由袁世凯派出的人员进行"南北和谈"达成的妥协结果。清廷被迫接受了清帝退位后的优待条件后,由垂帘听政的隆裕皇太后于 1912 年 2 月 12 日(宣统三年十二月二十五日)宣布清帝退位诏书,成为清廷最后一份文件,也成为中国两千多年封建皇帝最后一份公文。从此,清帝溥仪退位,中国历史上的最后一个王朝便这样成为历史的陈迹。

南北议和。袁世凯与南方革命军之间就停止战争、建立共和政府进行的谈判。武昌起义后,清政府于 1911 年 10 月任命袁世凯为湖广总督,,负责"剿抚"事宜。随着革命形势的发展,清廷的政治统治形势更趋恶化。在这种情况下,皇族内阁被迫辞职,清廷任命袁世凯为内阁总理大臣,并授权由他来组织"责任内阁"。袁世凯就职后,对武汉前线的战事一方面采取军事强攻的手段,迫使湖北军政府让步,另一方面则采取诱降的和平手段,控制局面。清军攻下汉阳,炮击武昌,逼湖北军政府和谈,就是袁世凯使出的这种两手策略。他对南方独立各省的斗争,也采取了两面手法。一手是镇压,另一手是谈判。谈谈打打,意在制造有利于自己的政治局面。12 月 18 日,南北和谈在英、美、俄、日、德、法等国驻沪总领事的干预下,在上海英租界市政厅正式开议。至 12 月 31 日,会谈共进行了五次。第一次的议题主要是讨论停战问题。第二次主要讨论所谓"国体问题",后三次集中讨论所谓"国民会议"的召开问题。中华民国南京临时政府成立后,南北和谈形式上破裂了,实际上并未终止。袁世凯利用他与外国列强及立宪党人的关系,竭力在政治、经济、军事上封锁南方政权,企图使南京临时政府不战而败。南京临时政府,则由于革命党人的内部分化以及立宪党人的破坏,特别是由于缺少掌握政权的经验,财政状况日趋恶化,临时政府还得不到各国承认,整个形势越来越不利。正是基于这样一种判断,孙中山在就职临时大总统之际并没有关闭与袁世凯和解的大门,而申明只要袁世凯能让清帝退位,他就将大总统的职位让给袁世凯。1912 年 2 月 12 日宣布宣统皇帝退位。清帝退位后,袁世凯致电南京临时政府,表明自己的政治态度。至此，袁世凯代表清政府势力与南方革命政府之间的斗争，取得了初步胜利。南方革命党人对清帝退位、赞成共和、承认中华民国表示欣慰。孙中山信守诺言，13日即向南京临时参议院提出辞职咨文，并推荐袁世凯作为继任临时大总统人选。15日，南京临时参议院举行大总统选举，袁世凯以17张满票当选，黎元洪当选为副总统，南北和谈结束。

《中华民国临时约法》。在孙中山推动下，中华民国南京临时政府制定的宪法性文件。辛亥革命后，经南京临时政府参议院通过，由大总统孙中山于1912年3月11日公布。临时约法分7章、56条，规定政府"由中华人民组织之"，"主权，属于国民全体"。规定国家机构由参议院、临时大总统、副总统、国务员和法院组成。确认人民享有人身、财产、居住、迁徙、言论、出版、集会、结社、通信、信仰等自由和选举、被选举、考试、请愿、诉讼等权利以及保护财产及营业之自由。同时负有依法纳税、服兵役的义务。《临时约法》是南京临时政府颁布的具有资产阶级宪法性质的文件，反映了中国资产阶级革命的基本要求。临时约法公布不到一个月，资产阶级革命派被迫交出政权，临时约法即被袁世凯撕毁。

《革命军》。青年革命家邹容著的一本宣传革命正义的书，1903年（光绪二十九年）在上海出版，共7章，约两万余字，章太炎作序。抨击了对内实行种族压迫、对外屈从于帝国主义的清王朝以及封建君主专制制度，指出革命是"天演之公理"；号召全国人民推翻清王朝，建立"中华共和国"。刊行后，经《苏报》介绍、宣传，流行甚广，销售100余万册。为了避免清政府的检查，把书名改为《革命先锋》《图存篇》《救世真言》等。对资产阶级革命运动起了促进作用。

赵秉钧（1864—1914），字智庵，河南临汝人。曾随左宗棠到新疆平复叛乱。1889年调赴直隶，捐官典史，后补新乐县典史。1899年捐升知县，充直隶保甲局总办，兼统边防营。甲午战争后追随袁世凯，于1902年被直隶总督袁世凯任命为保定巡警局总办，创办巡警。次年，将天津和保定的巡警学堂合并，更名"北洋巡警学堂"。1905年清政府创设巡警部（后改为民政部），任巡警部右侍郎。1909年袁世凯被罢官后也被撤职。辛亥革命时，出任袁世凯内阁民政部大臣，帮助袁世凯逼清帝退位。1912年，继唐绍仪任北京政府国务总理兼内务总长，赵内阁成为袁世凯的御用机关。1913年参与策划刺杀宋教仁，案情被揭露后，调任直隶都督。1914年2月中毒身亡。

载洵（1886—1949），醇亲王奕譞子，光绪帝弟，满洲镶白旗人。1889年（光绪十五年）晋辅国公，次年晋镇国公。1902年袭贝勒。宣统即位后，加郡王衔。1909年（宣统元年）7月，任筹办海军处事务大臣。11月，与萨镇冰赴欧美考察海军。1910年任海军大臣。1911年5月，出任皇族内阁海军部大臣。同年9月去职。辛亥革命时，曾组织"宗社党"。宣统帝退位后闲居天津。

载涛（1887—1970），爱新觉罗氏，字野云，满洲正黄旗人，光绪帝同父异母弟。1908年（光绪三十四年）正式受封为贝勒，后加郡王衔，任训练禁卫军大臣。1909年（宣统元年），奉命管理军咨处事务。1910年1月，赴欧美、日本等地考察陆军，并任专使大臣赴英吊唁爱德华七世。1911年春任军咨大臣，秋免职。1912年1月，出席清室王公亲贵会议，反对清帝退位，组织"宗社党"，3月隆裕太后传谕解散。1917年3月，黎元洪任命为镶黄旗蒙古都统。7月张勋复辟期间，被溥仪任为"禁卫军司令"。1932年，被国民政府聘为"国难会议"成员。抗战期间，曾去长春"朝贺"溥仪即伪"满洲帝国"皇位，但拒绝在伪"满洲国"任职。中华人民共和国成立后，历任解放军总后勤部马政局顾问、中央民委委员、北京市民委副主任、民革中央委员等职。

端方（1861—1911），字午桥，号匋斋，满洲正白旗人。光绪举人。历任直隶霸昌道、陕西按察使、河南布政使、湖北巡抚。1902年（光绪二十八年）署湖广总督，1904年调江苏巡抚，署两江总督。1905年升任闽浙总督，与载泽等五大臣出国考察政治，以为清廷将来实行宪政作准备。次年归国后与戴鸿慈上《欧美政治要义》，建议预备立宪。同年任两江总督，1909年移督直隶，因在东陵拍摄慈禧太后葬仪被免职。1911年夏起用为粤汉、川汉铁路督办大臣，强行将鄂、粤、川、湘四省铁路收归国有。四川保路运动兴起，率湖北部分新军前去镇压，途中被起义军所杀。著作收录《端忠敏公奏稿》《匋斋吉金录》等。

龙鸣剑（1877—1911），号顾山，别号雪眉、丰城，四川荣县人。1905年，入成都优级师范学堂，性格刚毅，智略出众，每遇不平，必声色俱厉，力加抵斥。因揭露学堂腐败，被学校开除。1907年赴日本，入早稻田大学学习法政，同年参加孙中山领导的中国同盟会，开始革命生涯，积极为吴玉章负责的《四川》杂志撰稿，他写的《党祸论》，洋洋六七千言，言论激越，大张革命之义。1908年回国先入滇，参与当地革命工作，后回川，当选为四川咨议局议员。在成都创办法政学堂，从事革命活动。1911年保路运动兴起，8月，与王天杰等在资州罗泉井召开会议，把组织同志军的任务提上日程，并商定武装起义的方略。9月25日，荣县宣布独立，建立全国第一个县级革命政权。11月，积劳成疾，26日死于宜宾乡下，终年34岁。

蒋翊武（1885—1913），原名伯夔，湖南澧县人。1903年（光绪二十九年）入常德师范学堂，因宣传反清思想被开除。1904年参与华兴会策划长沙起义。1906年入中国公学，参与创办《竞业旬报》，并加入同盟会。1909年担任汉口《商务报》编辑。同年加入湖北新军，参加群治学社。次年群治学社改组为振武学社，1911年（宣统三年）再改为文学社，被推为社长，王宪章为副社长，推动社员渐次向整个湖北新军中扩展。10月，参与发动武昌起义，先后任湖北军政府军事顾问、战时总司令、驻汉招抚使等职。1912年至北京，任总统府高等顾问、汉口交通部部长等。1913年回乡参加反袁二次革命，委任为鄂豫招抚使，旋在广西全州被捕后就义于桂林。

王宪章（1885—1914），贵州遵义人。贵阳警察学堂肄业。1908年（光绪三十四年）加入湖北新军第八镇第三十标。次年，参与组织将校研究团，被推为团长，密谋起义。1911年（宣统三年）将校团并入文学社后，任副社长。辛亥革命爆发后，在汉阳率众响应，遂光复汉阳、汉口，任汉阳民军统带，后充湖北军政府参议。1913年参与"二次革命"，主张武力讨袁,失败后逃亡日本,其间加入中华革命党。1914年与詹大悲回国谋举事,被冯国璋捕杀于南京。

孙武(1879—1939),原名葆仁,字尧卿,湖北夏口(今汉口)人。1897年(光绪二十三年)考入湖北武备学堂,毕业后任湖南岳州新军教官、岳州威武营管带等职。曾参与自立军起义,任岳州司令,起义失败后避居乡间。后加入科学补习所、日知会,密谋响应黄兴长沙起义,事败后逃往日本。1907年8月,作为发起人之一,在东京成立共进会,任军务部长。1909年(宣统元年)在湖北建立共进会机关。1911年10月9日午后3时,在汉口俄租界宝善里14号的秘密机关部配制炸弹时,不慎引起爆炸。俄租界巡捕查抄了室内所存为起义准备的旗帜、符号、文告、印信、钞票等物品及革命党人名册,并逮捕了在场数人。湖北军政府成立后任军务部长。后任袁世凯政府参政院参政。此后曾任汉口地亩清查督办、湖北地亩清查督办等职。晚年寓居京津汉沪间,不问政治。

宋教仁(1882—1913),字遯初、钝初,号渔父,湖南桃源人。1903年(光绪二十九年)考入武昌文普通学堂,1904年3月,与黄兴等创建华兴会,任副会长。8月,与刘静庵等在武昌组织科学补习所,任文书。后因华兴会长沙起义失败,亡走日本,入东京法政大学及早稻田大学学习法政。1905年,参与创办《二十世纪之支那》杂志。8月,加入同盟会,任司法部检事,《民报》撰述。1911年(宣统三年),任上海《民立报》主笔,撰文批评清政府假意立宪。7月,与谭人凤、陈其美等在上海组织同盟会中部总会,任总务干事。武昌起义后,参与制定《鄂州约法》,谋举黄兴为两湖大都督。1912年初任南京临时政府法制局局长,参与南北议和。临时政府北迁后,任唐绍仪内阁农林总长,不久辞职。8月,改组同盟会与统一共和党、国民共进会、共和实业会、国民公党统合为国民党,任理事并代理主持党务,起草约法,主张成立政党内阁。1913年任国民党代理理事长,在长沙、武汉、上海、南京等地先后发表竞选演说,抨击时政,反对袁世凯专权,由此遭到袁世凯忌恨。3月20日,被刺杀于上海车站,22日逝世。后人辑有《宋教仁集》。

谭人凤（1860—1920），字有甫，号石屏，湖南新化（今隆回县）人。1904年（光绪三十年），参与黄兴等人筹划的长沙起义，失败后回乡创办福田小学，待机举事。1906年赴长沙，任新化中学堂监督，招纳会党残部谋事，泄露后逃往日本，加入同盟会。1908年回国后参与云南河口起义和黄花岗起义。1911年（宣统三年），与宋教仁、陈其美等在上海组织召开中部同盟会成立大会，被推举为总务干事、总务会议议长。武昌起义爆发后，任武昌防御使兼北面招讨使，还作为湖南代表参加各省都督府代表会议，被选为临时议长。1912年南京临时政府成立后，反对南北议和，主张继续举兵北伐。同年夏，任川粤汉铁路督办。"二次革命"爆发后回湖南策动谭延闿讨袁，失败后再次逃往日本。1916年回国继续参加反袁斗争。著有《石叟牌词叙录》，今人辑有《谭人凤集》。

瑞澂（1864—1912），博尔济吉特氏，字莘儒，满洲正黄旗人。历任布政使、巡抚。1910年（宣统二年）任湖广总督。1911年10月破获了湖北革命党人的起义机关，下令武汉全城戒严，军警四出，大肆搜捕革命党人，杀害了彭楚藩、刘复基、杨宏胜等人。武昌起义时，革命党强攻督署衙门，遂破墙而出，躲进停在长江边的楚豫兵舰。后被革职。

刘复基（1884—1911），一名汝夔，字尧澂，湖南武陵（今常德）人。曾加入华兴会。1905年（光绪三十一年）参加洪江起义，事败后逃往日本，加入中国同盟会。次年回国，继续从事革命活动。1909年（宣统元年），参与创办《竞业旬报》。1910年加入湖北新军，参加振武学社，在新军中发展革命组织。1911年振武学社改组为文学社，任评议部长，推动文学社与共进会的联合。9月，湖北革命军总指挥部成立后，任军事筹备员，参与制定武昌起义计划。10月9日，因汉口机关遭破坏，在武昌总指挥部被捕，与彭楚藩、杨宏胜同时就义，合称"武昌首义三烈士"。

黎元洪（1864—1928），字宋卿，湖北黄陂人。1883年（光绪九年）考入北洋水师学堂，毕业后赴海军任职。曾为湖广总督张之洞在武汉编练新军，升任协统，兼管长江舰队，素有"知兵""爱兵"之称。1909年（宣统元年），以军界代表的身份参加湖北各界保路团体"铁路协会"，积极支持进京请愿，表现出较为开明的形象。武昌起义时，出任湖北军政府都督。南京临时政府成立后当选为副总统。1913年"二次革命"失败后，被袁世凯从武昌"迎到"北京，住南海瀛台。袁世凯称帝，坚决拒绝袁世凯授予的武义亲王名义。1915年，由瀛台搬进东厂胡同寓所。1916年袁死后，继任大总统，与国务总理段祺瑞发生"府院之争"。1917年7月，张勋等拥溥仪复辟，避居东交民巷日本使馆，段祺瑞利用张勋驱黎。1922年，在直系军阀扶持下，复任总统。1923年6月，又被直系军阀驱逐下台。后寓居天津。

汤化龙（1874—1918），字济武，湖北蕲水（今浠水）人。光绪进士，授刑部主事。后任山西大学堂国文教习。1906年赴日本东京法政大学学习法律，其间参与发起留日教育学会，并出版《教育杂志》。归国后，相继任湖北咨议局筹办处参事，咨议局副议长、议长，各省咨议局联合会第一次会议主席等，主持讨论《速开国会案》。武昌起义爆发后，任都督府秘书、政事部长、编制部长等职，参与制定《鄂州约法》。1912年组织民主党，被推选为干事长。1913年被选为众议院院长与梁启超合作，将民主党、统一党、共和党合组为进步党，与梁启超并称党魁。1914年任北洋政府教育总长兼学术委员长，撰《上大总统言教育书》，支持尊孔读经。后辞职参加反袁活动。1916年复任众议院议长。1917年任段祺瑞内阁内务总长，受到南方护法军政府的明令通缉。1918年出国考察，在加拿大遇刺身亡。著有《大清违警律释义》等。

张振武（1877—1912），原名尧鑫，字春山，更名竹山，湖北罗田人。早年毕业于湖北省立师范学堂。1905年（光绪三十一年）入日本早稻田大学攻读政治法律，其间加入同盟会，担负联络工作。回国后，创办体育会及公立学堂，联络革命志士。1909年（宣统元年）参加共进会，设总部机关于汉口长江里，负责财务与筹措军火。1911年10月，参与领导武昌起义，与孙武、蒋翊武有"首义三武"之称。湖北军政府成立后任军务部副部长，率革命军在汉口、汉阳与清军激战，汉阳失守后，力陈武昌可守。1912年8月，被黎元洪诬陷"图谋不轨"，在北京被袁世凯下令杀害。

冯自由（1882—1958），原名懋龙，字建华，祖籍广东南海，生于日本横滨。1895年（光绪二十一年）加入兴中会，入东京高等大同学校学习。1900年，因反对康有为、梁启超，易名自由。后与郑贯一等创办《开智录》半月刊，次年参与创办《国民报》。1902年参与发起支那亡国二百四十二周年纪念会等。1905年加入同盟会，被推为评议员；旋由孙中山派赴香港，与陈少白建立同盟会香港分会，任书记。1906年，任《中国日报》社长兼总编辑、同盟会香港分会会长，参与同盟会领导的南方武装起义。武昌起义后，被推为旅美华侨革命党总代表。1912年南京临时政府成立后，就任总统府机要秘书。5月，任北京政府稽勋局局长。"二次革命"失败后遭捕入狱，获释后从上海赴日本。1914年加入中华革命党，任党务部副部长，不久后去美国筹集军费，任国民党美洲支部长等职。1917年当选参议院议员，参加护法运动。1924年，因反对与共产党合作，国民党改组后被开除出党。1935年恢复党籍。1943年任国民政府委员、顾问等职。1951年定居台湾，曾出任"总统府国策顾问"。著有《中华民国开国前革命史》《革命逸史》等。

田桐（1879—1930），字梓琴，笔名悔海，别号玄玄居士，湖北蕲春人。早年肄业于武昌文普通中学堂。1903年留学日本，与黄兴、陈天华结识。1905年5月，与宋教仁等创办《二十世纪之支那》杂志。后加入同盟会，任评议员兼书记部书记，负责机要。旋创办《复报》，与《民报》相呼应。1907年赴新加坡，与居正主持《中兴日报》。次年赴泗水办《泗滨日报》。1911年在北京发起成立《国光新闻》，秘密联络北方革命党人，准备起事。武昌起义爆发后，赴湖北协助黄兴抵抗清军。南京临时政府成立后任内务部参事、临时参议院参议员。1913年被推举为国会众议院议员。"二次革命"失败后避难日本。1914年参加中华革命党，任湖北支部长。次年归国任中华革命军湖北总司令，策划反袁斗争，参加护法运动。1924年反对孙中山改组国民党，向孙中山"抗争三次"，发表《社会主义华北论》，攻击社会主义。后任湖北省政府委员、江汉宣抚使等职。"四一二"政变后，闲居上海，主办《太平杂志》。著有《五权宪法草案》《革命闲话》等。

邹鲁（1885—1954），字海滨，广东大埔人。1905年加入同盟会。曾参加广州起义。1913年当选为众议院议员。"二次革命"失败后逃往日本，入早稻田大学。1914年加入中华革命党，担任《民国》杂志编辑。1917年任护法军政府财政次长。1922年任广东财政厅长。1924年国民党改组后，当选为中央执行委员和常务委员兼青年部长，同时任广东大学校长。他反对孙中山"三大政策"和国共合作，1925年11月23日纠集国民党右派在北京西山召开非法的一届四中全会，组成"西山会议派"。1926年国民党"二大"开除其党籍。1927年宁、汉、沪（西山会议派）三派合流，组成国民党特别委员会，任委员。1930年，支持阎锡山、冯玉祥发动反蒋战争。1931年宁粤对立，任粤方中央党部委员和国民政府委员。1932年任中山大学校长。抗战时期，先后任国民政府最高委员会常委、国民政府委员、国民党中央常委。1949年逃往台湾。著有《中国国民党史稿》《中国革命史》等。

王宠惠（1881—1958），字亮畴，原籍广东东莞，出生于香港。1895年（光绪二十一年）考入天津北洋西学学堂（北洋大学前身）法科，毕业后到南洋公学任教。1901年赴日本研习法政，在东京参与创办《国民报》。后赴美国留学，获耶鲁大学法学博士学位。1905年加入中国同盟会，参与筹措经费、发展会员。武昌起义后，曾任各省代表会议副议长。南京临时政府成立后，任外交总长、国民共进会副会长等。1912年任唐绍仪内阁司法总长，后随唐绍仪辞职。1915年，拒绝为袁世凯复辟帝制张目。1919年作为巴黎和会代表赴欧洲参会。1920年任大理院院长。次年为北京政府全权代表之一，出席美国华盛顿会议。1922年9月任北京政府国务总理，11月辞职。同年，与胡适等联名发表《我们的政治主张》一文，提出"好人政府"口号。1927年后，历任南京国民政府司法部长、司法院院长、国民党中央监察委员。1931年赴荷兰海牙任国际法庭正法官。1937年任国民政府外交部部长。曾出席开罗会议和联合国宪章制宪会议。1946年参与修改制订《中华民国宪法草案》。著有《宪法评议》《宪法危言》等。

伍廷芳（1842—1922），字文爵，号秩庸，广东新会人。1856年（咸丰六年）入香港圣保罗书院读书，其间参与创办《中外新报》。1874年（同治十三年）自费赴英留学，入伦敦林肯法律学院学习法律，取得大律师资格。毕业后到香港担任律师，受聘为法官兼立法局议员。1882年（光绪八年）入李鸿章幕府，协助办理洋务和外交，多次参与条约谈判。1896年任出使美国、西班牙、秘鲁和古巴四国大臣。1902年任满回国，任修订法律大臣、会办商务大臣等职。1907年自上海启程任出使美、墨、秘、古四国公使。次年，参与签订《中美公断专约》四款。武昌起义后，在上海宣布赞成共和，与陈其美、张謇、赵凤昌等发起组织"共和统一会"，被推举为南方议和代表。1912年任南京临时政府司法总长。1916年任段祺瑞内阁外交总长。1917年5月，以外交总长代理国务总理，7月南下广东参加护法运动，被孙中山任命为中华民国军政府外交总长。1921年任护法军政府外交部部长兼财政总长，曾代行非常大总统权力。1922年兼任广东省长，同年病逝于广州。著作辑有《伍秩庸先生公牍》等。

陈锦涛（1871—1939），字澜生，广东南海人。早年就读于香港皇仁书院。1901年（光绪二十七年）赴美留学，先后在哥伦比亚大学、耶鲁大学深造，获博士学位。1906年回国后清政府赐法科进士衔，入翰林院任编修。后历任广东视学、京兆视学、大清银行副监督、资政院议员等职。南京临时政府成立后任财政总长，任内与黄兴等发起成立"拓殖协会"。1916年任段祺瑞内阁财政总长兼盐务署督办，代理外交部部长。1920年5月任广州护法军政府财政部长。后任清华大学经济学教授。1938年3月，任伪"中华民国维新政府"财政部长兼兴华银行总裁。著有《均富》《四国公校》等。

蒋作宾（1884—1942），字雨岩，湖北应城人。1903年（光绪二十九年）入武昌文普通学堂。1905年赴日本东京成城学校留学，并加入同盟会。1907年入日本陆军士官学校步兵科学习军事。次年归国任保定军官速成学校教官。1909年调陆军部军衡司，1911年升任司长。南京临时政府成立后，任陆军部次长。1915年一度被袁世凯囚禁于北京西山，袁死后，出任参谋本部次长。1917年到欧美各国游历，1919年回国参加驱逐湖北督军王占元的活动。南京国民政府成立后，任国民政府委员及军事委员会委员。1928年任战地政务委员会主席、北平政治分会委员，后出任驻德公使，为联络德、俄等国抵制日本侵略。1931年回国后任驻日公使。1935年任驻日大使，曾与广田弘毅谈判"广田三原则"，未果。12月任内政部长。1937年11月任安徽省政府主席。次年赴重庆，任国民党中央督察委员。1940年任国民党党政工作考核委员会政务组主任。著有《蒋作宾回忆录》。

程德全（1860—1930），字纯如，号雪楼，四川云阳（今属重庆）人。早年入黑龙江将军依克唐阿幕。1900年（光绪二十六年）7月，沙俄入侵，任黑龙江行营营务处总理，负责筹划黑龙江防务，联络前敌各军，派与沙俄侵略军交涉。1903年升道员，署理齐齐哈尔副都统。1905年署黑龙江将军，全权处理黑龙江军政事务。1907年黑龙江建省，署巡抚，不久因病辞职。1909年（宣统元年）调任江苏巡抚，任内与立宪派交往甚密，赞成速开国会。1912年1月，与章炳麟联合在上海发起成立中华民国联合会。武昌起义后，联合立宪派，电请清政府改组内阁，宣布立宪。旋见清廷大势已去，与立宪派宣布江苏独立，自任江苏都督。南京临时政府成立后，任内务总长，与章炳麟、张謇等先后组织统一党、共和党，任理事。袁世凯窃取革命果实后，仍出任江苏都督。1913年"宋案"发生后，至上海处理宋案，公布相关证据。后反对孙中山讨袁，向袁世凯辞职获准后避居上海。著作收录《程中丞奏稿》。

居正（1876—1951），原名之骏，字觉生，号梅川，湖北广济（今武穴市）人。1905年入日本东京法政大学预备部学习，经田桐、陈肇一介绍加入中国同盟会。1907年8月，在东京参与组织共进会，任内政部长。同年秋入法政大学法律部本科。后弃学，到香港时转往新加坡助田桐主持《中兴日报》，与保皇党展开笔战。1908年到缅甸仰光，主持《光华日报》，并在当地建立中国同盟会支部。1911年初赴武昌与孙武、刘公、焦达峰等人联系，策动起义。武昌起义发生后，急返武汉，参与筹组湖北军政府和起草军政府条例等。南京临时政府成立后，任内政部次长。1913年"二次革命"失败后逃亡日本。1914 年在日本加入中华革命党,任党务部部长兼《民国》杂志总理。1916 年任中华革命党东北军总司令,统筹东北、山东、山西等地反袁斗争。1919 年 10 月,任中国国民党总务总长兼军事委员。孙中山逝世后,成为"西山会议派"一员,反对国共合作。1931 年后历任国民政府司法院长兼最高法院院长、司法行政部部长等职。著有《辛亥亲历记》,辑有《居觉生先生全集》等。

蔡元培（1868—1940）,字鹤卿,号孑民,浙江绍兴人。光绪进士,授翰林院庶吉士。戊戌政变后,认识到变法失败在于"不先培养革新之人才",遂在家乡兴办教育。1902 年与叶瀚等在上海发起成立中国教育会,任会长。同年 11 月上海南洋公学发生退学风潮,中国教育会决定成立爱国学社,由蔡元培任总理,接纳大部分南洋公学退学的学生。1904 年冬在上海创立光复会,任会长。次年加入同盟会,任上海分会会长。1907 年入德国莱比锡大学就读。南京临时政府成立后任教育总长,发表《对于教育方针之意见》,提倡军国民教育、实利教育、公民道德教育、世界观教育、美感教育。1917 年任北京大学校长。其间采取"思想自由,兼容并包"的办学方针,改革办学体制和学科、学制设置,倡导平民教育,男女同校。五四新文化运动期间,倡导以科学和民主为内容的新思潮,使北大成为新文化运动的中心。南京国民政府成立后,历任检察院长、中央研究院院长。抗战爆发后,参与发起成立中国民权保障同盟,任副主席。著作辑有《蔡元培全集》。

马君武（1881—1940）,原名道凝,字厚山,号君武,广西桂林人。幼年读私塾。早年就读于桂林体用学堂。1901 年赴日本京都帝国大学学习化学。1905 年 7 月参加中国同盟会,参与起草同盟会章程,任广西支部长。次年回国,任教于上海中国公学。后因受清廷追捕赴德国柏林工业大学学习冶金。武昌起义后回国,参与起草《临时政府组织大纲》《中华民国临时约法》,任南京临时政府实业部次长。1917 年赴广东参加护法运动。1921 年任孙中山非常大总统府秘书长、广西省省长。其后任广西大学校长等职。译著有《法兰西革命史》《自由论》《民约论》等。

汤寿潜（1857—1917），原名震，字蛰仙，浙江绍兴人。光绪进士。早年入山东巡抚张曜幕府。1905年（光绪三十一年）发起成立浙江全省铁路公司，收回苏杭甬路权，任经理。1906年与张謇发起组织预备立宪公会，任副会长，参与国会请愿运动。1909年（宣统元年）授云南按察使、江西提学使，均未就任。1911年11月，浙江宣布独立后，任浙江都督。南京临时政府成立后任交通总长，旋与章炳麟、张謇等组织统一党，任参事。1915年通电反对袁世凯称帝。著有《危言》《三通考辑要》等。

于右任（1879—1964），原名伯循，字诱人，陕西三原人。光绪举人。1904年（光绪三十年）入上海震旦学院学习，次年协助马相伯创办复旦公学，任该校及中国公学教员。1906年赴日本考察新闻出版事业并加入中国同盟会。次年2月起在上海先后创办《神州日报》《民呼日报》《民吁日报》《民立报》，抨击清廷，宣传革命。1912年任南京临时政府交通部次长。不久辞职，继续主办《民立报》。1917年赴陕西任靖国军总司令，后因靖国军内部分裂和敌人诱降而宣告失败。1924年当选为国民党中央执行委员，赞同国共合作。1927年后，历任国民政府审计院长、监察院长、最高国防委员会委员等职。后到台湾，任"监察院长"。擅书法，著有《右任诗存》《右任文存》等。

唐绍仪（1860—1938），字少川，广东香山唐家乡（今珠海）人。1874年（同治十三年）留学美国。历任天津海关道、外务部右侍郎、署邮传部尚书、奉天巡抚等职。1906年4月，任中英西藏问题谈判全权大臣，与英国签署《续订藏印条约》，使英国承认中国对西藏拥有主权。1910年任邮传部尚书。武昌起义后，代表袁世凯赴上海参加南北议和。1912年任首届国务总理，并加入中国同盟会，思想逐渐发生变化，引起袁不满，6月辞职。1915年反对袁世凯称帝。1917年在广州参加护法军政府，任财政部长，次年5月任军政府七总裁之一。1919年任南方议和代表，与北洋政府代表在上海议和。1924年反对孙中山改组国民党，实行"三大政策"。后任国民党中央监察委员、国民政府委员等职，曾通电要求蒋介石下野。1938年9月在上海被国民党特务刺杀。

杨士琦（1862—1918），字杏城，安徽泗县（今属江苏）人。光绪举人。1900年（光绪二十六年）随李鸿章入北京办理同八国联军议和事，参与签订《辛丑条约》。次年入袁世凯幕，任洋务总文案。1903年在上海就任帮办电政大臣兼轮船招商局总理，并总办关内铁路事宜。后历任工商部右侍郎、上海高等实业学堂监督、商部参议等职。1911年（宣统三年），袁世凯组阁时，署邮传部大臣。南京临时政府成立后，历任政治会议议员、政事堂左丞。1913年，招商局重组董事会后任会长一职。1915年授中卿，发表《关于变更国体之宣言》，为袁世凯复辟帝制效力。1916年袁世凯复辟帝制失败后，改任参政院参政。袁世凯死后寓居上海。

第七章　北洋军阀统治

——中国社会"沉沦"到谷底的时期

北洋军阀。由袁世凯掌权后的"北洋新军"主要将领组成的军阀势力，民国军阀势力之一。袁世凯死后，无人具有足够的能力统领整个北洋军队及政权，各军将领以省割据导致分裂，以军队为主要力量在各省建立地方政权，如皖系军阀、直系军阀、奉系军阀等。这些军阀以争夺取得胜利的一方控制中央政权。在名义上可以号令各省。北洋军阀时期北京政府又有北洋军阀政府（简称北洋政府）的称呼。

北洋政府。主要指袁世凯当政后形成的北洋军人集团所控制的历届中华民国北京中央政府。包括1912年3月至1916年6月袁世凯窃国与帝制自为的北京政府，1916年6月至1920年7月皖系军阀段祺瑞控制的北京政府，1920年7月至1924年11月直系军阀曹锟、吴佩孚控制的北京政府，1924年11月至1926年4月因北方各派军阀妥协而产生由段祺瑞所组成的北京"执政府"，1926年5月至1927年6月由直系吴佩孚、奉系张作霖在"反赤"联合基础上共同控制的"摄政"内阁的北京政府，以及1926年6月至1928年6月由奉系张作霖在北京组成的"安国军政府"。除袁世凯一度实行君主专制，当了83天皇帝外，其余时间，都是军阀们以军事为依托，在"民主共和"的旗帜下，通过纵横捭阖的政治手腕，利用国会、议员、宪法、选举等政治工具（如段祺瑞的"安福国会"，曹锟的"贿选宪法"等）实行个人的独裁统治。

北洋政府时期历届总统、内阁任职时间如下：

1912—1928年中华民国总统任职时间表

名称	姓名	任职时间
大总统	袁世凯	1912.3—1916.6
同上	黎元洪	1916.6.7—1917.6.30
同上	冯国璋	1917.7.30—1918.10.7
同上	徐世昌	1918.10.10—1922.6
同上	黎元洪	1922.6.11—1923.6.13
同上	曹锟	1923.10.10—1924.11.3
临时执政	段祺瑞	1924.11.24—1926.4.20
陆海军大元帅	张作霖	1927.6.18—1928.6.4

1912—1928年中华民国历届内阁任职时间表

唐绍仪内阁	1912.3.13—6.27
陆征祥内阁	1912.6.29—9.22
赵秉钧内阁	1912.9.25—1913.7.16
段祺瑞内阁	1913.7.19—7.31
熊希龄内阁	1913.7.31—1914.2.12
孙宝琦临时内阁	1914.2.12—5.1
徐世昌内阁	1914.5.1—1916.4.22
段祺瑞内阁	1916.4.22—6.29
段祺瑞内阁	1916.6.29—1917.5.23
伍廷芳临时内阁	1917.5.23—5.28
李经羲内阁	1917.5.28—7.2
段祺瑞内阁	1917.7.2—11.22
汪大燮临时内阁	1917.11.22—11.30
王士珍临时内阁	1917.11.30—1918.3.23
段祺瑞内阁	1918.3.23—10.10
钱能训临时内阁	1918.10.10—12.12
钱能训内阁	1918.12.12—1919.6.13
龚心湛临时内阁	1919.6.13—9.24
靳云鹏临时内阁	1919.9.24—11.5
靳云鹏内阁	1919.11.5—1920.5.14

续表

萨镇冰临时内阁	1920.5.14—8.9
靳云鹏内阁	1920.8.9—1921.12.18
颜惠庆临时内阁	1921.12.18—12.24
梁士诒内阁	1921.12.24—1922.1.25
颜惠庆临时内阁	1922.1.25—4.9
周自齐临时内阁	1922.4.9—6.12
颜惠庆临时内阁	1922.6.11—8.5
唐绍仪临时内阁	1922.8.5—9.19
王宠惠临时内阁	1922.9.19—11.29
汪大燮临时内阁	1922.11.29—12.11
王正廷临时内阁	1922.12.11—1923.1.4
张绍曾内阁	1923.1.4—6.6
高凌霨代理内阁	1923.6.13—10.12
高凌霨代理内阁	1923.10.12—1924.1.12
孙宝琦内阁	1924.1.12—7.2
顾维钧代理内阁	1924.7.2—9.14
颜惠庆内阁	1924.9.14—10.31
黄郛临时内阁	1924.10.31—11.25
段祺瑞临时执政兼内阁	1924.11.25—12.26
许世英内阁	1925.12.26—1926.2.15
贾德耀内阁	1926.2.15—4.20
胡惟德临时内阁	1926.4.20—5.13
颜惠庆内阁	1926.5.13—6.22
杜锡珪代理内阁	1926.6.22—10.1
顾维钧代理内阁	1926.10.1—1927.6.17
潘复内阁	1927.6.18—1928.6.3

统一党。民国初年政党之一，统一党源于中华民国联合会。1912年1月，反清健将、革命宣传家章炳麟（太炎）联合江苏军政府都督程德全等，在上海成立中华民国联合会，章、程分任正、副会长，张謇、熊希龄等成为参议会成员。中华民国联合会"以联合全国、扶助完全共和政府之

成立为宗旨"；政治上，主张实行责任内阁制；经济上，主张实行国家社会主义。3月，中华民国联合会宣布改名为统一党，推举章炳麟、张謇、程德全、熊希龄、宋教仁为理事。统一党以"统一全国建设，强固中央政府，促进完美共和政治为宗旨"。章炳麟解释为"不取急躁，不重保守，惟以稳健为第一要义"。民国成立后，章炳麟提出"革命军起，革命党消"主张，可知他不信任孙中山及革命党人。统一党成员多为前清官吏和立宪派人士，与革命党人的立场本有分野，故在民初袁世凯和革命派的矛盾斗争中，统一党站在拥袁立场，成为袁世凯与革命党人斗争时可以利用的力量。9月2日，袁世凯的手下王揖唐在北京操纵统一党再次改组，其后又推选袁世凯为名誉理事长，徐世昌、冯国璋、赵秉钧等为名誉理事，统一党由此几被袁收编。

共和党。民国初年政党之一，由民社、国民协进会、民国公会和统一党组成，国民共进会的部分成员也参加了共和党。1912年5月，共和党在上海正式成立，选举黎元洪为理事长，张謇、章炳麟、伍廷芳等为理事（不数日统一党宣布退出）。共和党成立时并无特别具体明晰的政纲，只是强调"统一""国家主义""国家权力"，无疑对已经手握国家政权的袁世凯有利。实际上，共和党的成立在相当程度上是反同盟会人物的集合，得到袁的扶持，专与国民党对抗。

民主党。民国初年政党之一，由共和建设讨论会、国民协会以及国民新政社、共和统一会、共和促进会、共和俱进会合并组成。1912年9月在北京正式成立，选举汤化龙为干事长。组成民主党的中坚力量——共和建设讨论会成员多为前清立宪派人物，奉梁启超为实际领袖，梁亦对民主党的组党活动表示支持。10月，梁启超自日本回国，在北京与袁世凯谋面商谈，虽未获任袁之官职，但袁月赠其生活费3000元。袁世凯的手下亦打入民主党内部活动。

进步党。民国初年政党之一，1913年5月29日，统一党、共和党、民主党在北京举行合并组党大会，正式合并组建新党，并定名为进步党（部分共和党人稍后复行单立门户，仍称共和党）。进步党以黎元洪为理事长，梁启超、张謇、伍廷芳、孙武、汤化龙等为理事，在全国不少地方设有分支部。进步党建设"强善政府"的主张，适应了当时袁世凯加强中央集权和个人专制的需要。

第一届国会。民国初年根据《中华民国临时约法》相关规定选举产生的立法机构，是资产阶级议会制度在近代中国进行的一次尝试，最终失败。袁世凯就任中华民国临时大总统后，因拒绝在南京就职，临时参议院于1912年4月5日迁至北京，5月29日举行开院仪式。北京临时参议院成立后，按照《中华民国临时约法》第53条规定："约法施行后，限十个月内，由临时大总统召集国会，其国会之组织及选举法，由参议院定之"，制订了《中华民国国会组织法》《参议院议员选举法》《众议院议员选举法》等文件，并开始筹备第一届国会工作。1913年4月8日，第一届国会在北京召开，依据《临时约法》和《中华民国国会组织法》相关条款，国会为立法机关、民意机关、制宪机关，享有弹劾权和同意权，由参议院和众议院组成。其中，参议员274名，任期6年，每2年改选1/3；众议员596名，任期3年，期满全部重选。两院均设议长、副议长各1人，由议员互选产生。第一届国会参议院正、副议长为张继（不久改王家襄）、王正廷；众议院正、副议长为汤化龙、陈国祥。在第一届国会中，国民党获得全面胜利。在众议院，国民党获269席，共和、统一、民主党合计只获154席，另有跨党者147席，无党派26席；在参议院，国民党获123席，共和、统一、民主党合计只获69席，另有跨党者38席，无党派44席。10月4日，国会通过并颁布了《大总统选举法》。10月6日，国会选举大总统。前两场投票，袁世凯都未能通过。为了让选举顺利通过，袁世凯以暴力胁迫议员投票选举其出任总统，议员被困在国会中，无论是积极反抗还是消极反抗均难以进行，只好又勉强进行第三轮投票，袁世凯终以507票的相对多数当选正式大总统。国会既然选出了袁世凯为大总统，国会对于袁世凯就是多余的。袁世凯及其党徒大造舆论，声称国会是"暴民专制"，妨碍政权集中。11月，袁世凯公开下令解散国民党，收缴了国会议员中国民党议员证书。国民党议员在国会中占有多数，国民党议员不能出席会议，国会开会就不能形成法定多数，自然不能活动下去。1914年1月，国会中其他党派议员资格也被停止了。2月，又解散了各省省议会。到此为止，国会就被袁世凯取消了。

宋教仁案。宋教仁在上海车站被刺杀引起的重大政治事件。1913年初国会两院选举中，国民党在国会选举中获得全面胜利，成为国会中的多数党。宋教仁得意非常，以为这是用合法斗争取得政权的大好机会，似乎国民党责任内阁已经俨然在握了。随后，宋教仁遍历湖南、湖北、江西、安徽、江苏等，到处演说，批评时政，宣传政党内阁的主张。袁世凯密切注视着宋教仁的动向。1913年3月20日，宋教仁在上海火车站准备北上组阁时，被暴徒暗杀。宋案立即成为一大政治新闻，报纸很快披露谋杀宋教仁的主谋正是袁世凯，刺客是国务总理赵秉钧通过内务部秘书洪述祖收买的，刺宋为事先周密布置的政治谋杀案，完全是在袁世凯、赵秉钧授意下所为。宋案的发生使孙中山对袁世凯的幻想完全破灭，力主组织力量武装讨袁。

善后大借款。1913年袁世凯为消灭反袁武装而向外国银行团进行的借款。1913年4月，袁世凯为消灭国民党在南方各省的革命势力，以办理"善后"为名，未经国会同意，先后与英、法、德、日、俄五国银行团非法签订《善后借款合同》，借款总额为2500万英镑，以盐税、关税及直隶、山东、河南、江苏四省中央税款为担保，筹集镇压革命的经费。借款合同成立后，袁世凯制定了对湘、赣、皖、苏四省用兵的军事部署，北洋军队纷纷南下，向南方革命党人发动军事进攻。

二次革命。因宋教仁被刺杀，孙中山发动的讨伐袁世凯的一场革命，又称"讨袁之役""癸丑之役"，因为讨袁军以江西和南京为中心，所以又称"赣宁之役"。宋教仁案的发生已经使孙中山放弃对袁世凯的幻想。1913年4月，袁世凯与五国银行团达成善后大借款，准备发动内战，消灭南方革命力量，推动独裁。孙中山决定兴兵讨袁，发起"二次革命"。6月，袁世凯借口江西都督李烈钧、安徽都督柏文蔚、广东都督胡汉民通电反对"善后借款"为不服从中央，下令撤免三人职务。7月12日，李烈钧按照孙中山的命令自上海潜回江西湖口，成立讨袁军司令部，宣布江西独立。

拉开了"二次革命"的序幕。安徽、上海、广东、福建、湖南、重庆等地也先后举兵讨袁，宣布独立。由于袁军已分别集结在九江、南京附近，实力大大超过国民党，而且独立各省之间在军事上缺乏统一指挥，这就给了袁世凯以各个击破的机会。7月下旬，湖口被袁军攻占，8月中旬，南昌相继失陷，江西讨袁军失败。9月初，南京为袁军攻陷，江苏讨袁军失败。"二次革命"就这样结束了。结果，南方各省的国民党势力被袁世凯摧毁，袁世凯完成了对全国的武力统一。孙中山、黄兴再一次被迫流亡日本。

"二十一条"。日本以支持袁世凯称帝为条件，于1915年1月向袁世凯政府提出的条件。1914年第一次世界大战爆发后，日本不顾中国中立的立场，派兵攻占青岛，宣布取得德国在青岛的权益。为了独占中国，日本以支持袁世凯称帝为条件，向袁世凯政府提出"二十一条"，时人认为是灭亡中国的条件。主要内容分为五号，每号下分若干款，主要有：（1）日本继承德国在山东的特权；（2）延长租借旅顺、大连两港及南满、安奉两铁路的期限至九十九年，并承认日本在南满及内蒙古东部的特殊权利；（3）汉冶萍公司改为两国合办事业；（4）中国政府允准，所有中国沿海港湾、岛屿不得租借或割让给他国；（5）中国政府聘用日本人为政治、财政、军事顾问，中国警政及军械厂由中日合办，允许日本在武昌至九江、南昌间，以及南昌至杭州、潮州间的铁路建造权，日本在福建有投资、筑路、开矿的优先权等。日本驻华公使日置益威胁袁世凯说，如果不肯痛痛快快答应日本的全部要求，则会面临严重的后果。袁世凯采取拖延策略，派陆征祥和曹汝霖与日本秘密谈判。经过日本的进一步逼迫和其他列强的说项，袁世凯政府在5月9日答应了除第5号以外的其他各项要求。袁世凯卖国行为一经传出，举国哗然。各城市爱国民众和海外华侨纷纷集会，抗议袁世凯政府的卖国罪行，拒不承认"二十一条"。5月25日，中日双方签订"民四条约"（包括除第5号以外其他各号内容）。6月8日，双方在东京换约。

《中华民国约法》。听命于袁世凯的约法会议为了增大总统权力炮制而成。1914年5月1日公布施行，同时宣布废止南京临时政府制定的《临时约法》。新约法规定总统"总揽统治权",凡一切内政外交、任免大权均由总统独揽,总统代表国民全体,只对国民全体负责,而不对任何民意机构负责。新约法还规定参政院代行立法院职权,参政院制定的宪法须由大总统提出,交国民会议决定。国民会议却由大总统召集并解散。这样,只有大总统的权力是不受任何约束的。此外,还撤销《临时约法》规定的国务院,大总统下设政事堂(相当于晚清时代的军机处),政事堂首脑称国务卿。国务卿和政事堂,对于总统,都只处在辅佐、赞襄位置,像前清内阁、军机处对于皇帝一样,只是承旨办事而已。袁世凯的新约法实施后,除了中华民国这个名号外,辛亥革命后的成果包括革命党人设计来约束袁世凯的《临时约法》和国会,就都化作乌有了。而且从国家体制到中央地方官制,都与前清相靠近,只差把总统改为皇帝了。事实上,袁世凯并不满意集国家大权于一身的总统名号。虽然,他在表面上一再驳斥别人要他进升帝制的建议,实际上却正在设计抛弃中华民国名号、走向帝制的道路。

筹安会。杨度发起,为袁世凯称帝制造社会舆论的民间团体。由杨度邀请孙毓筠、李燮和、胡瑛、刘师培、严复五人组成,名义上是要组织一个"筹一国之治安"的学术团体,实际上是一个由袁世凯提供活动经费,负责宣传、发动帝制运动的行动机构。

洪宪帝制。袁世凯以洪宪为名非法进行的复辟封建帝制的活动。1915年12月11日,参政院以全国国民代表大会总代表的名义向袁世凯呈递请他立为"中华帝国皇帝"的推戴书。袁世凯假意谦让,于是参政院再上推戴书,特意解释,过去赞成共和是顺从民意,现在恢复帝制也是顺从民意。12日,袁世凯发表接受帝位申令,正式接受推戴。13日,袁世凯在中南海居仁堂接受文武百官朝贺。随后成立大典筹备处。12月底下令废除民国纪元,改民国五年(1916)为"中华帝国洪宪元年",史称"洪宪帝制",决定元旦举行登极大典。袁世凯复辟帝制引起全国公愤,随即爆发护国运动,列强也撤回了对他的支持,袁世凯被迫于1916年3月23日宣布废止"洪宪"年号,取消帝制,任徐世昌为国务卿。

中华革命党。"二次革命"失败后孙中山在日本组织的以反袁为中心目的的资产阶级革命政党。1914年7月8日在东京召开成立大会。通过了《中华革命党总章》《中华革命党宣言》《革命方略》《誓约》等文件。推举孙中山为总理，黄兴为协理（未到任）。规定党的纲领是"以实行民权，民生两主义为宗旨"，"以扫除专制政治，建设完全民国为目的"。制定了非常严格的组织原则，"凡党员有背党行为，除处罚本人之外，介绍人应负过失之责"。宣誓"一、实行宗旨，二、服从命令，三、尽忠职务，四、严守秘密，五、誓共生死"，"如有二心，甘受极刑"，并按手印，以示完全服从孙中山。本部设总务、党务、财政、军事、政治、宣传各部，各部正、副部长及职员悉由总理委任。另有党员组织协赞会，与本部平行，分立法、司法、监督、考试4院。会长、副会长由总理委任。在国内外各地设有支部，支部长由各地党员推荐总理委任。创办《民国》杂志，宣传反袁，揭露专制独裁统治。护国战争兴起后，在广东、福建、湖北、四川、安徽等地组织了武装起义，成为反袁斗争中的中坚力量。1916年袁世凯死后，本部由东京迁至上海。1917年领导了护法运动。1919年10月，孙中山将其改组为中国国民党。中华革命党的成立，在革命低潮时期重新聚集了革命力量。

欧事研究会。1914年在东京成立的、以讨论欧洲大战的学理面目出现的政治团体。由于孙中山没有能够正确总结同盟会、国民党失败的历史教训，把中华革命党搞成了一个狭隘的革命小团体，要求党员必须向孙中山宣誓效忠，引起一些人不满。黄兴等不同意孙中山的做法，1914年6月赴美，避免卷入党内纠纷。留在日本而又未加入中华革命党的人士，由李根源等提议，决定成立欧事研究会，以讨论正在进行的欧洲大战的学理面目出现，以避免和中华革命党形成直接对立的两个政党。1914年8月，欧事研究会在日本东京成立，参加者主要是多年追随黄兴并与黄兴有较多个人关系的部分军人，如李烈钧、柏文蔚等。在反袁行动策略上，他们与孙中山坚持的武装斗争路线有分歧，但在反对袁世凯统治的大方向上，两者并无区别。当然，他们也不认同孙中山在组建中华革命党时要求立约按印的一些做法。

云南讲武堂。清末训练新军的地方学堂之一，全称"云南陆军讲武堂"。1909年（宣统元年）8月设立于昆明，胡文澜、李根源曾先后任总办。顾品珍、刘祖武、唐继尧等担任专职或兼职教官。分甲、乙、丙三班和步、骑、炮、工四科，其中甲、乙两班为陆军防营军官的轮训班，学习期限一年。丙班为从各厅、州、县和四川省招收来的知识青年，学习期限两年半。前后共毕业19期，为辛亥革命和护国战争培养了一批人才。朱德也毕业于此。1916年以后转入滇系军阀手中，成为地方派系扩张军事实力的场所。

云南起义。蔡锷等为反对袁世凯复辟称帝宣布云南独立的事件。1915年12月12日，袁世凯宣布恢复帝制，计划于1916年元旦废除民国纪年，登极称帝。云南军界为此连续召开会议，讨论起兵讨袁事宜。12月25日，蔡锷、唐继尧等联名宣布云南独立，通电武装讨伐袁世凯。同时废除将军称号，恢复民国元年的都督府，以唐继尧为云南都督，组成护国军。护国军共分三军，第一军总司令为蔡锷，第二军总司令为李烈钧，第三军总司令为唐继尧。1916年元旦，云南发表《中华民国护国军政府檄》，揭露袁世凯祸国殃民的罪状。随后，护国军分三路向四川、贵州、广西进军，讨伐袁世凯。所谓"护国"，是反对帝制，维护中华民国，即维护资产阶级共和国。

护国战争。梁启超、蔡锷等人发动的反对袁世凯复辟帝制的运动。1915年，袁世凯复辟帝制，遭到了全国人民的反对。8月，梁启超发表《异哉所谓国体问题者》，公开反对袁世凯称帝；12月，蔡锷、李烈钧、唐继尧等联名通电反袁，宣布云南独立，组建护国军。云南独立后，袁世凯即决定武装镇压云南起义。袁军兵分三路，一路由曹锟率领进兵四川；一路由马继增率领进兵贵州；第三路由龙觐光率领自广东肇庆溯西江而上进攻李烈钧所率护国军第二军。1916年1月，护国军进入贵阳，贵州宣布独立。2、3月，护国军主力、蔡锷所统第一军分途进至川南，与北洋军曹锟、张敬尧部激战，重创敌军。接着广西宣布独立。袁世凯眼见前线军事失利，各省独立有增无已，北洋将领也不可靠，不得不于3月22日宣布撤销承认帝制案，但仍希望保留大总统的权位。4月15日，黄兴发表通电，宣示其"不去袁逆，国难无已，望力阻调停，免贻后累"的主张。护国军声明，袁世凯称帝犯了背叛民国的大罪，按《临时约法》应除其大总统资格。4、5月间，陕西宣布独立，广东、浙江、四川、湖南也被迫宣布独立。未独立省份，也纷纷组织护国军。5月9日，孙中山发表《讨袁宣言》。独立各省在广东肇庆成立了以唐继尧为首的军务院，宣布不承认袁世凯为总统，由军务院指挥全国军事，继续进行讨袁战争。袁世凯眼见自己的天下分崩离析，连冯国璋、段祺瑞也不忠诚于自己，6月6日在全国一片讨伐声中抑郁而死。6月7日，按照《临时约法》，黎元洪继任为大总统，随后，黎元洪宣布恢复《临时约法》和国会，恢复国务院，以段祺瑞为国务总理。护国战争结束。

府院之争。黎元洪的总统府与段祺瑞的国务院之间，因争权夺利，引发一系列矛盾斗争，历史上称为"府院之争"。"府院之争"形式上是北洋政府内部的权力斗争，实际上反映出帝国主义在中国争夺利益。1917年，当日本为换取英法等国承认其在中国山东新取得的权益，劝告中国对德宣战。在是否参加对德作战问题上，府院之争再次爆发，段祺瑞在日本支持下要求参战，企图通过参战得到日本借款，扩大皖系势力，黎元洪和直系军阀冯国璋在美国支持下反对参战。后黎元洪下令解除段祺瑞国务总理和陆军部长之职。段祺瑞退至天津，挑唆北洋各省督军先后宣布独立。黎元洪眼看局面无法收拾，邀请张勋入京"调停"，却引发了张勋复辟。

张勋复辟。张勋利用府院矛盾拥立前清末代皇帝溥仪复辟帝制的活动，又称丁巳复辟。1917年因是否参战问题，黎元洪和段祺瑞发生争端，黎元洪被迫召张勋入京调解。张勋入京后，加紧与复辟分子密谋复辟计划。7月1日凌晨三时许，张勋身着蓝纱袍、黄马褂，头戴红顶花翎，率康有为等50余人，乘车进宫，向废帝溥仪行三跪九叩大礼，奏请复辟。消息传出，举国上下一片哗然，孙中山发表讨逆宣言，要求讨伐张勋。各地军阀，包括北方各省的北洋督军，也几乎一致反对。段祺瑞在日本人的支持下组成讨逆军讨伐，仅一周左右时间就击败了毫无斗志的张勋辫子军，段祺瑞重新回到北京担任国务总理。黎元洪于事后辞去总统职务，总统改由冯国璋代理。

护法战争。孙中山发动的维护《临时约法》、反对段祺瑞独裁统治的斗争。袁世凯死后，孙中山等革命党人一度曾相信和平民主即将实现，但随着在北京上演的一出出闹剧，孙对北洋军阀的统治已彻底绝望，提出打倒假共和、建立真共和的主张，号召拥护《临时约法》，恢复旧国会，推动护法运动。因此，当张勋复辟发生，冯国璋宣告代理黎元洪的总统职位后，孙中山立即表示反对，并准备以广州为根据地，联合宣布护法的西南各省军阀，建设临时政府，公推临时总统。1917年7月，孙中山南下护法。9月1日，非常国会举行大元帅选举会，孙中山当选为陆海军大元帅。随着广州军政府的成立，各地以护法讨逆为号召的护法军、靖国军纷纷兴起。段祺瑞政府决定对西南各省用兵，以实现武力统一。他命令直系军队进入湖南，与护法军作战。这就不可避免地爆发了以孙中山的广州军政府为一方，和以北洋军阀段祺瑞为首的北京政府为一方的战争，史称护法战争。10月初，孙中山以军政府大元帅名义，发布讨伐段祺瑞命令，开始了以护法名义出现的南北战争。随着战事的发展，南北双方内部因对和战意见不一，出现矛盾，导致南北战争逐渐演变成忽进忽退、忽战忽和的奇怪局面，孙中山很快成了一个无兵可统、无将可依的光杆司令，连军政府也是有名无实。5月初，国会非常会议决定改组军政府，变大元帅制为政务总裁制，由政务总裁七人组成政务会议，军政府的实权已经掌握在西南军阀手中。孙中山看清了军阀的本质，认识到不可能依靠军阀达到护法的目的，不得不于1918年5月21日离开广州，护法战争宣告失败。

西原借款。1917—1918年，日本寺内正毅内阁与段祺瑞政府公开或秘密签订的一系列经济、政治、军事借款的总称。因多由段祺瑞之日本顾问西原龟三经手或参与交涉，故名。包含八次借款，共计1.45亿日元，主要有交通银行业务整顿借款两次，有线电信借款，吉会铁路借款，吉黑两省金矿及森林借款，满蒙四铁路借款，山东高徐、济顺二铁路借款，参战借款等。通过以上借款，中国的财政、金融、铁路、矿产、森林、通讯等大量权益出卖给日本。

安福国会。1918—1920 年段祺瑞一手操纵选举的民国第二届国会。1918 年 3 月，皖系政客王揖唐、王印川、刘恩格等人发起组织"安福俱乐部"，下设干事部、评议会、政务研究会。安福俱乐部成立后，为操纵第二届国会选举，四处活动。7 月底，第二届国会选举揭晓，全国共选出两院议员 472 名，其中参议员 147 名，众议员 325 名。由段祺瑞操纵的安福系议员达 330 余名，故又被称为"安福国会"。王揖唐、刘恩格也分别当选为众议院正副议长，徐世昌当选为总统。1920 年 7 月直皖战争中，皖系段祺瑞失败，安福国会被解散，安福俱乐部也随之消亡。

巴黎和会。第一次世界大战结束后，战胜的协约国集团于 1919 年 1 月 28 日—6 月 28 日在巴黎凡尔赛宫召开的国际和会。参加国共有 27 个。最高委员会决定一切重大问题，最高委员会由美、英、法、意四国政府首脑组成。参加和会的代表共有 70 人，分别来自全世界各大洲的 32 个国家。巴黎和会是帝国主义战胜国的分赃会议，是大国俱乐部私下商议的场所，而非弱国小国争取自身权益的地方。各国带着各自不同的企图进行了激烈的争夺。法国力图大大削弱甚至肢解德国，以确保自己在欧洲大陆的霸主地位。英国一方面主张限制德国经济实力，另一方面又反对过分削弱德国，想用德国牵制法国。美国则企图利用"十四点纲领"来左右会议，以达到攫取世界霸权的目的。日本、意大利也提出了自己的争霸计划。中国外交代表之一顾维钧在日本代表要求德国将其在中国山东的权利无条件让与日本的表态之后，有力地陈述了中国的观点，说明中国对德宣战之际，已明确声明中德间一切约章全数废除，因此德国在山东所享有胶州租借地暨他项权利，在法律上已经早归中国，德国没有将山东转交他国之权。4 月 30 日，巴黎和会最后做出裁决，在对德和约中规定，德国在山东的一切权益均让与日本，没有按中国代表要求写上日本须将山东交还中国的字样。5 月初，巴黎和会上中国外交失败的消息传来，引发了声势浩大、影响深远的"五四"运动。经过长期的讨论争辩，最终于 1919 年 6 月 28 日在巴黎凡尔赛宫签订了对德和约，即凡尔赛和约，中国政府代表团拒绝在和约上签字。

五四运动。1919 年 5 月 4 日发生的反帝反封建的爱国运动，标志着中国新民主主义革命的伟大开端。第一次世界大战刚刚结束，英、美、法、日、意等战胜国在巴黎召开对德和会，决定由日本继承德国在中国山东的特权。中国是参加对德宣战的战胜国之一，但北洋政府却准备接受这个决定，在这样的和约上签字。消息传到国内，激起各阶层人民的强烈愤怒。5月4日，北京大学、高等师范学校等十几所学校的学生3000多人举行集会示威，反对帝国主义的这一无理决定和北洋政府的妥协。这次运动迅速地获得了全国人民的响应，斗争扩展到20多个省区，100多个城市的学生、工人参加了运动。斗争的中心逐渐由北京移到上海，斗争的主力逐渐由学生转到工人。这表明五四运动突破了知识分子的狭小范围，成了有工人阶级、小资产阶级和资产阶级参加的全国规模的革命运动。各地群众运动风起云涌，势不可挡，各地军阀均感形势严重，要求北京政府罢免曹、陆、章，以平息事态。6月10日，总统徐世昌被迫下令准予免去曹、陆、章三人的职务。与此同时，眼看国内舆情汹汹，均反对签字，北京政府不得不含混其词地电令陆征祥"自酌办理"。中国旅法劳工和学生也到中国代表团驻地声援，要求拒绝签字。据此，当6月28日对德和约签字仪式举行时，中国代表团决定，不前往签字。五四运动是中国近代史上具有划时代意义的事件，是一次民族觉醒的运动。毛泽东说过："五四运动是反帝国主义的运动，又是反封建的运动。五四运动的杰出的历史意义，在于它带着为辛亥革命还不曾有的姿态，这就是彻底地不妥协地反帝国主义和彻底地不妥协地反封建主义。"从中国近代革命史角度说，五四运动标志着近代中国的革命运动，从旧民主主义时期转入了新民主主义时期。

直皖战争。1920年直皖军阀为争夺北京中央政权而进行的战争。1919年11月，皖系大将靳云鹏组成新内阁，靳虽为段祺瑞的亲信，但他欲在直皖奉之间寻求平衡，不愿完全受段的摆布。内阁成立前后，安福系屡加干涉，处处掣肘，更增加了靳的反感。皖系内部渐渐离心。与此同时，曹锟在冯国璋之后成为直系新的首领，并对后起之秀吴佩孚极为器重，与长江三督及盘踞东北三省的奉系渐形成反皖同盟。吴佩孚不愿为皖系控制的中央政府卖命。南北和会破裂后，吴佩孚趁五四运动中爱国热情高涨，北京政府及各地军阀当局均采取高压政策时，独树一帜，通电支持学生运动，反对在对德和约上签字。吴所表现出的爱国意识和政治上标新立异，敢言敢为，使他一时间成为各界交口赞扬的"爱国将军"。吴更进一步利用这种声誉和时机，加强对皖系政策抨击的力度，同时自动撤兵北归。西南方面为自身利益计，利用北洋内部矛盾，加强与主和派同盟关系，因此审时度势，采取了联直制皖的策略。吴与湘、滇、桂、粤、川代表于11月在衡州秘议签字，并进一步讨论决定了共同行动的步骤。西南不仅在前线与吴佩孚结盟，更进一步通过各种渠道加强与整个直系的联系，逐渐形成西南、直、奉三角同盟（1920年4月又加入豫督赵倜，是为八省反皖同盟）。1920年5月，吴佩孚不经北京政府同意，自衡阳撤兵北归，驻在郑州至保定一线。皖系则将徐树铮的边防军调回京畿。直皖矛盾达到白热化程度。7月14日双方分东西两路在津浦、京汉路同时开战。奉系出兵声援直系。皖系不堪一击，数日之内，兵败如潮。除浙江督军卢永祥外，皖系全部垮台。

第一次直奉战争。1922年北洋军阀直、奉两系争夺中央政权的战争。直皖战后，由于在处理善后问题上利益和态度的不同，直奉渐生矛盾。吴佩孚提出解散国会，严惩安福祸首，将段置于汤山，听候国民公决，以彻底铲除皖系势力，从速召开国民大会解决国是，并主张先解决与西南统一问题，再组织内阁。奉张则以安福既倒，出而为段转圜，以赢得皖系的拥护，并且坚决反对召开国民大会。为早日入关，奉系急于组阁，并力主靳云鹏为总理。徐世昌因解散国会将危及他这个由安福国会选出的总统，也坚决不允。吴佩孚虽有社会影响，但在张、徐眼中只是师长，偏裨牙将，无权过问政治，其主张均遭拒绝。曹锟本人毫无政治主见，只要本身利益得到满足，政治上一切均由张作霖做主。曹、张、徐签订了一份密约，达成暂时妥协，约定北京政府由直奉共同主持后，结束了这场政治分赃。直奉共同主政也只是双方暂时"貌合"，不可调和的利益相争本质，必然导致新的政治斗争，以至兵戎相见。在直皖战后直奉之间的争夺几乎一天也没有停止过。先是安徽督军之争，后有江苏督军之争，最后在内阁问题上的争端导致了1922年的第一次直奉战争。4月，直奉双方在京汉线长辛店、津浦线马厂一带展开大战，结果奉系败出关外，双方以榆关为界，达成停战协议。第一次直奉战争以直胜奉败结束，直系单独掌握北京政权。

联省自治。20世纪20年代部分学者提出的救国主张，后被地方军阀所利用，掀起盛行一时的政治运动。1920年11月，湖南军阀谭延闿提出"联省自治"的主张，宣布"湖南自治"，组织起革委员会起草省宪。随后，各地的自治团体纷纷成立，如北京、江苏、安徽等省组成"各省区自治联合会"，直隶、山东、河南等14省成立"自治运动同志会"等，开展自治运动。1926年北伐战争开始后，联省自治运动随之结束。

曹锟贿选。曹锟为获取总统职位进行的贿选活动。第一次直奉战争以直胜奉败结束，直系单独掌握北京政权。在采取手段逼迫黎元洪签字辞职后，曹锟加紧了贿选总统的步伐。他以40万元售卖国会议长，以每张选票5000元到1万元贿赂了500多位议员，终于在1923年10月5日由"猪仔议员"们选举为中华民国大总统。曹锟贿选不仅标志西式民主制度在中国的彻底破产，也表明直系军阀已走向末路。曹锟贿选遭到全国人民的强烈反对，孙中山也于10月8日"宣布罪状，申命讨伐"。

江浙战争。1924年直系江苏军阀齐燮元与皖系浙江军阀卢永祥之间的战争。9月，江浙战争爆发。浙江方面出动9万人，江苏方面出动8万人，战线沿沪宁铁路展开。厮杀月余，因北方爆发第二次直奉战争，奉军不能支持浙江，浙江军阀败北。江浙战争是第二次直奉战争的前奏。

第二次直奉战争。1924年北洋军阀直、奉两系为争夺中央统治权而爆发的第二次战争。江浙战争开始，奉系通电支持浙江卢永祥，责难直系曹锟出兵讨浙，遂集中奉军25万，分成六路，自任总司令，大举入关。9月17日，曹锟下令讨伐张作霖，并任命吴佩孚为讨逆军总司令。两军在山海关左近激烈争夺。正在难解难分之际，直系中央陆军第三师师长、讨逆军第三军总指挥冯玉祥从前线秘密撤退，10月23日到达北京，重兵包围总统府，并与所部联名发表通电，要求促进和平，反对自相残杀，声明另组中华民国国民军，冯玉祥的行动使直军迅速溃败。这一事件，史称"北京政变"。在奉军和国民军的联合打击下，11月3日，吴佩孚率残部南下。第二次直奉战争结束。

民族资本。指受帝国主义侵略和压迫的国内由中等资产阶级所代表的自由资本主义生产关系。甲午战争后，列强可以借《马关条约》获得来华设厂的最惠国待遇，国人积极呼吁发展实业以为抵制，再加上收回利权和抵制美货的影响，清政府实施新政，改变了实业政策，开始奖励实业发展，促进了中国资本主义的发展。辛亥革命后，南京临时政府也发布支持实业发展的法令，中国民族工商业得到了一定发展。1914年到1918年，由于第一次世界大战，欧美列强自顾不暇，对华减轻了商品输出和资本输出，中国民族工商业得到了前所未见的发展机会。为适应欧洲市场和国内市场需要，纺织、面粉、卷烟、造纸、制革等轻工业发展尤为迅速。中国近代资本主义工业企业产生，同时产生了中国的资产阶级和工人阶级。这是资本主义新生产力带来的自然结果。这个新的生产方式和新的阶级力量，是在半殖民地半封建社会里产生的，与传统中国的小农经济是不同的。它将在中国未来的政治、经济和社会生活中发出与传统中国不同的声音，它的存在与发展，将预示着中国新的未来。新的生产方式和新的阶级力量，是决定近代中国"上升"因素的物质基础。

新文化运动。民国初年在思想文化领域的一场启蒙运动。1915年9月，陈独秀在上海创办《青年杂志》（后更名为《新青年》）。1917年1月，蔡元培出任北京大学校长，聘请陈独秀为北大文科学长，《新青年》编辑部也由上海移到北京。从此就掀起了一场被后人称之为新文化运动的思想解放运动。北京大学和《新青年》杂志是发动新文化运动的主要阵地。以陈独秀、李大钊、鲁迅、胡适和吴虞为代表的一批年轻的知识分子，高举民主与科学两面大旗，勇敢地向一切封建落后的顽固思想宣战，极大地推动了国人思想的启蒙与解放。1918年1月起，《新青年》由陈独秀个人主编改为编委会，由陈独秀、周树人、周作人、钱玄同、胡适、刘半农、沈尹默等轮流主编。1917年每期发行量增加到一万五六千份，成为推动新文化运动的大本营。新文化运动的基本内容有三个，一是提倡民主与科学，二是反对封建礼教，三是倡导文学革命。新文化运动的基本活动实际上都有着鲜明的政治目的。他们明确认为，中国政治之腐败与黑暗，根本上就在于国民没有觉悟，因此没有参与政治的愿望和能力。要有真共和，就必须彻底解放思想，打破一切束缚思想的条条框框，就要以民主和科学为准绳，进而将党派政治变为国民政治。新文化运动的发动者们把斗争的锋芒集中指向封建主义的正统思想，他们以进化论观点和个性解放思想，猛烈抨击以孔子为代表的"往圣前贤"，提倡新道德，反对旧道德，提倡新文学，反对旧文学。追求个性解放，提倡民主，反对独裁，提倡科学，反对盲从迷信，以建设西洋式的新国家、新社会，这是资产阶级的新文化反对封建阶级的旧文化的斗争，动摇了封建统治思想的正统地位，在中国社会上掀起了一股思想解放的浪潮，在近代中国历史上起到了非常进步的作用。

问题与主义论战。五四运动时期马克思主义与资产阶级改良主义在思想理论上的一次重要论争。1919年6、7月间，胡适在《每周评论》第31号上发表《多研究些问题，少谈些主义》的文章，提出空谈"主义"有三个弊病："第一，空谈好听的主义是鹦鹉和留声机都能做的事；第二，一切主义都是某时某地的有心人，对于那时那地的社会需要的救济方法，对中国现实无用；第三，偏向纸上的主义，是很危险的，很容易被无耻的政客利用。"论战由此展开。首先是《国民公报》的主编蓝公武在《问题与主义》一文中指出："问题与主义，并不是相反而不能并立的东西。"李大钊则在8月17日出版的《每周评论》第35号上发表《再论问题与主义》一文，指出"'问题'与'主义'有不能十分分离的关系，解决问题离不开主义"，"因为一个社会问题的解决，必须靠着社会上多数人共同的运动"，"应该设法使它成了社会上多数人的共同的问题"，这就要"多数人先有一个共同趋向的理想、主义"，"所以我们的社会运动，一方面要固然研究实际的问题，一方面也要宣传理想的主义，这是交相互用的，这是并行不悖的"。进而提出中国社会必须根本改造。虽然《每周评论》于8月31日被北洋政府封闭，"问题"与"主义"之争并未结束，胡适撰写了"三论""四论"《新思潮的意义》等文，继续主张"少谈些抽象的主义"，提出"研究问题，输入学理，整理国故，再造文明"，坚持改良主义思想。通过这场论战，马克思主义得到了广泛宣传和讨论，扩大了这一理论在中国的影响。

《申报》。该报是近代发行时间最长、社会影响最大的一份报纸。1872年（同治十一年）创办于上海，初由英商美查（Ernest Major）创办，蒋芷湘任主笔，后转售中国商人席子佩经营，1913年由史量才接办。张謇、应德闳、赵凤昌为股东，聘陈景韩、邵飘萍等人为编辑、记者，逐渐发展为著名大报。抗战期间，开辟《自由谈》副刊，创办《申报月刊》，编辑出版申报年鉴。抗战胜利后被国民党接收，成为CC系报纸。1949年5月在上海停刊，历时78年。该报记载了各个历史时期国内外发生的重大事件，也记载了大量经济、文化等方面的内容，被称作"研究中国近现代史的史料宝库，不可多得的历史百科全书"。

《新青年》。初期以宣传科学和民主为主要内容的激进青年刊物。1915年9月15日陈独秀创办于上海，由群益书社发行。第1卷名《青年杂志》，第2卷起改为本名，初为月刊，后改为季刊。1917年1月，陈独秀就任北京大学文科学长，刊物迁至北京。自4卷1号（1918年1月）起改组为同人刊物，开始实行集议制度，并采取由陈独秀、钱玄同、高一涵、胡适、李大钊、沈尹默轮流编辑的办法，不久鲁迅也成为编辑部的成员。五四运动爆发后，休刊半年。1919年冬，编辑部迁返上海，陈独秀任主编。刊物进行了整顿，7卷1号提出今后"社内主张，力求一致""以后的本志注重在研究实际问题"。1920年9月改组成为上海共产主义小组的刊物，陈独秀仍任主编，新增撰稿人有陈望道、李达、李汉俊等。1920年11月，陈独秀去广州，由陈望道接编。中国共产党成立后成为党的理论刊物。1921年9月陈独秀返沪，再任主编。1922年7月出至9卷6号后休刊。该刊初期宣传科学与民主，发起文学革命，成为新文化运动的重要阵地。1918年起开始宣传十月革命和马克思主义。1923年6月，在广州复刊，成为中共中央的理论机关刊物，季刊，瞿秋白任主编。1924年出到第4期后休刊。后断断续续出到1926年7月终刊。共出版63期。

《每周评论》。五四运动时期的时事政论性刊物，由陈独秀、李大钊于

1918年12月创办，社址在米市胡同安徽泾县会馆内。主要撰稿人有高一涵、王光祈、张申府、周作人等。有国内外大事述评、社论、文艺时评、随感录等内容。重在批评时事，主要面向知识分子。宗旨是反对军阀和帝国主义，宣传反封建的文化思想，初步介绍了社会主义思想，摘译过《共产党宣言》一节，对五四运动起了一定的指导作用。后因陈独秀被捕，从第26期起由胡适任主编。胡适在第31期发表《多研究些问题，少谈些主义》，宣扬实用主义，引发了"问题与主义"的论战。1919年8月30日被北洋政府封闭，先后共出了37期。

李烈钧（1882—1946），原名烈训，字协和，江西武宁人。1902年（光绪二十八年）入江西武备学堂，后肄业。1904年留学日本并加入同盟会。回国后任江西新军管带。武昌起义后回九江成立军政分府，任参谋长，旋在安庆被举为安徽都督。"宋案"发生后，于1913年7月12日在江西湖口起义，通电反袁，掀起"二次革命"，失败后流亡海外。又于1915年、1917年参加护国、护法运动，任护法军政府总参谋长。支持孙中山的"三大"政策，在1924年国民党一大上当选中央执行委员，后历任国民军总参议、江西省政府主席、国民政府委员兼军事委员会常委等。

陈其美（1878—1916），字英士，浙江吴兴（今湖州）人。1906年（光绪三十二年）入日本东京警监学校学习法律，同年加入同盟会。1908年回国，在浙、沪、京、津等地从事反清革命活动。加入青帮，被推为大头目。1909年，与陈毓川、陈去病等在上海创办《中国公报》《民声丛报》。1911年7月，加入谭人凤、宋教仁等在上海成立的中部同盟会总会，任庶务部长。武昌起义爆发后，在上海发动起义积极响应，被捕后获救。后被推举为上海军政府沪军都督。1912年计划暗杀光复会领袖陶成章。1913年参加"二次革命"，任讨袁沪军总司令，失败后逃往日本。次年参加中华革命党，任总部部长。后参加护国战争，1916年5月被暗杀于上海寓所。

许崇智（1887—1965），字汝为，广东番禺（今广州）人。1899年（光绪二十五年），入福建船政学堂学习。后进入日本士官学校深造。1905年加入中国同盟会，曾任福建武备学堂总教习、福建新军标统、协统。武昌起义爆发后，在福建起兵响应，被推举为闽军总司令，率部南下江苏参战。1913年"二次革命"时任福建讨袁军总司令，失败后逃往日本。1914年加入中华革命党，任军事部长、中华革命军福建司令。1915年回国后参加讨袁战争，任东北军参谋长。1917年参加护法运动，历任海陆军大元帅府参军长、粤军第二军军长。1923年任粤军总司令，被孙中山委任为"全权代行大总统职权"五委员之一。1924年起，历任国民党中央监察委员、国民政府常委兼军事部部长、广东省政府主席、监察院副院长等。

胡汉民（1879—1936），原名衍鸿，字展堂，广东番禺（今广州）人。光绪举人。1902年（光绪二十八年）赴日本东京弘文学院师范科学习。后入法政大学速成法政科。1905年加入同盟会，任评议部议员、书记部书记、《民报》编辑，撰文与改良派进行思想论战。1907年春，随孙中山同到越南河内设立革命机关，策划滇桂粤边境起义，往返于河内、香港之间，负责筹饷运械。后在新加坡主持《中兴日报》，任香港同盟会南方支部长。1910年11月13日，与孙中山、黄兴等同盟会的重要骨干在马来亚的槟榔屿与南洋及国内东南各省的代表举行秘密会议，部署广州起义。武昌起义爆发后，11月广东宣告独立，被推为广东都督。南京临时政府成立后，任总统府秘书长。"宋案"发生后，袁世凯免去他广东都督职务，调为西藏宣抚使。1914年加入中华革命党，任政治部长，主编《民国》杂志。1917年任护法军政府交通部长。1924年，国民党"一大"当选为国民党中央执行委员。"四一二"政变后，任南京国民政府主席。1931年因与蒋介石约法之争，被囚禁于南京。后回广州，联合两广军阀反蒋。1935年出任国民党中央常务委员会主席。著有《胡汉民自传》等。

张静江（1877—1950），名人杰，谱名增澄，浙江省吴兴（今湖州）人。1902年（光绪二十八年）5月，以商务随员身份随清驻法公使孙宝琦赴法国。1906年，与李煜瀛、吴稚晖等在法国创办发行《新世纪》周刊，宣传无政府主义。次年在香港加入同盟会。1909年回国。1913年在上海支持沪督陈其美的反袁活动。1914年被孙中山任命为中华革命党财政部长。但未去日本，由廖仲恺代行职权。1916年，与蒋介石、许崇智结为异姓盟兄弟。1920年与虞洽卿在上海开办证券物品交易所。1924年国民党"一大"当选为中央执行委员。"中山舰事件"后，任国民党中执会主席。南京国民政府成立后，历任浙江省政府主席、建设委员会委员长、浙江省主席等。

柏文蔚（1876—1947），字烈武，安徽寿州（今寿县）人。1900年（光绪二十六年）与赵声等在南京组织强国会，谋划反清和抵抗外侮活动，事情败露后逃至安庆，入安徽武备学堂充学兵。1905年任芜湖安徽公学教员，与陈独秀、常恒芳等创立岳王会。后赴南京，在新军第九镇任管带，并加入同盟会。不久，与孙毓筠等谋炸两江总督端方，事败逃往东北。武昌起义爆发后，从东北赶至南京联络新军第九镇光复南京，任革命军第一军军长兼北伐联军总指挥。南京临时政府成立后，任安徽都督兼民政长。1913年6月被袁世凯免职，7月宣布安徽独立，参加"二次革命"，任安徽讨袁军总司令，失败后逃往日本，1915年与李烈钧赴南洋募款，其间参加欧事研究会。1917年回国参加护法战争，出任靖国军川鄂联军总指挥。1924年后历任国民党中央执行委员、国民党中政会委员、国民政府委员等职。著有《五十年革命大事记》等。

蔡锷（1882—1916），原名艮寅，字松坡，湖南邵阳人。1898年入长沙时务学堂，师从梁启超。1900年参加自立军起义，失败后留学日本士官学校。1904年回国。曾在江西、湖南、广西、云南等地编练新军。1908年任新军标统。1911年任云南新军第十九镇协统。武昌起义爆发后，与云南讲武堂总办李根源在昆明举兵响应，成立云南军政府，任都督。1913年被袁世凯调到北京，委以陆军部编译处副总裁、全国经界局督办、参政院参议等职，实受监视。1915年与梁启超策划反袁。11月中旬，以就医为名，秘密脱离袁世凯严密控制的北京，经过日本、中国台湾、越南，于12月19日辗转来到昆明。25日，与唐继尧等联名宣布云南独立，通电武装讨伐袁世凯。同时废除将军称号，恢复民国元年的都督府，以唐继尧为云南都督，组成护国军。袁死后，任四川督军兼省长。著作辑有《蔡松坡先生遗集》等。

唐继尧（1883—1927），字蓂赓，云南会泽人。1904年（光绪三十年）赴日本振武学校学习军事，次年加入同盟会，后进入日本士官学校学习。1909年（宣统元年）回国后历任云南督练公所参谋处提调、讲武堂监督、陆军第十九镇参谋、管带等职。1911年10月30日，与蔡锷在昆明起义，任军政府军政、参谋两部次长兼讲武堂总办。1912年率军入黔，袭占贵阳，任贵州都督。1913年任云南都督兼民政长。1915年12月25日，与蔡锷等联名宣布云南独立，通电武装讨伐袁世凯，任护国军第三军总司令。1917年参加护法运动，被推为护法军政府元帅，拒不就任。次年支持改组军政府，任七总裁之一，排挤孙中山。1918年任川、黔、滇、鄂、豫五省靖国联军总司令。后鼓吹"联省自治"。著作辑入《会泽督黔文牍》《会泽靖国文牍》等。

曹锟（1862—1938），字仲珊，直隶天津（今天津市）人。1882年（光绪八年）参加淮军。1890年毕业于北洋武备学堂。1895年投奔袁世凯，任右翼步兵营帮带，后历任北洋陆军第三师师长、直隶督军兼省长、川粤湘赣四省经略使。1919年12月冯国璋死后，与吴佩孚同为直系军阀首领。1920年7月，与奉系军阀张作霖联合发动直皖战争，打败段祺瑞。1922年第一次直奉战争后，以直鲁豫三省巡阅使名义控制北京政府，逼黎元洪下台。次年10月，以重金收买国会议员，贿选为大总统。1924年冯玉祥发动"北京政变"，被囚禁于中南海延庆楼，被迫去职。1926年4月释放，投吴佩孚。北伐时闲居天津。

冯国璋（1859—1919），字华甫，直隶河间（今属河北）人。早年毕业于北洋武备学堂。1896年（光绪二十二年），跟随袁世凯在小站新建陆军，历任督练营务处帮办、总办，直隶军政司教练处总办等职。1903年，清政府在北京设练兵处，任军学习正使，与王士珍、段祺瑞并称"北洋三杰"。1906年，署正黄旗蒙古副都统兼陆军贵胄学堂总办，次年任军咨府军咨使，负责办理日常事务。武昌起义爆发后，任第一军军统，率部到湖北镇压革命。1913年奉袁世凯之命，任江淮宣抚使，参与镇压"二次革命"。1916年3月，联合江西将军李纯、山东将军靳云鹏、浙江将军朱瑞、长江巡阅使张勋联名密电袁世凯，要求取消帝制，给袁重重一击。袁世凯死后，成为直系军阀首领。1916 年，当选北京政府副总统。1917 年任代理总统，后在段祺瑞胁迫下退职。

段祺瑞（1865—1936），字芝泉，安徽合肥人。1885 年（光绪十一年）入天津武备学堂炮兵科。1889 年赴德国学习军事。1896 年随袁世凯在小站新建陆军。1901 年任北洋军政司参谋处总办，编练北洋常备军。1903 年，清政府在北京设练兵处，任军令司正使，与王士珍、冯国璋并称"北洋三杰"。后历任常备军第三镇翼长、第四镇统制、保定军官学堂总办等职。1910 年（宣统二年）任江北提督，加侍郎衔。民国成立后，历任北洋政府陆军总长、参谋总长、国务总理。曾派兵镇压"二次革命"。袁死后成为皖系军阀首领。曾与黎元洪有过"府院之争"，也曾组织"讨逆军"反对张勋复辟。1920 年被直系军阀曹锟、吴佩孚打败下台。1924 年第二次直奉战争后，执政北京临时执政府。1926 年出兵制造"三一八惨案"，同年被驱逐下台。

张勋（1854—1923），字绍轩，江西奉新人。1884 年（光绪十年）投入潘鼎新部从军。甲午战争后，投入袁世凯门下，到小站参与编练新军，任工兵营管带。八国联军入侵北京，慈禧太后西逃中因护驾有功，升任总兵。后历任云南提督、甘肃提督、江南提督。清帝退位后，所部改编为武卫前军，驻防兖州，由于禁止其部下剪辫，表示效忠清廷，时人称其为"辫帅"，其统领的军队称"辫军"。"府院之争"时，黎元洪眼看局面无法收拾，请张勋出来调停，不想张勋不仅胁迫黎解散了国会，并且亲率辫子军来到北京，驱逐了总统黎元洪，于 7 月 1 日凌晨三时许，张勋身着蓝纱袍、黄马褂，头戴红顶花翎，率康有为等 50 余人，乘车进宫，向废帝溥仪行三跪九叩大礼，奏请复辟。段祺瑞组织讨逆军，仅用一周左右时间就将其击败。1920 年 5 月，寓居天津。

程璧光（1861—1918），字恒启，号玉堂，广东香山（今中山）人。早年入福州水师学堂学习，毕业后历任福建水师、广东水师帮统、管带。甲午战争期间，编入北洋水师序列，曾参加黄海海战、威海卫海战。次年北洋舰队覆没后，获罪解职归乡，旋去南洋。1895年（光绪二十一年）在广州加入兴中会。1896年由李鸿章举荐起用为监造军舰专员赴英，回国后历任"海容""海圻"号管带、北洋营务处会办、海军部第二司司长等职。1911年（宣统三年）随载振出使英国，继又奉命赴美国、墨西哥等国。1913年任海军高等顾问、陆海军统率办事处参议。袁世凯死后任海军总长，后辞职随孙中山南下，任广州护法军政府海军总长。1918年2月26日在广州遇刺身亡。

徐世昌（1885—1939），字卜五，号菊人、东海、弢斋，别署水竹村人、退耕老人，直隶天津（今天津市）人。光绪进士。早年任河南沁阳、太康、淮宁县署文书。1879年（光绪五年）与袁世凯结为异姓兄弟。历任翰林院编修兼充国史馆协修、武英殿协修等。1895年9月，与梁启超等创办"强学会"。1897年兼管小站新建陆军营务处。1901年升国子监司业。1903年，清政府成立商部，任商部左丞、练兵处提调。次年升署兵部左侍郎。1905年以兵部左侍郎在军机大臣上学习行走，不久充任督办政务处大臣、会办练兵处大臣。同年秋，任巡警部首任尚书，旋补授军机大臣兼兵部尚书。1907年出任东三省首任总督兼管三省将军事务。1909年（宣统元年）任邮传部尚书兼津浦铁路大臣。次年授体仁阁大学士。1911年5月任皇族内阁协理大臣。袁世凯当选为临时大总统后，暂时退出政治圈。1914年袁世凯特任为国务卿。次年，袁世凯封为"嵩山四友"之一，但不支持袁称帝，退居河南辉县。1918年秋由安福国会选为大总统。1919年2月20日，支持南北代表在上海正式开始谈判，是为南北议和。五四运动中，先是在安福系压力下镇压学生运动，后调整政策，下令准予免去曹、陆、章三人的职务。1922年6月，在曹锟、吴佩孚逼迫下辞职，移居天津。著有《清儒学案》《水竹村人诗集》等。今出版《徐世昌日记》24卷。

岑春煊（1861—1933），原名春泽，字云阶，广西西林人。云贵总督岑毓英子。光绪举人。历任太仆寺少卿、广东布政使、甘肃布政使。八国联军攻陷北京时，率兵由兰州赶到北京"勤王"，又护送慈禧太后和光绪帝逃至西安，升陕西巡抚、山西巡抚，后历任四川、两广总督，兼任粤海关监督。1907年调任邮传部尚书，受奕劻、袁世凯等人排挤被开缺。1911年（宣统三年）四川保路运动兴起后，起用为四川总督未就职，转而要求清廷"组织共和政治"。1912年，被袁世凯任命为汉粤川铁路总办。"二次革命"期间，因反袁被通缉，逃往南洋。1916年护国运动期间，与梁启超在广东肇庆成立军务院，任副抚军长，因唐继尧无法就职，代行抚军长职权。袁死后，军务院撤销。1917年参加护法运动，次年与桂系军阀改组军政府，排挤孙中山，自任护法军政府主席总裁。1920年被粤军陈炯明部驱逐，寓居上海。著有《乐斋漫笔》。

吴佩孚（1874—1939），字子玉，山东蓬莱人。1898年（光绪二十四年）投淮军聂士成部。1902年9月，转投直隶总督袁世凯。后历任北洋第三镇督队官、管带、炮兵第三标标统。1912年，任第三师炮兵第三团团长。"二次革命"后，历任师部副官长、第三师第六旅少将旅长。1916年随曹锟入川与蔡锷的护国军交战。1917年7月任"讨逆军"西路前敌总指挥，起兵讨伐张勋复辟。1920年7月进军北京，公然声讨北京政府。9月，任直鲁豫巡阅副使，驻在洛阳。1921年8月任两湖检阅使。1922年1月，率直系将领通电攻击梁士诒内阁卖国媚外，后提出"武力统一"中国的主张。1923年2月镇压京汉铁路工人罢工，制造"二七惨案"。1924年9月第二次直奉战争爆发，任"讨逆军"总司令，因冯玉祥发动"北京政变"，反戈讨吴，被迫下野。1925年10月，直系孙传芳组织五省联军发动讨奉战争，遂出任"讨贼联军总司令"。次年6月与张作霖在京宣布"联合讨赤"。1927年被北伐军击溃，四处逃亡。1932年1月寓居北平。

梁士诒（1869—1933），字翼夫，号燕孙，广东三水人。光绪进士。历任翰林院编修、国史馆协修、邮传部京汉铁路等五铁路提调、交通银行帮理、铁路总局局长等职，1911年被参劾撤职。武昌起义后，署理袁世凯内阁邮传部副大臣、大臣，参与袁世凯逼清帝退位活动。翌年3月被袁世凯任命为总统府秘书长兼交通银行总理。1913年署财政部次长，代理部务，协助袁世凯镇压"二次革命"。同时组织公民党，发起"全国请愿联合会"，成为"交通系"首领。1916年袁世凯复辟帝制失败后逃往香港，后到日本。1918年被段祺瑞启用，任交通银行董事长，并任"安福国会"参议院议长。1921年12月，奉系与交通系联合迫使靳云鹏内阁辞职，梁士诒出任内阁总理。1922年第一次直奉战争奉军失败后，受通缉逃往日本，旋回香港。第二次直奉战争后，应段祺瑞邀请，于1925年再度进京，参加"善后会议"，先后任财政善后委员会委员长、交通银行总理、政治讨论会会长、税务督办等职。

曹汝霖（1877—1966），字润田，江苏上海县（今上海市）人。1900年（光绪二十六年）赴日本留学，先在东京早稻田专门学校，后入法政大学学习。回国后，在商部商务司行走兼商务馆编纂、外务部庶务司行走、外务部参议候补、外务部左侍郎。1911年，任袁世凯内阁外务部副大臣。武昌起义后，改当律师。1913年，被袁世凯起用，出任外交部次长，与孙宝琦一道同日本政府签订满蒙五路借款办法。1915年在袁世凯授意下，与外交总长陆征祥一起同日本公使谈判"二十一条"。1916年后历任北京政府交通总长、交通银行总经理、财政总长等职，代理梁士诒成为新"交通系"首领，任内与西原龟三密谈"西原借款"计划。五四运动中被罢免职务。

章宗祥（1879—1962），字仲和，浙江吴兴（今浙江省湖州市）人。早年留学日本东京帝国大学法学科，回国后任法律馆纂修官，曾与董康合译《日本刑法》。后历任民政部则例局提调、宪政编查馆编制局副局长、法律编纂局编修等职。1912年任袁世凯总统府秘书、法制局长。1914年任司法总长，曾为袁世凯复辟帝制效力。1916年任驻日特命全权公使，与曹汝霖、陆宗舆等人同西原龟三密谈借款问题，出卖国家主权。五四运动中被罢免职务。

陆宗舆（1876—1941），字润生，浙江海宁人。早年留学日本早稻田大学政经科。回国后历任京师大学堂教员、巡警部主事。1905年（光绪三十一年），以二等参赞身份同五大臣出洋考察宪政。1907年任盐务督办、交通银行总顾问兼副总裁、财政部参事等。1910年起历任资政院议员、交通银行协理、印铸局局长等职。1913年任驻日全权公使。1915年参与"二十一条"签订。1916 年袁世凯死后回国,任交通银行股东会会长,参与"西原借款"计划谈判。五四运动中被罢免职务。

孙传芳（1885—1935）,字馨远,山东泰安人。1904 年（光绪三十年）北洋武备速成学堂结业,旋由练兵处以官费生送日本学习。曾加入同盟会。1909 年回国,任北洋陆军第二镇第三协第五标教官。1912 年,任北洋陆军第二营营长。后参与镇压"二次革命",升任步兵第六团团长。袁世凯死后,历任第二十一混成旅旅长、湖北暂编第一师师长。1921 年 8 月,投靠吴佩孚直系,升任长江上游总司令兼第二师师长。1924 年江浙战争中打败皖系军阀浙督卢永祥,任闽浙巡阅使兼浙江军务督理,授恪威上将军。1925 年 11 月,任浙闽苏皖赣五省联军总司令,聘章太炎为顾问,蒋百里、冈村宁次为高等军事顾问,成为直系军阀中最有实力的首领。1926 年,主力被北伐军打垮后,投奔张作霖,任安国军副总司令。1928 年春,任安国军第一方面军总司令兼鲁西前线总指挥,战败后溃逃。1931 年移居天津。1935 年被刺杀。

张作霖（1875—1928）,字雨亭,奉天海城（今辽宁海城）人。1902 年（光绪二十八年）率部二三百人,被清政府收编,任新民府游击马队管带。1904 年日俄战争期间,曾为日本掩护间谍、刺探情报。后投靠张锡銮。辛亥革命后,任第二七师师长。1916 年,任奉天督军兼省长。1922 年第一次直奉战争战败。1926 年 12 月 1 日,在天津就任安国军总司令,次年 6 月 18 日,安国军政府发布《中华民国军政府组织令》,张作霖以陆海军大元帅名义行使国家统治权。1927 年 4 月,杀害共产党人李大钊等。6 月 18 日,组织安国军政府,自称陆海军大元帅。后发布"息争令",企望与北伐军谈判。1928 年 5 月发表停战通电,准备退回东北。6 月 4 日清晨,坐专列抵达沈阳近郊皇姑屯时,关东军引爆事先埋设的炸药,黑龙江督办吴俊升当场毙命,张作霖身受重伤,很快不治身亡。

冯玉祥（1882—1948）,原名基善,字焕章,祖籍安徽巢县,生于直隶（今河北）青县。1902 年（光绪二十八年）,加入袁世凯新军,后升任第二十八镇第八十标第三营管带。武昌起义爆发后,参加滦州起义响应。民国成立后，历任第十六混成旅旅长、第十一师师长、陕西督军、河南督军、陆军检阅使等职。1924年10月发动北京政变，将废帝溥仪驱逐出北京。将所部改组为国民军，任总司令兼第一军军长。1925年1月，被段祺瑞任命为西北边防督办。后将国民军第一军改编为中华民国西北边防军，简称"西北军"。1926年，通电下野，赴苏联考察。其间，由徐谦介绍加入国民党。9月率部在五原誓师，任国民联军总司令，参加北伐战争。1927年5月任国民革命军第二集团军总司令，后任南京国民政府行政院副院长兼军政部长、国民党第二届中央执行委员会委员，并连任第四、五、六届中央执行委员。后联合阎锡山、李宗仁与蒋介石进行中原大战，失败后下野。九一八事变后，力主抗日，提出抗日救亡十三项主张。1933年5月，在张家口组织察哈尔民众抗日同盟军，任总司令，取得多伦战役的胜利，后被迫辞职，撤销抗日同盟军总部。八一三淞沪抗战前，任第三战区司令长官，后改任第六战区司令长官，旋被免职。其后积极参加抗日活动。抗战胜利后，坚持反对蒋介石的内战、独裁政策。1946年9月，以"考察水利专使"的名义出访美国。1948年初，当选为中国国民党革命委员会中央政治委员会主席。7月，为参加新政治协商会议，乘苏联"胜利号"轮船离开美国，中途轮船失火遇难。著有《我的生活》《我所知道的蒋介石》《冯玉祥日记》等。

陈独秀（1879—1942），又名庆同、乾生，字仲甫，号实庵，安徽怀宁（今属安庆市）人。1904年（光绪三十年），与房秩五等创办《安徽俗话报》，提倡反帝革命、反帝救国、富国强兵。1906年，先后入东京正则汉语学校、早稻田大学学习汉语。辛亥革命后曾出任安徽都督府秘书长。陈独秀在《青年杂志》创刊号写的发刊词《敬告青年》，鲜明地举起了民主和科学旗帜。新文化运动中，发表《文学革命论》，提出"文学革命"的三大目标：推倒雕琢的阿谀的贵族文学，建设平易的抒情的国民文学；推倒陈腐的铺张的古典文学，建设新鲜的立诚的写实文学；推倒迂晦的艰涩的山林文学，建设明了的通俗的社会文学，高举起用民主主义的新文学反对封建主义的旧文学的旗帜。1920年5月，发起组织马克思主义研究会。6月，同李汉俊、俞秀松等人开会商议，决定成立党组织。8月，在上海筹建中国共产党上海发起组，同时创建上海社会主义青年团，11月制定《中国共产党宣言》。1921年，中共"一大"上当选为中央局书记。后历任中共第二届、第三届中央执委会委员长，第四届、第五届中央委员会总书记。其间参与领导对无政府主义、戴季陶主义的批判，参与领导多次工人罢工，推动实现国共合作。1927年大革命失败后，因犯"右倾机会主义"错误，在八七会议上被撤销总书记职务。1929年11月被开除党籍。1931年，被推举为中国共产党左派反对派总书记，建立托派中央机构。1933年，被江苏省高等法院判处有期徒刑8年。"七七事变"后提前出狱，曾一度想与中共合作抗日，但不愿公开承认其错误，加上被王明、康生诬指为日本间谍，从此成为终身反对派。著作辑入《独秀文存》《陈独秀著作选编》6卷本等。

李大钊（1889—1927），字守常，河北乐亭人。1913年从北洋法政专门学校毕业后留学日本，入早稻田大学政治本科。1916年回国，历任北京《晨钟报》总编辑、北京大学图书馆主任兼任经济学教授、《新青年》编辑。新文化运动中，北京大学和《新青年》杂志是新文化运动的主要阵地，与鲁迅、胡适等一批年轻的知识分子高举民主与科学两面大旗，向封建落后的顽固思想宣战。1919年5月，发表《我的马克思主义观》，大量介绍日本社会主义者对马克思主义的认识，对马克思主义理论持肯定态度。1920年3月，在他的领导下，邓中夏等秘密在北京大学成立了马克思学说研究会。10月，发起成立北京共产主义小组，11月底命名为中国共产党北京支部，被推举为支部书记，负责党的北京区委工作。从党的二大到四大均当选为中央委员。国共合作期间，帮助孙中山确定"联俄、联共、扶助农工"三大政策和改组国民党。1924年6月，作为首席代表，率中国共产党代表团参加莫斯科举办的共产国际第五次代表大会，会上就中国民族革命问题发表声明。1927年4月6日被张作霖逮捕，28日在北京英勇就义。著作辑有《李大钊文集》。

鲁迅（1881—1936），原名周树人，幼名樟寿，字豫才，浙江绍兴人。

1898 年（光绪二十四年）考入南京江南水师学堂，后又转入矿务铁路学堂。1902 年 4 月，赴日本东京弘文书院学习。两年后毕业，申请进入仙台医学专门学校就读，1906 年中止学医。次年春，与许寿裳等创办《新生》杂志，并加入光复会，先后在留日学生主办的《浙江潮》《河南》等刊物上发表了《斯巴达之魂》《人之历史》《文化偏至论》等文。1909 年（宣统元年）8 月回国，应邀在浙江两级师范学堂任教。南京临时政府成立后，任教育部部员。临时政府北迁后担任社会教育司第一科科长。1918 年，参加《新青年》编辑工作，以鲁迅为笔名在《新青年》第 4 卷第 5 号上发表第一篇白话小说《狂人日记》，揭露人吃人的封建礼教，发出"救救孩子"的呼吁。后陆续发表《孔乙己》《药》《明天》等小说。从 1920 年开始，先后在北京大学、北京高等师范学校兼课，讲授中国小说史等内容。1921 年，发表小说《阿 Q 正传》。1926 年 8 月，离开北京，南下到厦门大学、广州中山大学任教。1927 年定居上海，住景云里 23 号。1930 年 2 月，参加发起中国自由运动大同盟。3 月，筹备成立中国左翼作家联盟，任常务委员，开始领导左翼文艺运动。后与宋庆龄等发起成立中国民权保障同盟，任上海分会执行委员，为营救被捕革命者积极奔走。1936 年 10 月 19 日在上海病逝。毛泽东称颂他是"中国文化革命的主将。他不但是伟大的文学家，而且是伟大的思想家和伟大的革命家"。有《鲁迅全集》问世。

胡适（1891—1962），原名嗣穈，字适之，取"物竞天择，适者生存"之义，安徽绩溪人。1906 年（光绪三十二年）考入中国公学，1910 年考取"庚子赔款"第二期官费生赴美国留学，先于康奈尔大学攻读农科，后转入哥伦比亚大学哲学系研究部，获杜威指导。1917 年夏学成回国后，任北京大学文学和哲学教授，负责教授英国文学、英文修辞学和中国古代哲学等课程。五四新文化运动中，参与《新青年》编辑工作，发表《文学改良刍议》等文章，提倡"文学改良"、鼓吹个性自由、宣传妇女解放、介绍实验主义、批评封建礼教等，成为新文化运动的领袖之一。1919 年 7 月，在《每周评论》第 31 号上发表《多研究问题，少谈些主义》一文，要求把马克思主义"放在一边"，对中国问题要"一个一个的解决"，由此挑起

"问题与主义之争"。后担任上海中国公学校长。1931年1月，回到北大教书，任文学院院长兼中国文学系主任。抗日战争时期，出任国防参议会参议员，1938年被任命为中国驻美大使。其间，围绕"中国本位文化"和"全盘西化"问题，发表过多篇文章，旗帜鲜明地反对"本位文化论"，而主张"充分的世界化"即"全盘西化"。一生著述颇丰，在文学、哲学、史学、考据学、教育学、红学等领域都有较深入的研究。著作辑有《胡适全集》。

吴虞（1872—1949），字又陵，四川新繁（今成都市新都区西北）人。1905年（光绪三十一年）留学日本，回国后在成都府立中学任教习。曾参加南社。五四新文化运动期间，在《新青年》杂志发表《吃人与礼教》《家族制度为专制主义之根据论》等文章，提出"打倒孔家店"的口号，抨击封建旧礼教旧道德，推动了国人思想的启蒙与解放。1921年起，先后任教于北京大学、北京高等师范学校、四川大学。有《吴虞文录》《吴虞日记》存世。

陆征祥（1871—1949），字子兴、子欣，上海人。幼年入基督教，就读于上海广方言馆、京师同文馆。1892年（光绪十八年）被清廷派往彼得堡，任许景澄翻译。1905年，任驻荷兰公使。1911年改入天主教，同年底担任驻俄国公使。1912年，唐绍仪辞职后，代理国务总理兼外交总长。后多次任北洋政府外交总长。曾参与"善后大借款""二十一条"等谈判。1919年以外交总长身份任巴黎和会中国首席代表，与顾维钧、王正廷等同去巴黎，在国内舆情及旅法劳工、学生的压力下拒绝在巴黎和约上签字。1922年任驻瑞士公使，兼任中国出席国际联盟代表。1927年去职从事宗教事务。

顾维钧（1888—1985），宇少川，江苏嘉定（今属上海）人。初入上海圣约翰书院，未毕业即赴美国留学，入哥伦比亚大学，主修国际法和外交，获文学学士、政治学硕士学位，其间曾同孙中山会面长谈。1912年通过博士论文答辩后回国，任总统府英文秘书兼国务总理唐绍仪秘书。1914年升任外交部参事。1915年任驻墨西哥公使，后任驻美公使。1918—1919

年任中国出席巴黎和会代表,代表中国在"十人会"上就山东问题发言,从历史、文化、经济、战略诸方面有力地阐明了山东是中国不可分割也不容争辩的领土,直截了当地提出"根据和会承认的民族主义和领土完整的原则,中国有权收回(山东被占的)那些领土","中国代表团相信,和会在考虑处置胶州租借地及德国在山东的其他权益时,会充分重视中国的根本和崇高的权利,即政治主权和领土完整的权利,以及中国对世界和平的真诚愿望"。1920—1922年,任驻英国公使,其间兼任中国驻"国联"首席代表、中国出席华盛顿裁军会议全权代表。1922—1926年,历任外交总长、财政总长、代理国务总理等职。1931年参加国际联盟李顿调查团。1932—1941年任驻法国公使、大使,其间曾代表中国出席国联理事会议和代表大会以及关于远东问题的布鲁塞尔会议。1941—1946年任驻英大使,其间代表中国出席战罪委员会、顿巴敦橡树园会议。1945年3月,出席旧金山会议,参与起草联合国宪章,代表中国在宪章上签字。1946年任驻美大使。1957—1967年任海牙国际法庭法官、副院长。著有《外国人在中国之地位》《门户开放政策》《顾维钧回忆录》等。

第八章　中国社会开始走上曲折的"上升"之路

中国共产党第一次全国代表大会。中国共产主义组织的第一次全国性会议。1921年7月23日在上海法租界望志路106号（现兴业路76号）秘密举行，出席此次大会的有各地共产党或共产主义小组的代表：上海的李达、李汉俊；北京的张国焘、刘仁静；长沙的毛泽东、何叔衡；武汉的董必武、陈潭秋；济南的王尽美、邓恩铭；广州的陈公博，以及在日本的周佛海，陈独秀的代表包惠僧，共产国际代表马林、尼科尔斯基。党的主要创始人陈独秀、李大钊因公务繁忙未能参加大会。30日晚受到租界巡捕搜查后，31日会议转移到浙江嘉兴南湖的游船上进行并在此结束。会议的议程包括各地代表向大会报告工作情况，起草并讨论和通过党的纲领，选举党的中央机构。大会讨论通过了《中国共产党纲领》和《关于党的任务的决定》。选举陈独秀、张国焘、李达组成中央局，陈独秀为中央局书记，张国焘为组织主任，李达为宣传主任，组成中共领导机关。中国共产党第一次全国代表大会，宣告了中国共产党的诞生。中国共产党的成立，谱写了中国历史的新篇章，是马克思主义在中国由理论走向实践的发端，也是五四运动之后中国革命的性质由资产阶级领导的旧民主主义革命向无产阶级领导的新民主主义革命转化的重要标志。中国共产党旗帜鲜明地用马克思主义理论观察和分析中国的问题，主张用阶级斗争的方式夺取政权，建立无产阶级专政，实现共产主义，具有和当时中国所有党派都不同的阶级基础、理论指导和行动指南。中国共产党的成立使工人阶级有了自己政治上的代表,尽管对马列主义和中国社会面临的复杂形势认识不深,所提出的革命纲领尚待完善,但始终明确自己是工人阶级的政党,是工人阶级的先锋队,代表广大被压迫劳动群众的利益。中国共产党的成立也是学习苏俄革命经验并得到苏俄指导的结果,中国共产党与苏俄及国际共产主义运动的密切的思想、组织联系,在今后的革命道路上既有成功经验亦有失败之处。但是,中国共产党的成立无疑是中国近代史上具有划时代意义的大事件,诚如毛泽东指出的"自从有了中国共产党,中国革命的面目就焕然一新了"。

中国共产党一大纲领。中国共产党第一次全国代表大会决定的党的活动纲领,1921年7月通过。纲领对党的名称、党的性质、奋斗目标和组织原则做了明确规定。党的名称定为"中国共产党",奋斗目标是"承认无产阶级专政","与无产阶级一起推翻资本家阶级的政权","消灭资本家私有制,没收机器、土地、厂房和半成品等生产资料,归社会公有";组织形式是"苏维埃管理制度",成为党员的条件是"凡承认本党纲领和政策,并愿成为忠实党员的人,经党员一人介绍,不分性别、国籍,均可接收为党员,成为我们的同志"。还规定"凡有党员五人以上的地方,应成立委员会"。

中国共产主义青年团。简称"共青团",是中国共产党的助手和后备军,是在中国共产党的直接领导下逐步建立和发展起来的。1920年8月,在上海共产党早期组织领导下,上海率先建立了社会主义青年团,宗旨是实行社会改造和宣传社会主义。其后,北京、武汉、长沙、广州等地共产党早期组织也在当地建立了青年团组织。中国共产党成立后,开始建立中国社会主义青年团。1922年5月,中国社会主义青年团在广州召开第一次全国代表大会,制订了团的纲领和章程,选举了由施存统任书记,蔡和森、张太雷、俞秀松、高尚德等人组成的中央委员会,并通过了加入"少共国际"决议。1925年1月,为贯彻中共四大决议,迎接革命高潮的到来,中国社会主义青年团在上海召开第三次全国代表大会,决定把团的名称改为中国共产主义青年团,张太雷任书记,恽代英等9人当选团中央委员,机关报刊分别为《中国青年报》《中国青年杂志》。1936年11月1日，中共中央做出《关于青年工作的决定》，将共青团组织变为广大青年的群众性组织和青年抗日救亡团体，吸收广大青年参加抗日民族统一战线。此后，中国共产主义青年团被取消。1946年9月，中共中央决定建立新的青年团组织，此后下发《关于建立民主青年团的提议》。1949年4月，中国新民主主义青年团第一次全国代表大会在北京召开。1957年5月15日至25日，中国新民主主义青年团第三次全国代表大会在北京召开，大会决定将中国新民主主义青年团的名称改为中国共产主义青年团。

中国劳动组合书记部。中国共产党早期领导工人运动的公开合法机构，中华全国总工会的前身。1921年成立于上海。中国劳动组合书记部在上海正式挂牌办公，以张国焘为总主任，出版机关报《劳动周刊》，在"发刊词"中明确表示，要"本着中国劳动组合书记部的宗旨，为劳动者说话"。中国劳动组合书记部成立后，逐渐成为全国工人运动的总机关和领导者，并陆续在北京、汉口、长沙、广州、济南设立了分部。到1922年，在各地建立工会组织100余个，拥有会员80余万人。1922年5月，在广州发起召开了全国第一次劳动大会。6月，上海租界当局逮捕李启汉。7月，中国劳动组合书记部及其机关报《劳动周刊》被查封。后迁至北京，称中国劳动组合书记部总部，总部主任邓中夏，副主任为罗章龙。《工人周刊》为机关报，同时撤销北方分部，另设上海分部，主任袁达时。1923年"二七"惨案后，工人运动受到重挫，中国劳动组合书记总部被查抄，再次前往上海。此后，活动逐渐转入地下。1925年5月1日第二次全国劳动大会成立中华全国总工会，中共中央决定不再使用书记部的名称，该部遂撤销。

第一次全国劳动大会。中国劳动组合书记部发起，在广州举行的第一次全国劳动大会。为争取和团结全国各工人团体，使其在反帝反封建的斗争目标下联合起来，形成中国工人运动的高潮，1922年4月，中国劳动组合书记部发出通告，邀请全国各工会派代表到广州，参加全国劳动大会。5月1日至6日，会议召开，参加大会的代表共162人，代表12个城市、100多个工会组织、27万多名会员。代表中有共产党员、国民党员、无政府主义者，等等。大会顺利通过了 10 个决议案，其中，《八小时工作制案》、《罢工援助案》和《工会组织原则案》都是劳动组合书记部的代表提出来的。5 月 1 日，大会全体代表还与广州市 5 万多名工人一起举行了纪念五一示威大游行。

第一次工人运动高潮。中共成立后掀起的第一次全国性工人运动，主要由香港海员大罢工、安源路矿工人大罢工、粤汉铁路工人大罢工、开滦煤矿工人大罢工等组成。中国共产党成立后，把领导工人运动作为主要工作。1921 年 8 月在上海成立了领导全国工人运动的公开机构——中国劳动组合书记部，并在北京、武汉、长沙、广州、济南建立了分部。中国劳动组合书记部还创办刊物，开办补习学校，派党员深入工人群众当中去，宣传马克思主义，启发工人觉悟。在它的领导下，1922 年 1 月至 1923 年 2 月，全国兴起了第一次工人运动高潮。1922 年 1 月，香港海员为要求提高工资举行大罢工，前后持续时间约 4 个月，迫使港英当局屈服。它是中国工人阶级第一次直接与帝国主义势力进行有组织的较量，罢工的胜利增强了工人阶级斗争的勇气，推动了全国工人运动的发展。1922 年 9 月，安源路矿 17000 余人，在刘少奇、李立三的直接领导下，为保障自身权利，改良生活待遇举行大罢工，迫使路矿当局承认了工人提出的大部分条件，最终取得了胜利。1923 年 2 月 4 日，京汉铁路 20000 多名工人举行总罢工，遭到帝国主义和反动军阀的残酷镇压。工人运动由此转入低潮。第一次工人运动高潮是在中国共产党的领导下进行的，它显示了党的组织发动能力，显示了中国工人阶级的斗争力量。

中国共产党第二次全国代表大会。简称中共二大，1922 年 7 月 16 日至 23 日在上海召开，出席大会的有中央局成员、党的地方组织的代表和参加远东各国共产党及民族革命团体第一次代表大会回国的部分代表，共 12 人，包括陈独秀、张国焘、李达、王尽美、蔡和森、施存统等。共产国际代表维经斯基也出席了会议。大会选举了新的中央领导机构，陈独秀、邓中夏、张国焘、蔡和森、高君宇为中央执行委员会委员，张国焘、蔡和森分别负责组织、宣传工作。大会决定出版党中央机关刊物——《向导》周刊，蔡和森任主编。大会通过了《世界大势与中国共产党》等9个决议案和《中国共产党章程》，发表了《中国共产党第二次全国代表大会宣言》。中共二大第一次将党在民主革命中要实现的目标同将来进行社会主义革命要实现的长远目标结合起来，不仅明确提出反对帝国主义、反对封建主义的民主革命任务，还明确指出要通过民主革命进一步创造条件，实现社会主义和共产主义。这是中国共产党人对中国国情和中国革命问题认识的一次深化，是党把马克思主义基本原理同中国革命实践相结合的一个重要成果。

《中国共产党第二次全国代表大会宣言》。1922年7月在中共二大上发表。宣言分析了国际形势和中国社会半殖民地半封建的性质，阐明了中国革命的性质、动力和对象，制订了中国共产党的最低纲领和最高纲领，也是彻底的反帝反封建的民主革命纲领。最低纲领即现阶段的革命任务："（一）消除内乱，打倒军阀，建设国内和平；（二）推翻国际帝国主义的压迫，达到中华民族完全独立；（三）统一中国本部（东三省在内）为真正民主共和国。"最高纲领为"要组织无产阶级，用阶级斗争的手段，建立劳农专政的政治，铲除私有财产制度，渐次达到一个共产主义的社会"。

《孙文越飞联合宣言》。1923年孙中山与苏联驻华特使越飞在上海联合发表的宣言，标志着孙中山联俄政策的确立。越飞曾任苏俄政府副外交人民委员，1922年7月26日被任命为驻华全权代表。从8月至12月，他与孙中山多次信件往来，希望与孙建立密切关系并商讨两国各种问题。1923年1月，孙中山联合各方力量讨伐陈炯明，迫使陈炯明逃往惠州。随后，孙中山在广州设立中华民国军政府海陆军大元帅大本营并任海陆军大元帅。与此同时，越飞向莫斯科报告认为与吴佩孚、张作霖的联系不是一件最紧要的事情，现在只有孙中山和中国国民党对于中国革命具有无比的重要性。1月4日，俄共中央政治局决议采纳越飞建议，全力支持中国国民党，17日，越飞前往上海与孙中山进行正式谈判。26日，双方达成一项重要决议，即《孙文越飞联合宣言》，该宣言共四条：第一条，鉴于当时中国现状，指出"共产组织，甚至苏维埃制度，均不能引用于中国"，中国当前最重要的地方，在于"民国统一之成功，欲完全国家的独立之获得"，对于此点，越飞承诺"中国当得俄国国民最挚热之同情，且可以俄国援助为依赖也"；第二条，越飞重申，俄国政府准备且愿意根据俄国抛弃帝政时代中俄条约（连同中东铁路等合同在内）之基础，另行开始中俄交涉；第三条，双方同意维持中东铁路现状，以后协商解决；第四条，越飞表示"俄国现政府决无亦从无意思与目的，在外蒙古实施帝国主义之政策，或者使其与中国分立"。孙中山据此表示苏军可暂时驻扎外蒙古。《孙越宣言》的发表，不仅标志着孙中山联俄政策的正式确立，也加快了同中国共产党合作的步伐。

中国共产党第三次全国代表大会。简称中共三大，1923年6月12日至20日在广州举行。出席大会的代表有30多人，代表全国党员420人，共产国际代表马林也参加了大会。大会主要讨论了共产党员加入国民党的问题，通过了《关于国民运动及国民党问题的决议案》等十多个重要文件，通过了劳动运动、农民问题和党章草案等决议，选出陈独秀、毛泽东、李大钊、蔡和森、王荷波、罗章龙、项英、谭平山、朱少连9人为中央执行委员，邓中夏、瞿秋白、徐梅坤、邓培、向警予5人为候补中央执行委员。陈独秀任中央执行委员会委员长，毛泽东任秘书，罗章龙任会计。大会决定同国民党合作，但共产党员加入国民党时，须保持共产党在政治上、思想上和组织上的独立性。但是，这次会议没有提出工人阶级对民主革命的领导权问题。会后，国共合作的步伐加快，为第一次国内革命战争做了必要的准备。

中国国民党。由中国同盟会、国民党、中华革命党改组而成的中国近代主要政党。1919年10月10日，孙中山将中华革命党改组为中国国民党，发表《中国国民党规约》，宣布"本党以巩固共和，实行三民主义"为宗旨。其组织机构设置如下：实行总理制，设总理1人，总揽党务。本部设上海，内设总务、党务、财政等部；下设总支部、支部、分部。1922年6月，陈炯明叛变后，孙中山离粤赴沪，在共产国际和中国共产党的建议下，决定改组国民党。1923年1月，孙中山在上海召集中国国民党改造大会，发表《中国国民党宣言》和《中国国民党总章》，完成国民党党务改进。

10月，组建国民党临时中央执行委员会，负责国民党改组的筹备工作。1923年11月6日，公布《中国国民党改组宣言》和党纲、党章草案。1924年1月20日至30日，中国国民党第一次全国代表大会在广州召开。通过《中国国民党章程》和《中国国民党第一次全国代表大会宣言》，并以"联俄、联共、扶助农工"三大政策为基础重新解释三民主义，使之成为国共合作的政治基础。

中国国民党第一次全国代表大会。中国国民党一全大会，1924年1月20日至30日在广州召开，孙中山担任大会主席，并指定胡汉民、汪精卫、林森、谢持、李大钊5人组成主席团。出席开幕式大会代表共173人。其中有国民党党员廖仲恺、谭延闿、戴季陶、于右任、孙科、何香凝等，加入国民党的共产党员24人，其中有李大钊、毛泽东、张国焘、林伯渠、谭平山、于树德等。李大钊、于树德是大会宣言审查委员，毛泽东任章程审查委员会委员，谭平山任党务审查委员会委员。大会审议并通过了《中国国民党第一次全国代表大会宣言》，孙中山在开幕词中强调，这次会议的任务一是改组国民党，二是用政党的力量去改造国家。会议通过的宣言以及新的中国国民党党纲党章和改组的各项具体办法，接受了中国共产党提出的反帝反封建的政治主张，确立了联俄、联共、扶助农工三大政策。大会还通过了《中国国民党章程》，规定国民党从中央到基层的完整的组织系统，专设"总理"一章，规定孙中山为总理，总理为全国代表大会和中央执行委员会主席。会议还正式确认共产党员以个人身份加入国民党。大会选举了中国国民党中央执行委员会，其中，中国国民党党员有胡汉民、汪精卫、廖仲恺、戴季陶、林森、邹鲁、谭延闿、于右任等，共产党员有李大钊、谭平山、于树德、毛泽东、林祖涵、瞿秋白、张国焘、于方舟、韩麟符、沈定一10人，当选为中央执行委员或中央候补执行委员，约占委员总数的四分之一。会后设立的中央党部七个部中，中共党员占据了两个部长（组织部、农民部）和相当于副部长的秘书（组织部、工人部、农民部）职位。中国国民党第一次全国代表大会的召开，是国民党正式改组和国共合作正式形成的标志，是中国实践民主革命纲领和民主联合战线政策的重大胜利,也是孙中山晚年推动中国革命的一大历史功绩。在中国共产党的帮助下,中国国民党有了一个比较明确的民族民主革命纲领,而国共合作的正式建立,谱写了中国民主革命的新篇章,掀起了国民革命的高潮。

新三民主义。孙中山重新解释的属于新民主主义革命范畴的三民主义。孙中山在1924年1月的中国国民党第一次全国代表大会上,重新解释了三民主义,赋予三民主义新的社会政治内涵。新三民主义的民族主义,具有阶级性,对不同阶级具有不同的意义。对外主张"中国民族自求解放""免除帝国主义之侵略";对内主张"中国境内各民族一律平等"。民权主义主张直接的、普遍的、革命的民权。民生主义规定了平均地权和节制资本两个原则。平均地权是由国家通过征税和收买的办法,使土地的增值收归国家;节制资本是防止私人资本操纵国民生计。民生主义的出发点,是防止垄断性大资本家出现,反对大资本家垄断社会财富。新三民主义克服了旧三民主义没有明确的反对帝国主义的纲领和彻底的反封建纲领,特别是消灭封建土地所有制纲领的根本弱点。它的政治原则和中国共产党的新民主主义革命纲领基本上是一致的,因而成为第一次国共合作的政治基础。

黄埔军校。中国国民党创办的军事学校。1924年1月,孙中山委派蒋介石为军校筹备委员会委员长,军校校名定为"中国国民党陆军军官学校",校址选在广州珠江口的黄埔岛上,因此一般俗称"黄埔军校"。1924年5月5日,黄埔军校开学,6月16日举行开学典礼。孙中山自任军校总理,任命蒋介石为校长,廖仲恺为党代表,何应钦任总教官,设政治、教授、教练、管理、军需、军医各部。黄埔军校是在苏联协助下建立的,其组织体制参考了苏联红军,初期的军事课程则由苏联顾问负责指导,这些对国民革命军的各军事学校乃至军事体系,均产生了深远影响。共产党人积极参加办学,从各地选派大批党、团员和革命青年到军校学习,周恩来、聂荣臻、恽代英、萧楚女、熊雄等中共党员也在军校中担任政治教官和各级领导职务,为中共培养和锻炼了一批军事干部和军事人才。为适应革命形势的需要,缩短了学制,学生入学后仅一个月的入伍教育(第四期起改为半年)和六个月的正式教育。黄埔军校下设政治部和党代表,政治部负责对学员进行政治教育，提高学员的政治修养，向学员灌输革命知识，党代表的职责主要是监督和指导各级军事长官的工作，必要时可直接指挥军队。军校还建立了党的组织系统，规定所有学生需加入国民党，并在师生为骨干的基础上，建立革命武装。军队党化，改变了自湘淮军以来兵为将有、兵为私人所有的局面，这在中国近代军队建设史上具有重要的开创意义。

广东革命政府。孙中山在广州建立的政府。前身是 1923 年在广州成立的以孙中山为首的大元帅府。孙中山在广州成立政府后，发起了争取关余的斗争。所谓"关余"，是指偿付外债赔款后的海关税收余额。在 1923 年关余危机的整个过程中，孙中山发表了一些言辞强烈的声明，并分别同与关余危机相关的日本、英国和美国等国进行了外交联系，最后以美国驻华公使舒尔曼的调停结束。1925 年 3 月，孙中山逝世后，在中国共产党建议下，于 7 月 1 日改组为国民政府，通称广东革命政府。

中华全国总工会。中国共产党领导的工人运动的领导机关，简称"全国总工会""全总"。1921 年 8 月，在上海成立的中国劳动组合书记部是其前身。1922 年 5 月，第一次全国劳动大会通过筹备成立中华全国总工会的方法和步骤。1925 年 5 月在广州召开的第二次全国劳动大会上通过成立中华全国总工会的决定，是中国工会的总领导机关。大革命失败后，转入地下工作。1948 年 8 月，第六次全国劳动大会在哈尔滨召开，决定恢复这一机构，通过《中华全国总工会章程》。

五卅运动。1925 年由中国共产党领导的反帝运动。1925 年 5 月 15 日，日资上海内外棉第 12 厂工人顾正红被日本职员枪杀，引发工厂 2 万工人罢工，学生展开募捐和追悼活动。16 日、19 日中共中央连续发表通告，指示各地党、团员立即号召社会各界人士一致援助罢工工人，发起一场反对日本帝国主义的运动。28 日，中共中央和上海党组织召开紧急会议，决定发动学生和工人在 30 日到租界内举行大规模的反帝示威活动。是日，上海各校学生 3000 多人前往租界散发传单和发表演说，租界工部局出动大批巡捕企图驱散学生，学生与巡捕发生冲突，遭到逮捕。下午，数万群众聚集在南京路老闸捕房外示威，要求立即释放被捕学生，武装巡捕对示威民众开枪射击，打死十余人，重伤数十人，酿成震惊中外的五卅惨案。以后几天，在上海和其他地方又连续发生英、日等国军警枪杀中国民众的事件。惨案发生当晚，中共中央召开紧急会议，讨论和制定反帝斗争的策略，决定成立以瞿秋白、蔡和森、李立三、刘少奇和刘华等人组成的行动委员会，加强对运动的领导，并展开工人罢工、学生罢课、商人罢市的斗争。6月1日，成立由李立三、刘华分任正副委员长的上海总工会。4日，中国共产党发起成立具有联合战线性质的上海工商学联合委员会，主要由上海总工会、全国学生联合会、上海学生联合会和上海各马路商界总联合会四大团体各派六名代表组成，作为运动的公开指导机关，上海总商会拒绝参加，允诺站在调停的位置。五卅运动期间，数十万工人持续罢工数月之久，在中国历史上前所未有。据估计，整个运动期间，国内大约有600多座城镇、1700万人、近万个民众团体，海外近百个国家和地区的华侨参加了这场运动。各地为援助运动而发生的罢工多达135次，罢工工人总计约50万人，显示出已经觉醒了的中国民众的巨大威力，给帝国主义和军阀势力以沉重打击。

省港大罢工。广州和香港工人为反抗帝国主义制造"五卅"惨案，支援上海人民反帝斗争而举行的大罢工，是全国总工会直接领导下的规模最大、影响最深、时间最长的罢工。五卅惨案发生后，中共广东区委立即派邓中夏、苏兆征等赴香港酝酿罢工以声援上海。6月3日，广州各界群众举行示威游行，声援五卅运动。19日，香港工人举行大罢工。23日，广州工农商学兵各界和港澳各团体10万余人在广州举行大会和示威游行。当游行队伍经过沙基时，遭到英国军警的排枪袭击，当场死亡52人，重伤170余人，这就是沙基惨案。惨案发生后，一场大罢工迅速席卷香港、广州。30日，香港罢工工团召开代表大会，有100多个团体代表到会，决议将香港工团总会迁设广州。7月初，省港罢工委员会正式成立，苏兆征、林伟民、李森等13人当选为委员，苏兆征任委员长，邓中夏、廖仲恺等被聘为顾问。1926年10月上旬，中共鉴于国内外形势的变化，决定在维护罢工工人利益的前提下，结束罢工。10月上旬，省港罢工委员会发表宣言，宣告罢工结束。省港大罢工坚持16个月之久，在经济上、政治上给英帝国主义沉重打击，为统一广东革命根据地和维护社会秩序、为北伐的顺利开展做出了贡献，中国共产党也在领导罢工运动的过程中壮大了自己的组织力量。

第一次东征。广东革命政府组织的讨伐陈炯明叛军的军事行动。1925年2、3月间，广东革命政府以黄埔学生军和粤军许崇智部为主力举行了第一次东征，讨伐陈炯明部。革命军在东江农民的支援下，打垮了陈炯明部主力，占领潮州、梅县等地。3月12日，孙中山在北京病逝，5、6月份革命军取得讨伐滇桂军阀的胜利，广东局势转危为安。

军事委员会。国民政府的最高军事指挥机构。1925年7月1日，国民政府在广州正式宣告成立，实行委员制，以汪精卫、廖仲恺、胡汉民等16人为委员，汪精卫兼任国民政府主席。为实现军令统一，3日成立军事委员会，委员有汪精卫（兼任军委会主席）、胡汉民、伍朝枢、廖仲恺、蒋介石等8人，内设政治训练部、参谋团、海军团、航空局、秘书厅、兵工厂等机构。1926年4月16日，在国民党中央党部与国民政府联席会议上，蒋介石当选为军事委员会主席。1927年3月，国民党二届三中全会修改军委会组织法，取消主席，改为7人组成的主席团。同年7月，南京国民政府颁布新的《军事委员会组织大纲》，规定军事委员会为国民政府的最高军事机关，负全国陆海空军编制、统御、教育、经理、卫生及充实国防之责，设委员若干人，常务委员5—7人，主席1人，内置总务、参谋、军务、军事教育4厅及海军、航空、经理、政治训练4处。1928年11月，军委会撤销。1932年3月，重设军事委员会，以蒋介石为委员长。"七七"事变爆发后，国民党中常会决议公布大本营组织条例，由军委会委员长行使陆海空军最高统帅权，并授权委员长对党、政、军统一指挥。10月，军事委员会调整组织，扩大架构，在委员长下设正、副参谋总长，以及正、副秘书长各1人，并设第一部（军令）、第二部（政略）、第三部（国防工业）、第四部（国民经济）、第五部（国际宣传）、第六部（民众组训）、管理部、后方勤务部、卫生勤务部、警卫执行部、秘书厅及侍从室等单位，另设军法执行总监 1 人、军事参议官若干人、侍从武官长 1 人，总办公厅主任、副主任各 1 人等，分掌应办事务。汪伪国民政府也于 1940 年 3 月设置该机构。军事委员会存在期间，时有变化，且不断进行机构调整，抗战胜利后于 1946 年 5 月撤销，改为国防部。

北伐。国共合作建立后，为推翻北洋军阀的统治，于 1926—1927 年进行的军事行动。1926 年 6 月初，广州国民政府任命蒋介石为国民革命军总司令，7 月上旬举行总司令就职及北伐誓师典礼，北伐战争打响。当时的广州国民政府有三个讨伐对象：一是河南、湖北、湖南和直隶南部的直系军阀吴佩孚，号称有兵力 20 万人；二是盘踞江苏、浙江、安徽、福建、江西的孙传芳，号称有兵力 22 万人；三是占有东北和山东、直隶、热河、察哈尔等地并控制北京政权的张作霖，掌握兵力 35 万人，并拥有空军和兵工厂，是北方军阀中势力最强者。此外，还有一些地方军阀如山西的阎锡山、云南的唐继尧、贵州的袁祖铭、四川的刘湘、湖南的赵恒锡等。从 1926 年 7 月到 1927 年 3 月，北伐军出征近 10 个月，打垮了吴佩孚和孙传芳的主力，从广东打到武汉、南京、上海，革命势力拓展到长江流域，给北洋军阀势力以致命打击，显示出国共合作的巨大力量，推动了国民革命的深入开展。

广东农民运动。国共合作期间在广东推动的农民运动。分为三个阶段：（1）1922—1923 年为开始阶段。1922 年 7 月，彭湃在海丰县建立第一个秘密农会。次年 1 月 1 日，由彭湃任会长的海丰县总农会成立，开展反封建剥削的斗争。1923 年 7 月，广东省农会成立，彭湃任执行委员会委员长。国共合作建立后，为广东农民运动的发展，创造了有利的客观条件。共产党人将农民运动付诸行动，一些国民党左派的干部党员在北伐战争打响后，与共产党人一起，推进南方各省的工农运动；（2）1924—1925 年 5 月为兴起阶段。这一阶段，农民运动在广东全省蓬勃发展，至 1925 年 4 月底，全省海丰、陆丰、广宁、顺德等 22 个县建立了农民协会，会员在 21 万人以上。5 月 1 日，广东省农民协会成立，共产党人罗绮园、阮啸仙、彭湃担任常务委员会委员，组织领导得到加强；（3）1925 年 5 月以后为迅猛发展阶段。在五卅运动推动下，广东农民运动更加迅速发展。到 1926 年 5 月，有农民协会组织的县已达 61 个，会员达 62 万余人，农民自卫军发展到 3 万余人。在广东省农会领导下，全省农民开展减租、反对苛抽捐税、反抗高利贷、反抗土豪劣绅、禁赌、防匪、维持地方治安等活动，还配合了广东革命政府的反军阀斗争。1927 年 4 月后，大规模农民运动因遭到反动势力镇压而逐渐停止。

廖仲恺被刺事件。国共合作期间国民党左派廖仲恺被刺杀引起的政治事件。廖仲恺是国民党左派领袖，当时在党内的地位仅次于汪精卫和胡汉民，任国民党中央执行委员，国民政府委员兼财政部长。孙中山逝世后，他坚决执行三大政策，受到国民党右派的攻击。1925 年 8 月 20 日晨，廖仲恺与何香凝前往国民党中央党部开常务会议，在广州党部门口遭国民党右派暗杀，凶手陈顺当场被捕。国民党中央和国民政府指派汪精卫、许崇智、蒋介石三人组成特别委员会，处理廖案；组织陈公博、周恩来等 9 人参加"廖案检查委员会"，负责检查事宜。在这一案件调查过程中，蒋介石是最大的受益者，他全力支持汪精卫，打击胡汉民，逼走许崇智，从此成为国民党内真正的军事领袖。

"西山会议派"。1925 年，在北京西山碧云寺召开反共会议的部分国民党右派的统称。1925 年 11 月 23 日，谢持、林森、居正等在北京西山碧云寺非法召开"国民党一届四中全会"，至次年 1 月 4 日宣布闭幕，前后延续达 42 天之久，这些与会者被称为"西山会议派"。会议主要讨论与共产党的关系、与广州中央的关系、与苏俄的关系等三个议题，其基本主张一是对"容共"政策不满，主张"分共"；二是对汪精卫主导的广州国民政府不满，宣布停止广州中央执行委员会的职权，在上海另立中央；三是决议解雇鲍罗廷，但无意放弃联俄政策。"西山会议派"的活动造成了国民党改组以来的第一次正式分裂，因此 1926 年 1 月国民党"二大"对其做了组织处理。随着北伐的胜利，广州国民政府的合法地位更加稳固，"西山会议派"另立的"中央执行委员会"自 1926 年 7 月后再未开会，号召力日渐减弱，活动空间日益狭小，部分党员转投广州国民政府。

中国国民党第二次全国代表大会。简称国民党二全大会，1926年1月1日至20日在广州举行。出席会议的代表有256人，汪精卫、谭延闿、宋庆龄等7人为大会主席团成员，吴玉章担任秘书长。大会是在国民党内左派与右派斗争十分尖锐的形势下召开的。大会决定继续贯彻执行"联俄、联共、扶助农工"的三大政策，通过《弹劾西山会议派决议案》和《处分违犯本党纪律党员决议案》，给"西山会议派"以党纪制裁。大会对团结国民党左派、争取中派起了积极作用，但对右派分子做了很大让步，以致不少右派当选。蒋介石当选为新一届中央执行委员兼中央常务委员会委员、政治委员会委员、军事委员会委员和国民革命军总监，为蒋介石夺得国民党中央的领导权创造了有利条件。

中山舰事件。1926年3月20日，蒋介石为夺取国民党最高统治权力、开始走向分共与反共的事件，又称三二〇事件。1926年3月18日傍晚，一艘上海开往广州的商轮遇劫，请求黄埔军校调集军舰保护，军校驻广州办事处主任欧阳钟假借蒋介石之名要求海军局派舰前往。因所派两舰中有一艘损坏，时任海军局代理局长兼中山舰舰长李之龙（共产党员）只好派中山舰前往。19日上午9时，中山舰开赴黄埔之后，恰好汪精卫曾多次询问蒋介石是否去黄埔和何时去黄埔。蒋介石以为汪精卫等人想劫持他到中山舰。起疑之余，颇为愤怒，于是决定先发制人。3月20日凌晨4时，蒋介石宣布紧急戒严，软禁苏联顾问，并逮捕中山舰舰长、共产党员李之龙，制造了"中山舰事件"（亦称"三二〇"事件），意味着国共纷争的进一步升级。该事件主要成因是蒋介石个人猜忌，误认为是汪精卫和苏联军事总顾问季山嘉与中共联手的倒蒋阴谋，临时采取的军事行动。事变当天下午，在判定并不存在特别危险和阴谋后，蒋介石下令取消戒严，交还了收缴的武器并释放被软禁的中共党员。汪精卫对这次事件非常激愤，又得不到苏联顾问支持，负气出走海外。

整理党务案。蒋介石在国民党二届二中全会上提出的针对加入国民党的中共党员的议案。1926年5月15日至22日，在国民党二届二中全会上，蒋介石借口改善中国国民党与中国共产党的关系，避免共产党在国民党内的力量发展引起"党内纠纷",提出所谓《整理党务案》,包括4个子决议案,内容主要有:凡他党党员之加入国民党者,对于总理及三民主义不得加以怀疑或批评;中共应将加入国民党的党员名册交由国民党中央执行委员会主席保存;加入国民党的中共党员在国民党高级党部任执行委员之人数,不得超过总数的三分之一;中共党员不得充任国民党中央机关之部长;加入国民党的共产党员,非得有国民党最高级党部之许可,不得别有政治关系之组织及行动;中共对加入国民党的共产党员所发之一切训令,应先交两党联席会议通过;国民党未获准脱党以前,不得加入其他党籍,如既脱国民党而加入他党者,不得再入国民党;全体国民党员重新登记。根据《整理党务决议案》,谭平山、林伯渠、毛泽东等分别辞去了国民党中央组织部长、农民部部长和宣传部代理部长职务。蒋介石则通过中山舰事件和整理党务案,先担任国民党中央组织部长兼军人部部长,后又担任国民党中央常务委员会主席和国民革命军总司令,逐渐控制国民党、国民政府和国民革命军的大权。

武汉国民政府。北伐军占领武汉后成立的政府。1926年10月,国民革命军占领武汉三镇。11月8日,国民党中央政治会议决定把中央党部和国民政府迁到武汉。1927年2月21日,武汉国民政府正式办公。在广州国民政府停止办公到武汉国民政府正式办公期间,以"中国国民党中央执行委员与国民政府委员临时联席会议"作为临时领导机构,徐谦为联席会议主席,武汉国民政府不设主席,以汪精卫、谭延闿、孙科、徐谦、宋子文五人为常务委员。7月15日,汪精卫发起"清共","宁汉合流",武汉国民政府撤销。

"四一二"政变。蒋介石为了破坏国共合作的国民革命制造的反共屠杀事件。1927年4月12日,蒋介石在上海动用军队、武装流氓突然袭击工人纠察队,强行解除工人全部武装,屠杀工人和群众。上海10万人在闸北集会抗议,游行群众遭到军队用机关枪密集射击,当场死亡100多人。到14日,上海工人被杀者300多人,被捕者500多人,失踪者5000多人。蒋介石还下令解散上海总工会,查封革命组织,捕杀共产党员和革命者,汪寿华等中共党员英勇牺牲。蒋介石在日记里写道:"上海工团枪械昨日已缴,颇有死伤,而浙江各处 CP(英文'共产党'一词的缩写——引者注)皆同时驱逐。"这就是"四一二"政变。随后,蒋介石在南京、无锡、宁波、杭州、福州、厦门等地以"清党"为名,清洗共产党员和革命群众。"四一二"政变标志着蒋介石彻底叛变革命,是大革命从胜利走向失败的转折点。

马日事变。"四一二"政变后,湖南国民党军官制造的反共事件。1927年5月21日晚,奉驻汉口的国民革命军第三十五军军长何键的指令,该军驻长沙的第三十三团团长许克祥、军教导团团长王东原和军留守处主任陶柳等率部封闭了湖南省总工会、省农民协会、省农讲所等革命组织和机关,将工人纠察队和农民自卫军全部解除武装,捕杀共产党人、国民党"左"派和普通群众 100 余人。24 日,许克祥等正式成立"中国国民党湖南省救党委员会",继续屠杀共产党人和革命群众。这次事变是以汪精卫为首的武汉国民党政权和蒋介石为首的南京国民党政权公开合流的前奏。因 21 日的电报代日韵目是"马"字,故称这次事变为"马日事变"。

"七一五"政变。汪精卫在武汉发动的反共政变。蒋介石发动"四一二"政变后,以汪精卫为首的武汉国民政府也迅速走向反动,公然准备"分共"。面对这种形势,共产国际和中共中央仍把汪精卫看成是国民党左派。1927 年 7 月 3 日,中共中央在武昌召开扩大会议,仍决定对国民党做出种种无原则让步。党内开始对陈独秀坚持推行右倾机会主义错误越来越不满。13 日,中共中央发表宣言,谴责武汉国民政府的反动行为。7 月 15日,汪不顾宋庆龄等国民党左派的坚决反对,在武汉召开"分共会议",正式宣布和共产党决裂,公开反共,大批捕杀共产党员和普通群众。至此,第一次国共合作破裂,第一次国内革命战争失败。

宁汉合流。1927 年武汉国民政府与南京国民政府的合组。1927 年 4 月18 日,蒋介石建立南京国民政府,造成宁汉分裂。7 月 15 日,汪精卫集团在武汉反共,消除了宁汉双方在反共问题上的分歧,使宁汉合流成为可能。7 月 24 日,汪精卫、谭延闿、孙科等回电冯玉祥,表示愿意"和平统一"

并"迁都南京"。8月8日，李宗仁联络宁方将领联名致电汪精卫，表示愿意和平解决党内纠纷。此时，由于北伐军在东线战事失利，加上武汉政权和桂系李宗仁、白崇禧等联合压力下，蒋介石于8月12日晚宣布下野，辞去国民革命军总司令的职务，南京政权落入李宗仁、白崇禧、何应钦等军事将领的控制之中。8月19日，武汉国民党中央执行委员会第25次扩大会议通过迁都宣言，并撤销对胡汉民、蔡元培、吴稚晖、李济深、张静江、蒋介石、古应芬、萧佛成、陈果夫等人开除党籍的处分。22日晚，李宗仁与汪精卫、谭延闿、孙科、陈公博、唐生智、朱培德、程潜等人在九江举行会议，商定武汉政府于9月3日迁往南京。在"反共"目标一致和实现"党内团结"的旗号下，9月11日—13日，宁、汉、沪（西山会议派）三方主要负责人在上海伍朝枢寓所举行谈话会。15日，宁、汉、沪（西山会议派）三方在南京召开国民党中央执监委员临时联席会议，会议决定设立"中国国民党中央特别委员会"，改组国民党中央党部和国民政府。16日，国民党中央特别委员会宣告宁、汉、沪三个国民党中央合流，但并未消除国民党内的矛盾。20日，国民政府军事委员会委员宣誓就职，同日发表国民政府成立宣言，宣布施政方针，包括继续北伐、削平军阀、完成全国统一、贯彻废除不平等条约主张以及肃清共产党等。宁汉至此实现合流。

国民党二届四中全会。1928年2月2日至7日在南京丁家桥中央党部召开。会议改组了国民党中央机构和国民政府，通过了国民革命军总司令得兼任军事委员会主席的决议。蒋介石被推选为国民党最高日常议事机构——中央政治会议的主席，确立了蒋介石在国民党内的权力核心地位。国民党二届四中全会还通过了"限期完成北伐案"。全会结束后，蒋介石在徐州举行二次北伐誓师大会，提出"打倒张作霖，统一全中国"的口号。蒋介石先与冯玉祥、阎锡山的代表举行会议，改组冯玉祥、阎锡山掌握的军队；后与李宗仁、白崇禧达成合作协议。4月5日，国民党中央发表北伐出师宣言。两天后，蒋介石、冯玉祥、阎锡山和李宗仁分别率领四个集团军向奉系军阀发起进攻。

皇姑屯事件。日本谋杀奉系军阀首领张作霖的事件。日本军队制造济南惨案后，张作霖的安国军内部开始出现"息争御侮"的呼声。1928年5月9日，张作霖、张学良与杨宇霆等联名通电，声明愿意立即"停战息争"。蒋介石则下令继续北上。面对北伐军的攻势，5月30日，安国军政府召开最高紧急会议，张作霖、张学良、杨宇霆、张作相、孙传芳等与会，最终决定退往关外。6月3日凌晨，张作霖乘京奉专列离京返奉。4日清晨，张作霖乘坐专列抵达沈阳近郊皇姑屯时，关东军引爆事先埋设的炸药，黑龙江督办吴俊升当场毙命，张作霖身受重伤，很快不治身亡，这一事件被称为"皇姑屯事件"。事件的发生使东北的形势趋于复杂。

东北易帜。奉系军阀控制的东北地区归属国民政府统一管辖的事件。皇姑屯事件后，张学良担任奉天军务督办。1928年6月下旬起，南京政府开始与奉军高层就"罢兵"和"奉方加入国民政府"的条件初步交换意见，张学良一度同意7月中旬在热河和东三省先后发表易帜通电，后因日本方面的阻挠一再拖延。1928年10月10日，国民政府新任主席、委员举行就职典礼，蒋介石任国民政府主席，张学良等为国民政府委员。12月29日，张学良在奉天省府礼堂举行隆重的易帜典礼并发表《易帜通电》，宣告东北三省改旗易帜。随后国民政府于31日正式任命张学良为东北边防军司令长官，至此奉军正式归属国民革命军，中国也在辛亥革命后历经十几年的分裂局面获得形式上的统一。

中原大战。阎锡山、冯玉祥、李宗仁等军阀势力联合反蒋的战争。在这些反蒋势力中，阎锡山居于主导地位。1930年3月中旬，阎、冯、桂三派将领50余人通电全国，列举蒋介石六大罪状，宣布讨蒋。三派于4月1日通电就任中华民国陆海空军总司令、副司令。南京国民政府为维护其法统地位，4月5日下令通缉阎锡山。5月初，蒋介石在南京举行讨逆誓师典礼，中原大战拉开序幕。反蒋的军队总计约70万人，加上附从的石友三等杂牌军，共80多万人，蒋介石出兵约60万人。分南北两个战场，北方主战场在河南，支战场在山东，分别沿平汉、津浦、陇海等铁路沿线进行；南方战场在湖南，沿湘江进行，以衡阳附近为决战区。7月反蒋联军在北方战场取得优势，决定召开北平扩大会议。8月7日，扩大会议第一次会议在北平怀仁堂召开，汪精卫任主席，会议通过七条宣言，包括起草约法保障民权，筹备国民会议等。9月，反蒋派宣告成立北平国民政府，推举阎锡山、冯玉祥、汪精卫、李宗仁、张学良（未经本人同意）、谢持、唐生智等7人为国民政府委员，阎锡山被推举为政府主席。中原大战爆发后，坐镇东北、军事实力较强的张学良成为蒋介石拉拢争取的对象。9月2日，张学良向阎锡山的代表傅作义表示他并不赞同另立中央。18日，张学良发表通电，表示"呼吁和平，即日罢兵，静候中央措置"，并派遣部分东北边防军入关协助蒋介石。在南北两面夹击下，反蒋联军迅速溃败，撤出平津地区。11月初，阎锡山、冯玉祥联名通电下野，中原大战以反蒋派失败而告终，蒋介石的统治力大为加强，因此更加独断专行，造成"宁粤对峙"的局面，迫使蒋介石第二次下野。

革命根据地。中国革命战争过程中，革命力量赖以长期生存和发展以及出击消灭敌人的战略基地。大革命失败后，中国共产党为挽救革命、寻找革命新道路进行了艰苦卓绝的斗争。1927年10月，毛泽东率领秋收起义的工农革命军开创了以宁冈为中心的井冈山农村革命根据地。以毛泽东为代表的中国共产党人，在创建红军和发展广大农村革命根据地的实践过程中，逐步把党的工作重点由城市转入农村，在农村建立根据地，开展土地革命，建立革命武装和工农政权，开创了以农村包围城市，最后夺取全国胜利的革命道路。1927年至1934年，中国共产党先后创建了井冈山、赣南、闽西（后赣南、闽西两块根据地连成一片，发展成为中央革命根据地）、海陆丰、湘鄂边、洪湖（后湘鄂边和洪湖两块根据地发展成为湘鄂西革命根据地）、鄂豫皖、琼崖、闽浙赣、湘鄂赣、湘赣、左右江、川陕、陕甘边、陕北（后陕甘边、陕北两根据地合并成立陕甘革命根据地）、湘鄂川黔、鄂豫陕等十几个革命根据地和江苏的（南）通、如（皋）、泰（兴）等游击根据地。

南昌起义。"四一二"政变后中共在南昌发动的一次反国民党的武装起义，又称八一起义，国民党称南昌暴动、南昌兵变。1927年8月1日凌晨，在周恩来的领导下，贺龙、叶挺、聂荣臻、朱德等人率领党所掌握和影响的军队、警察队、消防队等突然发动起义，经过 4 个多小时的激烈战斗，起义军占领南昌城。后根据中共中央的计划相继撤离南昌，南下广东，准备在广东发动土地革命、重建革命根据地。起义军在南下过程中遭到国民党军队多次伏击和围攻，导致部队被打散。保存下来的部队一部分转移到海丰与陆丰地区与当地农军会合；另一部分由朱德、陈毅率领，转入粤湘赣边界地区开展游击战争。南昌起义打响了武装反抗国民党反动派的第一枪，标志着中国共产党独立领导革命战争、创建人民军队和武装夺取政权的开始，是中共历史的一个重要的转折点。

八七会议。"四一二"政变后中共在汉口召开的重要会议。1927 年 8 月 7 日，在共产国际帮助下，中共中央在汉口召开紧急会议，会议批评了大革命后期以陈独秀为首的中央所犯的右倾机会主义错误，确立了实行土地革命和武装起义的方针。毛泽东在会上指出："以后要非常注意军事。须知政权是由枪杆子中取得的。"会议选举了以瞿秋白为首的新的中共中央临时政治局。会后决定由毛泽东、彭公达负责改组湖南省委，领导秋收起义。八七会议在革命最困难、最危险的紧急关头，坚持了革命的旗帜，扭转了革命危机，使党在政治上大进了一步。

秋收起义。毛泽东在湖南东部和江西西部领导的工农革命军（即红军）发动的一次武装起义，是继南昌起义之后，中国共产党领导的又一次武装起义。八七会议后，毛泽东以中央特派员的身份回到湖南组织秋收起义。毛泽东到湖南后，组织成立中共湖南省委前敌委员会，将参加起义的部队统一编为工农革命军第一师，于 9 月 9 日在湘赣边界发动秋收起义。起义军最初占领醴陵、浏阳县城和一些集镇，后遭到包围，损失严重。此时毛泽东果断改变原有计划，下令各路起义军撤退至文家市集中。19 日，前敌委员会在文家市开会决定把起义转到统治力量薄弱的农村地区。

三湾改编。1927 年 9 月 29 日，湘赣边界秋收起义后，毛泽东率起义部队到达江西永新县三湾村，在毛泽东领导下，部队进行了改编，史称三湾改编。这次改编重建了部队的军事、政治制度，将部队缩编为一个团；建立党的各级组织和党代表制度，党的支部建在连上，在连以上成立士兵管理委员会，营、团设党委。从组织上确立了党对军队的领导，是建设无产阶级领导的新型人民军队的重要开端，是人民军队完全区别于一切旧军队的政治特质和根本优势。改编后的部队随后落脚于井冈山，开创了中共历史上第一块农村革命根据地。

广州起义。中共广东省委在广州发动的一次武装起义。1927年11月，粤桂军阀爆发战争，广州市内兵力空虚。根据中央指示，广东省委成立革命军事委员会领导广州起义。12月11日，在中共广东省委书记张太雷和叶挺、恽代英等领导下，以国民革命军第四军教导团、警卫团一部为主力，加上广州工人赤卫队七个联队以及部分市郊农民武装，发动了广州起义。起义军一度占领广州绝大部分市区，并成立了苏维埃政府，提出"打倒帝国主义""打倒军阀""镇压地主豪绅"的政治纲领，颁布工人实行八小时工作制，一切土地归农民的法令。因寡不敌众，起义最终失败，张太雷在战斗中牺牲。起义失败后，退出广州的起义军一部分转移到海陆丰参加革命斗争，一部分到广西左、右江一带同农民起义军会合，另有少数撤到粤北与朱德、陈毅率领的南昌起义余部会合，后来上了井冈山。

广东海陆丰农民起义。1927年广东海、陆丰农民武装在中国共产党人彭湃的领导下，于5月、9月、10月先后举行的三次武装起义。第一、二次起义由于准备不足而失败，10月30日第三次起义在中共东江特委领导下爆发，农民在南昌起义余部配合下，先后占领了海丰、陆丰及附近地区。随后，在海丰、陆丰两县召开了工农兵代表大会，建立了苏维埃政权，颁布了维护工农利益的施政纲领，领导农民开展了土地革命。1928年春，在国民党军队大举进攻下起义部队退至附近山区，继续坚持游击战争。

井冈山革命根据地。土地革命战争初期，中国共产党在湖南、江西两省边界的井冈山地区实行工农武装割据的战略基地。1927年10月，毛泽东率湘赣边界秋收起义部队到达宁冈县茨坪，创建了井冈山革命根据地。1928年4月，朱德、陈毅率领南昌起义余部及湘南农民军转战到井冈山，在宁冈与毛泽东率领的部队会师，合编为中国工农革命军第四军，朱德任军长，毛泽东任党代表，王尔琢任参谋长。5月，湘赣边界党的第一次代表大会在宁冈茨坪召开，毛泽东当选为中共湘赣边界特委书记，统一领导湘赣边界红军和根据地的斗争。12月，彭德怀、滕代远率领平江起义后组成的红五军主力由湘鄂赣地区到达井冈山，井冈山根据地规模不断扩大，推动了革命形势的发展，毛泽东曾指出："边界红旗始终不倒，不但表示了共产党的力量，而且表示了统治阶级的破产，在全国政治上有重大的意义。"

工农武装割据。毛泽东关于中国革命必须走农村包围城市，最后夺取全国政权道路思想的重要组成部分。1928年10月，毛泽东在中共湘鄂边界第二次代表大会上总结了领导秋收起义和建立井冈山革命根据地的实践经验，在他起草的《政治问题和边界党的任务》决议中提出"工农武装割据"的思想。主要内容是：在中国共产党正确领导下，以武装斗争为主要斗争形式，以土地革命为中心内容，以农村革命根据地为基本阵地，将三者紧密地结合起来，是后来以农村包围城市，进而夺取城市思想的最初表述。它实际上是回答如何走农村包围城市、武装夺取政权道路的问题，是毛泽东等人对中国革命的重大贡献。在"工农武装割据"思想的指导下，中国共产党领导创建的根据地不断巩固和扩大，继毛泽东创建井冈山革命根据地后，毛泽东、朱德领导开辟了赣南、闽西根据地，彭德怀、黄公略领导建立湘赣根据地，彭德怀、滕代远领导建立湘鄂赣根据地，贺龙、周逸群领导建立湘鄂西根据地，徐向前等领导建立鄂豫皖根据地，方志敏、邵式平等领导建立闽浙赣根据地，邓小平、张云逸等领导建立左右江根据地以及湘鄂、东江和琼崖等根据地。到1930年上半年，全国已经建立了十几块农村革命根据地，红军发展到13个军，近10万人，为中国革命积蓄了重要力量，也为革命中心转移到农村奠定了基础。

中国共产党第六次全国代表大会。中共六大，1928年6月18日—7月11日，中国共产党在莫斯科近郊五一村召开第六次全国代表大会。会议通过了《政治决议案》《苏维埃政权组织问题决议案》《土地问题决议案》等15个关于政治、军事、组织、苏维埃政权等一系列问题的决议案，还修改了党的章程，选举了新的中央委员会，选举向忠发为中央政治局主席兼中央政治局常委会主席，周恩来为中央政治局常委会秘书长。大会正确分析了中国的社会性质和革命性质，指出现阶段中国革命的性质仍然是资产阶级民主革命，明确了革命的中心任务是以工农民主专政实现反帝反封建两大目标。提出目前"主要的危险倾向就是盲动主义和命令主义，他们都是使党脱离群众的"。中共六大对克服党内"左"倾错误，促进中国革命的发展起了积极作用，但六大仍然把城市工作放在中心地位，对中间派的重要作用和反动势力内部的矛盾缺乏正确的估计和应对政策，也没有认识到中国革命的长期性和复杂性，而且对农村工作的重要地位缺乏必要的认识。

中华苏维埃第一次全国代表大会。中华苏维埃共和国成立后召开的第一次全国会议，1931年11月7日至20日在江西瑞金召开。到会代表600余人。通过《中华苏维埃共和国宪法大纲》《土地法》《劳动法》，以及军事、财经、文教等决议。会议宣布成立中华苏维埃共和国临时中央政府。大会选举毛泽东为中央执行委员会主席和中央执行委员会人民委员会主席，项英、张国焘为中央执行委员会副主席。会议决定临时中央政府设在江西瑞金，自此，赣南、闽西作为中央苏区的地位确定下来。

中华苏维埃共和国临时中央政府。1931年11月7日—20日，在江西瑞金举行的中华苏维埃第一次全国代表大会中央执行委员会第一次会议上选举产生。毛泽东任主席，项英、张国焘任副主席。下设外交、军事、劳动、财政、土地、教育、内务、司法、工农检察等人民委员会及国家政治保卫局等机构。

《中华苏维埃共和国宪法大纲》。1931年11月中华苏维埃第一次全国代表大会通过。规定中华苏维埃共和国的性质是工农民主专政的国家，其任务是在中共领导下推翻帝国主义和封建主义的统治，争取工农民主专政政权在全中国的胜利。规定了全国工农兵代表大会是最高权力机关，指出在苏维埃政权领域内的工人、农民、红军兵士及一切劳苦群众和他们的家属，不分男女、种族、宗教，在苏维埃法律面前一律平等，皆为苏维埃共和国的公民，还规定了苏维埃共和国的内外政策等。

三次反"围剿"胜利。中央苏区建立后组织的三次反击国民党政府军队"围剿"取得胜利。中原大战后,蒋介石集中兵力向各根据地和红军发动大规模"围剿",红军在根据地人民支持下,展开反"围剿"战争。"围剿"和反"围剿",中华苏维埃共和国和中华民国两个"政权"的反复较量,构成有关"中国"命运的较量与决战。1930年10月,蒋介石在南昌设立"陆海空军总司令行营",以江西省主席鲁涤平兼行营主任,出动10万大军对中央根据地发动第一次"围剿"。红一方面军在毛泽东、朱德指挥下,采取诱敌深入的作战方针,于12月30日在龙冈地区歼敌1万人,并活捉国民党第十八师师长张辉瓒。接着,又在东韶追击谭道源师,歼灭一个多旅,打破了国民党军队第一次"围剿"。一个月后,蒋介石部署发动第二次"围剿"。1931年2月,何应钦重组总司令部南昌行营,集结兵力约20万人,对中央根据地进行"围剿"。红军采取集中兵力先打弱敌,在运动中各个消灭敌人的方针。自1931年5月16日至31日,红军从富田开始,连打了五个胜仗,横扫700里,自赣江之畔直达福建建宁,共歼敌3万多人,成功打破了国民党军队的第二次"围剿",扩大了中央革命根据地。6月,蒋介石亲自出任围剿军总司令,到南昌指挥第三次"围剿"。何应钦为前敌总指挥兼左翼集团军总司令,调集30万人从南丰进攻,陈铭枢为右翼集团军总司令,从吉安进攻,企图先击破红军主力,然后再深入"清剿"苏区。7月,毛泽东提出"避敌主力,打其虚弱"的作战方针,红一方面军历时3个月,歼敌3万多人,粉碎了国民党军队的第三次"围剿"。三次"围剿"被粉碎后,由于"九一八"事变的爆发及国民党内部的斗争,国民党军队在江西开始全面后撤,赣南、闽西两块根据地基本连成一片,并扩大到跨20余个县的广大地区,中央苏区进入快速发展时期。

《中国的红色政权为什么能够存在》。毛泽东1928年10月5日为中共湘赣边界第二次代表大会起草的《政治问题和边界党的任务》的决议的一部分。编入《毛泽东选集》第1卷。毛泽东在文章中根据中国革命和中国社会的特点,阐明了中国红色政权能够存在的原因:(1)白色政权的分裂和战争继续不断;(2)这些地方有过很广大的工会和农民协会的组织,有过工农阶级对地主豪绅阶级和资产阶级的许多斗争;(3)全国革命形势正在向前发展；（4）有相当力量的正式红军存在；（5）共产党组织的有力量和它的政策的不错误。在此基础上总结出"工农武装割据"的思想。

《星星之火，可以燎原》。毛泽东1930年1月5日为答复林彪的一封征求意见信而写的长篇通信。毛泽东在信中批评了党内一些同志对时局估量上存在悲观情绪，指出：红军、游击队和红色区域的发展，是半殖民地中国在无产阶级领导之下的农民斗争的最高形式和半殖民地农民斗争发展的必然结果。文章最后，毛泽东分析了国际国内的基本矛盾，指出小块红色政权经过长期的、艰苦的斗争，能够逐步取得全国胜利，进一步论证了"星星之火，可以燎原"的革命道理。

中国社会性质论战。20世纪30年代初中国思想战线上发生的一场重大思想论战。最初，论战的主要参加者为中国共产党内的马克思主义经济学者如潘东周、吴黎平、王学文等人，因创办《新思潮》杂志，并在上面刊发一系列文章，被称为"新思潮派"；以及所谓的"托派团体"骨干如严灵峰、任曙等人，因他们办有《动力》杂志，被称为"动力派"。1930年4月，由共产党人主办的刊物《新思潮》杂志出版"中国经济研究专号"，发表潘东周的《中国经济的性质》、吴黎平的《中国土地问题》、王学文的《中国资本主义在中国经济中的地位及发展前途》等文章，分析了中国的社会经济状况，肯定中国是半殖民地半封建社会的论断。"中国经济研究专号"刊出后，一场关于中国社会性质的理论大论战随之展开，参加这场论战并在《新思潮》上发表文章的有：新生命派陶希圣等，托洛茨基派任曙、严灵峰、李季、王宜昌等，神州国光社的王锡礼、胡秋原等，共产党人张闻天（化名刘梦云）、熊得山、刘苏华、何干之等。论战主要围绕关于帝国主义与中国经济发展的关系、关于资本主义的发展程度、关于封建势力在中国社会经济中的地位等问题展开。这场论争的实质是唯物史观与唯心史观的斗争。通过这场论战，揭露和批判了托派歪曲近代中国社会性质、反对和破坏中国革命的反动实质，论证了中共"六大"关于中国革命性质及革命任务的论断，促进了马克思主义理论与中国革命具体实践的结合。

《新生命》月刊。在蒋介石授意下，由陈布雷、戴季陶、邵力子、周佛海、陈果夫等发起创办的刊物。1928年1月在上海创刊，周佛海、萨孟武先后担任主编，作者群体有周佛海、萨孟武、梅思平、陶希圣、樊仲云等人，标榜办刊目的是"阐明三民主义理论，发扬三民主义精神""研究建设计划，介绍和批评各国的学说制度"。实际上反对共产主义学说，而且排斥反蒋言论。在中国社会性质论战中，该杂志先后发表了陶希圣的《中国社会到底是甚么社会》《中国之商人资本及地主与农民》等文章，其中提出中国是一个"宗法制度已不存在，宗法势力还存在着""封建制度已不存在，封建势力还存在着"的社会等观点。之后又陆续发表了熊康生的《中国社会的蠡测》、黎际涛的《中国社会构造的史的观察》、叶非英的《中国之封建势力》等文，均支持了陶希圣的观点。1928年6月，国民政府宣告"统一"后不久就停刊。

李达（1890—1966），字永锡，号鹤鸣，湖南零陵（今永州）人。1913年赴日本东京帝国大学就读。1920年夏回国，与陈独秀、李汉俊等在上海发起成立中国共产党早期组织，主编《共产党》月刊。1921年7月参加中共"一大"，当选为中央局宣传主任。9月，创办人民出版社。10月，任平民女校校长。1922年7月，出席中共"二大"，辞去宣传主任职务，会后到湖南自修大学任学长，主编《新时代》杂志。1923年因与陈独秀在国共合作问题上有争论，遂脱离党。此后，在多所大学担任教授，坚持研究和宣传马克思主义理论，1935年发表专著《社会学大纲》。1949年12月，重新加入中国共产党。中华人民共和国成立后，先后担任湖南大学、武汉大学校长，中国科学院哲学社会科学部委员。著作辑有《李达文集》。

李汉俊（1890—1927），原名书诗，号汉俊，湖北潜江人。1918年毕业于日本东京帝国大学，回国后在上海担任《星期评论》撰稿人、编辑。1920年参加发起上海共产主义小组，任发起组代理书记。创办《劳动界》周刊，任主编，并参加《新青年》杂志编辑工作。1921年7月作为上海地区代表出席中共第一次全国代表大会。1922年因与陈独秀、张国焘发生政见分歧，离沪赴武汉，在武昌中华大学、武昌高等师范学校任教，不久脱党。后曾在北京政府外交部、教育部、农商部等任职。1926 年加入国民党，后历任国民革命军总司令秘书、国民党湖北省党部执行委员、湖北省政府委员兼教育厅厅长、国民党湖北省党部青年部部长等职。大革命失败后，掩护了大批共产党员。1927 年 12 月 27 日在武汉被桂系军阀胡宗铎部杀害。

张申府（1893—1986），字申甫，直隶献县（今属河北）人。1913 年考入北京大学预科。1917 年毕业后留校任数学助教。五四新文化运动期间，参与创办《每周评论》，任《新青年》杂志编委、撰稿人，与李大钊、陈独秀联系密切。1919 年 7 月加入少年中国学会，任《少年中国》编辑。1920 年与李大钊等在北京筹建共产主义小组。同年 12 月去法国，任里昂大学中国学院教授。1921 年在巴黎组建中共旅法小组，成员有刘清扬、周恩来等。次年秋，在柏林组建中共旅欧总支部，任支部书记。1924 年回国，任黄埔军校政治部副主任、广州大学图书馆馆长。1925 年因讨论党纲问题起争执而退党。后任暨南大学、清华大学、中国大学、北京大学教授。1935 年参加"一二·九"运动，后发起组织华北各界救国联合会，任总务长。1938 年 6 月，为第一届国民参政会参政员。后历任全国战时教育协会理事、中国民主政团同盟常务委员兼民盟华北总支部负责人。1946 年代表民盟参加旧政协。著作辑有《张申府文集》等。

邓中夏（1894—1933），湖南宜章人，中共早期工人运动的主要领导人之一。1917 年考入北京大学中文系。五四运动期间，发起组织北京大学平民教育讲演团，后参加少年中国学会。1920 年 3 月，参加马克思学说研究会，同年参加北京共产主义小组。1922 年任中国劳动组合书记部主任。曾领导长辛店铁路工人大罢工、开滦煤矿工人大罢工、京汉铁路工人大罢工。1925 年 2 月，领导上海工人大罢工。在中共"二大""五大"上当选为中央委员，"三大""六大"当选为候补中央委员。曾任中共江苏省委书记和广东省委书记。1930 年后，历任全国总工会党团成员兼宣传部长、中国工农红军第二军团政治委员、总指挥、中国革命互济会全国总会党团书记。1933 年 5 月在上海被捕，9 月 21 日在南京就义。著有《中国职工运动简史》。

张国焘（1897—1979），又名特立，江西萍乡人。北京大学毕业。1920年加入北京共产主义小组。1921年出席中共"一大"，当选为中央局组织主任，8月任中国劳动组合书记部主任兼《劳动周刊》主编。1924年出席国民党"一大"，当选候补中央执行委员。1927年当选中央政治局常务委员。大革命失败后，赴苏联参加中共"六大"，会后任中共驻共产国际代表留驻莫斯科。1931年11月，在江西瑞金召开中华苏维埃第一次全国代表大会，当选中华苏维埃共和国临时中央政府副主席。在国民党政府第四次"围剿"中，时任中共鄂豫皖中央分局书记兼军事委员会主席的张国焘，排除异己，在"肃反"中错误杀害了许继慎等大批优秀干部。国民党军队大举进攻时，他又盲目轻敌，仓促应战，错误指导，结果使红军遭到较大伤亡。1932年10月，决定红四方面军主力2万多人越过平汉铁路向西转移。1935年6月，增补为中央革命军事委员会副主席、中国工农红军总政治委员。后反对中央关于红军北上建立川陕甘根据地的决定，10月5日，坚持南下，公然另立"中央"。1936年1月22日，中共中央政治局做出《关于张国焘同志成立第二"中央"的决定》，于6月6日宣布取消另立的"中央"。1937年9月，任陕甘宁边区政府副主席、代主席。1938年4月，到武汉投靠国民党，声明脱离中共。同月，被开除党籍。著有《我的回忆》。

刘仁静（1902—1987），湖北应城人。1917年参加恽代英、梁绍文等创办的"互助社"。1918年考入北京大学物理系预科，后转入哲学系、英文系学习。1919年参加五四运动，并参加少年中国学会。次年加入北京大学马克思学说研究会，参与发起北京社会主义青年团，任会计委员。1921年出席中共"一大"。1922年与邓中夏一同创办团中央机关刊物《先驱》周刊，11月同陈独秀赴苏联参加共产国际"四大"，在会上做《关于中国形势》的发言，参与起草《关于东方问题的总提纲》。继又出席少年国际"三大"。后进入团中央领导机构工作。1926年赴莫斯科入列宁学院学习。大革命失败后，深受托洛茨基思想影响。1929年回国后，编辑出版《明天》刊物，参与组织托派活动，11 月被开除出党。

张太雷（1898—1927），原名张曾让，又名椿年、春木，江苏武进（今常州市）人。1915 年考入北京大学，后转入天津北洋大学法科学习。1919 年在天津参加五四运动。1920 年加入北京共产主义小组，并在天津组织社会主义青年团。1921 年受中共委派赴伊尔库茨克，任共产国际远东书记处中国科书记。后陪同马林、尼科尔斯基到中国参与筹建中国共产党。以中共代表身份出席共产国际"三大"、少年共产国际"二大"，当选为青年共产国际执委。1922 年 5 月，与蔡和森共同主持召开中国社会主义青年团第一次代表大会，后历任共青团中央委员、中共广东省委书记、广州苏维埃政府代主席等职。1927 年 12 月领导广州起义，在作战中遭伏击牺牲。著作辑有《张太雷文集》。

何孟雄（1898—1931），中国共产党早期工人运动领导人之一，字国正，号坦如，湖南酃县（今炎陵县）人。1920 年，参与发起北京大学马克思学说研究会。1921 年加入中国共产党，主编《工人周刊》，在长辛店、张家口等地开展工人运动，组建工会。1922 年 10 月，参与领导京绥铁路车务工人大罢工，建立京绥铁路工会。1923 年 2 月，参与领导京汉铁路北段总罢工。1924 年后，历任中共唐山地方执行委员会书记、中共湖北省委组织部长。第一次国内革命战争失败后，曾先后任中共江苏省委委员、中共淮安特委书记、江苏省委农民运动委员会书记、上海沪西、沪中区委书记等职。1931 年 1 月 17 日在上海被捕，2 月 7 日在龙华被杀害。

毛泽东（1893—1976），字润之，湖南湘潭人，中国共产党的创建人之一。武昌起义后不久，参加新军。1914 年考入湖南第一师范学校。1918 年 4 月与蔡和森、何叔衡等发起成立新民学会，以"革新学术，砥砺品行，改良人心风俗"为宗旨，曾组织会员赴法勤工俭学。次年参与领导湖南地区五四运动，创办《湘江评论》。1920 年，创办文化书社和俄罗斯研究会，筹建湖南社会主义青年团、长沙共产主义小组。1921 年 7 月参加中共"一大"，参与创建中国共产党。1923 年 6 月在中共"三大"上当选为中央执行委员，后被推选为中央局成员并任中央局秘书。1924 年 1 月出席国民党

"一大",当选为候补中央执行委员。1925 年 10 月担任国民党中央宣传部代理部长,创办《政治周报》。同年 12 月发表《中国社会各阶级的分析》。1926 年主办广州第六届农民运动讲习所,11 月到上海任中共中央农民运动委员会书记。1927 年 1 月 4 日至 2 月 5 日,他对湖南湘潭、湘乡、衡山、醴陵、长沙五县农民运动做了 32 天的考察,于 3 月发表《湖南农民运动考察报告》,指出"国民革命需要一个大的农村变动。辛亥革命没有这个变动,所以失败了。现在有了这个变动,乃是革命完成的重要因素"。在"八七"会议上提出"政权是由枪杆子中取得的"论断,被选为临时中央政治局候补委员。9 月领导湘赣边界秋收起义,率部到达井冈山,开辟第一个农村革命根据地。1928 年与朱德、陈毅领导的起义部队会师,合编为中国工农革命军(后改称中国工农红军)第四军,任党代表、前敌委员会书记,提出以农村包围城市、最后夺取城市的战略思想。1930 年起,任中国工农红军第一方面军总政委、总前委书记、中华苏维埃共和国临时中央政府主席。1933 年 1 月补选为中共中央政治局委员,与朱德等领导红军粉碎了国民党军队多次"围剿"。由于"左"倾路线的干扰,第五次反"围剿"失败,红军被迫开始长征。1935 年 1 月 7 日,红军攻克黔北重镇遵义。1 月 15 日至 17 日,中共中央在遵义召开政治局扩大会议,批评博古、李德在第五次反"围剿"中实行单纯防御、在战略转移中实行逃跑主义的错误,明确提出必须改善军委领导方式,会上增选为中央政治局常委,会后与周恩来、王稼祥组成党内最高军事指挥小组,即新的"三人团"。之后中共中央与红一方面军摆脱国民党军队的围追堵截,于 1935 年 10 月到达陕北,12 月作《论反对日本帝国主义的策略》的报告,系统阐述抗日民族统一战线政策。1936 年 12 月,任中共中央军委主席。1937 年后,陆续写出《实践论》《矛盾论》《论持久战》《新民主主义论》等文章。1942 年领导全党开展延安整风运动。1943 年 3 月,被选为中共中央政治局主席、中央书记处主席。1945 年在中共七大上作《论联合政府》的报告,阐明建设新民主主义新中国的路线、方针、政策,在会上毛泽东思想被确定为党的指导思想。自中共七届一中全会起,一直担任中共中央主席。全面内战爆发后，和党中央其他领导人一起领导了人民解放战争，于 1949 年推翻了国民党政府的统治。1949 年 3 月，主持召开中共七届二中全会，会议决定将中共的工作重心由乡村转移到城市，并讨论决定了中共在革命胜利之后的政治、经济、外交等方面的基本政策。1949 年 9 月在中国人民政治协商会议第一届全体会议上，当选为中华人民共和国中央人民政府主席，10 月 1 日在天安门城楼上庄严宣告中华人民共和国成立。后历任中共中央主席、中央政治局主席、中共中央军事委员会主席、中华人民共和国主席、全国政协名誉主席。1976 年 9 月 9 日在北京逝世。主要著作收入《毛泽东选集》《毛泽东文集》《建国以来毛泽东文稿》等。

何叔衡（1876—1935），字玉衡，号琥璜，又名瞻岵，湖南宁乡人。1913 年考入湖南省立第一师范，毕业后在长沙楚怡小学和第一师范附小任教。1918 年 4 月，与毛泽东、蔡和森等共同发起组织新民学会，后当选学会执行委员长，主持会务。1920 年 8 月，协助毛泽东在湖南筹建文化书社、组织俄罗斯研究会，后主办《湖南通俗报》。1921 年 7 月，出席中国共产党"一大"。会后回长沙从事建党工作，任中共湘区委员会组织委员，参与创办湖南自修大学，任自修大学附设补习学校主事。1925 年，国民党湖南省党部成立，被选为执行委员、监察委员。1927 年马日事变后，到上海与谢觉哉、徐特立等创办聚成印刷公司，任经理，印刷党的文件和刊物。1928 年赴苏联莫斯科中山大学特别班学习，曾出席中国共产党"六大"。1930 年回国后，在上海担任共产国际救济总会和全国互济会主要负责人，积极营救被捕党员同志。次年到江西中央苏区，历任中华苏维埃共和国临时中央政府工农监察部部长、内务人民委员部代理部长、临时最高法庭主席等职，1933 年被免去全部领导职务。次年，中央红军主力长征后，奉命留下坚持游击战争。1935 年 2 月 24 日，在福建长汀附近被敌人包围，在突围过程中壮烈牺牲。

董必武（1886—1975），原名贤琮，号壁伍，后改必武，湖北黄安（今红安）人。1903 年赴黄州府应试考中秀才。1911 年参加辛亥革命，并加入中国同盟会。1914 年留学日本大学攻读法律，加入中华革命党。1920

年创办私立武汉中学，任董事兼授国文课。1921年7月出席中共"一大"，后任中共武汉区执行委员会委员、中共汉口地委书记。1926年任国民党候补中央执行委员，创办《楚光日报》《汉口民国日报》。1927年任湖北省政府常委兼农工厅长。1928年赴莫斯科中山大学、列宁学院学习，1932年回国，后历任马克思共产主义学校（中共中央党校）校长、中共中央长江局、南方局委员。1944年9月，与林伯渠在国民参政会三届三次会议上提出立即结束国民党一党统治、建立各抗日党派民主联合政府等主张，在国内外引起强烈反响和广泛回应。曾作为中国代表团成员，出席旧金山联合国制宪会议。1947年3月，与刘少奇、朱德等组成中央工作委员会，前往河北平山县西柏坡，进行中央委托的工作。1948年任华北人民政府主席。中华人民共和国成立后，历任政务院副总理、最高人民法院院长、中央监察委员会书记、中华人民共和国副主席、代主席、全国人大常委会副委员长等职。主要著作收入《董必武文集》《董必武诗选》。

邓恩铭（1901—1931），原名恩明，字仲尧，贵州荔波人。1920年与王尽美等组织励新学会，创办《励新》半月刊。次年，参与筹建济南共产主义小组，并出席中共"一大"。会后回济南，成立中共山东区支部，任支部委员。1922年赴莫斯科参加远东各国共产党及民族革命团体第一次代表大会，受到列宁接见。7月参加中共"二大"。后任中共直属青岛支部书记、青岛市委书记。1925年领导胶济铁路工人大罢工和青岛日本纱厂工人罢工，组织成立青岛市各界联合会和市总工会。1927年出席中共"五大"。1928年12月在济南被逮捕，1931年4月5日被杀害。

陈公博（1890—1946），广东南海（今广州）人。1914年就学于广州法政专门学校学习法律。1917年考入北京大学哲学系。1920年毕业后到广州参与创办《群报》，任总编辑，兼广东法政专门学校教授。1921年出席中共"一大"，会后担任中共广东支部组织部长。1922年脱党，赴日本留学。翌年留学美国哥伦比亚大学，学习经济。1925年回国，任广东大学教授，一度代理校长。1926年起历任国民党中央农民部部长、劳工部部长，国民革命军总司令部政治部主任。1928年创办《革命评论》，组织国民党改组同志会，计划反蒋，失败后出国。1940年后，历任汪伪政权"立法院长""军事委员会常委""上海市长""代国民政府主席兼行政院长"等。抗战胜利后被捕，1946年被枪决。著有《寒风集》《中国国民革命的前路》《四年从政录》等。

周佛海（1897—1948），湖南沅陵人。1917年7月留学日本，就读于东京第一高等学校预科。1920年7月回国探亲，结识陈独秀，参与上海共产主义小组活动，旋返日本续学，次年7月以日本的中国留学生代表身份参加中共一大。1924年脱党，加入国民党，任宣传部秘书。1925年参加"西山会议派"反共活动，后任教于广东大学、大夏大学，其后担任中央军政学校武汉分校秘书长兼政治部主任。1927年"四一二"政变后，先后在南京中央陆军军官学校、中山大学任教。1928年1月与戴季陶等在上海创办《新生命》周刊。后在国民党中央任职，历任民众训练部部长、宣传部代理部长。1938年12月随汪精卫叛国投敌，出任汪伪政权"财政部长""行政院副院长""上海市长"等职。1946年被判死刑，后特赦改判无期徒刑。1948年2月病死狱中。

包惠僧（1894—1979），别名鲍一德、包晦生，笔名栖梧老人，湖北黄冈人。1917年毕业于湖北省立第一师范。担任《汉口新闻报》《大汉报》等报记者。1920年参加武汉共产主义小组。1921年7月代表陈独秀参加中共一大，后任中国劳动组合书记部长江支部主任、中共北京区委委员兼秘书、中共武汉区委委员长。国共合作期间，以中共党员身份加入国民党，任国民党中央宣传部干事、黄埔军校政治部主任、战时政治训练班主任、武汉新闻检查委员会主席、武汉中央军事政治学校筹备主任等职。1927年8月脱党，后任国民党武汉行营参议、军事委员会秘书兼中央军校政治教官、国民政府内政部参事、户政司司长、人口局局长等职。1949年从澳门回到北京，任内务部研究员和参事。1957年4月起任国务院参事。1979年7月2日在北京病逝，著有《包惠僧回忆录》等。

马林（Hendricus Sneevliet，1883—1942），荷兰人。1902年加入荷兰社会民主工党。1913年赴荷属东印度群岛宣传马克思主义，随后在爪哇建立东印度社会民主联盟。1918年加入荷兰共产党。1920年，参加共产国际二大，当选为执行委员，随后担任共产国际驻中国代表。翌年6月到达上海，筹备并参加了中共"一大"，会上代表共产国际作了报告。12月，赴桂林与孙中山会见。1922年，返回莫斯科向共产国际执行委员会汇报工作，提出中国共产党党员加入国民党的主张，被采纳。1923年6月，参加中共三大，会议通过了国共合作的决议。后被派往共产国际远东局工作，担任负责人之一。1927年脱离荷兰共产党，1929年建立托派组织革命社会党。1942年4月被德国纳粹逮捕并被判处死刑。

鲍罗廷（1884—1951），全名米哈伊尔·马尔科维奇·鲍罗廷，生于俄国旧维帖布斯克州。1903年加入俄国社会民主工党（布尔什维克）。1907年到美国，曾加入美国社会党，创办《美国工人》杂志，担任援助俄国政治犯委员会主席。1918年回俄国。1919年3月参加共产国际一大，会后任共产国际代表，被派往美国纽约、墨西哥、西班牙、德国、英国工作。1922年任共产国际英国委员会委员，8月在格拉斯哥被捕，服苦役半年后被驱逐出境。1923年9月，任共产国际驻中国代表、苏联驻广东革命政府代表，来华后被孙中山聘为顾问，帮助孙中山改组国民党，促成第一次国共合作。翌年1月，参加国民党一大，协助起草大会宣言及其他文件，会后又帮助筹建黄埔军校。1926年"中山舰事件""整理党务案"后，对国民党右派的反共活动采取妥协、退让政策。1927年6月，被武汉国民党中央解除顾问职务，返回苏联。此后长期从事外文出版工作，任《莫斯科新闻》英文版编辑主任、《每日新闻》编辑、塔斯社副社长等职。1949年与美国记者斯特朗同时被捕。1951年5月29日病逝于劳动营。

施复亮（1899—1970），原名存统，浙江金华人。1919年因发表《非孝》，抨击封建伦理道德，被浙江省立第一师范学校开除。1920年参加上海共产主义小组，同年留学日本，组织成立东京共产主义小组。回国后历任中国社会主义青年团中央书记、《先驱》主编，上海大学、中山大学教授，黄埔军校政治教官，武昌中央军事政治学校政治部主任等职，其间还在广东农民运动讲习所授课。1927年脱党。后在上海大陆大学、北平师范大学、广西大学任教。抗日战争期间，任上海《文化战线》主编、南方印书馆总编辑、四川银行经济研究处处长等职。1945年参与筹建中国民主建国会，任常务理事，先主张中间道路，后拥护中共路线。1949年后，历任劳动部副部长、全国人大常委会委员、民建中央副主任委员、全国工商联常委等职。著有《中国现代经济史》《民主抗战论》等。

蔡和森（1895—1931），原名和仙，字润寰，号泽膺，湖南湘乡（今属双峰）人。1918年同毛泽东等组织新民学会，创办《湘江评论》。1920年12月赴法勤工俭学，与毛泽东、陈独秀等人保持通信往来，商讨组建中国共产党等，提出有关建党的理论、路线和组织原则。1921年冬回国加入中国共产党。1922年9月，任中共中央机关报《向导》周报主编。1922年5月，在中国社会主义青年团第一次全国代表大会上当选为团中央执行委员。1924年任中共北京区委委员兼秘书。1925年5月，参加并领导上海五卅运动。同年去苏联，出席共产国际第五届执委会第六次扩大会议，会后任中共驻共产国际代表。1927年3月回国后，任中央宣传部部长、代理中央秘书长。八七会议后，被指定为中央特派员，赴天津协助建立中共中央北方局领导机关。1928年底任中共驻共产国际代表。1931年初回上海，旋赴香港指导广东省委工作。同年6月，因叛徒出卖被捕，引渡到广州后被杀害。著有《社会进化史》等。著作辑有《蔡和森文集》。

越飞（1883—1927），全名艾布拉姆·阿道夫·亚伯拉罕维奇，俄国克里米亚人。1908年同托洛茨基在维也纳编辑《真理报》。1917年6月，参加俄国社会民主工党"六大"，被选为中央委员。1918年任苏联驻德国大使。1922年8月，作为苏俄政府特使来华，与北京政府谈判建交、缔结商约等问题。次年赴上海，与孙中山会谈，发表《孙文越飞联合宣言》，孙中山联俄政策确立。后去日本同廖仲恺会谈实施国民党与苏联联盟等问题。1926年秋，因共产国际和联共（布）开展反对托洛茨基派斗争受到牵连。1927年11月，自杀身亡。

廖仲恺（1877—1925），字夷白，广东归善（今惠阳）人。早年赴日本留学，其间结识胡汉民、苏曼殊、冯自由、孙中山等人。1905年加入中国同盟会，任总部外事部干事，同年被推选为中国留日学生会会长。1911年任广州军政府财政部副部长和枢密处参议，参加南北议和会议。1913年"二次革命"失败，随孙中山出走日本。1914年任中华革命党财政部副部长，实际主持财政工作。1917年7月随孙中山南下护法，9月任军政府财政部次长。次年随孙中山离开广州赴上海。1919年6月和8月，与朱执信、胡汉民等在上海创办《星期评论》《建设》杂志。1921年4月，任广州大总统府财政部次长兼广东省财政厅长。1922年6月，陈炯明叛乱时被囚于广州西郊石井兵工厂，8月获释。后参与国民党改组工作。1924年1月，在国民党一大上，当选中央执行委员、常务委员。会后，任黄埔军校筹委会代委员长，11月先后兼任国民党中央工人部部长、农民部部长。1925年5月21日，在《革命周刊》第1期发表《革命派与反革命派》，批判国民党右派。8月20日与何香凝参加国民党中央常务会议，在中央党部门前被刺杀。著作辑有《廖仲恺文集》。

汪精卫（1883—1944），名兆铭，字季新，号精卫，原籍浙江山阴（今绍兴），生于广东三水。早年与胡汉民、朱执信同船赴日本留学，其间加入中国同盟会，任评议部评议长。1910年赴北京，与黄复生、喻培伦等谋刺摄政王载沣，事泄被捕。武昌起义后出狱，参加南北和议，担任南方议和代表伍廷芳的参赞。1924年当选为国民党中央执行委员兼上海执行部常务委员，后任中央宣传部长。1925年3月代孙中山起草政治遗嘱。同年7月，被选为广州国民政府主席、军事委员会主席和国民党中央政治委员会主席。1927年初，任武汉国民政府主席。同年7月15日在武汉"分共"，宣布与共产党决裂，后与蒋介石争夺中央权力。1932年1月，任国民政府行政院长，并先后兼任内政部部长、外交部部长，推行"安内攘外"政策。1935年11月遇刺，次年初赴欧洲疗养。西安事变发生后回国，准备取代蒋掌权，未成。全面抗战爆发后，当选国防最高会议副主席、国民党副总裁、国民参政会议长等职。后发表"艳电"响应日本近卫内阁对华声明，叛国投敌。1940年3月在南京成立伪"国民政府"，任"行政院长""军事委员会委员长""国民政府主席"等职。1944年11月病死于日本名古屋。

张继（1882—1947），原名张溥，字溥泉，直隶沧县（今属河北）人。早年留学日本，与秦力山、王宠惠等创办《国民报》月刊。1905 年加入中国同盟会，当选为司法部判事、直隶分会会长。后担任《民报》编辑人与发行人。1913 年当选为第一届国会参议院议长。后参加"二次革命"、护法运动。1922 年，参加国民党改组工作，受孙中山委托离沪赴京，与苏俄代表越飞会谈。1924 年当选为国民党中央监察委员，不久公开反对孙中山的"三大政策"，提出"弹劾共产党案"，受到孙中山的严厉斥责。1925 年后支持西山会议派并参加相关活动。不久，投靠蒋介石，历任国民政府司法院副院长兼故宫博物院副院长、立法院长、国民党中央党史史料编纂委员会主任委员、"制宪国大"主席团委员、国史馆馆长等职。著作辑有《张溥泉先生全集》等。

戴季陶（1891—1949），名传贤，字选堂，笔名天仇，浙江吴兴（今湖州）人，生于四川广汉。早年留学日本。1911 年加入同盟会。"二次革命"后随孙中山流亡日本，参与筹建中华革命党，任浙江支部负责人。1924 年国民党一大上当选为中央执行委员、常务委员，会后任国民党中央宣传部长兼任筹建中的黄埔军校政治部主任。1925 年参加西山会议派活动，反对孙中山"三大政策"，发表《国民革命与中国国民党》《孙文主义之哲学的基础》等文章，反对马克思主义理论，要求加入国民党的共产党员脱离一切党派，成为单纯的国民党党员，为蒋介石反共夺权制造舆论。南京国民政府成立后，曾任考试院院长。1948 年任国史馆馆长。1949 年 2 月 12 日，在广州自杀。

林森（1867—1943），字子超，号长仁，福建闽侯人。早年就读于教会所办培元学校、英华书院。1905 年加入中国同盟会。武昌起义后，任九江军政府民政厅长，负责对外联络。1912 年任南京临时参议院议长。1913 年当选为第一届国会参议院全院委员长。"二次革命"失败后赴日本，参加中华革命党。1914 年任中华革命党美洲支部长。1917 年任护法军政府外交部部长，次年任非常国会参议院议长。1922 年任福建省长。1924 年当选为中国国民党中央执行委员。孙中山去世后，公开反对国共合作，1925年11月，与邹鲁、谢持、居正等人在北京西山碧云寺召开会议，形成"西山会议派"，被推选为"中央常委"兼"海外部部长"。1927年任国民党中央特别委员会委员。次年任国民政府委员、立法院副院长。1931年任立法院院长，由邵元冲暂时代理。同年12月，国民党召开四届一中全会，被推为国民政府主席，但仅为国家元首，不负实际政治责任。1943年8月1日在重庆去世。

孙科（1891—1973），字哲生，广东香山（今中山市）人。孙中山之子。1895年冬，随母亲徙居檀香山，曾就读于檀香山圣路易士学院。1910年加入同盟会。1912年，考入加利福尼亚州立大学，获文学学士。1916年，进入哥伦比亚大学学习，获硕士学位。1917年回国，适值孙中山在广州护法，任大元帅府秘书兼外交部秘书。后历任广州治河督办、广州市长、广州国民政府委员、军事委员会委员兼广东建设厅长、交通部长等职。国民政府迁都武汉后，任中央常务委员会委员、中央政治委员、军事委员会委员、国民政府常务委员兼青年部部长等职。南京国民政府成立后，任中央特别委员会委员、国民政府委员、财政部长等职。1931年12月起，历任行政院长、立法院长等。抗战期间，多次出访莫斯科，寻求苏联援助。1946年以后，公开演说"不赞成内战"，历任国民政府副主席兼立法院长、行政院长。后去台湾。著有《都市规划论》《中国之前途》《八十略述》等。

瞿秋白（1899—1935），原名双，又名爽、霜，笔名宋阳、史铁儿等，江苏武进（今常州市）人。1917年入北京俄文专修馆学习。1920年参加马克思学说研究会。10月，以《晨报》记者名义访苏。1922年2月，加入中国共产党，先后参加远东民族代表大会、共产国际三大、四大。1923年回国，编辑《向导》《前锋》，传播马克思主义。6月，参加中共三大，当选中央委员。1924年出席国民党一大，当选国民党候补中央执行委员。1925年参与领导五卅运动，主编《热血日报》，撰文批判"戴季陶主义"的反共本质。1927年在汉口主持召开八七会议，纠正和结束了陈独秀"右"倾投降主义错误，当选为临时中央政治局常委，主持中央工作。1928年赴莫斯科参加中共六大，当选为政治局委员、共产国际执行委员、主席团委员、政治书记处成员，留任中共驻共产国际代表团团长。1930年回国，与周恩来一起主持六届三中全会，纠正了李立三"左"倾冒险主义错误，但是，不久就在六届四中全会上遭到王明等诬陷、打击，被解除职务。后去上海与鲁迅等从事左翼文化运动。1934年到达江西中央苏区，任中华苏维埃共和国教育人民委员（教育部长）。红军长征后，留在江西工作。1935年转移途中，在福建长汀被捕后杀害。著作收入《瞿秋白文集》《瞿秋白选集》。

蒋介石（1887—1975），名中正，字介石，号瑞元，谱名周泰，学名志清，浙江奉化人。早年曾在奉化凤麓学堂就学。1906年4月东渡日本，准备进入军校学习。因学习军事需要取得官费保送资格，遂回国参加保定陆军速成学堂招考。1907年夏入学。后由学堂保送至日本留学，就读于东京振武学校炮科。1908年加入中国同盟会。1911年武昌起义后回国，在沪军都督陈其美部下任第二师第五团团长。1912年，因刺杀陶成章"避往日本"，在东京参与创办《军声》杂志，发表《军政统一问题》等文。1913年7月，参加"二次革命"，失败后逃往日本，并加入中华革命党。1922年陈炯明叛变时，奉召随侍孙中山于"永丰"舰，深受激赏。1924年，出任黄埔军校校长兼粤军司令部参谋长，次年率师东征陈炯明，后任广州国民政府军事委员会委员、国民革命军第一军军长。指挥第二次东征，全歼陈炯明部。1926年1月，在中国国民党二大上当选为中央执行委员、常务委员。后制造"中山舰事件"、提出"整理党务案"，排斥共产党人；旋出任国民党中央组织部长、军人部长及中央执行委员会常务委员会主席等职，加强了在国民党内的统治地位。同年7月，任国民革命军总司令，率师北伐。1927年发动"四一二"反共政变，在南京另组国民政府；8月，因与汪精卫、桂系矛盾激化，被迫下野，出访日本，其间与日本首相田中义一会谈；12月，在上海与宋美龄结婚。1928年1月，复任国民革命军总司令职，在国民党二届四中全会后任组织部长、国民政府军事委员会主席、中央政治会议主席,积极准备第二次北伐。6月,打败奉系军阀张作霖。同年10月,任国民政府主席兼陆海空军总司令。1929年5月,任中国国民党中央政治会议主席。1930年,在中原大战中打败阎、冯、李等地方势力,集党政军大权于一身。"九一八"事变后,坚持"攘外必先安内"政策,发动对红军的多次"围剿"。西安事变后,被迫同意停止内战,再次开展国共合作。抗日战争中,先后在上海、南京、徐州、武汉、长沙等地组织军队同日军作战。1938年4月,在中国国民党临时全国代表大会上被选为国民党总裁,1939年2月,任国防最高委员会委员长兼国民参政会议长、国民精神总动员会会长、行政院长等职。在冬季攻势中取得昆仑关大捷。太平洋战争爆发后,于1942年任中国战区盟军最高统帅部最高统帅。1943年,分别同英、美等国签订新约,取消英、美在华治外法权。9月,任国民政府主席。11月,出席开罗会议,随后中、美、英三国首脑联合发表《开罗宣言》。1946年6月发动全面反共内战,并于11—12月宣布召开国民大会,制订《中华民国宪法》,但中共和民主同盟均拒绝参加。1948年,由"行宪国大"选举为总统。1949年1月,宣告"引退",由李宗仁代行职务;6月,出任中国国民党中央非常委员会委员兼最高决策委员会主席;12月10日,退据台湾。

李立三(1899—1967),原名隆郅,湖南醴陵人。1919年12月赴法国勤工俭学,创办《华工周刊》,宣传马克思主义。1921年回国后加入中国共产党。1922年,任安源路矿工人俱乐部主任,创办平民学校和工人补习学校,领导安源路矿工人大罢工。1924年4月,任中共上海区委职工运动委员会书记,负责上海地区工人运动。1925年5月,当选上海总工会委员长,参与领导五卅运动。1926年5月,当选中华全国总工会执行委员、组织部长。1927年参加南昌起义,任中共前敌委员会委员、革命委员会委员、政治保卫处处长。南昌起义、广州起义失败后,任中共广东省委书记。1928年冬至1930年秋,在上海任中共中央政治局常委兼秘书长、宣传部长,成为中共的主要领导之一。1930年6月11日,主持召开中共中央政治局会议,通过了《新的革命高潮与一省或几省的首先胜利》决议案,错误估计了中国革命的形势、性质与任务，组织制定在全国中心城市武装起义和集中全国红军进攻中心城市冒险计划，被称为"立三路线"，后在中共六届三中全会上得到纠正。1930 年底赴苏联学习。1946 年 1 月回国，任军事调处执行部东北三人小组成员、中共中央东北局敌工部长、城工部长等职。1948 年 6 月，当选中华全国总工会副主席，主持日常工作。中华人民共和国成立后，先后任中央人民政府委员、政务院委员、劳动部部长、中共中央书记处第三办公室副主任、中共中央工业交通工作部副部长、中共中央华北局书记处书记等职。

刘少奇（1898—1969），原名刘绍选，字渭璜，化名胡服，湖南宁乡人。1920 年加入中国社会主义青年团。次年赴莫斯科东方大学学习，同年加入中国共产党。1922 年回国，参与组织安源路矿工人大罢工，旋任安源路矿工人俱乐部主任。1925 年任中华全国总工会副委员长，先后参与领导了五卅运动、省港大罢工。1927 年后，历任中共中央驻顺直省委特派员、中共满洲省委书记、赤色职工国际执行局委员。1931 年回国，任临时中央职工部部长、全国总工会党团书记。1934 年春，任中共福建省委书记。10 月参加长征。1936 年任中共中央北方局书记，坚决执行党中央抗日民族统一战线政策。后历任中共中原局书记、中共华中局书记兼军委华中分会书记、华中新四军八路军总指挥部政委、新四军政委。其间撰写《论共产党员的修养》一文。1943 年任中共中央书记处书记、中央军委副主席。1945 年在中共"七大"上作了《关于修改党章的报告》，对毛泽东思想做了简要概括并给予高度评价，指出："毛泽东思想，就是马克思列宁主义的理论与中国革命的实践之统一的思想，就是中国的共产主义，中国的马克思主义"，并指出："毛泽东思想就是这次新修改的党章的基础，学习毛泽东思想，遵循毛泽东思想的指示去工作，乃是每一个党员的职责。"后当选为中央政治局委员、中央书记处书记。解放战争时期，曾任代理中共中央主席。1947 年国民党军队占领延安，任中共中央工作委员会书记，在华北负责党中央所委托的工作。中华人民共和国成立后，历任中央人民政府副主席、中央军委副主席、全国人大常委会委员长、中共中央副主席、中华人民共和国主席兼国防委员会主席。1969年11月12日于河南开封逝世。主要著作收入《刘少奇选集》。

苏兆征（1885—1929），广东香山县（今珠海）人。早期工人运动领导人之一。1922年1月参与领导香港海员大罢工，任罢工总办事处总务部主任、海员工会代理会长等职。1925年加入中国共产党，同年与邓中夏、李启汉等领导省港大罢工，坚持16个月之久，在经济上、政治上给英帝国主义沉重打击，为统一广东革命根据地和维护社会秩序、为北伐的顺利开展做出了贡献。1926年任中华全国总工会执行委员会委员长。1927年初，任武汉国民政府劳工部部长。八七会议上，被选为中共中央政治局常委。1928年赴莫斯科出席赤色职工国际第四次代表大会和共产国际第六次代表大会，并当选为这两个组织的执行委员。因积劳成疾，病倒在苏联。1929年回国，2月在上海病逝。

程潜（1882—1968），字颂云，湖南醴陵人。1903年（光绪二十九年）考入湖南武备学堂，同年留学日本东京振武学校。1905年加入中国同盟会。武昌起义时，担任炮兵指挥、湖南都督府参谋长。"二次革命"失败后，在日本与李根源、李烈钧等组织欧事研究会。1917年，任湖南护法军总司令。1920年出任广州军政府陆军次长，代理部务。东征中，任东江讨逆总指挥兼大本营陆军讲武学校校长。北伐战争时期，任国民革命军第六军军长等职。抗日战争时期，先后任参谋总长、国民党第一战区司令长官兼任河南省政府主席。抗战胜利后，任武汉行营主任、长沙绥靖公署主任、湖南省政府主席等。1949年8月，与陈明仁率部在长沙起义脱离国民党。1949年后，历任湖南省人民政府主席、湖南省省长、国防委员会副主席、全国人大常委会副委员长、中国国民党革命委员会中央副主席等职。

邓演达（1895—1931），字择生，广东惠阳人。1919年毕业于保定军官学校，先在西北边防军见习，后任粤军第一师参谋兼步兵独立营营长，旋改任工兵营长，追随孙中山从事革命活动。第一次国共合作期间，担任黄埔军校筹备委员、训练部副主任，实际主持部务。孙中山去世后，任黄埔军校教务长。"中山舰事件"发生后，因反对蒋介石的反共活动，遭到软禁。后担任国民革命军总司令部政治部主任、湖北省政务委员会主任委员。1930年8月，主持召开中国国民党临时行动委员会第一次中央干部会，被选为中央干事会总干事。因反对蒋介石的独裁统治、策动国民党军队中的黄埔学生起来反蒋，给蒋介石的统治造成威胁，1931年8月17日在上海被捕，11月在南京被杀害。著作辑有《邓演达先生遗著》。

谭延闿（1880—1930），字组庵、祖安，号无畏，湖南茶陵人。光绪进士，授翰林院编修。1906年（光绪三十二年）在长沙组织"湖南宪政公会"，积极推行立宪活动。1909年（宣统元年）任湖南咨议局议长，成为湖南立宪派领袖人物。旋赴京参加各省立宪派联合举行的国会请愿运动，出席各省咨议局联合会议，任会议主席。辛亥革命后，出任湖南参议院议长兼湖南军政府民政部长。1912年被袁世凯任命为湖南都督。"二次革命"中宣布湖南独立，任湖南讨袁军总司令，不久被袁免职，寓居青岛、上海。袁死后，再任湖南省省长兼督军，1917年辞职。后在桂系军阀支持下，驱除湖南督军张敬尧，集湖南督军、省长、湘军总司令于一身，主张湘人治湘，民选省长，曾宣布湖南自治。1920年11月被赵恒惕赶下台。遂投奔孙中山，任广州大元帅大本营内政部长、建设部长，又任湘军总司令兼大本营秘书长，讨伐赵恒惕。1924年后历任建国军北伐总司令、国民政府常委兼军事委员会委员、国民革命军第二军军长、中央政治委员会主席，并曾代理国民政府主席。1927年后历任代理武汉国民政府主席、国民政府主席、行政院长等职。

张学良（1901—2001），字汉卿，号毅庵，奉天（今辽宁）海城人。张作霖之子。1919年入东三省讲武堂学习。毕业后曾任营长、团长、旅长等职。曾参加两次直奉战争。1928年6月张作霖死后任东三省保安司令。12月29日，在奉天省府礼堂举行隆重的易帜典礼并发表《易帜通电》，宣告东北三省改旗易帜，随后国民政府于31日正式任命其为东北边防军司令长官。在中原大战中拥护蒋介石。"九一八"事变后，任北平绥靖公署主任、军委会北平分会代理委员长，负责华北守卫。1933年负责防守的热河失陷后，通电下野，罢官出国。1934年1月回国后任鄂豫皖"剿匪"副司令、军委会武昌行营主任、西北"剿匪"副司令等职，执行蒋介石"攘外必先安内"政策。1936年12月12日，与杨虎城实行"兵谏"，扣留了蒋介石，向全国通电，提出"停止一切内战""容纳各党派，共同负责救国"等主张，称"西安事变"。事变和平解决后，陪同蒋介石乘机离开西安。抵达南京后，遭到扣押，由此开始漫长的软禁生涯。后被押送台湾。晚年寓居美国。唐德刚撰有《张学良口述历史》。

李宗仁（1891—1969），字德邻，广西桂林人，国民党"桂系"首领。"四一二"政变后，联络宁方将领联名致电汪精卫，表示愿意和平解决党内纠纷，迫使蒋介石宣布下野，辞去国民革命军总司令的职务。1929年爆发"蒋桂战争"，在蒋介石分化瓦解政策下，桂军不战自溃，几乎全部瓦解。1931年出任第四集团军总司令。抗日战争爆发后，任第五战区司令长官，取得台儿庄大捷，这是全面抗战初期正面战场中，中国军队取得的重大胜利，有力地打击了日军嚣张气焰。1948年当选副总统。蒋介石下野后，一度任代总统，欲以"和平谈判""划江而治"挽救国民政府未果。之后出走美国，于1965年7月回到北京，1969年1月逝世。

白崇禧（1893—1966），字健生，广西桂林人。先后在武昌陆军预备学校、保定军官学校学习。毕业后回广西，曾任广西督军署模范营第一营营长。1921年升任桂军第一营营长、团长。1924年加入国民党，6月任"定桂""讨贼"联军前敌总指挥兼参谋长，打败旧桂系，统一广西。1925年秋，改任广西绥靖督办公署参谋长。1926年3月，两广统一后，桂军改编为国民革命军第七军，任参谋长。北伐开始后，任国民革命军副总参谋长、东路军前敌总指挥。1927年，支持并参与"四一二"反共政变。1929年3月，蒋桂战争爆发，桂系失败后，与李宗仁退回广西。1930年中原大战爆发后，与李宗仁率军进攻湖南，一度占领衡阳、长沙，后失利再回广西。抗日战争期间，任广西绥靖公署副主任兼民团总司令，经营广西的同时仍执行反共政策。"两广事变"和平解决后，桂军改编为国民革命军第五路军，任副总指挥。"七七事变"后任军事委员会副总参谋长兼军训部长，指挥正面战场初期的许多战役。1941年，参与策划皖南事变。1946年任国防部长。1948年6月改任战略顾问委员会主任、华中军政长官等职。1949

年反对与中共和平谈判，继续顽抗。后逃亡台湾。著有《游击战纲要》《现代陆军军事教育之趋势》等。

何应钦（1890—1987），字敬之，贵州兴义人。1909年入日本东京振武学校学习。1916年返国，任黔军第一师第四团团长兼贵州陆军讲武学校校长。1924年出任黄埔军校总教官，负责军事教学、训练。旋升任教导第一团团长。参加东征、北伐，任国民革命军第一军军长、北伐军东路军总指挥。1930年任国民政府军政部部长，参与指挥国民党军队对中央苏区和红军的第三次、第四次"围剿"。抗日战争期间，同日本华北驻屯军司令官梅津美治郎达成协议（即"何梅协定"），日本政府攫取了中国河北、察哈尔两省的大部分。这一系列丧权辱国的协定，严重损害了中国主权，助长了日本侵略者的气焰，造成日本占据平津及河北省大部分的既定事实，华北地区的中国主权及行政系统开始瓦解。1944年任中国战区中国陆军总司令。1945年9月9日，代表中国战区最高统帅接受日本投降。1946年出任联合国安理会军事参谋团中国代表团团长。1948年任国民政府行政院政务委员兼国防部长。1949年任行政院院长，加紧长江布防，拒绝与中共和谈。后去台湾。

李济深（1885—1959），字任潮，广西苍梧人。1914年毕业于陆军大学，留校当教官。1920年去广州任粤军第一师副官长，1923年升任师长。1925年任国民革命军第四军军长。1926年1月当选国民党第二届中央执行委员，北伐中任国民革命军总参谋长，未从军出征，留守广州，代行总司令职权。1927年参加广州四一五反共活动，5月兼任广州政治分会主席、广东省政府主席，8月任国民革命军第八路军总指挥。1929年3月，因支持李宗仁罢免鲁涤平被蒋介石软禁于南京汤山。1933年11月，联合国民党第十九陆军的陈铭枢、蔡廷锴、蒋光鼐等发动"福建事变"，成立中华共和国人民革命政府，任主席兼军委主席，公开提出反蒋抗日口号，并宣布退出国民党。12月下旬，蒋介石组织军队进攻，反抗失败后逃往香港。1944年参与筹建国民党民主促进会。抗战胜利后，创办《文汇报》，反对蒋介石独裁和发动内战。1948年1月，在香港与宋庆龄、何香凝等发起成立中国国民党革命委员会，任主席。中华人民共和国成立后，历任全国政协副主席、全国人大常委会副委员长等职。

陈果夫（1892—1951），原名祖焘，字果夫，浙江吴兴（今湖州）人。1911年参加同盟会。武昌起义爆发后，曾参加武汉保卫战。1926年当选国民党中央监察委员。"中山舰事件"后，任民党中央组织部秘书。1928年，起草《整理各地党务案》《整顿中央党部案》，提出"党外无党、党内无派"的口号，此后，历任国民党中央执行委员兼组织部长、江苏省政府主席。与其弟陈立夫组织"中央俱乐部"（即Central Club），是国民党CC派首领，长期控制中国国民党中央执行委员会调查统计局（即"中统"），进行特务活动，迫害进步人士。西安事变中参与谈判，促成事件和平解决。1939年7月，出任军事委员会委员长侍从室第三处主任，成为蒋介石的最高人事幕僚，逐步控制中央和地方人事大权，形成所谓"蒋家天下陈家党"的格局。1945年后，任国民党中央财政委员会主任，后担任中国农民银行董事长、中央合作金库理事长、土地开发公司理事长等职，扩充官僚资本。后去台湾。

阎锡山（1883—1960），字百川，山西五台人。1902年（光绪二十八年）入山西武备学堂。1904年先后入日本东京振武学校、陆军士官学校学习。1905年在东京加入同盟会。1910年任山西新军第四十三混成协第六十六标标统。武昌起义后，长期任山西都督，后改任山西督军兼省长，集军政大权于一身。"四一二"政变后，投靠蒋介石，任国民革命军第三集团军总司令、行政院内政部长、陆海空军副总司令。中原大战失败后逃往大连。1931年回太原。1932年出任太原绥靖公署主任，重掌山西军政大权。后历任国民政府委员、军委会委员、副委员长，阻挠红军开赴抗日前线。1936年提出联共抗日口号，但1939年开始反共拥蒋，并发动"十二月事变"，以重兵进攻山西牺盟会和敢死队。解放战争中坚持反共立场，拒绝太原和平解放。解放军发起进攻后逃离太原。1949年在广州任国民政府行政院院长。后去台湾。

萧楚女（1893—1927），字树烈，笔名楚女，湖北汉阳人。1912年考入武昌新民实业学校。1915 年任武汉《崇德报》主笔。1917 年任《大汉报》主笔。1920—1921 年先后参加恽代英发起组织的利群书社和共存社。1922 年 8 月参加中国共产党，后在四川泸州师范、重庆联合中学任教。1923 年到重庆，在四川省立第二女子师范任教，并任《新蜀报》主笔。1924 年 5 月，与恽代英共同负责编辑《中国青年》，写了许多政论文章并参加五卅运动。后编辑南京《人权日报》、河南《中州评论》。1926 年 1 月，去广州协助毛泽东编辑《政治周报》并在广东大学兼职授课。旋任第六届农民运动讲习所教员、黄埔军官学校政治教官。1927 年 2 月，兼任华侨运动讲习所教员，在广州"四一五"政变中被捕遇害。著有《国民革命与中国共产党》《显微镜下之醒狮派》等。

夏明翰（1900—1928），湖南衡阳人，生于湖北秭归。五四运动时，成立湘南学生联合会，主编《湖南学生联合会刊》。1921 年入湖南自修大学学习，同年冬加入中国共产党。1923 年当选湖南省学生联合会干事长。1925 年后历任中共湖南区委组织部长兼农民部长、中共湖南长沙地委书记等职，负责组织农民运动，在全省各地发起成立农民协会，推动湖南工农运动蓬勃发展。1928 年初，调任湖北省委委员。3 月 18 日在汉口被捕，20 日英勇就义。临刑前写下："砍头不要紧，只要主义真。杀了夏明翰，还有后来人！"

向警予（1895—1928），原名俊贤，湖南溆浦人。土家族。1919 年参加新民学会，与蔡畅发起组织湖南女子留法勤工俭学会，后赴法留学。1921 年冬回国，1922 年抵达上海后加入中国共产党。在中共二大上当选为中央妇女部部长，主编《妇女周报》。五卅运动中，组织领导上海各界女工罢工，后赴莫斯科东方共产主义劳动大学留学。1927 年回国，在湖北省委工作，主编《大江》。1928 年 3 月在汉口被捕，5 月遇害。

彭湃（1896—1929），原名汉育，又名天泉，广东海丰人。1918 年入日本早稻田大学政治经济科学习。1921 年回国，参加中国社会主义青年团，创办社会主义研究社和劳动者同情会。1924 年加入中国共产党，同年加入国民党，任国民党中央农民部秘书。1927 年中共五大上当选为中央委员。参加南昌起义,任中共前敌委员会委员。八七会议上,被选为临时中央政治局委员。广州起义失败后,继续在海陆丰地区坚持斗争。1928 年 6 月,在中共六大上当选为中央委员,后调上海,任中共中央农委书记兼江苏省委军委书记。1929 年 8 月被捕,30 日在上海龙华遇害。

恽代英（1895—1931）,字子毅,原籍江苏武进,生于湖北武昌。1915 年发起成立互助社。1918 年毕业于武昌中华大学,任中华大学附属中学主任。1920 年,与林育南等人创办利群书社,传播马克思主义。1921 年加入中国共产党。在中国社会主义青年团第二、第三次全国代表大会上,均当选为中央委员,创办团中央机关刊物《中国青年》,任主编。1926 年任黄埔军校政治主任教官、中共党团干事。1927 年 1 月主持武汉军事政治学校。同年参加领导南昌起义,任前敌委员会委员。12 月参加广州起义,任广州苏维埃政府秘书长。1928 年到上海任中共中央宣传部秘书长,主编中共中央机关刊物《红旗》。1930 年 5 月 6 日被捕,次年 4 月 29 日在南京英勇就义。主要著作收入《恽代英全集》。

贺龙（1896—1969）,原名文常,字云卿,湖南桑植人。1914 年加入中华革命党。1926 年参加北伐,任国民革命军第八军第六师师长、第九军第一师师长、第二十军军长。1927 年参加领导南昌起义,任起义军总指挥,并加入中国共产党。起义失败后至湘鄂西创建革命根据地,历任工农革命军军长、第四军军长、中共湘鄂西前敌委员会书记、红二军团总指挥、红三军军长、中央革命军事委员会湘鄂川黔分会主席、红二方面军总指挥等职。1939 年 2 月,任冀中军政委员会书记、冀中指挥部总指挥,多次粉碎敌人"扫荡",巩固冀中抗日根据地。后历任晋西北军区司令员、陕甘宁晋绥五省联防军司令员、晋绥军区司令员、西北军区司令员等职,参与筹建西北军政大学。中华人民共和国成立后,任中央人民政府委员、西南军区司令员、中共西南局第三书记、中央军委副主席、国务院副总理兼国家体委主任等职。1955 年被授予元帅军衔。1969 年 6 月 9 日逝世。

叶挺（1896—1946）,字希夷,广东惠阳人。1918 年冬毕业于保定军官学校工兵科。1923 年任广东革命政府宪兵司令部参谋长兼一营营长。

1924 年入莫斯科东方大学、苏联军事学院学习。1925 年加入中国共产党，同年 8 月回国，任国民革命军第四军参谋处处长、国民革命军第四军独立团团长。1926 年 5 月，率领北伐先遣队开赴湖南、湖北前线，在汀泗桥和贺胜桥战役中，击溃直系军阀吴佩孚的主力，为第四军赢得"铁军"称号。1927 年参加领导南昌起义，任前敌总指挥兼第十一军军长。同年 12 月又参加领导广州起义，任起义军总司令，失败后赴苏联。1931 年到澳门。1937 年 10 月出任新四军军长。1941 年 1 月在皖南事变交涉中被扣押。1946 年 3 月获释，重新加入中国共产党。同年 4 月，由重庆乘飞机返回延安途中，因飞机失事于山西兴县黑茶山遇难。

聂荣臻（1899—1992），四川江津（今属重庆）人。1919 年赴法国勤工俭学。1922 年 8 月加入旅欧中国少年共产党，翌年春转入中国共产党，曾任旅欧社会主义青年团执行委员会委员、训练部副主任。1924 年赴苏联莫斯科东方大学学习，后转入苏联红军学校中国班学习军事。1925 年 9 月回国，先后任黄埔军校政治部秘书兼政治教官、中共广东区委军委特派员、中共湖北省委军委书记。1927 年 12 月参与领导广州起义，后任中共广东省委军委书记、中共顺直省委组织部长、中央军委参谋长、红军总政治部副主任、第一军团政治委员等职。1934 年 10 月率部参加长征。抗日战争时期，先后任八路军第 115 师副师长、政治委员，参与指挥平型关战役。后任晋察冀军区司令员兼政治委员，1940 年 8 月率部参加百团大战。1948 年 5 月，任华北军区司令员、中共中央华北局第三书记。1949 年 2 月起，兼任平津卫戍司令、北平市长兼军管会主任、人民解放军副总参谋长。中华人民共和国成立后，历任中央人民政府人民革命军事委员会副主席、国务院副总理兼国防科委、国家科委主任、中央军委副主席等职。1955 年被授予元帅军衔。主要著作收入《聂荣臻军事文选》。

朱德（1886—1976），字玉阶，四川仪陇人。1909 年入云南陆军讲武堂学习，并加入中国同盟会。1922 年赴德国留学加入中国共产党。1925 年到苏联学习军事，1926 年夏回国。1927 年在南昌创办军官教育团兼任南昌市公安局长，领导南昌起义，任第九军军长。1928 年 4 月，与陈毅率领南昌起义余部及湘南农民军转战到井冈山，在宁冈与毛泽东率领的部队会师，合编为中国工农革命军第四军，任军长。1934年10月参加长征，其间同张国焘的分裂行为进行了坚决的斗争。1935年1月，在遵义会议上坚决支持以毛泽东为代表的正确路线。抗日战争期间，任八路军总指挥，兼任中共海外工作委员会主任，积极开展对外工作，宣传民主联合政府的主张。解放战争时期，任中国人民解放军总司令，参与指挥辽沈、淮海、平津三大战役及渡江战役。中华人民共和国成立后，历任中央人民政府副主席、中央军委副主席、人民解放军总司令、中华人民共和国副主席、人大常委会委员长、中央纪律检查委员会书记等职。1955年被授予元帅军衔。主要著作收入《朱德选集》。

陈毅（1901—1972），字仲弘，四川乐至人。1919年赴法勤工俭学，在巴黎参加工人运动。1923年在北京中法大学学习期间，加入中国共产党。1927年在武汉中央军事政治学校任中共委员会书记，负责政治工作。1928年1月，参加领导湘南起义，任工农革命军第一师党代表。井冈山会师后，历任红四军第十二师师长、红四军军委书记、红军第一军团第六军（后改为红三军）政委、中共赣西南特委书记、江西军区总指挥兼政治委员、中华苏维埃中央政府办事处主任等职。抗战期间，参与组建新四军，任新四军江南指挥部指挥，参与黄桥战役。皖南事变后，任新四军代军长，在苏北重建新四军军部。抗战胜利后，历任新四军军长兼山东军区司令员、华东军区司令员、华东野战军司令员兼政委，参与指挥淮海战役；后又任第三野战军司令员兼政委，参与组织渡江战役。中华人民共和国成立后，历任华东军区司令员兼上海市市长、国务院副总理兼外交部部长、全国政协副主席等职。1955年被授予元帅军衔。博学多才，文艺作品辑有《陈毅诗词集》。

项英（1898—1941），原名德龙，湖北武昌人。1922年加入中国共产党。曾任京汉铁路罢工委员会总干事，担任二七大罢工主要领导人。1924年后任中共中央职工部长、湖北省总工会组织部长、武汉工人纠察队总队长、中华全国总工会委员长。1930年到达江西中央苏区，后历任中共苏区中央局代理书记、中央革命军事委员会主席、中华苏维埃共和国临时中央政府副主席等职。1934年中央红军主力长征后，留守在赣粤边区坚持开展游击战争。抗日战争期间，任中共中央东南局书记兼新四军副军长，受王明"右"倾投降主义错误影响，没有认真执行中共中央关于统一战争中独立自主的方针，导致新四军在皖南事变中遭受严重损失，自己也在"皖南事变"突围中遭到杀害。

彭德怀（1898—1974），原名得华，号石穿，湖南湘潭人。1916年加入湘军。1923年考入湖南军官讲武堂。1926年参加北伐战争，任团长。1928年4月加入中国共产党，参加领导平江起义。后历任红军第五军军长、红三军团总指挥、中央革命军事委员会副主席、红一方面军副司令、红军抗日先锋军司令员、西方野战军司令员。抗日战争时期，任八路军副总指挥，1940年秋，参与指挥"百团大战"，是全国抗战以来八路军在华北发动的规模最大、持续时间最长的一次战役，给日军的"囚笼"政策以沉重打击，牵制了日军大量兵力，提高了共产党和八路军的威望，振奋了人心。1945年，在中共七届一中全会上当选中央政治局委员。解放战争时期，任人民解放军副总司令员、西北野战军（后编为第一野战军）司令员兼政委、中共中央西北局第一书记。中华人民共和国成立后，任中央人民政府委员、人民革命军事委员会副主席、西北军政委员会主席、西北军区司令员。1950年任中国人民志愿军司令员兼政委，赴朝指挥抗美援朝作战。1954年后任国务院副总理兼国防部长，1955年被授予元帅军衔。1974年11月29日在京逝世。著有《彭德怀自述》。

林彪（1907—1971），字阳春，原名育蓉，湖北黄冈人。1925年加入中国共产党。1926年3月入黄埔军校第四期学习。1927年8月参加南昌起义和湘南暴动，后随部队到达井冈山，历任红军第四军第二十八团团长、红四军第一纵队司令员、红四军军长、红一军团军团长。1934年10月参加长征，途中参加遵义会议。1936年任中国人民抗日红军大学（后改为抗日军政大学）校长。抗日战争期间，任八路军115师师长，参与指挥平型关战役。1938年冬去苏联就医。1942年2月回到延安，后赴重庆协助周恩来

第八章 中国社会开始走上曲折的"上升"之路

同国民党谈判。解放战争时期，历任东北人民自治军总司令、东北民主联军总司令兼政委、东北野战军司令员、东北军区司令员兼政治委员，参与指挥辽沈战役、平津战役。1949年3月，任中国人民解放军第四野战军司令员，参与指挥湘赣、衡宝、广东、广西等战役。同年6月任中共中央华中局（后改中南局）第一书记、华中军区（后改中南军区）司令员。中华人民共和国成立后，历任中南军政委员会主席、中央军事委员会副主席、国务院副总理、国防委员会副主席。1955年被授予元帅军衔。1958年5月当选为中共中央副主席、政治局常委。1959年9月任国防部部长。1971年9月8日妄图发动政变，阴谋败露后，于9月13日凌晨强行乘飞机叛逃，飞机坠毁在蒙古温都尔汗附近，机上人员全部死亡。

叶剑英（1897—1986），原名宜伟，字沧白，广东梅县人。1917年夏入云南陆军讲武堂第12期炮科学习。1924年，参与筹建黄埔军校，任教授部副主任，负责教授兵器学。先后参加平定广州商团叛乱、东征、北伐战争，任国民革命军新编第二师师长、第二方面军第四军参谋长。1927年7月加入中国共产党。同年12月，参与领导广州起义，任起义军总指挥部副总指挥。1928年赴莫斯科东方劳动者共产主义者大学学习，1930年回国后进入中央苏区，历任中央革命军事委员会委员兼总参谋部长、红一方面军参谋长、红军学校校长、闽赣军区和福建军区司令员等职，参加了多次反"围剿"斗争。1934年10月参加长征。抗日战争期间，任八路军参谋长、中共中央长江局委员、中共中央南方局常委，先后在武汉、长沙、桂林等地参与领导抗日民族统一战线工作。1941年2月回延安，任中共中央军委参谋长兼军事学院副院长。抗日战争胜利后，参加重庆谈判。解放战争时期，历任北平联合办事处主任、中共中央华南分局第一书记、广东军区司令员兼政委、北平市军管会主任兼市长。中华人民共和国成立后，历任中南军政委员会副主席、华南军区司令员、广东省人民政府主席兼广州市市长、广东军区司令员兼政委、中南行政委员会副主席、中共中央中南局代理第一书记。1954年起任人民革命军事委员会副主席、国防委员会副主席、人民解放军武装力量监察部部长、训练总监部代部长。1955年被授予元帅军衔。1978年当选全国人大常委会委员长。1983年任中华人民共和国中央军事委员会副主席。主要著作收入《叶剑英选集》《叶剑英抗战言论集》《叶剑英诗词选集》等。

周恩来（1898—1976），字翔宇，原籍浙江绍兴，生于江苏淮安。1913年进入天津南开中学学习。1917年留学日本。1919年回国，在天津参加五四运动，组织成立进步团体觉悟社。1920年11月，赴法国勤工俭学，次年加入中国共产党在法国的早期组织。1924年秋回国，任中共广东区委员会委员长，不久出任黄埔军校政治部主任、中共广东区委常委兼军事部长。1927年3月领导上海工人第三次武装起义，7月任中央政治局临时常委。1928年任中共中央组织部长、中央军事委员会书记等职。1931年12月进入中央苏区，任中共苏区中央局书记、中国工农红军总政治委员兼第一方面军政治委员、中央革命军事委员会副主席。遵义会议后，与毛泽东、王稼祥组成党内最高军事指挥小组，继续担任中央革命军事委员会副主席。西安事变发生后，任中共全权代表，和秦邦宪、叶剑英去西安同国民党谈判，促成事变和平解决，为抗日民族统一战线的形成做出重要贡献。后任中共中央长江局副书记、南方局书记。1945年6月，当选中央政治局委员、书记处书记。8月，陪同毛泽东参加重庆谈判。中华人民共和国成立后，一直担任政府总理，兼任外交部部长，并任中共中央军委副主席，政协第一届全国委员会副主席，第二、第三届政协全国委员会主席等职。1976年1月8日在北京病逝。主要著作收入《周恩来选集》《周恩来军事文选》。

邵力子（1882—1967），原名景奎，字仲辉，浙江山阴（今绍兴）人。1905年（光绪三十一年）到上海震旦公学求学，结识同学于右任，成为莫逆之交。次年赴日本学新闻学，加入同盟会。1910年回国，参与创办《民立报》，始以"力子"为笔名。"二次革命"时，撰文抨击袁世凯的统治，导致报社被封，后创办《生活日报》，并参加中华革命党。1916年，与叶楚伧等创办《民国日报》，任主笔。次年任复旦大学中文系主任。五四运动爆发后，任《民国日报》副刊《觉悟》主笔，介绍宣传各种新思潮。1920年参加上海共产主义小组，次年以国民党员身份加入中国共产党。

1924 年国民党一大上当选中央执行委员，会后任上海执行部工农部秘书。五卅运动爆发后，因支持上海"三罢"斗争遭到通缉，离沪到广州，历任黄埔军校秘书处长兼政治部副主任、国民革命军总司令部秘书长等职。1926 年正式退出中国共产党。1928 年任中央政治会议委员、陆海空总司令部秘书长，后历任甘肃省政府主席、陕西省政府主席、国民党中央宣传部长、驻苏联大使、国民参政会秘书长等职。抗战胜利后，参与重庆谈判。1949 年 2 月，参加李宗仁在沪组成的"上海人民和平代表团"，与颜惠庆、章士钊等飞北平参加和谈。和谈失败后留在北平。

陶希圣（1899—1988），原名汇曾，湖北黄冈人。北京大学法律系毕业，任安徽法政专门学校教员。1924 年任上海商务印书馆编译所编辑。五卅运动时，被上海学生联合会聘为法律顾问。后加入艺学社，主编《独立评论》周刊。1927 年后，历任中央军事政治学校武汉分校政治教官、中央独立师军法处长兼特务组长、国民革命军总政治部秘书处长、《党军日报》社主编、中央陆军军官学校政治总教官。1928 年 12 月加入中国国民党改组同志会。1931 年任中央大学教授、北京大学教授。1933 年创办《食货》半月刊。曾一度追随汪精卫，并在沪出席汪伪国民党"六大"。1942 年初回重庆，任军事委员会委员长侍从室第五组组长，为蒋介石撰写《中国之命运》，鼓吹封建复古主义和法西斯主义，替国民党破坏抗日民族统一战线宣传造势。后历任国民党中央宣传部副部长、《中央日报》总主笔、国民党总裁办公室第五组组长等。1949 年去台湾。著有《中国现代政治思想史》《中国封建社会史》《中国社会与中国革命》等。

张闻天（1900—1976），化名洛甫，上海南汇人。早年就读于南京河海工程专门学校。1919 年冬加入少年中国学会。1920 年至 1923 年，先后到日本东京、美国旧金山学习、工作。1925 年 6 月，在上海加入中国共产党。同年赴苏联莫斯科中山大学、红色教授学院学习，兼任助教、翻译，并任共产国际东方部报道员。1931 年 2 月回到上海，任中共中央宣传部部长，主编《红旗周报》和《斗争》，后任中共临时中央政治局委员、政治局常委。1934 年初，当选中共中央政治局委员、中央书记处书记、中华苏维埃共和国人民委员会主席。同年 10 月，参加长征。1935 年 1 月参加遵义会议，支持以毛泽东为代表的正确路线。长征途中，参加了反对张国焘分裂路线的斗争。长征结束后，继续主持中央日常工作，后兼任中共中央宣传部部长、中共中央机关报《解放》周刊主编、延安马列学院院长、《共产党人》编辑等职。1942 年，到陕北和晋西北农村做社会调查。解放战争期间，先后任中共合江省（今属黑龙江省）委书记、中共中央东北局常委兼组织部部长、东北财政经济委员会副主任、中共辽东省（今分属辽宁和吉林省）委书记。中华人民共和国成立后，历任驻苏联特命全权大使、外交部副部长、常务副部长等职。主要著作收入《张闻天文集》。

郭沫若（1892—1978），原名开贞，号尚武，四川乐山人。五四运动时期以诗歌歌颂中国革命，代表作《女神》，为中国新诗的奠基人。1923 年毕业于日本九州帝国大学医科。后参加北伐和南昌起义。1928 年旅居日本，从事中国古代史和古文字学的研究工作。抗战爆发后回国，从事抗日救亡运动，主编《救亡日报》，曾任国民政府军委会政治部第三厅厅长、文化工作委员会主任。中华人民共和国成立后，历任政务院副总理兼文化教育委员会主任、全国人大常委会副委员长、中国科学院院长兼历史研究所所长、全国文联主席等职。著有《甲骨文字研究》《卜辞通纂》《殷周青铜器铭文研究》《金文丛考》《中国古代社会研究》等。今人辑有《郭沫若全集》。

第九章 民族危机加深 国内阶级关系的调整

万宝山事件。日本警察利用中朝农民纠纷制造的仇华事件。万宝山在长春以北30公里处,事件发生于1931年7月1日,起因在于日本警察支持朝鲜移民为引水入田,强行在中国农民的熟田里挖壕、建坝而引起的。它造成了中朝农民之间的冲突,日本警察开枪打死打伤中国农民数十人并捕去若干人,同时大造舆论煽动仇华,致使朝鲜国内发生了大批杀害华侨的流血事件。而日本国内强硬分子反而斥责政府对中国过于软弱。事件发生后,日本掀起了一股排华浪潮,日本军方要求报复中国的言论甚嚣尘上。这时候,朝鲜早为日本吞并,所谓朝鲜移民,是日本政府有组织的行为。

中村事件。日本借中村震太郎等人因非法军事调查被处死一事挑起的冲突,是九一八事变前奏。1931年6月26日,日本参谋本部军官中村震太郎及随员三人伪装成中国农民,在兴安岭索伦山一带进行非法军事地理调查,被屯垦军第三团关玉衡部抓获,经搜查其携带物品,确认为军事间谍后被下令处死。日本政府得知后,一方面向中国抗议施压,提出无理要求,并于8月20日召开内阁会议,要求中国政府保证不再发生类似的事件,否则将使用武力等;另一方面,利用这一事件制造反华舆论,煽动侵华战争狂热,并大量调兵前往中国东北,以增强关东军的兵力,不久便发动了九一八事变。

九一八事变。日本关东军制造的发动侵略中国东北借口的事件,因事件发生在沈阳附近柳条湖,又称"柳条湖事件"。1931年9月18日夜,日本关东军独立守备第二大队第三中队河本末守中尉带领六名士兵，到沈阳北郊东北边防军驻地北大营西南柳条湖，在南满铁路的路轨上埋设炸药，炸毁柳条湖段1.5米路轨。花谷正少尉在事前即向关东军参谋长和陆军相发出电报，诬称中国军队破坏南满铁路，与日军守备队发生冲突。埋伏在附近的日军第三中队长川岛正大尉在爆炸后，即率部向东北军独立第7旅驻地北大营发起进攻。关东军司令长官本庄繁批准了高级参谋板垣征四郎拟定的命令：第29联队进攻沈阳，第二师团增援。由于张学良忠实贯彻蒋介石的不抵抗政策，一方面解除了东北军的思想武装，另一方面对日本发动军事进攻的战略意图严重误判，当事变发生后又缺乏有力的指挥，导致东北军大多不战自溃。1931年9月19日晨，关东军攻占北大营，占领沈阳城，然后向沈阳以北和东南两个方向进攻。至9月25日，关东军侵占辽宁、吉林两省大部，占领了长春、吉林等30余座城市和12条铁路。10月3日，关东军以辽、吉两省为基地，开始向黑龙江省省会齐齐哈尔方向进攻。黑龙江省代主席兼代军事总指挥马占山率当地驻军顽强抵抗，展开江桥抗战。激战至11月18日伤亡惨重，被迫撤退。日军随即占领齐齐哈尔，并攻占黑龙江省大部。12月下旬，日军主力两个师团、六个混成旅团兵分三路进犯锦州。1932年1月初，日军夺取锦州。蒋介石下令东北军一部撤至关内。2月初，哈尔滨失陷。吉林省和黑龙江省政府也不复存在。至此，东北三省的大好河山全部沦陷，3000万同胞沦入敌手。这就是震惊中外的"九一八事变"。日本发动九一八事变是第一次世界大战后首次以武力重新瓜分世界的重大行动，它开始打破凡尔赛—华盛顿体系所确立的世界秩序，标志着东方战争策源地正式形成。

伪"满洲国"。九一八事变后，日本在东北扶植的以溥仪为傀儡的政权。1932年1月6日，日本陆军省、海军省和外务省与参谋本部一同制订了《中国问题处理纲要》，明确提出要将东北从中国主权下分离出来成为一个"国家"，其政治、经济、国防、交通等均受日本控制，并由日本人直接参与其行政事务。2月，关东军在沈阳召开"建国会议"，决定合并三省的伪政权，成立"东北行政委员会"。25日，关东军以"伪东北行政委员会"的名义，发表满洲建国方案，规定国名为"满洲国"，元首称号为"执政"，首都定于长春，改称"新京"。3月1日，宣布伪"满洲国"成立。9日，溥仪出任伪执政，张景惠任伪参议府议长，郑孝胥任伪国务总理。1934年3月1日，伪"满洲国"政体改行君主立宪制，溥仪坐上"皇帝"宝座，并在日伪官员的陪同下，到长春郊外的天坛祭天，年号"康德"。根据关东军与溥仪签订的《日满密约》，关东军代表日本政府，对伪"满洲国"拥有内部指导权，伪"满洲国"所有重大决策与人事任命，都要得到关东军同意。伪"满洲国"成为日本关东军控制下的傀儡政权。

"一·二八"事变。日本在上海制造的扩大对华武装侵略的事件。1932年1月23日起，日本大批海军陆战队士兵在上海登陆，至27日，日本派至上海的兵力已有军舰30余艘，飞机40架次，装甲车几十辆和陆战队6000人。在这种情况下，日本驻上海总领事的态度更加强硬，不仅要求道歉、赔偿和惩凶，而且要求取缔一切排日活动和一切以抗日为目的的民间团体。27日，日方向上海市政府发出最后通牒，限24小时以内答复。28日晚，吴铁城答应日方全部要求，但日军仍向上海北站、江湾、吴淞等地发起攻击，"一·二八"事变爆发。

淞沪会战。"一·二八"事变爆发后，中国第十九路军在上海地区抗击日本侵略的一场会战。整场战役，日军投入第9、11、14、8四个主力师团及海军陆战队共7.7万余人，中方军队只有4.21万人，驻扎上海的第十九路军和第五军顽强抵抗日军，在闸北、江湾等处与日军激战，中国军队死伤、失踪共14801人，日军死伤3184人。第十九路军坚决抗战，得不到中央政府支持，不仅给养缺乏，部队损失也得不到及时增援。3月初，日军1万多人趁中国军队兵力分散之时，在浏河偷袭登陆，第十九路军被迫退至苏州、昆山、嘉定等处的第二道防线，2日，日军占领上海。5月5日，在国联及英美等国的调解下，中日双方代表签订《淞沪停战协定》，协定共有五条，附件三号，规定："双方停止一切敌对行动，中国军队驻扎现在位置，日军撤退至事变前的公共租界暨虹口方面的越界筑路，设立共同委员会，监督日军撤退及向中国警察的移交事宜。"协定签字后，日方代表宣布，日军自 5 月 6 日起开始撤退。至此，淞沪会战结束。

该协定使中国失去了在上海的驻兵权，为日后日本发动全面侵华战争提供了条件，也损害了英美等国在长江流域的利益，破坏了第一次世界大战后建立起的远东地区新的国际秩序。

九一八事变国联调查团。1932 年国际联盟为调查九一八事变真相而成立的国际机构。1932 年 1 月 21 日，国联调查团正式成立，由英、美、法、德、意五个国家的代表组成，因团长是英国人李顿爵士，也称为"李顿调查团"。根据理事会决议，中国派顾维钧以中国代表处处长资格参加，日方派曾任驻沈阳总领事的吉田伊三郎参加。2 月 3 日，国联调查团到达日本并访问日本外交部。3 月 14 日来华，从上海先后到南京和东北调查，同年 10 月公布调查报告书。报告书并未持公允立场，既认为日本的行为不能视为合法，又强调日军的行动带有自卫性质；既承认中国对东北三省的领土主权，又强调日本在东北有特殊地位和特殊需要。即使如此，日本政府仍拒绝接受。1933 年，日本因国联通过了根据《国联调查团报告书》起草的《关于中日争端的决议》，宣布退出国联。后来，李顿还曾致函《泰晤士报》，呼吁英国政府为本国利益计，应援助中国安定中国之通货，并主张英国人士与中国合作开发西南各省资源。

察哈尔民众抗日同盟军。中国局部抗战期间发生在察哈尔的一次民间抗日事件。日本占领长城各口，继续越过长城，向华北渗透，并指使伪军占领察哈尔部分地区。1932 年 10 月，冯玉祥不满政府的内外政策，从隐居的山东泰山来到察哈尔张家口，组织抗日武装，准备对日作战。当热河沦陷，大批义勇军无路可走，自然涌入察哈尔境内，投奔主张抗战的冯玉祥。于是，冯玉祥便以第二十九军教导团和方振武所部为主，和义勇军等组成了"察哈尔民众抗日同盟军"，1933 年 5 月 26 日，冯玉祥通电就职，任总司令。抗日同盟军自 6 月起接连收复康保、宝昌、沽源等地，并连战五昼夜，夺取了沦入敌手的察哈尔商业重镇多伦。但冯玉祥此举受到南京国民党当局强烈反对，甚至不惜派出 15 万大军对同盟军进行军事围攻，致使同盟军内部迅速分化，冯玉祥在日、蒋两方面的夹击下，被迫于 8 月中旬宣布去职,重新返回山东泰山。方振武、吉鸿昌率部打出抗日讨贼的旗号,兴兵南讨,很快陷入重围,被国民党大军所消灭。方振武逃亡海外,吉鸿昌避入天津租界,后被国民党逮捕杀害。

福建事变。李济深等国民党人在福建成立人民革命政府,提出反蒋抗日口号,被国民党政府镇压的事件。"一·二八"事变后,十九路军被调往福建"围剿"红军,他们不满蒋介石"安内攘外"的不抵抗政策,响应中共抗日宣言,寻求与红军合作,1933年9月,第十九路军与闽赣边界中央苏区的红军联系,约定停战。11月20日,李济深、陈铭枢、蒋光鼐、蔡廷锴等发动福建政变,宣布成立"中华共和国人民革命政府",公开提出反蒋抗日口号,并宣布成立人民革命军第一方面军总司令部,蔡廷锴任司令。12月下旬,蒋介石组织军队进攻福建人民革命政府。1934年1月,存在仅50多天的福建人民政府宣告失败。福建事变表明国民党内部在抗战和"围剿"红军问题上的分化,有力地冲击了蒋介石"安内攘外"政策,为建立抗日民族统一战线产生了积极影响。

东北抗日义勇军。"九一八"事变后,在全国人民抗日热潮推动下,东北各地人民和东北军中的一部分爱国军人组成的救国军、自卫军、反日总队等的统称。包括东北官兵、警察、农民、知识分子、工人、商人、地主、绿林武装等。到1932年夏秋之交,仅半年多的时间,义勇军的总兵力发展到30余万人,其活动遍布东北全境。中国共产党非常重视在各抗日武装中开展工作,在东北抗日义勇军发展壮大过程中,中国共产党给予了积极支持与协助。由于成分复杂,加上缺乏统一的组织和领导,在日军的军事进攻和政治分化下,至1933年5月大部分溃散,一部分接受中国共产党的领导,继续坚持战斗,后来成为东北抗日联军的一部分。

华北事变。1935年日本为侵略华北而制造的一系列事件。1935年5月,日本帝国主义开始在华北制造事端,向国民政府提出了对华北统治权的要求。7月,日本华北驻屯军司令官梅津美治郎与国民党华北军分会代理委员长何应钦达成协议(即"何梅协定"),攫取了中国的河北、察哈尔两省的大部分主权。10月,日方又在河北省香河县指使汉奸暴动,占据了县城。11月，殷汝耕在通州成立了所谓"冀东防共自治政府"，使冀东20余县脱离中国政府管辖，为日本所控制。同时，日本又策划了所谓"华北五省自治运动"，日本侵略军在平津等地加紧演习，进行挑衅。对此，国民政府不顾全国人民的反对，继续采取妥协的政策。12月，指派宋哲元等成立"冀察政务委员会"以满足日本关于"华北政权特殊化"的要求。华北事变使中国的民族危机空前加重，促使中国抗日救亡运动进一步高涨。

《塘沽协定》。1933年3月，日军非法占领热河，进攻长城各关口，宋哲元、商震、王以哲等率部奋力抵抗，但日军仍然攻破冷口、古北口进入关内，直逼平津。5月底，北平军分会总参议熊斌与日本关东军副参谋长冈村宁次，代表中日双方签订《塘沽协定》。协定主要规定中国军队撤退至延庆、昌平、顺义、通县、香河、宝坻、宁河、芦台一线以西、以南地区，以后不得越过该线；将长城以南冀东22县定为非武装地带，中国不得驻军等内容。华北地区的门户就此被日军打开。

《何梅协定》。1935年日本强迫国民政府签订的旨在进一步控制华北的协定。1935年5月，河北事件发生后，日本华北驻屯军司令官梅津美治郎于6月向国民政府代表何应钦提出取消国民党河北省党部，撤走驻河北的军队，撤换河北省主席和平、津两市市长，取缔反日团体等无理要求。国民政府召开紧急会议，决定接受日方条件。日方将单方面拟定的《觉书》交何应钦，在经汪精卫同意后，何应钦接受了日方要求。梅津美治郎的《觉书》与何的复信，史称《何梅协定》。根据这一协定，国民政府丧失了在河北省的大部分主权。

中国民权保障同盟。社会知名人士为反对国民政府内外政策，要求抗日、保障人权而成立的社会组织。1932年12月在上海成立，宋庆龄任主席，蔡元培任副主席。同盟的宗旨是营救一切爱国的革命的政治犯，争取人民的言论、出版、集会、结社的自由，该同盟存在期间做了许多工作，推动了民主运动的发展。1933年6月18日，同盟总干事杨杏佛遭到暗杀，同盟的活动因国民政府的迫害而无法继续下去，被迫中止。

"一二·九"运动。中国共产党领导的一次北平大规模学生抗日爱国运动。1931年日本帝国主义侵占中国东北后，又逐渐将侵略势力扩展到华北，国民政府坚持妥协退让政策，先后与日本达成《塘沽协定》《何梅协定》《秦土协定》，出卖华北主权；1935年12月7日，还准备成立"冀察政务委员会"，以适应日本提出的"华北政权特殊化"要求。9日，北平学生6000余人举行爱国示威游行，喊出"华北自治运动""打倒日本帝国主义""停止内战，一致对外"等口号，并向国民党当局提出抗日救亡六条，遭到国民党当局镇压。次日，北平各校学生宣布总罢课。16日，学生和市民再度举行示威游行，迫使"冀察政务委员会"延期成立。全国人民积极声援，掀起了抗日救亡的新高潮。

全国各界救国联合会。抗日战争期间在中国共产党的领导和推动下成立的全国性抗日救国团体。1935年"一二·九"运动后，全国抗日民主运动进一步高涨，上海、北平、天津、武汉等大城市相继建立各界救国会。在中国共产党的领导和推动下，1936年5月，各地救国会的代表在上海集会，成立全国各界救国联合会。推选以沈钧儒为首的九人主席团，发表宣言，通过《抗日救国初步纲领》，向全国各党派建议：立即停止军事冲突，释放政治犯、各党派立即派代表进行谈判，以便制定共同救国纲领，建立统一战线和抗日政权等。抗日战争胜利后，改称"中国人民救国会"。

七君子事件。国民党政府打压和迫害抗日民主人士的事件。1936年11月23日，国民党政府以"危害民国"罪，逮捕了救国会的沈钧儒、章乃器、邹韬奋、李公朴、沙千里、史良、王造时七人，史称"七君子事件"。"七君子"被捕事件在社会各界人士中引起较大震动，许寿裳、许德珩、张东荪、张申府等109位知名人士联名致电国民政府，要求对七君子"完全开释，勿再拘传，以慰群情，共赴国难为幸"。1937年6月25日，宋庆龄、何香凝、胡愈之等16人发起救国入狱运动并发表《救国入狱运动宣言》。在各方压力下，7月31日，"七君子"被释放出狱。

左翼作家联盟。针对国民党政府的文化"围剿"而成立的左翼文学团体，简称左联。1930年3月2日，在中国共产党的建议和筹划下于上海成立，选举鲁迅、沈端先、冯乃超、钱杏邨、田汉、洪灵菲为常务委员，周全平、蒋光慈为候补委员。此后，茅盾、冯雪峰、柔石、丁玲、以群、任白戈、夏征农、何家槐、林淡秋等也参加领导工作，潘汉年、冯乃超、冯雪峰、阳翰笙、丁玲、周扬任党团书记。在组织上接受中共中央宣传部文化工作委员会（文委）的领导。10月，中国左翼文化界总同盟成立。左联成立后，积极为抗日救亡运动服务，提倡革命文艺创作，宣传文艺大众化，先后创办了《萌芽月刊》《北斗》《拓荒者》《北斗》《文学月报》等刊物，翻译了《反杜林论》《政治经济学批判》《唯物主义与经验批判主义》等一批马列著作，创作了《八月的乡村》《子夜》等小说，对粉碎国民党政府的文化"围剿"、推动中国新文学的发展做出重要贡献。1936年3月，为建立文艺界抗日民族统一战线而宣布解散。

赣南会议。中央苏区党的第一次代表大会，史称"赣南会议"，1931年11月1日至5日在江西瑞金召开。苏区中央局代理书记毛泽东代表苏区中央局向大会作了报告。会议通过了《政治决议案》《党的建设问题决议案》《红军问题决议案》等文件。会上，"左"倾教条主义者把毛泽东的正确主张斥责为"狭隘的经验论""农民的落后意识"和"富农路线"，甚至指责"抽多补少，抽肥补瘦"的土地政策，"是模糊土地革命中的阶级斗争，也是同样的犯了富农路线的错误"。赣南会议及其通过的决议案，表明毛泽东在中央苏区的正确领导受到排挤，处境较为困难。

中国工农红军。土地革命战争时期，中国共产党建立的人民军队。其前身为中国工农革命军。1928年5月25日，中共中央发布《中央通告第五十一号——军事工作大纲》明确指出："可正式命名为红军，取消以前工农革命（军）的名义。"6月4日，中共中央在给井冈山前委的信中具体指示四军："关于你们的军队，你们可以正式改成红军。"从此，红军这一名称正式成为中国共产党领导的革命武装的称号，各地工农革命军也相继改称为红军。红军在反对国民党军队"进剿"、"会剿"和"围剿"的斗争中不断发展壮大，先后组成红一、红四、红二方面军等主力部队，最多时总兵力达到30万人，开辟和建立了中央苏区和湘鄂西、鄂豫皖、湘赣、湘鄂赣、闽浙赣、左右江、川陕、琼崖等革命根据地。受"左"倾错误影响，主力红军被迫于 1934 年 10 月开始长征，最终胜利会师，全面抗战打响后，于 1937 年 8 月 25 日改编为国民革命军第八路军，简称八路军；留下的红军和地方武装在江西、福建、浙江等省坚持开展武装斗争，于 1937 年 10 月改编为国民革命军陆军新编第四军。

庐山军官训练团。1933 年 7 月，蒋介石策划成立的国民党训练反共军事骨干的组织，全称"中国国民党赣粤闽湘鄂北路剿匪军军官训练团"。国民党对革命根据地多次"围剿"失利，蒋介石认为部队中军官武德、武学欠缺是一重要因素。1933 年 6 月，蒋介石在南昌召开军事会议，决定在庐山开办军官训练团，同时准备发动对中央革命根据地的第五次"围剿"。陈诚兼任训练团团长，轮训对象为上校以下、少尉以上军官。蒋介石制定训练宗旨为"恢复军人的灵魂"，要求受训者"绝对信仰统帅和绝对服从命令"，"不成功便成仁"。其主要课程有"剿匪手本""剿匪要诀""剿匪部队训练要旨""战时政治工作"等；术科有政治、卫生、战术、筑城、射击、通信等。训练团直隶国民政府军事委员会委员长，团辖 3 营，每营 4 连，每连 4 排。从 7 月 18 日开始至 9 月 17 日结束，共举办 3 期，每期 2 周，受训者 7598 人，聘请德国人塞克特为军事顾问以及意、美军官担任教官授课。到 1937 年止，共训练军官 2.5 万余人。全面抗战爆发后，该团迁往重庆、峨眉山等地，改称他名。

三民主义青年团。蒋介石为"革新"国民党、控制青年力量在党外成立的组织，简称"三青团"。1938 年 3 月，在武汉召开的国民党全代会上，蒋介石决定"革新"国民党，成立"三青团"。6 月 16 日，蒋介石在《为组织三民主义青年团告全国青年书》中，称成立三青团是"为求抗战建国之成功；为求国民革命新的力量之集中；为求三民主义之具体实现"。7 月 9 日在武昌正式成立，蒋介石以总裁名义兼任团长，陈诚任书记长，后由朱家骅代理书记长。"三青团"设有组织、训练、宣传、社会服务、经济、总务等处；在中央团部下设支团部、区团部、分团部、区队、分队各级机构，并建立"青年服务队"等外围组织。同年秋，总部迁至重庆，增设中央临时监察会。团员发展迅速，至 1947 年已达到 140 余万人。1947 年 9 月，国民党六届四中全会决定将"三青团"并入国民党,"三青团"团员登记为中国国民党党员,在国民党中央执行委员会下设青年部,由蒋经国主管。

长征。中国工农红军为摆脱国民党政府军队"围剿"而进行的战略大转移,又称万里长征。1934年10月,第五次反"围剿"失利后,中央红军踏上战略转移的漫漫长征路。红军长征开始后,博古等推行"左"倾错误方针的领导人又犯了逃跑主义错误,将战略转移和突围变成了大搬家式的行动,带着笨重的机器,行动迟缓,一天只能走一二十里路。按照原定计划,中央红军准备转移到湖南西北部,同红二、红六军团会合。在连续突破国民党军队的四道封锁线后,遭遇国民党重兵夹击,付出了很大代价。12月1日,中央机关和中央红军渡过湘江,全军从出发时8.6万余人减至3万多人。损失半数以上,所带的机器、文件等也在战斗中大部丢失。在残酷的事实面前,中共中央和中革军委发生激烈争论,对错误领导的怀疑不满情绪蔓延,要求改换领导的呼声增长。12月18日,中共中央政治局在贵州黎平举行会议,经过激烈争论,接受毛泽东的提议,通过了《中央政治局关于战略方针之决定》,放弃向湘西前进的计划,改向贵州北部进军。1935年1月7日,红军攻克黔北重镇遵义,召开了遵义会议,确立了以毛泽东为主要代表的马克思主义正确路线在中共中央的领导地位,确立了毛泽东在军事上的领导核心作用。遵义会议后,中央红军在毛泽东等指挥下,决定分兵渡江北上。从1月末到3月下旬,红军4次渡过赤水河,5月上旬渡过金沙江。至此,中央红军摆脱了几十万国民党军队的围追堵截,粉碎了蒋介石围歼红军于川黔滇边境的计划,取得了战略转移中具有决定意义的胜利。5月下旬,红军强渡大渡河,飞夺泸定桥,接着又翻越夹金山。6月12日,中央红军(红一方面军)先头部队到达懋功东南的达维镇,与前来迎接的红四方面军第三十军李先念部会师。6月18日,中共中央与中央红军主力到达懋功地区。10月5日,坚持南下的张国焘,公然另立"中央"。中共中央在北上和南下问题上同张国焘的分裂行为进行了激烈而坚决的斗争,1936年6月6日,张国焘宣布取消另立的"中央"。1935年11月,由贺龙、萧克领导的湘鄂川黔根据地红二、红六军团,从湘西北桑植出发长征,1936年7月初同红四方面军在甘孜会师。中共中央指定红二、红六军团加上红三十二军合编为红二方面军,由贺龙任总指挥,任弼时任政治委员。10月9日,红四方面军指挥部到达甘肃会宁,同红一方面军会合。22日,红二方面军指挥部到达将台堡同红一方面军会合。至此,红二、红四方面军完成了长征。长征的胜利是中国革命转危为安的关键。毛泽东指出:"长征是历史纪录上的第一次,长征是宣言书,长征是宣传队,长征是播种机。"长征打破了国民党军队的围追堵截,实现了红军的战略大展开,宣传了中国共产党的政治主张,在沿途播撒了革命的种子,鼓舞了广大人民群众。长征后保存下来的红军人数虽然不多,但这是党极为宝贵的精华,构成以后领导抗日战争和解放战争的骨干。长征的胜利,表明中国共产党及其所领导的中国工农红军具有战胜任何困难的顽强的生命力,是一支不可战胜的力量,从此开启了中国共产党为实现民族独立、人民解放而斗争的新的伟大进军。

遵义会议。长征途中,中共中央政治局在贵州遵义召开的一次挽救中国共产党、挽救中国革命的政治局扩大会议。1935年1月7日,红军攻克黔北重镇遵义。1月15日至17日,中共中央在遵义召开政治局扩大会议,博古、张闻天、毛泽东、李德等20人参加会议。会议讨论了博古就第五次反"围剿"失利问题所做的总结报告,批评博古、李德在第五次反"围剿"中实行单纯防御、在战略转移中实行逃跑主义的错误,明确提出必须改善军委领导方式。会议增选毛泽东为中央政治局常委,通过了张闻天起草的《中央关于反对敌人五次"围剿"的总结决议》。2月5日,中央红军从遵义在向云南扎西地区进军途中,中央政治局常委会决定由张闻天代替博古负中央总责。3月中旬,中共中央决定成立由周恩来、毛泽东、王稼祥组成党内最高军事指挥小组,即新的"三人团",以周恩来为首,负责全军的军事行动,取代了原来以博古、李德、周恩来组成的军事指挥三人团。遵义会议实际上确立了以毛泽东为主要代表的马克思主义正确路线在中共中央的领导地位,确立了毛泽东在军事上的领导核心作用,在极其危急的情况下挽救了党,挽救了红军,挽救了中国革命,是党的历史上一个生死攸关的转折点。

瓦窑堡会议。华北事变后，中华民族面临亡国灭种危机，中共中央为制定正确的政治路线和革命策略，争取一切可能的力量共同抗日召开的会议。会议于1935年12月17日至25日在陕西安定县瓦窑堡召开，史称瓦窑堡会议。出席和列席会议的有毛泽东、张闻天、周恩来、博古、李维汉、王稼祥、刘少奇、邓发、凯丰、张浩、邓颖超、吴亮平、郭洪涛等。会议着重讨论了全国政治形势和党的策略路线、军事战略，确立了建立抗日民族统一战线的新策略，并相应地调整了各项具体政策。张闻天在会上作了关于政治形势和策略问题的报告，张浩作了关于共产国际七大精神的传达报告。毛泽东在主题发言中分析各阶级对抗日的态度，明确提出民族资产阶级在亡国灭种的关头有参加抗日的可能，甚至连大资产阶级营垒也有分化的可能，要从关门主义中解放出来，建立广泛的抗日民族统一战线。会议通过了《中央关于目前政治形势与党的任务决议》，决议指出：在日本即将全面侵略中国的形势下，社会各阶层包括民族资产阶级、乡村富农、小地主、甚至一部分军阀等均有参加抗日救亡活动的可能性，民族革命战线是扩大了。因此，中国共产党应努力争取一切力量参加到统一战线中，甚至连统治阶级上层也有可能建立起统一战线。12月27日，毛泽东根据会议精神，在党的活动分子会议上作《论反对日本帝国主义的策略》的报告，对党的抗日民族统一战线作了全面深刻的说明，提出"我们要把敌人营垒中间的一切争斗、缺口、矛盾，统统收集起来，作为反对当前主要敌人之用"。

两广事变。1936年两广军阀发动的反蒋事件，亦称"六一事变"。1936年6月1日，广东陈济棠、广西李宗仁、白崇禧联名通电，吁请国民党西南执行部、西南政务委员会"改颁军号"，组织"抗日救国军"，准其"北上抗日"。此后三个多月中，经蒋介石及其幕僚从中斡旋调解，"两广六一事变"最终和平解决，蒋介石的声望也因此"如日中天"。

西安事变。1936年12月12日，国民党爱国将领张学良、杨虎城等为逼迫蒋介石停止内战、联共抗日而采取的一次兵谏，又称"双十二事变"。1936年12月4日，蒋介石由洛阳赴西安，住在临潼华清池，召来大批高级将领会商下一步大规模"剿共"计划。中央军30个师随之进驻陇海线。蒋介石下令张学良、杨虎城率部进攻红军，否则就将东北军调往福建，西北军调往安徽,改由中央军进驻陕甘"剿共"。张学良数次苦谏蒋介石改变政策,均被蒋介石斥责为年轻无知。12月8日晚,张学良和杨虎城密商后决定扣留蒋介石,逼蒋抗日。9日,西安学生1万余人举行示威游行,要求停止内战、一致抗日,国民党特务开枪打伤学生。学生群情激愤,从西安步行至临潼,向蒋介石请愿,蒋介石却下令镇压请愿学生。10日,蒋介石派蒋鼎文出任西北"剿匪"军前敌总司令,卫立煌为晋陕宁绥四省边区总指挥"围剿"红军。在多次劝说无效后,张学良、杨虎城决定实行"兵谏"。12月12日,按照张学良、杨虎城事先约定,东北军一部先包围华清池,扣留了蒋介石。同时第十七路军控制了西安城,软禁国民党军政要员陈调元、蒋作宾、邵力子、陈诚、朱绍良、蒋鼎文、卫立煌等17人。当天,张、杨通电全国,说明事变真相,提出八项主张:改组南京国民政府,容纳各党派,共同负责救国;停止一切内战;立即释放上海被捕爱国领袖;释放全国一切政治犯;开放民众爱国运动;保障人民集会、结社一切之政治自由;确实遵行总理遗嘱;立即召开救国会议等。这就是震惊中外的西安事变。

和平解决西安事变。中共主导的以和平解决西安事变为中心的一系列政治行为。西安事变的发生,在全国范围内引起了强烈的震动,舆论反应激烈,社会各界和国内各派势力多对和战形势深表忧虑。南京国民政府在如何对待事变问题上出现了两种主张,军政部长何应钦等主张调动军队进攻西安;以宋子文、宋美龄为首的一派主张和平解决,积极谋划营救蒋介石。国民党的地方实力派大多不支持张、杨,不过均主张和平解决西安事变。列强方面也是态度不一。日本政府极端仇视西安事变,宣称张学良、杨虎城已经"赤化",极力挑拨南京政府与西安方面的关系,企图挑动中国扩大内战,并伺机对中国采取新的侵略行动。英美等国出于自身利益,需要中国牵制日本,力求维持蒋介石的统治,以免南京国民政府为亲日派所控制,因此支持和平解决事变。苏联也表示支持和平解决事变。中共中央全面分析了西安事变的性质和发展前途,分析了国际国内复杂的政治形势,从中华民族和中国人民的长远利益出发,确定了和平解决西安事变的基本方针。12月22日,南京国民政府派宋子文、宋美龄作为谈判代表飞抵西安,面见蒋介石。在周恩来与张学良、杨虎城共同努力下,经过谈判,双方达成六项协议：改组国民党与国民政府，驱逐亲日派，容纳抗日分子；释放上海爱国领袖，释放一切政治犯，保障人民的自由权利；停止"剿共"政策，联合红军抗日；召开各党各派各界各军参加的救国会议，决定抗日救亡方针；与同情中国抗日的国家建立合作关系；其他具体的救国办法。至此，历时14天的西安事变终于获得和平解决，内战基本停止。12月25日，张学良陪同蒋介石乘机离开西安。抵达南京后，蒋介石立即扣押张学良，张学良也由此开始了漫长的软禁生涯。随后东北军被分别调至苏北、皖北、豫南等地。杨虎城部第十七路军被调往渭北。

国民党五届三中全会。国民党讨论新形势下国共关系和对日关系，确定国民党的行动方针的重要会议。1937年2月，国民党在南京召开五届三中全会，中共中央致电全会，提出五项要求：停止内战，集中火力，一致对外；保障言论、集会、结社之自由，释放一切政治犯；召开各党各派各界各军的代表会议，集中全国人才，共同救国；迅速完成对日作战之一切准备工作；改善人民的生活。同时愿意执行四项保证：实行停止武力推翻国民党政府的方针；工农政府改名中华民国特区政府，红军改名为国民革命军；特区实行彻底的民主制度；停止没收地主土地的政策，坚决执行抗日民族统一战线的共同纲领。根据这四项保证，中国共产党停止了进行十年之久的苏维埃运动，放弃了苏维埃革命的方针和政策，主动调整与国内各阶级的关系，根本取消同南京国民政府的对立，从而为国共两党重新合作共同抗日，创造了必要的前提。中国共产党这一重大让步，得到一切主张抗日的人们赞同，也极大地推动了国共两党谈判与和解的进程。国民党五届三中全会基本接受中共主张，承认停止内战的原则。

伪蒙军。日本帝国主义扶持下伪蒙军政府、伪蒙联盟自治政府、伪蒙疆联合自治政府的军队统称。日本在东北扶植建立伪"满洲国"后，又开始侵略内蒙古地区，原国民党军骑兵第9旅崔兴武、李守信部于1933年2月投敌，被日军改编为伪满多伦警备师，李守信任师长。1936年5月，以德穆楚克栋鲁普（德王）为首的伪蒙古军政府在德化成立，成为日本侵略内蒙古地区的工具。同时，伪满多伦警备师改称蒙疆自治军，以德王为总司令，李守信为副司令，下辖2个军共9个师及1个炮兵团。1937年10月

28 日，德王在归绥（今呼和浩特）成立蒙古联合自治政府，李守信任蒙古军总司令。1939 年伪蒙疆联合自治政府成立后，次年将蒙、汉兵分列，取消"军"一级编制，各师由总司令部直辖。至 1945 年日本投降前，伪蒙军共有 1 个步兵师、9 个骑兵师。1945 年 9 月，一部被苏联红军消灭，一部被国民党政府收编。

绥远抗战。绥远省主席兼第 35 军军长傅作义率部在绥远抗击日、伪军进攻的一场战役。1936 年 6 月，日本关东军参谋长板垣征四郎访问绥远省并拜会省主席傅作义，希望能改善中日关系，傅作义未作表态。8 月，伪蒙军李守信部 2 万余人进攻绥东地区，日军随即抵达张北支援，傅作义决心奋起抵抗。10 月底，蒋介石借阎锡山、傅作义为其祝寿之机，与傅作义讨论了在绥远实施军事防御的方案。11 月上旬，伪蒙军陆续开始向绥远境内百灵庙、商都等地增兵，绥远形势顿时紧张。本月中旬，傅作义部第三十五军与日伪军 5000 余人，在红格尔图发生激战，击退了日伪军的进攻。红格尔图初战告捷后，傅作义决定先发制人、主动出击，24 日，率部奇袭日伪军驻守的百灵庙地区，歼敌 1300 余人，一举收复绥北要地百灵庙。12 月初，日伪军 4000 余人对百灵庙的反扑被击溃，傅作义部收复日本军根据地锡拉木楞庙（即大庙）。17 日，伪军王英部所属两个旅举义反正。这一胜利振奋了全国人民的爱国热情和民族精神，激发起中华民族抗日救亡运动的高潮，在全国范围内掀起援绥抗日运动。

宋庆龄（1893—1981），祖籍广东文昌（今属海南），生在上海。1913 年在美国卫斯理安女子大学毕业后回国，任孙中山的秘书。1914 年加入中华革命党，次年与孙中山在东京结婚。孙中山逝世后，坚持推行孙中山的三大政策，维护国共合作。1926 年 1 月在国民党二大上当选为执行委员。1927—1931 年在苏联和欧洲游历。1932 年 12 月，与鲁迅、蔡元培等在上海组织中国民权保障同盟，任全国执行委员会主席。1936 年 5 月底至 6 月初，与何香凝、马相伯等人在上海发起成立全国各界救国联合会成立大会。1937 年 6 月 25 日，与何香凝、胡愈之等 16 人发起救国入狱运动并发表《救国入狱运动宣言》，营救入狱的"七君子"。皖南事变发生后，与何香凝等在香港致电蒋介石及国民党中执会、监察委员会，抗议国民党的反共行径。1944 年，与郭沫若、张澜等 72 人发起追悼文化界爱国先进战士邹韬奋的大会，谴责国民党践踏民主、迫害爱国人士的罪行。中华人民共和国成立后，历任全国人大常委会副委员长、全国政协副主席、中华人民共和国副主席。1981 年 5 月，中共中央宣布正式接受为中国共产党正式党员，并被授予中华人民共和国名誉主席称号。主要著作收入《宋庆龄选集》《宋庆龄书信集》等。

马相伯（1840—1939），名良，字相伯，江苏丹徒（今镇江）人。1870 年（同治九年）获神学博士学位，经教会授职为神甫，成为耶稣会教士。1872 年后任上海徐汇公学校长兼管教务、驻日使馆参赞、神户领事，参与洋务运动，译书百十卷。1903 年（光绪二十九年）创办震旦学院，自任监院。1905 年创办复旦公学，任校长，提倡"教育富国"理念。辛亥革命后，出任江苏省代理都督兼外交司长。后应蔡元培之请，代理北京大学校长。1912 年起，任总统府高等政治顾问、约法会议议员、参政院参政、平政院平政等职，与英敛之发起创办辅仁学社。1926 年任《天民报》总主笔。九一八事变后，积极参加救亡运动，主张团结抗日，被尊为爱国老人。1934 年，与宋庆龄、何香凝等人在《中国人民对日作战基本纲领》上签名，提出"全国武装总动员"等主张。后积极参与营救"七君子"。1939 年在越南谅山病逝。主要著作收入《马相伯集》。

邹韬奋（1895—1944），原名恩润，祖籍江西余江，生于福建长乐。1921 年毕业于圣约翰大学。1926 年在上海主编《生活》周刊。1933 年，参加中国民权保障同盟，当选为执行委员，受到特务盯梢后被迫流亡海外。1935 年回国，被推举为上海文化界救国联合会执行委员，次年 5 月任全国各界联合会执行委员。其间在上海创办《大众生活》周刊，后在香港创办《生活日报》《生活日报星期增刊》（后改为《生活星期刊》在上海继续出版）。1936 年 11 月，与沈钧儒、章乃器等人因积极参加抗日救国活动而被捕，称"七君子"之一。获释后，在上海、武汉、重庆等地创办《抗战》《全民抗战》等刊物，进行抗日救亡宣传工作。主要著作收入《韬奋全集》。

胡愈之（1896—1986），原名学愚，浙江上虞人。1914 年起在上海商务印书馆任练习生。1919 年创建上海世界语学会，次年与茅盾、郑振铎等发起成立文学研究会。五卅运动中,与郑振铎、叶圣陶等在上海发起创办《公理日报》,并在《东方杂志》发表《五卅事件纪实》。1928年入巴黎大学攻读国际法。1931年回国主编复刊后的《东方杂志》,后与邹韬奋等共同主持《生活》周刊、创办生活书店。1933年加入中国共产党。同年任中国民权保障同盟总会执行委员。1935年底,与沈钧儒、邹韬奋等发起成立上海文化界救国会,提倡新文字和"大众语文运动"。后为营救"七君子"四处奔走。1940年参加广西宪政促进会,为大会起草宣言。后去新加坡,任《南洋商报》编辑主任,创办《南侨日报》和《风下》周刊,同陈嘉庚等建立密切联系。1945年加入中国民主同盟,曾任民盟南方总支部常委、民盟马来亚支部主委。中华人民共和国成立后,历任《光明日报》总编辑、新华书店总编辑、国家出版总署署长、中国文字改革委员会副主任、文化部副部长、中国人民外交学会副会长、中华全国世界语协会理事长、全国人大常委会副委员长、全国政协副主席、民盟中央代主席等职。主要著作收入《胡愈之文集》。

沈钧儒(1875—1963),字秉甫,号衡山,浙江嘉兴人。1905年入日本东京私立法政大学速成科学习。辛亥革命后,任浙江省临时议会议员,曾参加南社。1933年1月,与宋庆龄、蔡元培、鲁迅、邹韬奋等人组织成立中国民权保障同盟,担任法律委员。1935年12月,与邹韬奋等人组织成立上海文化界救国会,选为执行委员。1936年11月,与章乃器等人因积极参加抗日救国活动而被捕,称"七君子"之一。获释后,继续从事抗日救亡运动,曾在汉口筹组"抗敌救亡总会",创办《全民》周刊,任社长。1941年3月,发起组织中国民主政团同盟,到1942年底正式加入。抗战胜利后任中国人民救国会主席,积极参加争取和平民主的斗争,代表民盟参加新政协筹备工作。中华人民共和国成立后,历任中国民主同盟主席、全国人大副委员长等职。

章乃器(1890—1977),字子伟,浙江青田人。早年曾任上海浙江实业银行副经理兼检查部主任、中国征信所董事长、光华大学教授、安徽省政府财政厅长等职。1935年底,与马相伯、沈钧儒、邹韬奋等发起成立上海文化界救国会,并参与筹组全国各界救国联合会,任常务委员。1936年11

月，与沈钧儒等人因积极参加抗日救国活动而被捕，称"七君子"之一。1945 年，与黄炎培等发起组织中国民主建国会，任中央常务委员。中华人民共和国成立后，历任中央财经委员会委员、政务院委员兼编制委员会主任委员、粮食部长、中华全国工商联合会副主任委员、民主建国会中央常务委员会副主席等职。著有《中国货币金融问题》《中国货币论》，文章辑有《章乃器论文选》等。

李公朴（1902—1946），原名永祥，号晋祥，江苏常州人。1924 年入沪江大学学习。曾参加五卅运动和北伐战争。"四一二"反共政变后离开军队。1928 年到美国雷德大学政治系学习，1930 年 11 月回国。参与创办环球通讯社、《申报》流通图书馆、《申报》业余补习学校、《读书生活》半月刊（后扩充为读书生活出版社）等。1935 年加入上海各界救国联合会，被选为执行委员。次年又当选全国各界救国联合会执行委员。1936 年 11 月，与章乃器、沈钧儒等人因积极参加抗日救国活动而被捕，称"七君子"之一。获释后，曾到华北敌后 15 个县、500 多个乡村进行考察、宣传，1940 年撰写《华北敌后——晋察冀》一书出版，认为中共领导下的敌后抗日根据地是新中国的希望。1942 年后曾创办昆明北门书屋，1944 年发展成为北门出版社。1945 年任中国民主同盟中央委员兼教委会副主任委员。1946 年 1 月，与陶行知共同创办社会大学。7 月 11 日在昆明被国民党特务暗杀。

茅盾（1896—1981），原名沈德鸿，字雁冰，笔名茅盾，浙江桐乡人。1913 年考入北京大学预科。1916 年到上海商务印书馆编译所工作。1920 年任《小说月报》主编，与郑振铎、叶圣陶等人发起组织文学研究会。1921 年在上海参加共产主义小组和中国共产党。1923 年在上海大学任教。1925 年参加五卅运动，后参与领导商务印书馆的罢工斗争。1926 年到汉口主编《民国日报》。1930 年参加左翼作家联盟，任执行书记，同国民党的文化"围剿"政策坚持不懈斗争，创作出《子夜》《林家铺子》《春蚕》等经典文学作品。中华人民共和国成立后，任文化部长，出版回忆录《我走过的道路》，主要著作收入《茅盾全集》。

王明（1904—1974），原名陈绍禹，安徽金寨人。1925 年赴苏联入莫斯科中山大学学习，同年加入中国共产党。1929年任《红旗》杂志编辑，后历任中共中央宣传部秘书、中共江南省委书记、中共江苏省委书记。第四次反"围剿"时，中共中央在其错误思想指导下，采取排斥共产党以外的抗日反蒋力量的方针，使各苏区红军遭到不同程度的损失。1937年，任中共驻共产国际代表、共产国际执委、主席团委员和候补书记，在12月召开的政治局会议上，作了题为《如何继续全国抗战与争取抗战胜利呢?》的报告，报告中提到要坚持抗战、巩固和扩大抗日民族统一战线等意见，但是在怎样巩固和扩大抗日民族统一战线及国共合作、怎样继续全国抗战和争取抗战胜利等问题上，提出"一切经过抗日民族统一战线，一切服从抗日"等主张，抹杀中共的全面抗战路线同国民党抗战路线的分歧，否认中共在抗战中争取领导权和抗日民族统一战线中的独立自主原则，中共中央对其错误进行了批评和坚决抵制。中华人民共和国成立后，任政务院政治法律委员会副主任。1956年赴苏联，滞留不归。1974年3月27日在莫斯科病故。

刘伯承（1892—1986），四川开县人。1912年入重庆军政府将校学堂学习。1913年参加讨袁运动。1914年加入中华革命党。后参加护法运动。1926年5月加入中国共产党，任中共重庆地委军委委员。同年12月与杨闇公、朱德等人发动泸顺起义，任起义军四川各路总指挥。1927年10月参加并领导南昌起义，任中共前敌委员会参谋团参谋长，失败后赴苏联伏龙芝军事学院学习。其间，作为旁听代表参加中共六大。1930年7月回国，历任中共中央军委委员、长江局军委书记、红军学校校长兼政委、中央军委总参谋长，协助朱德、周恩来指挥第四次反"围剿"。1934年10月参加长征，指挥先遣部队强渡乌江、巧渡金沙江，同张国焘的分裂行径进行了坚决斗争。抗日战争期间，任八路军第129师师长，率部开赴太行山区进行游击战争，参与指挥阳明堡战役等，创建晋冀鲁豫抗日根据地，后参加百团大战。解放战争时期，先后任晋冀鲁豫军区、中原军区、第二野战军司令员。1947年6月，与邓小平等率部强渡黄河，挺进大别山，在江淮河汉之间大量歼灭敌人。1948年11月参加指挥淮海战役。1949年4月参加指挥渡江战役。10月，被任命为中央人民政府人民革命军事委员会委员，随后指挥西南解放战役。中华人民共和国成立后，历任西南军政委员会主席、人民解放军军事学院院长兼政委、中共中央军委副主席、国防委员会副主席、全国人大常委会副委员长等职。1955 年被授予元帅军衔。主要著作收入《刘伯承军事文选》。

徐向前（1901—1990），原名象谦，字子敬，山西五台人。1924 年入黄埔军校第一期学习，毕业后先留校任排长，后历任国民军第二军教官、参谋、团副。1927 年 3 月加入中国共产党，任武汉中央军事政治学校队长，参加广州起义。1929 年，先后任红三十一师副师长、中共湘鄂边特委委员、鄂豫边革命委员会军委主席，挫败了国民党军的三次"围剿"。后历任红一军副军长兼第一师师长、红四军参谋长、军长、红四方面军总指挥，开辟了川陕革命根据地。1934 年 2 月，任中华苏维埃共和国中央执行委员，后率部参加长征。抗日战争期间，历任八路军一二九师副师长，创建冀南抗日根据地，担任陕甘宁晋绥联防军副司令员及抗日军政大学校长等职。解放战争时期，先后任晋冀鲁豫军区副司令员、华北军区副司令员、第一兵团（后改为人民解放军第十八兵团）司令员兼政委。中华人民共和国成立后，历任中国人民解放军总参谋长、中央军委副主席、国防委员会副主席、全国人大副委员长、国务院副总理兼国防部长等职。1955 年被授予元帅军衔。主要著作收入《徐向前军事文选》。

任弼时（1904—1950），原名培国，湖南湘阴（今属汨罗）人。1920 年 8 月在上海加入社会主义青年团。次年赴苏联莫斯科东方大学就读。1922 年 1 月加入中国共产党。1924 年秋回国后，历任团中央组织部长、总书记等职。1927 年起，先后任中共中央临时政治局委员、常委、中共江苏省委常委、宣传部长、中共中央长江局委员兼组织部长、中共湖北省委书记兼武汉市委书记等职。1931 年 11 月，根据中共中央决定，鄂豫皖根据地的红四军和红二十五军合编为红四方面军，任总指挥。1934 年任中共湘鄂川黔省委书记、湘鄂川黔军区政治委员。1935 年 11 月，与贺龙率红二、红六军团从湖南桑植出发长征，其间坚决抵制张国焘的分裂活动。抗日战争期间，任中共中央军委委员、八路军总政治部主任等职。1938 年赴苏联任中共驻共产国际代表团团长。1940 年回延安后，参加中央书记处工作，任秘书长、中共中央书记处书记。参与领导延安整风运动和大生产运动，起草《关于若干历史问题的决议》。解放战争时期，任中央直属部队司令员。1949年被选为中国新民主主义青年团中央名誉主席。1950年10月在北京病逝。主要著作收入《任弼时选集》。

邓小平（1904—1997），原名邓先圣，学名邓希贤，四川广安人。1920年赴法国勤工俭学。1922年加入旅欧中国少年共产党。1924年加入中国共产党，曾任中国社会主义青年团旅欧总支部领导成员。1926年赴苏联，先后在莫斯科东方大学、中山大学学习。1927年春回国，任中山军政学校政治处处长。1929年12月，与张云逸等在广西组织发动百色起义，创建红七军和右江根据地。1930年2月，组织发动龙州起义，组建红八军和左江根据地。任红七军、红八军政治委员和前敌委员会书记。1931年进入江西中央苏区，任中共瑞金县委书记、会昌中心县委书记、江西省委宣传部部长。1934年参加长征，同年底任中共中央秘书长。抗日战争期间，历任八路军政治部副主任、八路军第一二九师政治委员，领导创建了晋冀豫抗日根据地，开辟了冀南抗日根据地。1942年9月，兼任中共中央太行分局书记。次年代理中共中央北方局书记，并主持八路军总部工作。1945年6月，中共七大当选为中央委员。10月底至11月初，与刘伯承指挥晋冀鲁豫野战军在冀南平汉路歼灭进犯国民党军2万余人，并争取了8000人起义，取得自卫战争的重大胜利。1947年6月30日，与刘伯承指挥晋冀鲁豫野战军十余万人，在鲁西南突破国民党军黄河防线，此后连战连捷，为挺进大别山打开了通道，8月底全军进入大别山，完成了中原突破的战略性任务。后参与指挥淮海战役、渡江战役。中华人民共和国成立后，历任政务院副总理兼国家财政经济委员会副主任、财政部部长、中共中央秘书长、组织部部长、国务院副总理、国防委员会副主席。1973年，复任国务院副总理。1975年1月任中共第十届中央副主席、中央军委副主席、中国人民解放军总参谋长。1976年4月被撤销一切职务。1977年7月恢复工作，8月当选为中共中央副主席。1982年，当选中央政治局常委、中央军委主席、中央顾问委员会主任。1983年6月、1988年4月连续当选为中华人民共和国中央军委主席，1989年11月在中共十三届五中全会上辞去中央军委主席职务。1990年3月在第七届全国人大第三次全体会议上辞去中华人民共和国军委主席职务。主要著作收入《邓小平文选》。

李克农（1898—1962），安徽巢湖人。1926年加入中国共产党。1928—1931年在上海党中央从事秘密情报工作。1931年到中央革命根据地后，历任国家政治保卫局执行部部长、红一方面军保卫分局局长、红军工作部部长。后参加长征。红军到达陕北后，1935年冬起任中共中央联络局局长。1936年春，受中共中央指派赴洛川，多次与张学良、王以哲会谈，双方达成互不侵犯、各守原防等口头协议。抗日战争时期，任八路军驻上海、南京办事处处长、中共中央长江局秘书长、八路军总部秘书长、中共中央社会部副部长、中共中央情报部副部长等职。解放战争时期，任中共中央社会部部长、情报部部长等职。中华人民共和国成立后，历任外交部副部长、中央军委总情报部部长、中央保密委员会主任、中国人民解放军副总参谋长等职。1962年2月9日在北京逝世。

杨虎城（1893—1949），陕西蒲城人。1916年率队编入陕西陆军第三十一混成团第一营，任营长。1924年加入中国国民党，次年任国民军第三军第三师师长。1927年参加国民革命军，历任国民革命军第二集团军第十路总司令、第二集团军暂编第二十一师师长。中原大战后，任陕西省政府主席，次年任西安绥靖公署主任兼第十七路军总指挥。中共北方局陆续派出张文彬、王世英、王炳南等多名党员与他会谈，至1936年9月，红军同东北军、第十七路军达成取消敌特行动、取消经济封锁、建立军事联络、联合抗日等协议。1936年12月，率第十七路军控制了西安城，与张学良一起发动"西安事变"。事变和平解决后，被蒋介石电令"出洋考察军事"。"七七事变"后回国，旋被长期囚禁于贵州息烽、重庆杨家山、贵州黔灵山等地。1949年9月，被特务杀害于重庆松林坡。

傅作义（1895—1974），字宜生，山西荣河人。保定陆军军官学校毕业。毕业后到阎锡山部第十团任见习官，后升至中将师长。1931年任第三十五军军长、绥远省政府主席，参加长城抗战和绥远抗战，尤其在绥远抗战中，一举收复绥北要地百灵庙、日本军根据地锡拉木楞庙，促使伪军王英部所属两个旅举义反正，振奋了全国人民的爱国热情和民族精神。"七七事变"后，任第七集团军总司令，参加忻口会战和太原保卫战。后历任第八战区副司令长官兼第二战区北路军总司令、第十二战区司令长官。解放战争期间，任华北"剿总"司令。1949年1月，天津解放后，北平成为孤城，接受中共提出的和平解放北平条件。8月底，亲至绥远筹划起义事宜。9月参加中国人民政治协商会议第一届全体会议。中华人民共和国成立后，历任绥远省军政委员会主席、水利部长、国防委员会副主席、全国政协副主席等职。

蒋鼎文（1895—1974），字铭三，浙江诸暨人。浙江讲武学堂毕业。1921年任孙中山大元帅府参谋部副官。1924年入黄埔军校，历任区队长、教官、教导团第一营副营长兼二连连长。1927年起任南京警备团长、浙东警备司令兼宁波市公安局长、第一军第一师师长、第九师师长、第二军军长，曾参加中原大战。1936年12月10日，任西北"剿匪"军前敌总司令，参与对革命根据地和红军的"围剿"行动。抗日战争期间，任西安行营主任兼第十战区司令长官、陕西省政府主席、第一战区司令长官兼冀察战区总司令。1944年春，日军侵犯河南时，玩忽职守，于5月26日放弃洛阳西逃，使日军直逼潼关，后引咎辞职。1949年去台湾。

卫立煌（1897—1960），又名辉珊，字俊如，安徽合肥人。1916年到广州参加粤军，后调到许崇智部下，升任团长。1926年参加北伐战争，任国民革命军第十四师师长。1930年任第十四军军长，驻守杭州。多次参与对革命根据地和红军的"围剿"行动。抗日战争期间，任第十四集团军总司令，参加忻口会战。后历任第二战区副司令长官兼前敌总指挥、第一战区司令长官兼河南省政府主席、冀察战区总司令。1941年指挥中条山战役，损失惨重。1943年接替陈诚任中国远征军司令长官，打通了中印公路。1948年任东北行辕代主任兼东北"剿总"总司令。东北全境解放后，被蒋介石撤职、软禁。1949年去香港。1955年回到北京，先后担任全国政协常委、国防委员会副主席、民革中央常委等职。

陈诚（1898—1965），字辞修，浙江青田人。1922年毕业于保定军校。黄埔军校成立后，任炮兵科上尉教官兼炮兵队区队长、第一连上尉连长。北伐时，调任国民革命军总司令部中校参谋、第二十一师师长、国民革命军总司令部警卫司令兼炮兵指挥官、第十一师师长。中原大战时，因功提拔为第十八军军长兼第十一师师长。多次参与对革命根据地和红军的"围剿",后任庐山军官训练团副团长。抗日战争期间,任第三战区前敌总指挥兼左翼作战军总司令、第九战区司令长官、军事委员会政治部长、武汉卫戍总司令,曾率部参加淞沪战役、武汉保卫战、宜昌战役等。解放战争时期,任国民政府军政部长、国防部参谋总长兼海军总司令、东北行营主任。1948年任台湾省政府主席兼台湾警备总司令等职。后留居台湾。

宋子文（1894—1971）,祖籍广东文昌（今属海南）,生在上海。1912年去美国留学,获哈佛大学经济学硕士学位。1917年获哥伦比亚大学经济学博士学位。回国后先在汉冶萍煤铁公司上海办事处当秘书,后出任上海联华商业银行总经理,开办大洲实业公司、神州信托公司等,涉足商业、金融业等。1923年应孙中山之邀担任中央银行（筹备）副行长兼两广盐务稽核所经理,后出任中央银行行长。广州国民政府成立后,任财政部长兼广东财政厅长、商务厅长。1928年起,任南京国民政府财政部长,后历任中央银行总裁、中国银行董事长、外交部部长、行政院长、广东省主席等职。任职期间,推动币制改革、废除厘金等措施。西安事变发生后,作为参与国共谈判的主要代表之一,促成事变和平解决。1944年,作为首席代表出席联合国成立大会,参与制定联合国宪章。1949年去法国,后赴美定居。

宋美龄（1897—2003）,祖籍广东文昌（今属海南）,生在上海。1908年赴美,1909年入佐治亚卫斯理安女子学院学习,后转学到马萨诸塞州韦尔斯利学院,1917年获文学士后回国。1927年12月与蒋介石结婚。1934年起,参与指导新生活运动,强调新生活运动第一步是讲安全秩序和文明卫生。1939年冬,发起为抗战士兵寒衣征募运动。西安事变发生后,参与国共谈判,促成事变和平解决。抗日战争期间,曾陪同蒋介石访问印度、出席开罗会议,并赴美访问,在美进行巡回演讲,与美国知名人士会谈。1945年当选为中国国民党第六届中央执行委员、常务委员,并于1948年11月再度赴美访问,向美国提出援助计划,遭到拒绝。后去台湾。蒋介石去世后,移居美国。

第十章　日本全面侵略中国　抗日战争爆发

卢沟桥事变。日本发动全面侵华战争的开始，也称"七七"事变，因发生在北平西南的卢沟桥而得名。1937年7月7日夜，日本华北驻屯军违反《辛丑条约》可以驻扎在天津的规定，违法侵入北平西南丰台附近，其第1联队第3大队第8中队在卢沟桥附近回龙庙借军事演习之名，向中国驻军寻衅，以一名士兵失踪为借口，要求进入宛平县城搜查。日方无理要求遭到中国守军29军士兵拒绝。20分钟后，日军找到丢失的士兵，却不肯罢休。日军第1联队长牟田口廉也调集兵力，于第二天凌晨向宛平城发动进攻。日军从天津派出步兵第1联队第2大队向北平增援。29军官兵奋起还击，卢沟桥事变爆发。日本华北驻屯军违反《辛丑条约》，离开天津海光寺，前进到丰台一带，是违反国际法的，是侵略行为。日本有学者斤斤计较于谁在卢沟桥开第一枪，似乎开第一枪应该承担责任。现在没有史料证明中方开第一枪。即使中方开了第一枪，也是对侵略者正义的还击。"七七"事变爆发，标志着日本发动全面侵华战争的开始。中国守军奋起反抗，则标志着中国全面抗战的开始。

国防最高会议。全面抗战爆发后成立的全国国防最高决策机关，对中央执行委员会政治委员会负责。1937年8月11日，国民党中央政治委员会召开第51次会议，决定设立陆海空军大本营，由大元帅代表国民政府主席行使统率海陆空军之权；另外设置国防最高会议，通过《国防最高会议组织条例》，下设国防参议会，以容纳党外抗日力量。国防最高会议沿袭了国防委员会的职能,是全面抗战初期结合党、政、军权的全国国防最高统一指挥机构,国防最高会议有权统辖军事、外交、财政、经济、交通、实业等各方面的事务,并且明确由蒋介石执掌最高决策权。该机构的设立表明国民党的决策机制开始向战时体制转变。

"八一三"事件。卢沟桥事变发生后,日军侵略上海的战争。1937年8月9日下午,日本驻沪海军陆战队西部派遣队队长大山勇夫和一等兵斋藤与藏驾驶汽车至上海虹桥机场附近,越过警戒线,不服制止命令,被中国保安队当场击毙。事件发生当日,上海市政府电话告知日本驻沪总领事冈本孝正,日本官兵冲入虹桥机场,与守军发生冲突,要求日方派人处置。11日,冈本孝正向上海市市长俞鸿钧提出,在正式交涉前,中国要先行做到撤退保安队和拆除所有保安队防御工事,遭到俞鸿钧拒绝。13日,淞沪一带已经集结日本军舰32艘,其中13艘停泊于黄浦江上,19艘在浏河;日本海军陆战队6000人,主力集中在虹口附近,另一部在杨树浦及沪西各纱厂。是日上午,日军越过租界,强占八字桥、持志大学等处。18时,日军以步枪与战车向第88师、第87师射击,同时炮击上海市中心。13日夜,蒋介石命令张自忠次日拂晓发起总攻击。14日上午,中国空军发起对日军轰炸,15时陆军发起进攻,夺取围攻要点。当日,国民政府发表自卫抗战声明,列举"九一八"事变以来日本侵略之事实,陈述"七七"事变后,中日交涉的经过,揭露了日本"不扩大"方针的虚伪性,声明说:日本的侵略已经破坏了国联盟约、九国公约、非战公约,中国为日本所逼迫,不得不实行自卫。中国决不放弃领土任何部分,遇有侵略,只有自尽其能,抵抗暴力。15日,日本政府发表声明,宣布要"膺惩"中国军队。同日,日本参谋本部编成以松井石根大将为司令的上海派遣军,率第3、第10师团向上海开进。此时,日军正从平津向河北、察哈尔扩大战争,华北会战与淞沪会战同时展开。9月5日,日本首相近卫文麿在议会发表演说,表示日本要采取可能的手段,彻底打击中国军队。日本国会批准了超过20亿日元的临时军费开支。日本走上了全面侵华的道路。"八一三"事件,日本将侵华战争从华北扩展到长江三角洲,中华民族危机加深,促进了民族抗日统一战线的正式形成，中国逐渐形成全国性抗战局面。

抗日民族统一战线。抗日战争期间，由中国共产党发起的、以国共合作为基础、包括全国各党各派各界各军在内的，中华民族内部所有抗战力量的一次大联合。九一八事变和华北事变后，日本帝国主义不断扩大对华侵略，迅速把中华民族与日本帝国主义的矛盾，变成国内占据首要地位的矛盾，原有的阶级矛盾逐渐处于从属的地位。在中华民族生死存亡的关头，中共发表了一系列反对日本侵略、呼吁民族团结抗战的宣言。1935年8月1日，中共中央发表《为抗日救国告全国同胞书》，呼吁全国各党派各界同胞各军队，捐弃前嫌，停止内战，集中一切国力，建立"全国统一的国防政府"，组织"全国统一的抗日联军"，为抗日救国的神圣事业而奋斗。同年12月17日至25日，中共中央在陕西安定县瓦窑堡召开政治局会议，确立了建立抗日民族统一战线的策略。1936年西安事变和平解决，促进了国内和平的初步实现和抗日民族统一战线的初步形成，推动了国共两党再度合作。卢沟桥事变发生后，中国共产党再次向全国发出通电，号召全国人民、军队、政府团结起来，"筑成民族统一战线的坚固长城"，抵抗日本帝国主义的侵略。7月15日，中共代表周恩来将《中共中央为公布国共合作宣言》面交给蒋介石，宣言中提出发动全民族抗战、实行民主政治和改善人民生活等三项基本要求，重申中共为实现国共合作停止施行武力推翻国民党政权等四项保证。"八一三"上海事件发生后，因日军大举进攻上海，直接威胁到国民党统治的核心地区，蒋介石急欲调动红军开赴前线，因而在国共谈判中开始表现出较多的团结合作的愿望，两党谈判取得了较大进展，推动了民族抗日统一战线的正式形成。9月22日，国民党中央通讯社播发《中共中央为公布国共合作宣言》，次日，蒋介石在庐山发表谈话："中国共产党既捐弃成见，确认国家独立与民族利益之重要，吾人惟望其真诚一致，实践其宣言所举诸点，更望其在御侮救亡统一指挥之下，人人贡献能力于国家，与全国同胞一致奋斗，以完成国民革命之使命。"至此，以国共两党合作为基础的全国抗日民族统一战线正式建立起来。抗日民族统一战线的建立，得到全国人民和各党派的热烈欢迎和支持，对全国抗战局面形成起了关键作用，全国广大工人、农民、知识分子也积极投入抗日大潮当中，各少数民族人民与汉族人民一起，积极参加抗日战争。许多台湾同胞回到祖国大陆，组织各种抗日团体和抗日武装。港澳同胞和海外华侨华人也以各种方式参加抗日活动。在抗日民族统一战线的旗帜号召下，在中华民族生死存亡的殊死决战中，全国各党各派各界各军，同仇敌忾，彰显出国家兴亡、匹夫有责的爱国主义精神。

八路军。全称"国民革命军第八路军"，抗日民族统一战线成立后，中国共产党领导的人民军队的主力之一，由中国工农红军改编而来。抗日战争全面爆发后，中国共产党与国民党建立抗日民族统一战线，根据国共达成的协议，1937年8月25日，中共中央革命军事委员会宣布红军改编为国民革命军第八路军，简称八路军。红军前敌总指挥部改为第八路军总指挥部，朱德任总指挥，彭德怀任副总指挥，叶剑英任参谋长，左权任副参谋长，任弼时任政治部主任，邓小平任政治部副主任。八路军下辖第115师、第120师和第129师，林彪和聂荣臻，贺龙和萧克，刘伯承和徐向前分别担任正副师长，全军约4.26万人。为加强对八路军的领导，中共中央决定在中央军委领导下成立前方军委分会，以朱德为书记，彭德怀为副书记。八路军成立后，遵照中共中央制定的抗日战争战略方针，开赴抗日前线，开展抗日武装斗争。从1946年10月起，八路军和新四军、东北民主联军、华南抗日纵队等改称中国人民解放军。

国家社会党。中国资产阶级右翼政党，简称"国社党"，前身为再生社。1934年10月，再生社在北平召开临时代表大会，宣告成立国家社会党，标榜国家社会主义，组织系统分中央部、支部、分部三级，主要创始人有张君劢、张东荪、罗隆基等，张君劢任中央总务委员会委员长兼总秘书，综理党务。办有《再生》杂志和《国家社会报》。1941年3月加入中国民主政团同盟，表示拥护国民党抗战。在国共摩擦中，依附于中国国民党。1946年1月，参加旧政协会议，宣称走"第三条道路"。同年8月，与海外民主宪政党合并，成立中国民主社会党，简称"民社党"。

中国青年党。中国资产阶级右翼政党，简称"青年党"。1923年12月

第十章 日本全面侵略中国 抗日战争爆发

在法国成立，主要发起人有曾琦、李璜、左舜生、陈启天等。次年在上海创办《醒狮》周报，又称"醒狮派"。1926年8月在上海召开第一次全国代表大会，曾琦当选为中央委员会委员长。1929年在沈阳召开四大后，始对外公开党名。具体行动纲领为"实行国家主义，实现全民政治，实施社会政策"。抗战期间，参加过统一建国同志会、中国民主政团同盟和中国民主同盟。1946年11月，参加国民党召开的"国民大会"，在政治上依附于中国国民党。

新四军。全称"国民革命军陆军新编第四军"，抗日民族统一战线成立后，中国共产党领导的人民军队的主力之一。抗日战争全面爆发后，中国共产党与国民党建立抗日民族统一战线，根据国共达成的协议，1937年10月，中共中央将留在湘、赣、闽、粤、浙、鄂、豫、皖8省的红军游击队（琼崖红军游击队除外）统一改编为国民革命军陆军新编第四军，叶挺、项英任正副军长，张云逸、周子昆任正副参谋长，袁国平、邓子恢任政治部正副主任。新四军下辖四个支队，陈毅和傅秋涛，张鼎丞和粟裕，张云逸和谭震林分别担任第一、第二、第三支队正副司令员，高敬亭任第四支队司令员，全军共1万余人。简称新四军。新四军成立后，根据中共中央指示，奔赴皖南、皖中和豫东等地，开展同日伪军的作战，有力地打击了日本侵略者。解放战争初期改称中国人民解放军。

抗战建国纲领。1938年3月，国民党临时全国代表大会通过的抗战纲领，全称《中国国民党抗战建国纲领》。1938年3月29日至4月1日，国民党在武昌召开了临时全国代表大会，检查全国抗战以来的工作，确定今后的任务和行动方针。《中国国民党抗战建国纲领》是国民党在这次大会上制定的主要文件，对如何夺取抗日战争胜利，应当执行的政治、经济、外交政策等，提出了相应主张。大会基调是抵抗日本帝国主义侵略，挽救民族危亡。但是，该纲领仍寄希望于国际社会的同情和援助，且对发动和依靠群众有不少限制，对战争的认识也有一定的局限。

洛川会议。全面抗战爆发后中共中央政治局组织召开的一次重要会议。1937年8月22日至25日，在陕北洛川县冯家村召开了中共中央政治局扩大会议，即洛川会议。出席会议的有毛泽东、张闻天、周恩来、博古、朱德、张国焘以及各方面的负责人彭德怀、刘伯承、贺龙、林彪、罗荣桓、徐向前等22人。毛泽东首先代表中央政治局作了军事问题和国共两党关系问题的报告。会议通过了《中央关于目前形势与党的任务的决定》《抗日救国十大纲领》。会议确定了党在抗战阶段的中心任务和具体行动方针。会议决定中央革命军事委员会成员增加为11人，由毛泽东、朱德、周恩来、彭德怀、任弼时、叶剑英、张浩、贺龙、刘伯承、徐向前、林彪组成，并选举毛泽东为书记，周恩来、朱德为副书记。洛川会议提出了党在抗日民族革命战争中的纲领和政策，规定了党的全面抗战路线，确定了人民军队在敌后进行持久抗战的战略任务和作战方针，为实现党对抗日战争的领导、争取抗日战争的胜利奠定了政治思想基础。

抗日救国十大纲领。中共制定的抗日纲领。为正确贯彻执行党的统一战线政策，制定党在抗战时期的行动方针和具体政策，1937年8月下旬，中共中央在陕北洛川召开政治局扩大会议，会议根据毛泽东的提议，通过《中国共产党抗日救国十大纲领》。其内容包括："1. 打倒日本帝国主义；2. 全国军事的总动员；3. 全国人民的总动员；4. 改革政治机构；5. 抗日的外交政策；6. 战时的财政经济政策；7. 改良人民生活；8. 抗日的教育政策；9. 肃清汉奸卖国贼亲日派，巩固后方；10. 抗日的民族团结。"这一纲领概括了中共在抗战时期的基本政治主张，体现了中共的全面抗战路线，给全国人民指明了争取抗战最后胜利的道路。

平型关大捷。八路军115师出师抗击日军取得的全国第一个胜仗。八路军出师华北挺进山西之际，日军企图南下进攻太原，夺取山西腹地，并从右翼配合华北方面军在平汉路的作战。1937年8月下旬至9月，第115师到晋东北五台、繁峙、灵丘一带，第120师从陕西富平县出发，进入宁武、神池一带，第129师到晋北，分别进入抗日战场。此时日军正企图突破平型关、茹越口的长城防线。9月下旬，为配合友军作战，八路军第115师在平型关东北关沟至东河南村长约13公里的公路两侧高地进行伏击，日本第5师团辎重部队和第21旅团主力由灵丘开往平型关，进入115师伏击圈,经过激烈战斗,共歼灭日军500余人,击毁汽车、马车各约70辆,缴获大量军用物资。平型关大捷是八路军出师后的第一个胜仗,也是抗战以来中国军队取得的首次大捷,打破了日军所谓"不可战胜"的神话,极大地振奋了全国军民的抗战士气,提高了共产党和八路军的威望。

中国共产党六届六中全会。1938年9月29日至11月6日,中共中央在延安召开扩大的六届六中全会。毛泽东在会上作了《论新阶段》的政治报告和会议总结,阐明了共产党领导抗日战争的重大历史责任,批评了王明"一切经过统一战线"的口号是"自己把自己的手脚束缚起来",是"完全不应该的"。从理论上阐述了民族斗争和阶级斗争的一致性,强调"我们的方针是统一战线中的独立自主,既统一,又独立"。强调共产党员应是实事求是的模范,因为只有实事求是,才能完成确定的任务。此外,还要学习马克思主义理论,研究历史与当前运动的情况和趋势,使马克思主义中国化。全会确定敌后抗战总的战略部署是"巩固华北,发展华中华南"。全会决定撤销长江局,设立南方局,周恩来担任书记;设立中原局,刘少奇担任书记;将东南分局改为东南局,项英仍担任书记;同时充实北方局,由朱德、彭德怀、杨尚昆组成常务委员会,杨尚昆担任书记。这次会议正确分析了抗日战争的形势,规定了党在抗战新阶段的任务,基本上纠正了王明的"右"倾错误,统一了全党的思想和目标,推动了抗战工作的迅速发展。

淞沪会战。全面抗战初始阶段中国军队同日本侵略军进行的一场战役。1937年8月14—22日,中国的空军、陆军对杨树浦以西至虹口敌司令部之间的日军发动进攻,一度攻入虹口的日本海军俱乐部及汇山码头,但未能歼灭敌人。23日凌晨,增援的日军两个师团分别在长江岸边川沙河口和黄浦江边的张华浜、蕴藻浜等处登陆,战事中心开始转移到罗店至月浦一线。此时,中国军队在以冯玉祥为司令长官、顾祝同为副司令长官的第三战区统一指挥下分三个方面抵挡日军的进攻,浦东方面由张发奎指挥,淞沪近郊由张治中指挥,江防由陈诚指挥。31日,日军猛攻吴淞后登陆,分兵进攻宝山和闸北,第18军53团3营营长姚子青率部奋勇抵抗,最终全部壮烈牺牲。9月6日，日本决定向上海再增派3个师团的兵力。从12日起，淞沪前线部队转入守势作战，在北站、刘行、罗店、浏河镇一线抗击日军，经与日军反复激战，伤亡增多。10月1日起，各部分别转移至蕴藻浜右岸陈家行、广福、施相公庙、北新泾镇、浏河一线。10月初，日军强渡蕴藻浜，25日攻陷大场，向苏州河推进，中国军队各部随之向苏州河南岸转移。11月5日，日军3个师团从杭州湾北岸的全公亭、金山咀登陆，完成对中国军队的战略包围，中国军队在腹背受敌的情况下，被迫撤出上海。至此，历时3个月的淞沪会战结束。淞沪会战是全面抗战初始阶段中日两国进行的一场战役。从1937年8月中旬到11月中国军队撤出上海，日本投入兵力达到30余万人，中国军队调集70多个师约70余万人，在日军火力猛攻下，中国军队坚持3个月之久，歼灭了大量日军，粉碎了日军"三个月灭亡中国"的叫嚣，展现出中国军民抵抗侵略、保家卫国的百折不挠的精神，赢得了国际社会的同情和尊敬。

南京大屠杀。占领南京的日军对南京和平居民和放下武器的中国军人犯下的大屠杀罪行。淞沪会战后，侵华战争进一步扩大。1937年12月3日起，分兵三路，直逼国民政府所在地南京。11月20日，蒋介石正式宣布迁都重庆，在南京成立卫戍司令部，唐生智为司令长官，编组卫戍军共14个师，11万余人。12月7日，日军开始对南京城外围发起攻击，经两天激烈的战斗，中国守军伤亡很重。日军从多个方向攻占南京各大城门。国民党军将士虽经顽强抵抗，最终在日军强大的攻势下不得不向江北撤退。13日，南京陷落。在华中派遣军司令松井石根和第六师团长谷寿夫的指挥下，对无辜的南京和平居民和放下武器的中国军人进行长达6周的大屠杀。战后对南京大屠杀主犯谷寿夫的判决书中记载：12月12—21日，计于南京中华门外花神庙、宝塔桥、石观音、下关草鞋峡等处，被俘军民遭日军用机关枪集体射杀并焚尸灭迹者，有单耀亭等19万余人；此外，零星屠杀，其尸体经慈善机构收埋者15万余具，被害总数在30万人以上。此外，日军还灭绝人性地肆意强奸、轮奸中国妇女，强迫妇女充当"慰安妇"，许多妇女在被强奸后又被杀害，还将她们的躯体斩断。据远东国际军事法庭裁判书公布的数据，仅在日军占领南京后的六周内，就发生了 2 万起左右的强奸、轮奸事件，连老妪、幼童都未能幸免。同时南京市三分之一的房屋被烧毁，几乎所有的商店被抢劫一空，抢劫完商店和仓库后，往往是放一把火烧掉。日军还在占领区建立多个细菌战部队的秘密基地，研制霍乱、伤寒、鼠疫等病毒，对中国居民实行"活体解剖"。还制造配备相当数量的化学武器，实行细菌战、毒气战。日军 731 部队开始将带有病毒的投掷器投放到中国许多地区，造成大量中国居民死亡。南京大屠杀因涉及范围广、延续时间长，屠杀现场又完全被日军所控制，在事隔多年之后要做出精确统计是不可能的，但从杀人现场留下的大量罪证，众多被害者与中外目击者的证词足以证实南京大屠杀这一罪行的客观存在。

台儿庄大捷。全面抗战初期正面战场中，中国军队抗击日军取得胜利的一场战役。台儿庄位于山东枣庄南部，地处徐州东北 30 公里的大运河北岸，北连津浦路，南接陇海线，扼守运河咽喉，是徐州的门户。1938 年 2 月中旬，日军为攻占徐州进攻台儿庄，台儿庄大战拉开帷幕。第五战区司令长官李宗仁指挥中国军队在台儿庄作战，命令台儿庄守军第 2 集团军总司令孙连仲部、第 20 军团汤恩伯部在外围策应出击。日军先以濑谷旅团为进攻主力，后坂本旅团绕过临沂前来增援。从 3 月下旬至 4 月初，台儿庄守军与装备占优势的日军机械化部队反复搏杀，并与其展开肉搏巷战，战况异常惨烈，有效地阻挡了日军进攻。4 月上旬，中国军队发起全线进攻，击溃日军，取得台儿庄战役的胜利。在台儿庄战役中，中国参战部队达到 4.6 万人，伤亡 7500 人，歼灭日军近万人，打败了日军第 5、第 10 师团主力。台儿庄大捷是全面抗战初期正面战场中，中国军队取得的重大胜利，有力地打击了日军嚣张气焰，极大鼓舞了全国人民抗战必胜的信心。

徐州会战。抗日战争期间，中国军队以徐州为中心抗击日军的战役。南京、济南沦陷后，日本对华战争规模进一步扩大，日军华北方面军多次向统帅部提出"为使华北、华中连接起来，进行徐州作战以及对武汉之敌施加威压"的建议。1938 年 4 月上旬，中国军队取得台儿庄战役的胜利。台儿庄战役后，日军大本营陆军部发布以华北方面军为主、华中派遣军配合，击破徐州附近中国军队的作战方案。中国方面，由于受台儿庄大捷的鼓舞，决定乘胜追击，4月中旬调集60余万军队向徐州附近集结，与日军苦战，日军于5月中旬形成对中国军队的合围，蒋介石决定放弃徐州，徐州会战结束。

花园口决堤事件。抗日战争期间，国民政府为阻滞日军进攻，炸开郑州以北花园口黄河大堤的事件。1938年6月，侵华日军逼近郑州，准备围攻武汉。在河南战局持续恶化的形势下，国民党军队为阻止日军西进，蒋介石下令炸开郑州以北花园口黄河大堤，使黄河在花园口东南泛流入贾鲁河及颍河，虽暂时遏制了日军的进攻，并且阻滞了日军沿淮河西进和沿平汉铁路进攻武汉的计划，但其客观后果却是淹没了河南、安徽及江苏三省30多万平方公里的土地，受灾人口1000多万，淹死10万余人，造成连年灾荒的黄泛区，给当地的百姓造成了巨大的生命财产损失。

武汉会战。抗日战争战略防御阶段最大的一次战役。徐州会战后，日军把武汉作为首要攻击目标，企图消灭国民党主力，达到速战速决的目的。1938年6月18日，日军大本营下达汉口作战命令，国民政府在南京沦陷后提出了"保卫大武汉"的口号，集结120多个师的兵力，确立了"战于武汉之远方，守武汉而不战于武汉"的作战方略，在武汉外围抵抗和消耗日军，武汉会战随之开始。因黄河决口，日军主力溯长江西进。日军发起全面攻势，连续攻占马头镇、武穴、富池口，并于9月底占领田家镇。另一路日军在赣北展开攻势。8月1日，军事委员会令赣北方面的作战由薛岳统一指挥。守军与日军展开激战，在万家岭地区，歼灭日军第27、第101、第106等师团数千人，获得"万家岭大捷"。为策应长江沿岸部队西进，8月27日，日军开始沿大别山北麓猛攻，中国守军于富金山设防，经过激烈战斗，于9月中旬失守。另一路日军于9月6日攻陷固始，西进逼近潢川，18日，潢川失陷。此外，从南路进攻信阳之日军于10月6日攻陷信阳南的柳林车站，切断平汉路交通。从此，日军南北两线基本形成对武汉等包围态势。10月中旬，日军已进入武汉附近地区，同时日本军舰突破长江封锁线向武汉前进。长江北岸，日军向团风进攻。24日突破黄陂守军阵地，向汉口攻击。此时，长江南岸等日军主力攻陷大冶、阳新后，分两路西进：一路突破金牛铺、辛潭铺，26 日在咸宁附近切断粤汉铁路；另一路沿大冶、鄂城会合沿江部队攻击武昌；另以一股兵力经金牛山向贺胜桥方向行进，切断武汉守军的退路。自 10 月中旬起，国民政府各级机关开始逐步从武汉撤退，至 10 月 25 日已全部撤出武汉。同日，第 9 战区司令长官薛岳鉴于局势无法扭转，下令各部转移，弃守武汉。26 日，日军占领汉口、武昌。27 日，汉阳陷落。武汉会战历时四个半月，中国军队投入 120 多个师的兵力，毙伤日军近 4 万人，是抗日战争战略防御阶段最大的一次战役。在这期间，中国军民得以把沿江地区等重要工业设施迁往四川和西南各地，为长期抗战奠定了物质基础。

《论持久战》。毛泽东著的一篇论证抗日持久作战的重要论文，1938 年 5 月发表。《论持久战》科学地总结了抗战十个月的经验，从理论与实际的结合上，全面系统地论述了持久战的战略指导思想，驳斥了亡国论和速胜论。毛泽东深刻地分析了敌强我弱、敌小我大、敌退步我进步、敌寡助我多助的特点，预见了持久战战略防御、战略相持和战略反攻三个不同的作战阶段和进程。毛泽东指出，"兵民是胜利之本"，坚持持久战的基础是发动全民族的武装自卫战，实行人民战争。在作战原则上，必须把正规战和游击战相结合，以正规战为主；把阵地战和运动战相结合，以运动战为主；实行战略防御中的战役和战斗的进攻，战略持久战中的战役和战斗的速决战，战略内线中的战役和战斗的外线作战。毛泽东认为持久战是"战争史上的奇观，中华民族的壮举，惊天动地的伟业"。《论持久战》是中共提出的指导抗日战争全过程的纲领性文件。

蒋廷黻（1895—1965），字清如，湖南宝庆（今邵阳）人。早年就学于湘潭益智学堂。1911 年赴美国留学。1923 年获哥伦比亚大学哲学博士学位，毕业论文题目是"劳动与帝国：关于英国工党特别是工党国会议员对于 1880 年以来英国帝国主义反应的研究"。回国后，先后任教于南开大学历史系、清华大学历史系，其间曾编辑《近代中国外交史资料辑要》（上、中），发表《琦善与鸦片战争》《李鸿章——三十年后的评论》等文章。

1932 年与胡适、丁文江等创办《独立评论》。1935 年后历任国民政府行政院政务处处长、驻苏联大使、孔祥熙内阁政务次长、中国善后救济总署署长。1947 年出席联合国常年大会，后出任中国常驻联合国代表。著有《中国近代史》等，主要论著收入《蒋廷黻集》。

黄旭初（1892—1975），广西容县人。曾入陆军大学学习，毕业后赴日本留学。回国后在桂军中任职，由连长升至第一师步二团团副。1924 年任广西陆军第一军参谋长。1926 年北伐时，任国民革命军第七军第四旅旅长，后升任第六师师长。1931 年起任广西省政府主席。"七七事变"后致电国民政府，表示拥护蒋介石的庐山谈话主张。1945 年任广西省保安司令。1949 年 5 月，任桂林绥靖公署副主任，后辞职避居香港。著有《八桂忆往录》。

粟裕（1907—1984），侗族，湖南会同人。早年曾在常德省立第二男子师范学校求学。1926 年加入中国共产主义青年团，1927 年转为中国共产党党员。后参加南昌起义、湘南起义。曾任红二十二军第六十四师师长、红四军参谋长、红一军团教导师政委兼政治部主任、红十一军参谋长、红七军团参谋长。1934 年 7 月，任红军北上抗日先遣队参谋长、红十军团参谋长。1935 年 1 月，任闽浙赣挺进师师长，开创浙南革命根据地。抗日战争期间，任新四军第二支队副司令员、新四军江南指挥部副指挥、新四军苏北指挥部副指挥，参与创建苏浙敌后抗日根据地。皖南事变后，任新四军第一师师长兼政委、苏中军区司令员兼政委、苏浙军区司令员兼政委、中共苏浙区党委书记，创建浙西抗日根据地。解放战争时期，任华中军区副司令员、华中野战军司令员、华东野战军副司令员，参与指挥莱芜战役、孟良崮战役、淮海战役。中华人民共和国成立后，历任解放军副总参谋长、总参谋长、国防部副部长、军事科学院副院长、全国人大常委会副委员长等职。主要著作收入《粟裕军事文集》《粟裕文选》。

康生（1898—1975），原名张叔平，化名赵容，山东诸城（今属青岛）人。1924 年进上海大学学习。1925 年 4 月加入中国共产党。参加五卅运动和上海工人三次武装起义。曾任上海总工会干事，中共上海沪中、闸北、沪西、沪东区委书记，以及江苏省委组织部部长、中共中央组织部部长、职工部部长。1933年7月去苏联，任王明副手，成为中共驻共产国际代表团主要负责人之一，并进入列宁学院学习。1937年回延安，任中共中央社会部部长、情报部部长、中央书记处书记、中央总学习委员会副主任。在延安整风运动中，以"抢救失足者"为名，制造多起冤假错案。在土地改革中，采取"左"的做法，给土改工作造成损失。中华人民共和国成立后，历任中共中央山东分局书记、华东局副书记、中央文教小组副组长。"文化大革命"期间担任中央文革小组顾问、中共中央政治局委员、常委、中共中央副主席等职。1980年被开除党籍。

杨尚昆（1907—1998），重庆潼南人。1925年加入中国共产主义青年团，1926年转为中国共产党党员，在成都、重庆、上海等地从事学生运动。同年底赴莫斯科中山大学学习，任支部局宣传部副部长。1931年回国，历任中华全国总工会宣传部长、党团书记、中共江苏省委宣传部长、上海工会联合会党团书记、中共中央宣传部长等职，参与领导上海工人运动。1933年初到江西中央苏区，编辑《红色中华》《斗争》，任马克思共产主义学校（中央党校）副校长、第一方面军政治部主任、红三军团政委、红军总政治部副主任。1934年10月参加长征。抗日战争期间，历任中共中央军委秘书长、中共中央北方局书记，组织领导华北敌后抗日根据地工作。解放战争时期，历任中共中央军委秘书长、中央警卫司令员、中共中央后方委员会副书记、中共中央办公厅主任。中华人民共和国成立后，历任中央办公厅主任、中央副秘书长、中央书记处候补书记、广东省委书记处书记。1978年以后，历任中共广东省委第二书记、副省长、广州市委第一书记、全国人大常委会副委员长兼副秘书长、中共中央军委常委兼秘书长、中华人民共和国主席等职。著有《杨尚昆回忆录》《杨尚昆日记》等。

第十一章　抗日战争中的两个战场与抗战胜利

南昌战役。抗日战争期间中国军队在南昌抗击日军的战役。南昌地处南浔、浙赣两条铁路的交会处，毗邻鄱阳湖，与长江相通，战略位置十分重要，武汉会战后南昌成为日军的进攻目标。日军以第101、106两个师团担任正面进攻，第6师团在箬溪、武宁一带助攻。1939年3月，日军发动攻击，仅用十余天就攻占了南昌，4月中旬军事委员会命令各战区发动春季攻势，并令罗卓英指挥第三战区、第九战区约10个师反攻南昌。罗下令第三战区第三十二集团军总司令上官云相担任指挥，曾一度攻占南昌机场及车站，然因部队伤亡严重，加上日军第116师团协同反攻，中国军队于5月上旬停止攻击，转而恢复原有态势，与日军在南昌周边地区对峙。

随枣战役。抗日战争相持阶段，中国军队为反击武汉日军进攻而发动的战役。武汉会战后，第五战区扼守襄渝入川要道，掩护长江三峡，汤恩伯第31集团军由湘北移至枣阳，增强第五战区实力。日军第11军为解除西北方面对武汉的威胁，于1939年5月发动随枣战役。在随后的三周内，日军调集第3、第13、第16三个师团分别向应山、安陆、钟祥等地集结，企图将第五战区主力一举围歼。5月7日，日军攻占枣阳，12日攻占唐河，在桐柏山及其南北两侧受到阻击，未能与第3师会合。5月中旬，第五战区令第31集团军会同第2集团军发动全面反攻。13日起，日军全线撤退，到20日，除随县外，其他都恢复原有态势，战役结束。

第一次长沙战役。抗日战争期间中国军队在长沙抗击日军的战役。随枣战役结束后，日军决定在湖北、赣北给第九战区以打击，重点是粤汉铁路沿线的中央军主力。1939年8月，日军第11军制定"江南作战"计划。9月14日，战役首先从赣北打响。18日，日军主力在湘北发起进攻，但受阻于新墙河一线。25日，日军渡过汨罗江，随后日军占领长沙西的永安市，后遭到中国军队伏击，日军损失惨重，全线撤回原阵地，第一次长沙战役结束。

桂南战役。抗日战争相持阶段中国军队在广西南部抗击日军的战役。广州失陷后，1939年2月，日军攻占海南岛，6月攻占潮汕地区，8月占领深圳、沙头角，完成对中国东南沿海交通线的封锁。接着为切断印度支那通往南宁的这条交通线，发动了桂南战役。1939年11月中旬，日军登陆钦州湾，在占领防城、钦县后，分路进攻南宁，11月下旬攻占南宁，据守高峰隘和昆仑关。军长杜聿明率第5军与第66军等协同苦战，伤亡1.4万余人，于12月31日收复昆仑关，史称"昆仑关大捷"，这是抗战以来正面战场军队以空、炮、坦、步等军兵种协同配合、攻坚作战之首次胜利。1940年6月，日本调整西南作战方向，主力进攻越南，开始从桂南撤军，中国军队转入反攻，10月28日收复龙州，30日收复南宁，11月底日军全部撤出桂南。长达一年之久的桂南战役结束。

枣宜、豫南战役。抗日战争相持阶段，中国军队为保卫重庆安全，在枣阳、宜昌、豫南发动的反击日军进攻的战役。1939年10月，军事委员会制定《国军冬季攻势作战计划》，以第二、第三、第五、第九4个战区为主攻战区，第一、第四、第八、鲁苏、冀察战区为助攻战区。这是进入战略相持阶段后，正面战场的中国军队发起的一次大规模行动，消耗了敌军的大量兵力，但没有扭转正面战场的局势，自身也遭受较大损失。冬季攻势结束后，日军认识到对国民政府施加军事压力的重要性，决定攻占枣阳、宜昌，进而威胁重庆。1940年4月中旬，日军赣东北、湘北兵力各一部会同湖北境内部队，于5月初发动对枣阳、宜昌的攻势。5月中旬开始，双方在各条战线展开争夺，第33集团军总司令张自忠牺牲。6月初，日军占领襄阳、宜城。6月12日，日军攻占宜昌，并按原计划在一周后撤出，此后双方重回对峙状态。枣宜会战结束后，日军深感周边中国军队对宜昌、信阳及平汉线的威胁，于1941年1月27日至2月7日发动豫南战役，试图通过围歼豫南附近第五战区主力，战争持续十余日，各路日军撤退。

中条山战役。亦称"晋南会战"，抗日战争期间，中国军队在山西南部中条山地区抗击日军的战役。中条山位于晋南豫北交界处，伫立在黄河北岸。第一战区司令长官卫立煌在此集结约18万军队，日军决议在中条山区域重点打击卫立煌部。1941年5月，由东、北、西三个方向发起进攻，中国守军消极防御，损失惨重。5月下旬战役结束，中国军队伤亡4.2万余人，被俘3.5万余人，成为抗日战争中正面战场损失惨重、极为失败的一次战例。

第二次长沙会战。抗日战争期间中国军队第九战区在湘北地区抗击日军的战役。1941年9月，日军以12万兵力进攻长沙，中国军队先后参战约30万人。20日，日军突破汨罗江防线。9月下旬，日军一度攻入长沙城。10月初，日军开始撤退，第九战区下令全线追击。8日，日军退回新墙河，双方恢复原有对峙态势，会战结束。

游击战。抗日战争时期中国共产党领导的人民军队在敌后根据地开展对敌作战的基本战略。它是正规部队、地方武装在人民群众的积极配合下，用袭击、伏击、破坏、扰敌等手段，打击和消耗敌人有生力量，壮大自己。游击战的基本战术是"敌进我退，敌驻我扰，敌疲我打，敌退我追"。这种战术具有灵活性、主动性的特点。1938年5月，毛泽东在发表的《抗日游击战争的战略问题》一文中指出八路军、新四军的作战方针基本上应是游击战，把抗日战争中的游击战提高到战略地位。

百团大战。抗日战争相持阶段，八路军在华北发动的一次具有战略进攻性质的战役。为打破日军"治安肃正"计划，粉碎日军以"囚笼政策"封锁、分割各抗日根据地的图谋，1940年夏秋之际，八路军决定以晋察冀军区、第120师、第129师主动出击，对日军占据的华北交通沿线和大小据点进行一次摧毁性的打击。作战开始后，八路军参战兵力迅速增加至105个团，此外尚有许多地方游击队、民兵参战，史称"百团大战"。百团大战分为三个阶段。第一阶段8月20日至9月10日，作战重点是攻击正太铁路。第二阶段9月22日至10月上旬，作战中心任务是继续扩大第一阶段战果，重点是歼灭交通线两侧和深入根据地的日军据点。第三阶段从10月上旬至1941年1月24日，针对日军先后对晋东南、晋察冀、太岳和晋西北等根据地进行报复性"扫荡"，展开反"扫荡"作战。百团大战是全国抗战以来八路军在华北发动的规模最大、持续时间最长的一次战役，具有战略进攻性质。至1940年12月初，敌后军民共作战1824次，毙伤日伪军2.5万余人，俘虏日军281人、伪军1.8万余人，破坏铁路470余公里、公路1500余公里，摧毁敌人大量碉堡和据点，缴获大批枪炮和军用物资，八路军也付出伤亡1.7万余人的代价。这次战役给日军的"囚笼"政策以沉重打击，牵制了日军大量兵力，提高了共产党和八路军的威望，振奋了人心。

国防最高委员会。抗日战争时期国民政府党政军最高权力机关。1939年1月，国民党五届五中全会决定由国防最高会议改组设立国防最高委员会，以统一党政军的指挥，委员长由国民党总裁蒋介石担任，委员由国民党中央执监委员会常务委员、国民政府五院正副院长、军事委员会委员等组成，由委员长指定其中11人为常委。此外，还设立执行委员，由国民党中央秘书长与各部部长、政府文官长、行政院秘书长及各部部长、军委会各部部长、军事参议院议长、航空委员会主任、海军总司令、总动员委员会与战地党政委员会正、副主任委员等人担任。内设法制、外交、财政、经济、教育等专门委员会。日常事务由秘书长主持，张群、王宠惠先后担任该职务。1947年4月撤销。

第一次反共高潮。抗日战争进入相持阶段后，国民党顽固派掀起的一系列反共活动。1939年冬至1940年春，日本帝国主义停止了正面战场的战略性进攻，并把对国民党政府以军事进攻为主、政治诱降为辅的方针，转变为以政治诱降为主、以军事打击为辅的方针。在这种背景下，国民党内顽固派先后制造了平江惨案、博山惨案、确山惨案、深县惨案等，开始图谋将反共发展为大规模的武装进攻，掀起了第一次反共高潮。1939年11

月，国民党五届六中全会进一步确定以"军事限共为主、政治限共为辅"的方针。12 月，国民党军队进攻陕甘宁边区，先后侵占五座县城。在山西，阎锡山发动"十二月事变"，以重兵进攻山西新军。1940 年 2、3 月间，国民党军队进攻晋东南和济南的抗日根据地，矛头直指八路军总部。中共提出"坚持抗战，反对投降；坚持团结，反对分裂；坚持进步，反对倒退"的口号，并根据"人不犯我，我不犯人，人若犯我，我必犯人"的自卫原则，领导八路军给国民党顽固派军队予以坚决回击。在压住顽固派的反共气焰后，中共中央立刻派朱德、萧劲光、王若飞分别到洛阳和宜川秋林镇同卫立煌、阎锡山进行谈判，同他们达成停止武装冲突，划定驻地、分区抗战的协定。

皖南事变。国民党当局制造的以消灭新四军为目的的反共事件，因发生在皖南，故名。1940 年 7 月，为进一步限制中共和中共领导下的武装力量的发展，国民政府军事委员会制定了《中央提示案》，决定将八路军和新四军 50 万人缩编为 10 万人，全部调往华北指定区域。10 月 19 日，参谋总长何应钦及副总长白崇禧联名发出皓电，要求黄河以南的八路军和新四军全部按《中央提示案》规定，开赴黄河以北。11 月 9 日，八路军总司令朱德等发出佳电，只同意将长江以南之新四军部队移至江北。蒋介石于 12 月 7 日批准了军令部一再呈报的《剿灭黄河以南匪军作战计划》，并于 1941 年 1 月 6 日以"朱叶各部尚未恪遵命令向黄河以北移动"为由，命令黄河以南各国民党部队以武力"强制执行"，"迫其就范"。中共中央于 12 月下旬下令皖南新四军转移，在转移路线上，国民党禁止新四军从镇江北渡，命令其由铜陵、繁昌间渡江。在复杂的局势之下，中共中央电令新四军经苏南北移。1941 年 1 月 4 日夜，新四军军部及所属皖南部队 9000 余人，由安徽泾县分三路向南移动。6 日，遭到第三战区国民党军上官云相部截击，第三战区约 8 万人将新四军皖南部队团团包围，经激烈作战，新四军皖南部队除 2000 余人突围外，其余或牺牲或被俘，新四军军长叶挺被扣押，副军长项英遇害，政治部主任袁国平在突围中牺牲，这就是震惊中外的"皖南事变"。皖南事变发生后，蒋介石立即宣布新四军为"叛变"，撤销新四军番号，将叶挺革职并交付军法审判。1月20日，中共中央军委发布重新建立新四军军部的命令，陈毅任代军长，刘少奇任政治委员，同时公布大量事实，揭露国民党破坏抗日民族统一战线的阴谋。《新华日报》还刊登周恩来的两条亲笔题词，"为江南死国难者志哀"和"千古奇冤，江南一叶；同室操戈，相煎何急?!"中共处理皖南事变，政治上取攻势，军事上取守势；国民党反之，军事上取攻势，政治上取守势。国民党不以抗日大局为重，却消灭抗日力量，在政治上大失分。中共的做法得到人民群众、中间阶级、国民党内正义人士及国际舆论的普遍同情。蒋介石集团在政治上陷入孤立，被迫暂时收敛其反共活动。

国民参政会。抗日战争时期成立的由各个抗日党派代表以及无党派人士组成的带有民意色彩的中央最高咨议机构。1938年3月29日，国民党临时全国代表大会通过《抗战建国纲领》和《组织国民参政会案》，决定设立国民参政会。4月12日，国民政府公布《国民参政会组织条例》，后又陆续公布《国民参政会议事规则》《国民参政会秘书处组织规则》《国民参政会驻会委员会规则》。7月6日，国民参政会第一届一次大会在汉口开幕，职权主要有提案权、质询权、审议政府施政方针、听取政府施政报告等（后增加调查权、审议国家预算权），其决议须经国防最高会议（1939年1月改为国防最高委员会）通过。宗旨是"集思广益，团结全国力量"。根据《国民参政会组织条例》规定，参政员由地区、行业、重要文化团体"著有信望"者组成，由国防最高会议审议并经国民党中央执行委员会批准。其中，第一届参政员有200名，第二届有220名，第三届有240名，第四届增加到了290名，1947年1月又增补了台湾、东北等省市参政员47人，同年3月和5月又增补了60人。中共党员毛泽东、陈绍禹、秦邦宪、林伯渠、吴玉章、董必武、邓颖超7人被聘为参政员，周恩来后来也被聘为参政员。抗战初期，参政员提出了不少有利于团结合作和民主民生的建议主张，对于发扬抗日民主、推动全面抗战有积极作用。抗战进入相持阶段后，随着国民政府抗战政策的转向，功能发挥的空间日渐缩小。在此期间，中共通过与国民党进行坚决的斗争，宣传了自己的政治主张，维持了国共合作抗战的局面，团结了各个抗日民主党派。1945年7月，由于国民党拒绝中共提出的成立联合政府的主张，中共拒绝出席四届一次大会。抗战胜利后，国民参政会功能发挥的空间更趋缩小，中共亦继续拒绝出席，变成国民党推行反共政策、发动内战的御用工具。1947年5月四届三次大会在南京召开，通过了反共决议，1948年3月28日，在南京正式宣布解散。国民参政会前后共历四届，举行大会13次。其中，在抗战时期召开11次，抗战胜利后召开2次。

宪政座谈会。为进一步促进宪政的实施，1939年10月1日，由救国会、第三党、青年党、国社党、职教社及无党派参政员张澜、褚辅成、沈钧儒、莫德惠、张申府、王造时、章伯钧、李璜、左舜生、胡石青、江恒源、张君劢12人发起，在重庆银行公会成立宪政座谈会。从1939年10月到1940年3月，该座谈会一共集会8次，主要讨论宪政运动与民众运动的关系、实施宪政与抗战建国的关系、实施宪政的条件及宪政与宪法的问题。

第二次民主宪政运动。1943—1945年在国统区掀起的要求国民党政府实行民主政治以挽救危局的运动。1943年9月18日，张澜在三届二次国民参政会上发表《中国需要真正民主政治》一文，要求国民党立即放弃一党专政，准备实施宪政。11月12日，由蒋介石担任会长的"宪政实施协进会"正式成立。从1944年开始，第二次民主宪政运动全面展开，民主党派在其中发挥了重要作用，他们通过创办《宪政月刊》《民宪》《中华论坛》《民主周刊》等杂志开展舆论宣传，还组织召开多种形式的宪政座谈会，传播了民主思想，冲击了国民党的专制独裁统治。

中国民主政团同盟。皖南事变发生后重庆成立的第三方面势力的政治团体。1941年3月19日，中国民主政团同盟（简称"民盟"）在重庆上清寺特园秘密召开成立大会，出席大会的有中国青年党、国家社会党、第三党、中华职业教育社、乡村建设派的领导人黄炎培、张澜、梁漱溟、罗隆基、章伯钧等13人，会议通过《中国民主政团同盟政纲》和《中国民主政团同盟简章》等，选举黄炎培、张澜、左舜生、张君劢、梁漱溟等13人为中央执行委员，其中黄炎培、左舜生、张君劢、梁漱溟、章伯钧等为中央常务委员，推举黄炎培为中央常务委员会主席，左舜生为总书记，章伯钧为组织部长，罗隆基为宣传部长。后救国会也加入进来，形成"三党三派"，即青年党、国社党和第三党等以及职业教育社、乡村建设派和救国会等，无党派人士也可加入同盟。中国民主政团同盟是"第三方面的政治代表、政治实体"，具有政党性质。1941年9月18日，《光明报》在香港正式出版，10月10日，刊登《中国民主政团同盟成立宣言》和《中国民主政团同盟对时局主张纲领》，宣言指出："中国民主政团同盟今次成立，为国内在政治上一向抱民主思想各党派一初步结合。"民盟的成立是中间势力发展壮大的标志，从此在中国的政治舞台上出现了一个介乎于国共两党之间，影响和力量超过以往任何中间政党的新政党。1944年9月，中国民主政团同盟在重庆召开全国代表会议，决定将中国民主政团同盟改名为"中国民主同盟"，入盟方式为个人身份入盟，从而扩大了民盟组织的社会基础，也使民盟得到进一步的巩固与发展。

废除不平等条约。中国与美、英等国签订的以废除不平等条约为主要内容的行为。珍珠港事件发生后不到两周，中国政府开始考虑与盟国订立新条约的方式，解决遗留的废除不平等条约的问题。1941年4月，新任外交部部长郭泰祺，在归国途中赴美交涉，讨论订立中美平等新约事。5月底，美国政府承诺一俟中国境内和平恢复，美国愿与中国政府商谈，取消美国在华特权。7月初，英国政府也照会中国，表达类似意愿。《联合国家宣言》签署后，中国战场在世界反法西斯战争中的战略地位不断上升，以及中国朝野为废除不平等条约所做出的外交努力，迫使美、英等国政府将应否同意立即取消与中国的不平等条约提上议事日程。1942年4月起，美英两国就与中国改订新约事宜进行频繁磋商。7月至10月，美国政府先后派出特使居里和威尔基来华访问，中国政府向他们再三表明对平等待遇的期盼和收复失地的决心。10月10日，美、英两国宣布自动废除不平等条约，并愿与中国商订新约。1943年1月11日，中国驻美大使魏道明和美国国务卿赫尔代表两国政府在华盛顿签署《关于取消美国在华治外法权及处理有关问题条约》，简称"中美新约"。罗斯福随后向美国国会提出中美新约，参议院经过讨论后批准该条约。1943年1月11日，国民政府外交部部长宋子文和英国驻华大使在重庆签署《关于取消英国在华治外法权及处理有关问题之条约》，简称"中英新约"。新约规定：过去条约中有关由英、美方面管辖其在华人员及公司的一切条款，一概撤销作废；《辛丑条约》应行取消，该条约及其附件给予英、美的一切权利，应予终止，北平使馆界之行政管理，连同使馆界之一切官有资产与官有义务，移交于中华民国政府；英、美在华租界及公共租界的行政管理，归还中国政府，上述租界给予英、美的权利，应予终止，上述租界的一切官有资产与官有义务将移交中国政府，等等。不平等条约的废除并不标志着中国在实际上已经取得了与英美完全平等的地位。此后中国在与英美的交往中仍处于从属的被动的地位。但决定这一状况的主要因素是现时的国力差距及历史的遗留影响，并非基于条约的规定。

开罗会议。美、英、中三国首脑在开罗召开的以对日作战为主要内容的国际会议。1943年是第二次世界大战根本转变的一年，为了加强反法西斯同盟国之间在军事和政治上的协调行动，讨论制定联合对日本作战计划和解决远东问题，11月，中、美、英三国政府首脑在开罗举行国际会议，称为开罗会议。会议讨论了军事问题和政治问题。军事问题是最急迫的话题。政治问题主要是在美国总统与中国军事委员会委员长蒋介石之间展开。中国方面提出了处置日本投降和收回日本窃据的我国东北、台湾和澎湖列岛等多项问题。开罗会议的宣言由美国起草，草稿先交由中国方面看过，然后提交美、英、中三国首脑讨论。讨论中，英国曾提出可将东北、台湾、澎湖列岛"归还中国"改为"由日本放弃"，中国反对这个建议，美国支持中国意见，英国建议没有被采纳。11月26日开罗会议结束。罗斯福和丘吉尔会后到德黑兰与斯大林会晤。斯大林看过《开罗宣言》后表示同意，于是在12月1日公布于世。开罗会议对中国的意义非比寻常。第一，中国以第二次世界大战东方主战场的资格，获得了出席开罗三国首脑会议的权利，说明了中国国际地位的提高。在第二次世界大战期间，蒋介石作为中国首脑第一次出席三大国首脑的国际会议。这是近代中国第一次由首脑出面参与重大国际问题的处理。第二,《开罗宣言》指出:"我三大盟国此次进行战争之目的,在于制止及惩罚日本侵略","将坚持进行为获得日本无条件投降所必要之重大的长期作战"。这是对中国抗日战争的重大支持。中国人民正陷于日本侵略者的全面蹂躏之下,非常希望得到这样的国际支持。第三,《开罗宣言》明确指出:"三国之宗旨在剥夺日本自1914年第一次世界大战开始以后在太平洋所夺得或占领之一切岛屿,在使日本所窃取于中国之领土,例如满洲、台湾、澎湖群岛等,归还中华民国。"收回东北,是1931年以来全国人民的心愿;收回台湾、澎湖群岛,是1895年以来全国人民的心愿。三大国首脑关于满洲、台湾、澎湖群岛回归中国的决定,正式确定了中国领土主权完整不可分割的国际法原则。

中国远征军。抗战时期,中国进入缅甸、印度对日作战的部队统称。太平洋战争爆发后,日军向英军发起进攻,先后侵占菲律宾、泰国、马来亚、香港、印度尼西亚等地。1941年12月,日军进攻缅甸,对英国来说,若再失去缅甸,势必影响印度安全,进而动摇其在亚洲的地位;对中国而言,涉及到西南国际交通线——滇缅公路的安全。23日,中英双方在重庆签署《中英共同防御滇缅路协定》,宣告中英军事同盟成立。1942年2月3日,英方因作战不力,请求中国军队入缅协同作战。3月,中国政府以第5军、第6军、第66军约10万余人组成中国远征军,成立中国远征军第一路司令长官部,以卫立煌为司令长官(未到任,4月2日改派罗卓英)、杜聿明为副司令长官,由中国战区参谋长史迪威兼任总指挥。3月至5月,在缅甸作战中痛击日军,收复仁安羌,解救英军7000余人。后因缅甸战局恶化,远征军陆续向云南和印度撤退。1943年4月,撤至滇西的部队重建司令长官部,陈诚任司令长官(未到任,后由卫立煌接任),又称滇西远征军,后再次入缅作战。1945年1月27日,与中国驻印军会师于芒友,3月打通滇缅公路后撤回国内。1945年4月撤销。

第三次长沙会战。1941年12月至1942年1月,日军第11军发动的长沙战役。1941年12月下旬,日军第6、第40师团相继突破中国守军阵地,渡过新墙河,攻打到汨罗江南岸。第3师团也渡河攻击前进。27日,日军强渡汨罗江。31日，日军欲攻占长沙，中国军队第9战区司令长官薛岳下令死守，从南、东、北三面围攻长沙的日军。1942年1月中旬，日军退回新墙河以北阵地，长沙会战结束。本次战役是太平洋战争爆发后，盟军在太平洋和东南亚地区受挫的情况下，取得对日作战的胜利，在国内外引起热烈反响。

浙赣会战。抗日战争期间，中国军队在浙赣铁路沿线抗击日军的战役。1942年4月8日，美国B-25轰炸机机群（16架）在詹姆士·杜立特中校率领下，轰炸东京、横滨、名古屋和神户等地，然后在浙江的空军基地降落。日本大本营为摧毁浙江的主要空军基地，解除对日本本土空袭的威胁，发动了浙赣战役。5月15日起，日军主力沿浙赣线西进，第三战区守军在该线两侧伏击，5月下旬，日军攻陷浦江、东阳、义乌、永康等地，于6月中下旬先后占领了金华、兰溪、衢州、玉山、上饶和丽水等地。7月1日，在横峰与由浙江西进的军队会合，打通了浙赣铁路。7月11日，攻陷温州。占领上述地区后，日军破坏了衢州等处机场和浙赣铁路，掠夺各种物资，于8月中旬开始撤退。9月上旬，除一部分占据在金华、诸暨一带外，其余大部撤回原驻地。

鄂西会战。中国军队与日军在鄂西的会战。为打击第6战区部队，打通长江航运，进而威胁四川，1943年2—4月，日军先后发动所谓"江北歼灭战"和"江南歼灭战"，然后发动了鄂西会战。4月间，日军出动总兵力约10万人，分别集结于宜昌、枝江、弥陀寺、藕池口、华容一带，同时在汉口、当阳等地出动百余架次飞机，对中国军队发起进攻。5月5日，日军由藕池口、华容向洞庭湖北岸进攻，8日、9日，安乡、南县相继陷落。在战事吃紧的情况下，第6战区司令长官陈诚于5月19日回到恩施指挥作战。5月下旬，日军在宜昌周边遭遇中国军队伏击。在空军的配合下，第6战区各部进行全线反击，日军开始后撤。6月中旬，中国军队恢复战前态势。这次会战击退了日军对长江要塞的进犯，歼灭日军甚众。

常德会战。中国军队与日军在湖南常德的会战。1943年8月，日本在太平洋战场处境极为不利，为策应太平洋战场和牵制中国军队向缅甸战场增援兵力，11月，日军调集约10万兵力，由第11军司令横山勇指挥，发动了湘西常德战役。11月初开始，日军从华容、石首等地渡河西犯，相继占领石门、澧县、津市、慈利、桃源等地。22日，日军分5路向常德合围，12月初，攻占常德。常德陷落后，第6、第9战区外线部队反击，旋收复常德。12月下旬，收复南县、安乡、津市等地，继又收复湖北松滋、公安两地。1944年1月初，日军返回原驻地，双方恢复战前态势。

豫湘桂战役。1944年日本发动的旨在"打通大陆交通线"的战役。1943年11月底，日本参谋本部开始酝酿在中国战场的"一号作战"，即"打通大陆交通线"，打通粤汉、湘桂以及京汉铁路南部，实现中国大陆南北贯通，以阻止美军空袭日本本土。1944年1月，日本天皇批准了一号作战计划。该作战计划，明确日军攻占湘桂、粤汉及平汉铁路南部沿线，以消灭中国西南空军主要基地为目标。3月，日本中国派遣军动员兵力50余万人、汽车1.2万辆、马6.27万匹，豫湘桂战役成为日本侵华史上规模最大的作战，该战役由豫中、长衡、桂柳三阶段的战役组成。豫湘桂会战历时8个月，以国民党军队的惨败而告终，国民党军队损失近60万人，丢失豫、湘、桂、粤、闽等省20余万平方公里的国土，146个城市、衡阳等7个空军基地和36个机场遭到破坏，数千万百姓遭受到生命财产损失。这与国民政府军队腐朽无能、消极作战有密切关系。

"三三制"。抗战期间，中共在敌后抗日根据地实行的统一战线政权政策。1940年3月，中共中央发布《抗日根据地的政权问题》，规定抗日民主政府在工作人员的分配上，实行"共产党员占三分之一，非党的左派进步分子占三分之一，不左不右的中间派占三分之一"。"三三制"在抗日根据地全面推行，为统一战线提供了制度保证，而且对调动各方的积极性、建设抗日根据地具有重要意义。

中国共产党六届六中全会。1938年9月至11月，中共扩大的六届六中全会在延安举行。毛泽东在会上提出了"马克思主义的中国化"问题，他说："离开中国特点来谈马克思主义，只是抽象的空洞的马克思主义。因此，马克思主义的中国化，使之在其每一表现中带着中国的特性，即是说，按照中国的特点去应用它,成为全党亟待了解并亟须解决的问题。"为了将中国的革命实践经验马克思主义化,向全党和全国人民表明中共关于中国革命发展的主张,系统阐明党的理论和纲领并回答中国向何处去的问题,毛泽东接连发表《〈共产党人〉发刊词》《中国革命和中国共产党》《新民主主义论》等著作,形成了新民主主义理论。在这些著作中,毛泽东首先对中国革命的历史进程做了详细论述,揭示了中国社会半殖民地半封建的性质、近代中国社会的主要矛盾和中国革命发生及发展的原因。其次,阐明了新民主主义革命阶段的基本纲领。此外,还总结了中国共产党成立以来的历史经验,创造性地提出统一战线,武装斗争,党的建设,是中国共产党在中国革命中战胜敌人的三个法宝,三个主要的法宝。系统阐明新民主主义理论,是毛泽东思想逐步走向成熟的标志,为夺取新民主主义革命的胜利奠定了理论基础。

整风运动。20世纪40年代前期,以延安为中心,中共在全党范围内开展的一场马克思主义思想教育运动和思想解放运动。全面抗战以来,中国共产党组织不断发展壮大,党员人数迅速增加,但是全党理论水平不高,也不善于把马列主义的基本原理同中国革命的具体实践相结合,而且曾经在党内存在过的错误思想如主观主义、教条主义还没有进行认真清理,这就有必要开展一场普遍的马克思主义思想教育运动,总结和吸取历史经验教训,提高广大党员干部的思想理论水平,增强党的凝聚力和战斗力。因此,在20世纪40年代前期,以延安为中心,中共在全党范围内开展了一场整风运动。整风运动历时三年,主要内容有反对主观主义以整顿学风,反对宗派主义以整顿党风,反对党八股以整顿文风。1942年2月,毛泽东先后发表《整顿党的作风》和《反对党八股》的演讲,全党范围内的整风运动自此开始。4月,中共中央宣传部做出《关于在延安讨论中央决定及毛泽东同志整顿三风报告的决定》,对整风运动的目的、步骤、方法作了明确规定。5月,中共中央政治局决定成立由毛泽东任主任的中央总学习委员会(简称总学委)。整风的方法是认真阅读整风文件,联系个人的思想、工作、历史以及自己所在地区部门的工作进行检查,开展批评和自我批评,弄清犯错误的环境、性质和原因，逐步取得思想认识上的一致，提出努力的方向。同时整风运动要贯彻"惩前毖后、治病救人"的方针，达到既要弄清思想又要团结同志的目的。整风运动是一次深刻的马克思主义思想教育运动，也是一场思想解放运动。

通过整风运动实现了以毛泽东为核心的中共中央领导下全党新的团结和统一，为夺取抗日战争和新民主主义革命的胜利，奠定了重要的思想政治基础。

《关于若干历史问题的决议》。在延安召开的中共扩大的六届七中全会1945年4月20日通过的决议，全称《关于若干历史问题的决议》。决议总结了中国共产党成立以来特别是六届四中全会至遵义会议前这一段党的历史及其经验教训，高度评价了毛泽东运用马克思列宁主义基本原理解决中国革命问题的杰出贡献，指出全党确立毛泽东领导地位的重大意义，系统总结出合乎中国民主革命实践的理论、路线、方针和政策。同时还阐述了历次"左"倾错误在政治、军事、组织、思想方面的表现和造成的严重危害，尤其是对王明第三次"左"倾错误产生的社会根源和思想根源做了深刻分析。决议的通过，统一了全党对历史问题的认识、增强了党内团结，对抗日战争的胜利和革命事业的发展起了重要作用。

新县制。1939年起，国民政府推行的地方行政制度。1938年3月，国民党临时全国代表大会制定《抗战建国纲领》，决定"实行以县为单位，改善并健全民众之自治组织，施以训练，加强其能力，并加速完成地方自治条件，以巩固抗战中之政治的社会的基础"。1939年6月，蒋介石在中央训练团作了题为《确定县各级组织问题》的演讲。根据他的讲话，有关人员起草了《改进县以下地方组织并确立自治基础案》。该方案经国民党中央执行委员会、国防最高委员会审核修改，定名为《县各级组织纲要》，并报蒋介石"最后修订"，由行政院于1939年9月颁布。《纲要》分为十章，主要内容为以县为地方自治单位，县长的职权主要是办理全县自治事项。新县制废局改科，取消原来的公安、财政、建设、教育四个局的设置，改设民政、财政、教育、建设、军事、地政、社会各科。县以下的政权结构也进行了调整,取消了区一级政权,将原来的县、区、乡(镇)调整为县、乡(镇)。在乡镇以下的基层政权,行政、武装、教育权力合为一体,集中到乡镇长、保长手中,国民政府的社会控制力由此增强。到1943年,已有1106个县完成了新县制的调整。该制度实施后,县政机构得以充实,县一级单位的人员设置基本能与实际需要相配合,担负起执行国家政令、办理地方自治的重任,但是,新县制的实质仍然是"假托自治下的官治",不仅没有改变"官治性质",还"助长了官治的趋势"。

行政三联制。1940年起国民政府为提高行政效率而推行的一项改革措施。1938年初,国民党临时全国代表大会提出"改善各级政治机构,使之简单化、合理化,并提高行政效率,以适合战时需要"。1940年3月,蒋介石在国民党中央人事行政会议上发表《行政三联制大纲》,正式提出行政三联制。9月,国民党中常会第156次会议正式通过了中央设计局和党政工作考核委员会的组织大纲,不久后这两个机构宣告成立。所谓行政三联制,就是将行政管理过程中的设计、执行、考核,形成一个有机的行政系统,是国民党党政和官僚统治机器提高行政效能、加强制度建设的重要手段。"设计"是为行政预先制定行动方案,作为行政的开始;"执行",是行政机关对设计单位提出的政策计划加以落实,是对设计的实施;"考核",既是对行政机关执行情况的监督考察,也是对下一个计划的反馈。这三个环节首尾相连,形成一个有机的行政系统。行政三联制的设计环节由中央设计局负责,该局直属国防最高委员会,设总裁,由国防最高委员会委员长兼任。考核环节,由党政工作考核委员会负责,主要负责考察行政机关之工作成绩,核定设计方案之实施进度,以及党政机关工作经费、人事之状况的考核。国民党五届七中全会后,在蒋介石亲自指挥下,国民政府开始自上而下推行行政三联制。但这一制度的推行并不顺利,1942年11月召开的国民党五届十中全会,认为三联制实行以来"不免种种缺陷,对于行政效率未见显著进步"。行政三联制的推行,未能消除国民政府行政效率低下的弊端,也未能改变其权力运作中混乱和涣散的局面,最后收效甚微,流于形式,草草收场。

中国国民党第六次全国代表大会。国民党六全大会，1945 年 5 月 5 日在重庆召开，出席大会的正式代表 600 人，列席代表 162 人。大会明确拒绝中共及民主党派提出的召开党派会议、成立民主联合政府、结束国民党一党专政的主张。在国共关系问题上，仍然坚持不妥协的反共方针。会议通过了两份差异明显的文件，一是对外发表的《对于中共问题之决议案》，认为中共"仍坚持其武装割据之局面，不奉中央之军令政令"，又表示要"继续努力，寻求政治解决之道"，在"不妨碍抗战，不危害国家之范围内，一切问题可以商谈解决"。二是下发内部文件《本党同志对中共问题之工作方针》，文中指责中共"坚持其武装割据，借以破坏抗战"且"最近更变本加厉，提出联合政府口号"，意在制造"解放区人民代表会议"，"企图颠覆政府，危害国家"。要求国民党"努力奋斗，整军肃正，加强力量，使本党政治解决之方针得以贯彻"。大会选举蒋介石继续担任国民党总裁，在修改后的国民党党章中，原先由总裁"代行"总理职权的规定修改为"行使"总理职权。国民党党章还明确规定，总裁对代表大会决议及中央执行委员会决议有复议权乃至最后决定权。可见，国民党六大加强了蒋介石的个人独裁统治。

中国共产党第七次全国代表大会。中共在世界反法西斯战争和中国抗日战争即将迎来最后胜利的时刻，为了统一党内的思想，确立抗战胜利后的路线、方针，1945 年 4 月 23 日至 6 月 11 日，在延安召开的第七次全国代表大会。出席大会的正式代表 547 人，候补代表 208 人，代表全国 121 万名党员。毛泽东在会上作了《论联合政府》的报告，朱德作了《论解放区战场》的报告，刘少奇作了《关于修改党章》的报告，周恩来作了《论统一战线》的讲话，报告均围绕"放手发动群众，壮大人民力量，在我党的领导下，打败日本侵略者，解放全国人民，建立一个新民主主义的中国"核心政治任务展开。大会指出：中国面临着两个前途、两种命运的抉择，中国共产党的任务就是要竭尽全力去争取光明的前途。大会提出的军事战略是国民党应制止一切妥协的阴谋活动，改变消极抗日政策，以彻底消灭日本侵略者；八路军、新四军及其他人民军队要不断扩大解放区，收复一切失地，扩大人民武装，实现从抗日游击战争到抗日正规战争的军事战略转变，迎接抗日大反攻；中共要有将重心由农村向城市转移的精神准备，准备夺取东北。大会的另一个核心议题就是，如何建立一个独立、自由、民主、统一和富强的新中国。具体步骤是，当前先经过各党各派和无党派代表人物的协议，成立临时的联合政府；将来再经过自由的无拘束的选举，召开国民大会，成立正式的联合政府。大会还通过了新的党章，明确了毛泽东思想为党的指导思想，这是近代中国历史和人民革命斗争发展的必然选择，是中国共产党在总结正反两方面经验教训的实践基础上逐步形成的，是中国共产党集体智慧的结晶，实现了马克思列宁主义基本原理同中国革命实际相结合过程中的第一次历史性飞跃。中共七大胜利召开后，在毛泽东思想指引下，全党实现了思想上、政治上和组织上空前的团结统一，为夺取抗日战争最后胜利和新民主主义革命在全国的胜利，奠定了坚实基础。

雅尔塔会议。1945年2月初，罗斯福、丘吉尔和斯大林在苏联克里米亚半岛的雅尔塔举行会议，会议就如何处置战后德国、波兰的疆界及其政府、联合国的机构及安理会国家组成、苏联参加对日作战等问题基本达成协议，会议最后签订了《雅尔塔协定》。协定规定苏、美、英三国领袖同意在德国投降欧洲战争结束后2—3个月内，苏联将参加同盟国方面对日作战，其条件是"外蒙古之现状应予以维持；库页岛南部及该岛附近之一切岛屿应交还苏联；大连商港应予国际化，苏联在该港之优越权益，须予确保，苏联之租用旅顺港为海军基地应予恢复；中东铁路和南满铁路，应设立一苏中合办之公司以共同经营之；苏联之优越权益应予保障，而中国应保持在满洲之全部主权；千岛群岛应交予苏联"。

波茨坦会议。第二次世界大战期间苏、美、英三国首脑举行的最后一次会议，亦称柏林会议，于1945年7月17日至8月2日在柏林西南的波茨坦举行，参加者主要是斯大林、杜鲁门、丘吉尔和三国外长、军事领导人及其他顾问。会议的主要议题如下。（1）德国问题。会议决定由美、苏、英、法四国对德国进行分区占领，并由四国代表组成管制委员会，解除德国全部武装，使之非军事化；摧毁一切军事工业和废除纳粹党及其附属与监督机构，解散一切纳粹组织；惩办战犯，实行政治生活民主化；经济上消灭过分集中、实现分散化。（2）波兰问题。美、英两国决定撤销对前流亡政府的承认，尽快举行自由选举，建立波兰临时统一政府。波兰的西部疆界问题留待以后解决。（3）设立中、美、英、法、苏五国外长会议，负责与战败国缔结和约的准备工作。（4）研究对意大利、芬兰、保加利亚、匈牙利、罗马尼亚的政策。各国一致认为意大利是第一个同德国断绝关系的轴心国，首要任务是缔结对意和约，并同意考虑在未与保、芬、匈、罗缔结和约之前，先与他们建立外交关系。（5）会议期间还发表了敦促日本投降的公告。通过一项决议，即《中、美、英三国促令日本投降之波茨坦公告》，亦称《波茨坦公告》。公告共13条，主要内容包括：盟国对日作战直到它停止抵抗为止，日本应立即宣布无条件投降；《开罗宣言》之条件必须实施，日本主权只限于本州、北海道、九州、四国及由盟国所决定的其他岛屿范围之内；日本军队必须完全解除武装后遣送回国，日本军国主义必须永久铲除；日本战犯将交付审判，阻止日本人民民主的所有障碍必须消除；不准日本保有其可供重新武装之工业。同年8月8日，苏联对日宣战，也在公告上签了字。

台湾光复。中国政府收复台湾的行为，称为台湾光复，光复即失地复得光复河山的意思。1945年10月25日上午9时，台湾地区受降仪式在台北市中山堂举行，日本前"台湾总督"安藤利吉向国民政府台湾行政长官兼警备司令陈仪递交降书。陈仪代表中国政府正式宣告："自今天起，台湾及澎湖已正式重入中国的版图，所有一切土地、人民、政事皆已置于中国主权之下。"中国政府宣布自即日起，台胞恢复中国国籍，并定10月25日为台湾光复节。受降仪式结束后，台北40余万市民"老幼俱易新装，家家遍悬彩灯，相逢道贺"，表达对台湾光复的喜悦心情。被日本占领长达50年之久的台湾以及澎湖列岛重归中国主权管辖之下，这是包括台湾同胞在内的全体中华儿女浴血奋战的结晶。

曾生（1910—1995），原名曾振声，广东惠阳（今深圳）人。1936年加入中国共产党，次年毕业于中山大学文学院教育系。历任中共香港海员工委组织部长、书记、中共广东省委候补委员、广东惠宝人民抗日游击总队队长。广州失陷后，积极领导抗日武装开展游击战争，创建了东江抗日游击根据地和东江纵队，任司令员，为发展华南抗日根据地做出重要贡献。中华人民共和国成立后，曾率团参加抗美援朝。此后，历任南海舰队第一副司令员、广东省副省长兼广州市市长、交通部部长等职。著有《曾生回忆录》。

尹林平（1908—1984），又名利东、林平，江西兴国人。1927年参加农民运动，加入赤卫队。1930年参加中国工农红军。1931年加入中国共产党。参加三次反"围剿"斗争。历任红军独立第三团团长、中共厦门临时工委书记、中共南方工委委员兼军事部长、广东军政委员会书记兼中共东江特委书记，参与领导华南抗日游击队，任东江纵队政治委员，为巩固和发展东江抗日根据地做出重要贡献。中华人民共和国成立后，历任中南军政委员会委员、华南军区干部部长、广东省副省长兼公路修建委员会主任、中共广东省委书记等职。

冯白驹（1905—1973），海南琼山（今海口琼山区）人。1925年夏考入上海大夏大学。1926年任广东省海口市郊农民协会办事处主任，同年11月加入中国共产党。曾率部参加琼崖武装起义，任琼崖县工农民主政府主席。后历任中共琼崖特委书记、琼崖抗日独立总队队长。1940年创办琼崖抗日公学，任校长。1944年，将琼崖抗日独立总队改为琼崖人民抗日游击独立纵队，任司令员兼政治委员。1947年，将琼崖抗日游击独立纵队改为中国人民解放军琼崖纵队，任司令员兼政治委员。海南岛解放后，历任中共海南区委书记、海南军区司令员兼政治委员、海南军政委员会主任、中共中央华南分局委员兼统战部部长、中共广东省委书记处书记兼副省长等职。

赵尚志（1908—1942），辽宁朝阳人。1925年考入哈尔滨许公工业学校，同年加入中国共产党。后到广州，进黄埔军校第五期学习。1931年任中共满洲省委军委书记，参与领导抗日战争和游击战争，反抗日伪军在东北的奴化政策和殖民政策。1940年1—3月，与周保中、冯仲云等召开中共吉东、北满党代表会议，总结东北抗日游击战争经验教训，制订了《关于东北抗日救国运动的新提纲草案》，决定东北抗日联军各路军先后撤销方面军和军的番号，改编成支队建制，继续开展游击战争。同年被北满临时省委错误开除党籍。1942年2月在战斗中负伤牺牲。1982年6月，中共黑龙江省委决定恢复其党籍，予以平反。

王若飞（1896—1946），原名荫生，贵州安顺人。1918年入东京明治大学读书，次年10月赴法国勤工俭学，1922年加入法国共产党，后转为中国共产党党员。1923年3月进莫斯科东方大学学习。1925年4月回国，历任中共北方区委巡视员、中共豫陕区委书记、中共中央秘书长，参与领导上海工人三次武装起义。1928年6月赴苏联参加中共"六大"，会后留任中共驻共产国际代表，并进入列宁学院学习。1931年回国，任中共西北工委特派员，后被捕。1937年5月获释后历任中共陕甘宁边区党委宣传部长、统战部长、中共华北华中工作委员会秘书长兼八路军副参谋长、中共中央秘书长兼党务研究室主任。1944年，同林伯渠等赴重庆同国民党谈判。1945年8月，随毛泽东、周恩来等赴重庆同国民党谈判。1946年4月8日，由重庆乘飞机返回延安途中，于山西兴县黑茶山因飞机失事遇难。

黄炎培（1878—1965），字任之，号楚南，江苏（今上海）川沙人。光绪举人。1905年加入中国同盟会。次年任上海浦东中学校长。辛亥革命后，曾任江苏省教育司司长、省议会议员，重视教育事业，参与创办多所学校。1915年任江苏教育会会长，次年在上海创办中华职业教育社，担任办事部主任，宣传和实施职业教育。抗日战争期间，积极投入抗日救亡运动。皖南事变发生后，发表谈话，谴责国民党当局。1941年3月19日，中国民主政团同盟成立大会上当选中央常务委员会主席。1945年7月1日至5日，与褚辅成、左舜生、冷遹、章伯钧、傅斯年5位国民参政员从重庆到达延安，其间曾同毛泽东有过关于"历史周期律"的谈话，回到重庆后，著有《延安归来》。中华人民共和国成立后，历任政务院副总理兼轻工业部部长、全国人大常委会副委员长、全国政协副主席等职。主要著作有《八十年来：黄炎培回忆录》《中华复兴十讲》等。

陈嘉庚（1874—1961），福建同安人。1890年去新加坡习商，帮助其父料理米店业务，后经营橡胶种植业等。1910年在新加坡加入中国同盟会。1911年任福建保安捐款会会长，在海外募捐资助孙中山从事革命活动。1913年起，在集美出资创办中小学和各类专科学校、医院、图书馆等公益机构。1921年创办厦门大学。抗日战争期间，在南洋等地积极募捐，发起成立马来亚、新加坡华侨筹赈祖国伤兵难民大会委员会，从事抗日救国活动。1938年10月，任南洋华侨筹赈祖国难民总会主席。1940年5月，组织南洋华侨回国慰劳团，慰问抗战军民。皖南事变发生后，致电国民参政会，反对蒋介石倒行逆施。1946年10月创办《南侨日报》，后又创办《南侨晚报》。中华人民共和国成立后，历任南侨总会主席、华东行政委员会副主席、全国政协副主席、中华全国归侨联合会主席、国务院华侨事务委员会委员等职。著有《南侨回忆录》等。

张澜（1872—1955），字表方，四川南充人。早年留学日本。1911年任川汉铁路股东会副会长，参与领导四川保路运动。辛亥革命后，曾任四川省省长、成都大学校长、四川安抚委员会委员长等职。1939年11月，与黄炎培、章伯钧在重庆成立统一建国同志会，积极参加抗日民主运动。1941年3月19日，中国民主政团同盟（简称"民盟"）在重庆上清寺特园秘密召开成立大会，任主席。1944年中国民主政团同盟改为中国民主同盟，继续担任主席。抗战胜利后，反对国民党破坏"双十协定"、反对蒋介石发动内战，拒绝参加伪"国民大会"。中华人民共和国成立后，历任中央人民政府副主席、全国人大副委员长、全国政协副主席，并继续担任民盟中央主席。著有《说仁说义》《四勉一戒》等。

左舜生（1893—1969），原名学训，字舜生，别号仲平，湖南长沙人。早年入上海震旦学院学习。1919年任少年中国学会评议部评议员，后任评议部主任。1924年，参与创办上海《醒狮》周报，作为青年党的机关报，任总经理，发表文章宣传反苏、反共。次年，正式加入中国青年党，后被推选为中央执行委员会常务委员。1930年，与陈启天创办《铲共》半月刊，宣传反共思想。1935年任青年党中央执行委员会委员长，同时到南京中央政治学校任教。抗日战争期间，仍坚持反共立场，并投靠国民党。抗战胜利后，任青年党中央常委兼宣传部长。1946年在上海创办《中华时报》，代表青年党参加伪"国民大会"。1947年4月，任国民政府农林部长。1949年去香港，后到台湾。著有《中国近代史四讲》，论著辑有《左舜生选集》等。

张君劢（1887—1969），原名嘉森，号立斋，江苏宝山（今属上海）人。日本早稻田大学毕业。1912年民主党成立后，被选为常务委员。后去柏林大学，攻读博士学位。1922年回上海，曾起草《国是会议宪草》，后参与"科学与玄学论战"。"七七"事变后，与毛泽东、胡适等16人被聘为国防参议会首批参议员。1939年11月，代表国家社会党加入黄炎培等发起成立的统一建国同志会。1941年3月，参与组织中国民主政团同盟，任常务委员。后被蒋介石下令软禁在重庆汪山。1945年4月，任中国出席联合国大会代表。抗日战争胜利后，中国国家社会党与中国宪政党合并为中国民主社会党，任主席。1948年任总统府咨政，1949年去澳门，后移居美国。著有《人生观之论战》《新儒家哲学发展史》等，主要著作收入《中国近代思想家文库——张君劢卷》。

林伯渠（1886—1960），名祖涵，湖南临澧人。1904年赴日本东京弘文书院留学。"二次革命"失败后在日本加入中华革命党。1917年参加护法战争，后历任湘军护法军司令部参议、湖南省公署秘书、代理政务厅厅长、大元帅府参议、国民党中央党部总务部副部长。第一次国共合作确立后，任国民党中央农民部长。后被排挤，出任国民革命军第六军副党代表兼政治部主任。南昌起义失败后，赴苏联学习。1933年到江西中央苏区，任中华苏维埃共和国临时中央政府国民经济部长、财政部长。参加长征。1937年冬至1949年任陕甘宁边区政府主席。1944年9月，根据中共中央指示，在国民参政会三届三次会议上提出立即结束国民党一党统治、建立各抗日党派民主联合政府等主张，在国内外引起强烈反响和广泛回应。中华人民共和国成立后，历任中央人民政府秘书长、全国人大常委会副委员长。

傅斯年（1896—1950），字孟真，山东聊城人。1916年入北京大学国文门。1918年与罗家伦、毛子水等创办《新潮》月刊，任主任编辑，胡适任顾问，提倡白话文和"伦理革命"。1919年参加五四运动，是北大学生会领袖人物之一，发表《新潮的回顾与前瞻》一文，鼓吹新潮社员专心读书，不问政治。年底先后入英国爱丁堡大学、伦敦大学学院、柏林大学哲学院学习。1926年回国，次年任中山大学教授兼文学院院长、历史系主任。1928年参与筹建中央研究院历史语言研究所，主编《历史语言研究所集刊》，延揽了一批知名专家学者。1936年后，历任中央研究院总干事、国民参政会参政员、北京大学代理校长等职。1949年任台湾大学校长。著有《夷夏东西说》《东北史纲》等，主要著作收入《傅斯年全集》。

陈仪（1883—1950），字公侠，后改公洽，号退素，浙江绍兴人。日本陆军士官学校第五期炮兵科、炮兵学校第四期毕业。1912年任浙江都督府军政司司长。后历任政事堂统率办事处参议、浙军第一师师长、浙江省省长等职。1926年12月投国民革命军，任第十九军军长。后赴欧洲考察军事。陈铭枢、李济深发动"福建事变"后，被任命为福建省主席，后兼任福建绥靖公署主任，在福建率部抗击日本侵略。1941年11月，到重庆任行政院秘书长兼国家总动员会议主任。1942年底，因与孔祥熙发生冲突，调任考核委员会秘书长。1945年10月25日上午9时，台湾地区受降仪式在台北市中山堂举行，以国民政府台湾行政长官兼警备司令身份接受日本前"台湾总督"安藤利吉投降书。1947年4月，因台湾"二二八"事件被免职，调任浙江省主席。因接洽上海和平解放事，1949年2月被免职，1950年6月18日在台北被蒋介石下令杀害。

第十二章　人民解放战争胜利与中华人民共和国成立

重庆谈判。抗日战争胜利后，国共两党在重庆举行的关于国内和平问题的谈判。抗战结束时，一个现实的问题摆在蒋介石的面前：国民党在接收日伪占领地区上不占上风。1945年8月中旬开始，国共两党分别为迅速受降及抢占敌伪地区而全力以赴，甚至为争夺华北一些重要铁路和战略要地发生军事冲突。为了改变不利局面，蒋介石放出了和平手段。8月14日、20日、23日，蒋介石连续给毛泽东发电报，邀请毛泽东到重庆谈判。中国共产党对战后中国政治前途的态度非常明确，即力争和平，反对内战，同时不抱幻想，不怕威胁，针锋相对，寸土必争，随时准备以自卫战争反击国民党军队的进攻。接到蒋介石邀请毛泽东赴渝的电报后，中共中央经过讨论，决定派毛泽东、周恩来、王若飞三人赴重庆与国民党谈判。8月28日，毛泽东一行在军委会政治部部长张治中和美国驻华大使赫尔利陪同下，由延安飞抵重庆。这次重庆谈判，名为毛泽东与蒋介石的谈判，两人有多次会见，并为谈判决定原则，但实际谈判中，中共派出代表为周恩来、王若飞，国民党代表为王世杰、张群、张治中、邵力子。国共最高级别的重庆谈判进行了40天，但双方立场相距很远，围绕党派会议、国民大会、宪法草案、对日受降等问题，在谈判桌上展开了激烈的争论，尤其是在解放区政权和军队改编两大关键问题上，国民党坚持不承认解放区政权合法，并极力压缩中共军队改编的数量。双方分歧的根本点在于，国民党坚持"军令政令必须统一"，实际就是坚持国民党一党专政，垄断国家一切权力，而中共坚持双方应平等协商，国民党应该尊重中共和其他党派的地位和参政权利。中共在谈判中采取了有理、有利、有节的立场，在一些具体问题上做出了重要让步，如主动提议从南方八个地区撤出自己的军队，以显示诚意，争取民心，但在解放区政权和保持一定数量军队这些原则问题上，中共决不让步。由于国民党缺乏诚意，双方在这两个问题上始终未能达成一致。10月10日，国共双方代表签署了《会谈纪要》，通称"双十协定"。重庆谈判是抗日战争胜利后中国政治生活中的一件大事，国民党邀请中共领袖前来谈判事实本身已说明中共在中国政治中的重要地位，是中共在政治上的一大胜利。毛泽东的重庆之行，收到了预期的效果，争取了舆论的支持和同情，在政治上取得了主动。

"双十协定"。国共双方会谈后签署的纪要。抗战胜利后，经蒋介石邀请，国共双方在重庆谈判。1945年10月10日，国共双方代表签署了《会谈纪要》，通称"双十协定"。纪要提出：以和平、民主、团结、统一为基础，国共双方长期合作，坚决避免内战，建设独立、自由和富强的新中国；召开政治协商会议，讨论和平建国方案及国大、宪法等问题；保证人民各项自由；党派平等合法；释放政治犯；等等。关于改编中共军队及解放区政权问题，留待以后继续商谈。"双十协定"的意义主要在于通过国共两党最高领导人会见并发表公报，中共承认了国民党和蒋介石的领导地位，国民党也承认了中共及其军队的地位。此次会谈采取了双方平等的形式，签订了正式协定，中共的地位被正式肯定。

政治协商会议。按照"双十协定"要求召开的国内各党派政治协商会议，史家一般简称"旧政协"，以与1949年9月召开的新政治协商会议相区别。1946年1月10日在重庆开幕，国民党、共产党、民主同盟、青年党和无党派人士共38名代表出席会议。会议讨论了关系中国发展前途而又亟待解决的各项问题，如建国纲领、改组政府、国民大会、宪法草案，等等。国共双方在这些问题上各有自己的主张，分歧的焦点在于，国民党强调军队国家化，企图压迫中共交出军队，继续维持一党专政统治；而中共坚持政治民主化，要求改组一党独占政府，保障人民合法权利不受侵犯。国民

第十二章　人民解放战争胜利与中华人民共和国成立

党极力拉拢青年党，中共则争取了民盟的支持。1月31日，政协会议闭幕。经过会上会下的谈判协商，政协最后通过了五项协议。其中，《和平建国纲领》声明：建设统一、自由、民主之新中国，实现政治民主化，军队国家化，党派平等合法，人民享有各项自由，实行地方自治。其他协议规定：改组政府，延引各党派人士参加；将全国军队统一整编为60个师，实行军队国家化；增加各党派和各地区的国大代表；宪法实行三权分立原则，实行国会制、责任内阁制和地方自治。在当时情况下，这些协议有利于中国的民主进步，符合全国民众渴望和平建设的要求，对国民党一党专政统治是强有力的冲击，为中国开辟了一条新的发展道路。政协协议的达成，是战后中共和平民主主张的一大胜利。

国民党六届二中全会。国民党内推翻政协决议的一次会议。1946年3月1日至17日在重庆召开。党内顽固派在蒋介石的默许下，大肆攻击政协协议，结果会议决议推翻了政协协议关于修改宪法的原则，并为改组政府设置了障碍。蒋介石在会后公然声称，政协不是制宪会议，政协协议不能代替约法。六届二中全会标志着国民党政策的重要转变，国内原先的乐观与和平气氛为之一扫，贯彻政协协议的行动实际停顿，国内形势趋于恶化。

解放区。抗日战争后期和解放战争时期，中国共产党领导下的人民武装力量从日伪或国民党统治下解放出来的区域。1945年8月，毛泽东发表了《对日寇的最后一战》，指出："八路军、新四军及其他人民军队，应在一切可能条件下，对一切不愿投降的侵略者及其走狗实行广泛的进攻，歼灭这些敌人的力量，夺取其武器和资财，猛烈地扩大解放区，缩小沦陷区。"抗日战争胜利后，虽然重庆谈判及其签订的"双十协定"，给全国人民带来了和平民主的希望，但"双十协定"毕竟只是纸上的文字，现实是国民党正在积极筹谋用武力消灭中共。此时，因中共军队多位于敌后，处于有利位置，很快收复了大量敌占区和中小城市，使解放区面积扩大到近百万平方公里。全面内战爆发后，从1946年6月到1947年2月，国民党军以损失70万兵力为代价，占领了解放区100余座城镇。面对国民党的重点进攻计划，中共决定继续进行内线作战，进一步消灭国民党军有生力量，为转入全国性反攻创造条件。在与国民党军队作战的同时，中共在解放区制订了一系列合乎实际的路线、方针和政策，如土地改革、整党运动等，与国统区的地下工作与统战工作相结合，成功地壮大了自己，孤立、削弱了对手。到1948年初，解放军在各个战场都取得了不断胜利，华北、华东和中原解放区已基本连成一片。从1948年9月到1949年1月，解放军连续进行辽沈、淮海、平津三大战略战役，解放长江中、下游以北地区，国民党军精锐主力几乎全军覆没，再也无法组织有力的机动兵团投入战场。1949年3月，中共中央召开七届二中全会，确定夺取全国胜利及其以后的基本政策。4月20日，国民党政府拒绝签订国内和平协定。21日，毛泽东、朱德发出了《向全国进军的命令》，以推翻国民党统治、解放全中国为目标的人民解放战争辉煌的大进军就此展开。23日晚，人民解放军第三野战军第三十五军自浦口渡江，进入国民党政权统治中心南京。此时此刻，国民党军政官员早已逃亡一空。以人民解放军解放南京为标志，自22年前的这个月国民党在南京建立的中央政权，至此实际覆亡。之后解放军分路追歼国民党军残余部队。5月27日，上海完全解放。10月1日，中华人民共和国宣告成立。至1950年6月，人民解放军大规模作战结束，解放了除西藏及台湾、澎湖、金门、马祖等岛屿以外的全部国土，取得了解放战争的伟大胜利。

国统区。抗日战争和解放战争时期国民党统治区域。全面抗战爆发之初，在抗日民族统一战线号召下，全国上下表达了"拥蒋抗日"的态度。抗日战争进入相持阶段后，国民政府逐步采取了消极抗日、积极反共的政策，掀起了三次反共高潮；在其统治区内，加强一党专政，实行独裁统治，迫害共产党人、各民主党派人士和进步爱国人士，打压和破坏民主运动；建立特务组织，加强特务活动；经济上加强了对金融工业交通、运输商业等领域的控制和垄断，加强了对工人、农民、城市小资产者和民族资产阶级的压迫和剥削，利用滥发纸币、倒卖外汇、商品专卖、统购统销等手段聚敛财富，导致官僚资本急剧膨胀，物价飞涨；文化教育方面，将文化专制政策全面推向深入，竭力将抗战时期的文化运动纳入政府管控，并最终

第十二章　人民解放战争胜利与中华人民共和国成立

确立了在文化领域中的专制统治地位。全面内战爆发后，国民党政权继续在国统区实行高压统治，尽管其一系列举措是为了挽救自己在政治、军事、经济各方面的败局，巩固自己的统治地位，但也将自己置于全国人民意愿的对立面，使自己处于孤立地位，同时因货币过量发行导致恶性通货膨胀，经济濒临崩溃。军事上的溃败和经济状况持续恶化，国统区人民掀起了不断的反饥饿、反迫害、反内战的民主运动，形成配合人民解放军武装作战、反对国民党政权的"第二条战线"。1949 年 4 月 23 日，人民解放军占领南京，宣告自 22 年前的这个月国民党在南京建立的中央政权，至此实际覆亡。

第三方面。国共两党以外的中间政治势力。包括中国青年党、民主社会党、中国民主同盟、民主建国会、民主促进会、九三学社等。这些民主党派不掌握军队，他们多半反映工商界和知识界的意见，大多不满意国民党，对共产党也有疑虑，幻想中国走"第三条道路"即"中间路线"，即政治上建立欧美式资产阶级制度，经济上发展资本主义。第三方面关注国家政治经济形势的走向，在国内形势严峻和国共两党斗争激烈的时候，他们往往站出来发表意见，关心国是。抗战期间发生皖南事变，民主党派很活跃，表达了批评国民党的声音。1944 年日本发动一号作战，国民党军队正面战场一片溃败，引起工商界和知识界人士对国民党前途的怀疑，对共产党的靠近。1946 年 1 月召开的政治协商会议也与第三方面的推动关系密切。第三方面利用国共双方的矛盾，登上政治协商会议的舞台，成为一股政治力量，直接参与了国共之间的斗争，发挥了作用。内战爆发，第三方面难以在调停方面发挥作用。第三方面面对二者选一局面，也逐渐认识到"第三条道路"在中国走不通，遂出现内部分裂，重新站队，民盟更倾向中共，民建、民进、九三学社等中间党派也采取了与民盟相同的政治立场。青年党、民社党则倒向国民党一边。

《中苏友好同盟条约》。国民党政府与苏联于 1945 年 8 月签订的条约。基本上落实了雅尔塔秘密协定的内容，中国政府承认外蒙独立、承认中苏共管中国长春铁路、旅顺作为海军基地由中苏两国共同使用、大连划入旅顺军事区等，苏联承诺对中国的物质援助完全供给中国中央政府、尊重中国对东三省的主权，不干涉中国内政等。以蒋介石为首的国民政府为了争取苏联压制中共力量，不惜在涉及中国重大权益上做出让步。签约后，美、苏和中国政府居然都对这个条约表示满意。

美国军事观察组。出于对日战争的需要，抗日战争末期，美国向延安派出了军事观察组。参加美国军事观察组的美国国务院和军方人士，对中共领导人的能力和抗战表现颇为肯定，认为战后国共应组成联合政府，中国统一不一定非要统一在蒋介石手里。但是执行美国总统命令派到中国调解国共关系的特使赫尔利，却依据罗斯福的指示坚定支持了蒋介石，否定了军事观察组的见解，抛弃了扶蒋限共政策，形成了亲蒋反共的政策和立场。在国共重庆谈判、政治协商会议以及国共冲突调处过程中，无论是赫尔利还是马歇尔，其政治立场都站到了亲蒋反共一边，导致调停失败。

《中美友好通商航海条约》。中美之间签订的一个形式平等、实质上不平等的商务条约。1946年11月，由外交部部长王世杰与美国驻华大使司徒雷登在南京签订。该条约主要内容可以概括为两条：一、缔约双方国民在彼方领土内居住、旅行、经商、金融、科学、教育、宗教及慈善事业，购置动产，进出口关税等方面，彼此享有国民待遇；二、缔约双方在进口关税、采矿、内河及沿海行船与通商、购置不动产等方面，彼此享有最惠国待遇。就条约文本而言，中美商约是一个平等条约，其中所有规定对于双方都是平等和互惠的。但这个条约的规定几乎是中国单方面全面向美国开放，是一个形式上平等、实质上不平等的条约，公布后受到国内舆论的广泛批评，认为19世纪的门户开放，是利益均沾，今天的门户开放，是美国利益独占。表面上是互惠，实际上是单惠。有学者认为它是一个形式上对等而实质上并不对等的条约。除了中美商约之外，中美两国还签订并交换了一系列条约、协定和换文，由此界定了美国与国民政府之间的特殊关系，保证了美国在中国享有政治、经济、军事、文化等各方面的绝对优势和特殊地位。

中国人民解放军野战军。中国共产党领导下的，解放战争时期和中华人民共和国成立初期人民军队最高一级建制单位。解放战争初期,中共中央军委命令各地组建野战军,后逐步改编、合编成西北、华东、东北、中原和华北等地野战军。1949年初,为适应"向全国进军"的需要,中共中央军委下达《关于野战军番号改按序数排列的决定》,对全军进行统一编制。其中西北野战军改编为中国人民解放军第一野战军,由彭德怀任司令员兼政委;中原野战军改编为中国人民解放军第二野战军,由刘伯承任司令员,邓小平任政委;华东野战军改编为中国人民解放军第三野战军,由陈毅任司令员兼政委;东北野战军改编为中国人民解放军第四野战军,由林彪任司令员,罗荣桓任政委。华北野战军则直属中国人民解放军总部。

莱芜战役。解放战争时期,华东野战军在莱芜地区进行的一次规模较大的运动战。1947年初,山东野战军和华中野战军先后从苏北转移到了山东,统一整编为华东野战军,陈毅任司令员兼政委,粟裕任副司令员。山东是中共在抗战中建立的重要根据地,是解放军兵源和物资的重要补给基地,也是华东与东北的联系要道(经由胶东半岛过渤海湾至辽东半岛),还是中共华东局和华野总部所在地(山东临沂)。2月,国民党军调整部署,进行鲁南会战。2月10日,华野主力自临沂隐蔽北上,15日又主动放弃临沂,蒋介石认为是"共军溃败",严令北线国民党军继续南进,封锁华野退路。就在国民党得意忘形之时,华野主力日行百里,兼程北上,20日在莱芜围住李仙洲集团。李在被围后惊慌失措,23日下令自莱芜突围,结果被华野设伏分割包围,当天即被全歼。莱芜战役,华野歼灭国民党2个军7个师5.6万人,"创爱国自卫战争以来最高纪录",充分表现了解放军战略战术运用之成功。

孟良崮战役。解放战争时期,华东野战军在山东蒙阴孟良崮地区进行的一次战役。1947年4月中旬,国民党军开始步步向鲁中推进。他们吸取以往教训,以密集队形逐步推进,使华野难以分割歼敌。在这种情况下,华野部队不急不躁,以频繁的运动调动国民党军,创造战机。4月下旬,华野放弃新泰、蒙阴,主力后撤休整,国民党统帅部再次误认为对手"败退",下令各部跟进。汤恩伯部行动积极,以整编第74师为主力,沿沂蒙公路逼向位于鲁中山区的华野指挥中心坦埠，战机终于出现了。5 月 13 日，整编第 74 师到达坦埠以南，态势突出，与两翼距离拉大，华野总部当机立断，决定利用山地地形，分割围歼 74 师。华野集中了 5 个纵队，于 13 日发起攻击，插入纵深，隔断了 74 师与两翼的联系。74 师发现华野意图后，急忙后缩，但退路被断，全师被围于孟良崮山地。至 16 日下午 5 时，华野全歼第 74 师 3.2 万人，击毙师长张灵甫。孟良崮一役，使国民党军对山东的重点进攻遭到沉重打击，迫使其调整部署，重新研究作战方案。

"制宪国大"。"制宪"国民大会，因会议的中心任务是制定一部宪法，故称"制宪国大"，1946 年 11 月 15 日至 12 月 25 日在南京召开。参加大会的除国民党外，只有青年党、民社党和王云五等少数"社会贤达"，通过了一部"中华民国宪法"。因为违反政治协商会议决议，中共和民主同盟均拒绝参加，也拒绝承认这部"宪法"。国民党不仅未能实现以国大为自己的统治涂上合法色彩的企图，反而加深了其统治的危机。

"李闻"案。1946 年 7 月，在云南昆明发生的李公朴、闻一多被国民党特务暗杀案。7 月 11 日晚，中国民主同盟中央委员李公朴在回家途中被暗杀；15 日，西南联大闻一多教授被暗杀，杀人凶手都是国民党特务。"李闻"案发生后震惊国内外，此时也是国共谈判停滞、全面内战爆发之际，昆明的形势更是空前紧张。8 月 18 日，国民党特务破坏李、闻追悼会现场，并在会后打伤民盟主席张澜，国民党特务暴行引起社会各界及国内外舆论的强烈反应，激发了一波社会抗议的浪潮，甚至连国民党的主要支持者美国也表示"严重关切"。

反饥饿、反内战、反迫害运动。1947 年 5 月间，在中共领导下国民党统治区学生掀起的以"反饥饿、反内战、反迫害"为口号的民主运动。自 1947 年初开始，国民党统治区物价飞涨，通货膨胀严重，引起国统区群众的强烈不满。2 月，中共中央发表《在白区对国民党的对策》的指示。同年春，大学全公费的学生每月仅领到法币 14.4 万元，而最低伙食标准则需要法币 17 万元。5 月 4 日，在中共地下党领导下，上海学生举行示威游行，提出"要饭吃，要和平，要自由；反饥饿，反内战，反迫害"的口号，反对内战、反对物价飞涨、反对特务迫害活动。得到了南京、北平、天津、武汉、杭州、南昌等地学生的声援。5月18日,"华北学生反饥饿反内战联合委员会"成立。5月20日,南京、北平、天津学生分别举行游行示威活动。其中,南京、上海、杭州、苏州等地学生6000余人在南京组成请愿团,举行联合示威游行活动,遭国民党军警镇压,有100多人受伤、20余人被捕。天津游行的学生也被国民党军警打伤50多人,称"五二○"惨案。惨案发生后,引发全国各阶层人民声援和支持学生运动的行动,席卷60多个大中城市,"反饥饿、反内战、反迫害"成为学生运动的统一口号,推动了国统区民主运动的发展。6月19日,全国学联在上海成立。学生运动和社会运动的结合,逐渐成为反对国民党统治的第二条战线。

"动员戡乱时期临时条款"。"国民大会"制定的赋予"总统"在"戡乱"时期"紧急处分权"的法律。1948年4月18日,由国民大会第12次会议通过,规定"总统在动员戡乱时期,为避免国家或人民遭遇紧急危难或应付财政经济上重大变故,得经行政院会议的决议为紧急处分,不受宪法第39条或第43条所规定程序的限制,前项紧急处分,立法院得依宪法第57条第2款规定程序变更废止"。此外,"动员戡乱时期的终止,由总统宣告,或由立法院咨请总统宣告"。这一"临时条款"实际上冻结了宪法,增加了蒋介石独裁统治的权力。

二二八事件。专卖局警员在台北市取缔走私香烟,引起流血冲突的政治事件。1947年2月27日发生,次日,民众请愿示威,发展成大规模的官民冲突。台籍精英成立"二二八事件处理委员会",提出处理大纲32条,要求长官公署接受他们改革政治的要求。国民政府派出的台湾统治者,面对这样的历史包袱,措手不及,应对失策。这次事件的突然爆发,是日据台湾以来台湾社会各种矛盾的总爆发;通过"缉私血案"引发的"二二八事件",其主流是台湾人民反暴政、争民主、求自治的群众运动,这个运动正好卷入了蒋管区反独裁、反内战、反饥饿的民主运动旋涡。从这个角度说,"二二八事件"所反映的台湾人民的意愿与整个中国人民的意愿是吻合的。处于全省领导核心的"二二八事件处理委员会"在3月6日发表的

《告全省同胞书》中明确声明："我们的目标是在肃清贪官污吏、争取本省的政治改革，不是要排斥外省同胞。"这些活跃在台湾各地的主要政治组织提出的宗旨，反映了"二二八事件"中最为普遍的要求，也体现了整个事件的基本政治倾向。

土地改革。中国共产党在解放区农村推动的土地改革运动，在经济上解放了农村生产力，在政治上发动广大农民作为中国革命的基本力量。1946年5月4日，中共中央发出《关于土地问题的指示》，要求各根据地实行土改，没收地主土地给农民，实行耕者有其田，各根据地据此开始了土改工作。1947年9月，刘少奇在西柏坡主持召开了全国土地会议，制定了《土地法大纲》，于10月10日发布实行。大纲明确提出，消灭封建半封建土地制度，没收地主一切土地财产，征收富农多余土地财产，按人口平均分配，保护工商业。其后针对土改中侵犯中农利益的情况，毛泽东提出土改路线应是：依靠贫雇农，巩固地联合中农，消灭地主阶级和旧式富农的封建的和半封建的剥削制度。根据各解放区的不同情况，中共又制订了一系列不同的土改方针和政策，总结了以往经验，从实际出发，对土改的对象和方法做出了明确细致的规定，如在老解放区，已进行土改的地区主要是再作适当调整，未进行土改的地区则按要求进行土改；在新解放区主要是进行减租减息，俟条件成熟时再进行土改。虽然土改中也难免反复和有过火之处，但在各级党组织的有力工作之下，基本保证了土改的顺利进行。到1948年秋天，解放区约有1.6亿人口的地区完成了土改，有约1亿农民分得了3.75亿亩土地，在这个过程中，解放区普遍建立了县、乡、村各级政权，使中共的力量得以扩展到农村最基层，形成了解放战争稳固的后方。

济南战役。中国人民解放军在三大战略决战前发动的一次重大战役。济南是山东省会，位置重要，在山东全省大部已被解放的情况下，济南已成孤城，但国民党第二绥靖区司令王耀武仍奉命指挥守军困守济南，深沟高垒，企图拖住解放军战略进攻的步伐。华野则对于济南战役早有准备。战前，华东野战军决定由许世友指挥7个纵队组成攻城集团，负责攻城，另以8个纵队组成打援集团，准备阻击可能由陇海路北援的国民党军。

1948年9月16日,华野部队发起对济南的攻击,经三天激战,济南西守备区国民党军指挥官吴化文在解放军打击下决定率部起义,使国民党军外围防线被突破,解放军兵临城下。济南战役打响后,蒋介石极为关注,他一面令王耀武坚守,一面令杜聿明指挥三个兵团北援济南。但国民党援军生怕遭到解放军伏击,行动缓慢,而解放军已于20日发起对济南城区的总攻,并于23日下午占领外城,接着一鼓作气,次日凌晨攻进内城。国民党军的防线在解放军的攻势下彻底崩溃,王耀武化装逃跑(后被抓获),济南全城被解放。济南战役的胜利,表明解放军已经具有进行大规模兵团作战和攻克任何坚固设防的大城市的能力,而国民党军经此打击,士气更为低落。

辽沈战役。国共两军三大战略决战的第一个战役。1948年9月7日,毛泽东发出《关于辽沈战役的作战方针》,指出:攻克锦州是战役能否胜利的关键,"只要攻克了锦州,你们就有了主动权,就是一个伟大的胜利"。9月中旬,东野大军南下,开始锦州外围作战,至当月底完全孤立了锦州的国民党军。蒋介石得悉东北战况,于9月底10月初匆匆飞抵北平和沈阳,部署作战。他令锦州部队坚守待援,同时自华北调动部队,会合原在锦西的部队组成东进兵团,自锦西正面增援锦州,令沈阳援军组成西进兵团,先向锦州西北方出动,以截断东野后方补给线,再图南下夹击东野部队。东野决定以6个纵队攻锦,2个纵队及2个独立师阻击国民党东进兵团,4个纵队阻击国民党西进兵团,另以9个独立师继续围困长春,整个部署体现了集中优势兵力,全力争取锦州初战之胜的决心。10月9日,东野发起对锦州的攻击,虽然国民党守军实力并不强,但在指挥官的严厉督促下,战斗亦十分激烈,尤以对配水池的争夺为烈。东野历经5天激战,13日全部扫清城外据点,14日在强大炮火支援下开始攻击城区。只一天时间,东野即全部占领内城,俘获国民党东北"剿总"副总司令范汉杰。同时,东野阻击部队在离锦州咫尺之遥的塔山顽强阻击了国民党东进兵团对锦州的增援,两地虽炮声互应但援军终不得越雷池一步,而国民党西进兵团因害怕遭歼,徘徊于锦州西北彰武地区,没有大的动作。锦州解放,东北国民党军已被全部围困，成为孤军。蒋介石不甘心东北全军覆没，令援锦兵团东西对进，打通关内外通路，同时令长春守军突围，准备与沈阳守军一道向关内撤退。此时，长春国民党军被长期围困，弹尽粮绝，无心再战。在解放军的重重包围下，蒋的突围命令根本不可能实现。由于解放军的强大压力和争取，第60军军长曾泽生率部于17日起义，国民党东北"剿总"副总司令郑洞国亦不得不率部放下武器投诚，长春于19日和平解放。锦州、长春相继解放，东北国民党军只剩下沈阳孤城。西进的廖耀湘兵团在蒋介石严令下，此时开始自彰武南进，企图经黑山和大虎山推向锦州或南进营口。东野抓住此一有利战机，一方面令一个纵队于黑山、大虎山地区阻击，两个纵队截断廖兵团退路；另一方面令攻锦部队迅速行动，自两翼包抄廖兵团，寻机扩大战果，全歼东北国民党军。经3天激战，廖兵团未能越过黑山和大虎山一线，而解放军已出现在其两翼，廖深感态势对其不利，下令改向沈阳撤退。但东野各部行动迅速，已将廖兵团分割包围，廖兵团指挥部被解放军突袭，全军群龙无首，土崩瓦解，10月28日战斗结束，廖耀湘兵团10余万人被全歼，廖本人被俘。此时，沈阳已无法再守，29日，东北"剿总"总司令卫立煌飞离沈阳。11月2日，东北最大的城市沈阳被解放。国民党第52军一部自营口经海路逃跑，锦西和热河国民党军亦自行撤退。至此，辽沈战役结束，国民党军4个兵团、11个军共47万余人被全歼，东北全境解放。

淮海战役。国民党军主力基本被歼灭的三大战略决战之第二个战役。济南解放之后，华东野战军提出在淮海地区进行作战的设想，得到中共中央的同意，首战以歼灭黄百韬兵团为目标。随着战场形势的发展，战役规模越打越大。解放军华东野战军和中原野战军共60余万人参战。淮海地区事关国民党政府统治中心沪宁地区的安危，国民党也不敢掉以轻心，国民党军先后有7个兵团80余万人参战。此战国共双方可谓均投入了军事主力，再加上双方的后勤支援，几百万人在淮海大地上演出了解放战争时期震惊中外的一场空前大战，这也是解放战争时期最具有军事决定意义的一场大战。这场战役历时2个多月，人民解放军以少击多，全歼国民党军5

个兵团 22 个军共 55 万余人，创造了解放战争以来的空前战绩。在战役的全过程中，中共中央和毛泽东对于形势有着极为准确的判断，战略上总览全局，运筹帷幄，战术上赋予前线指挥员充分的独立决断权，上下一心，团结一致，取得了辉煌的胜利。反观国民党军，战略上没有明确目标，由蒋介石一人专断且多变，战术呆板，只知死守一地，导致最后惨败。经此一役，国民党军精锐主力几全军覆没，再也无法组织有力的机动兵团投入战场。

平津战役。决定国民党军战略失败的三大战略决战之第三个战役。1948 年 11 月中旬，毛泽东指示林彪等东野领导人，东野立即结束休整，以主力入关，首先包围并隔断平、津诸点之敌。为了完成全歼国民党军于华北的战役构想，毛泽东首先部署华北兵团出击平绥路，吸引傅作义部队；东野部队对国民党军取隔而不围，或围而不打之势，等到战略包围完成之后，再行各个歼灭。同时决定对淮海战场国民党军暂停攻击，以防华北国民党军在解放军包围未完成之时决策南逃。11 月下旬，东北野战军百万大军秘密南下入关，至 12 月上旬先后到达冀东地区，而国民党对此尚无察觉。及至 12 月 5 日，东野部队攻占北平近郊的密云，傅作义才发现东野部队已经入关，傅立即调整部署，但为时已晚，至 12 月 20 日，东野与华北部队已分别将国民党军分割包围在北平、天津、塘沽、张家口、新保安等地，完成了预定的战役构想。完成对国民党军的包围后，解放军首先攻击西线新保安，22 日全歼傅部主力第 35 军，24 日歼灭自张家口出逃的国民党军，傅作义赖以起家的主力部队 3 个军至此全部被歼灭。华北国民党军无援军，内部中央系与地方系关系复杂，傅作义嫡系部队尽丧，在解放军的强大压力下，态度动摇，有意与解放军接洽谈和。但与此同时，他又令陈长捷在天津坚守，以加强谈判地位。1949 年 1 月 14 日，解放军对天津发起总攻，次日即全歼守军，俘获陈长捷。至此，北平已成孤城，傅作义不得不同意接受和平解决方案，所有部队开出城外，接受改编。22 日，北平国民党军根据和平解决协议开出城外，31 日，人民解放军进驻北平。千年古城得以避免战火，和平解放，平津战役至此结束。平津战役的结果是，国民党军3个兵团13个军共52万余人被歼灭或被改编。

北平和平谈判。解放战争后期国共两党代表团在北平（今北京）进行的关于和平的谈判。1949年1月21日，在国民党政治军事败局已定的情况下，蒋宣布"下野"，由李宗仁任代"总统"。李上台后，一方面提出与中共进行和平谈判的主张，并承认以中共八项条件作为谈判基础，另一方面企图借机加强桂系实力，保存长江以南的国民党政权。中共一方面高度警惕国民党以和谈进行战争准备的行动，毫不放松人民解放军渡江作战的准备，另一方面为了教育人民和社会各界，也为了避免战争可能带来的损失，同意与国民党进行和谈，力争以和平方式解决问题。3月24日，国民党任命张治中、邵力子等为和谈代表，张治中为首席代表。26日，中共中央决定由周恩来等出任中共和谈代表。国民党代表在去北平谈判前，曾拟有所谓的和谈腹案，重点在于阻止解放军过江，维持国民党在长江以南的统治地位，即划江而治。4月1日，国民党和谈代表到达北平，与中共代表进行和平谈判。双方在谈判中的分歧主要集中在战犯和渡江问题上。国民党代表反对在和平协定中列入战犯名单，并坚持国共双方首先签订停战协定，双方军队就地停战，实际即划江而治。考虑到国民党和谈代表说服其党内领袖签订和平协定时的困难，中共在战犯问题上做出了相当的让步，同意不具体列出名单，但是对于解放军渡江问题，中共没有给国民党留下任何幻想，坚持无论和谈是否成功，解放军都必须渡江。中共坚持建立一个在中共领导下的人民民主专政的新型国家，而不是任何保留国民党残余势力的国家。经过半个月的谈判，国民党谈判代表也认识到，国民党已经在战争中失败，它已经失去了讨价还价的资本，因此他们同意接受中共提出的《国内和平协定》。15日，中共提出这个和平协定的最后文本，要求南京国民党政府在20日前做出回答。国民党和谈代表于16日将《国内和平协定》带回南京，在李宗仁召集的桂系将领会议上，协定遭到白崇禧坚决反对，他自信凭桂系的实力还可与解放军一战。李宗仁因此不能接受这个协定，蒋介石当然就更不会同意。事实证明，国民党的谈判建议不过是为自己争取重整军备时间的烟雾弹而已。20日晚，李宗仁指示国民党和谈代表，拒绝在《国内和平协定》上签字，从而最后关上了和平之门。

渡江战役。中国人民解放军以推翻国民党统治为目标的进军南京的一次伟大战役。1949年4月20日，国民党政府拒绝签订国内和平协定。20日晚，谭震林指挥的渡江中集团在安徽芜湖至枞阳段江面胜利越过长江天险，踏上了江南的土地。次日，毛泽东、朱德发出了《向全国进军的命令》，以推翻国民党统治、解放全中国为目标的人民解放战争辉煌的大进军就此展开。人民解放军渡江作战是在长达千里的苏皖长江沿线进行的。其中，粟裕指挥的东集团在江苏江阴至扬中段渡江，随即截断沪宁路。刘伯承指挥的西集团在安徽枞阳至望江段渡江，兵锋直指浙赣路。解放军渡江作战，依靠的是成千民工驾驶的小木船，但兵锋所至，势如破竹，已经丧失了战斗意志的国民党军根本无法组织有效的阻击或反击，相反，驻守江阴要塞的国民党军和国民党海军第二舰队相继宣布起义，对国民党军长江防线是一重大打击。

南京解放。人民解放军占领南京，宣告国民党政权覆灭的事件。1949年4月20日夜，人民解放军开始强渡长江。22日，东、西两个集团完全击溃了国民党军队的防线，对南京形成了夹击之势。同时，驻守江阴要塞的国民党军和国民党海军第二舰队相继宣布起义。22日下午，京沪杭警备总司令汤恩伯下令全线撤退。23日晚，人民解放军第三野战军第三十五军自浦口渡江，进入国民党政权统治中心南京。此时此刻，国民党军政官员早已逃亡一空。以人民解放军解放南京为标志，自22年前的这个月国民党在南京建立的中央政权，至此实际覆亡。

上海战役。解放战争时期，由第三野战军发动的解放上海的战役。国民党长江防线的重心在上海。上海是中国最大的工商业城市，也是国民党政权赖以维持统治的经济重心。自国民党军在淮海战役中失败后，蒋介石一面部署将上海库存黄金、外汇和物资运往台湾，一面寄希望于守住上海半年，以等待国内外形势的变化。为此，国民党在上海集中了陆海空三军20余万兵力，构筑了市郊、外围和市内多层立体防线，称"东方马德里"，"固若金汤"。1949年4月底至5月初，蒋介石亲临上海，部署防守作战，镇压地下反抗，市内笼罩着战前的紧张恐怖气氛。中共中央则要求前线解放军对于进攻上海作充分的政治军事准备，军事上着重于封闭国民党军海上退路，歼其有生力量，政治上着重顺利接管，维持生产和生活的正常进行。上海作战由陈毅、粟裕指挥三野承担，二野和四野分别控制着浙赣路和平汉路，随时可以呼应三野的作战行动，准备应付美国可能的干涉行动。在具体部署上，三野以叶飞兵团的4个军自北翼向吴淞进攻，以宋时轮兵团的4个军自南翼向浦东进攻，争取在上海外围消灭国民党军有生力量，避免市区的恶战。5月12日，三野发起进攻，经过10日激战，三野部队突破国民党军外围防线，进至上海市郊。在解放军的打击下，国民党固守上海半年的计划难以实现，而且有全军覆没的危险。为了保存其不多的军事力量，汤恩伯下令自吴淞口登轮撤退。23日夜，三野发起对上海的总攻，25日占领了苏州河南地区。国民党代理淞沪警备司令刘昌义在解放军强大压力下决定投诚，27日，上海完全解放。

中国共产党七届二中全会。中共在全国解放前夕在根据地召开的最后一次制定全国解放后各项政策的重要会议。1949年3月5日—13日在河北省平山县西柏坡村举行。毛泽东主持会议并作了《在中国共产党第七届中央委员会第二次全体会议上的报告》，刘少奇作了《关于城市工作的几个问题》的发言。毛泽东在报告中提出促进革命迅速取得全国胜利和组织这个胜利的各项方针，指出在全国胜利的局面下，党的工作重心必须由乡村移到城市，城市工作应以生产建设为中心；阐明了党在全国胜利以后，在政治、经济、外交方面应当采取的基本政策，以及使中国由农业国转变为工业国，由新民主主义社会转变为社会主义社会的总任务和主要途径。全会批准了毛泽东的报告，并做出相应的决议。全会认为召开中国人民政治协商会议和成立中央人民政府的时机已经成熟。全会分析了新民主主义革命胜利以后国内外形势，号召全党务必继续保持谦虚、谨慎、不骄不躁和艰苦奋斗的作风，警惕"糖衣炮弹"的攻击。这次会议的召开，不仅对迎接革命在全国的胜利，而且对新中国的建设事业，都有重要的指导意义。

第十二章　人民解放战争胜利与中华人民共和国成立

新政治协商会议。中国人民政治协商会议的旧称。1948年5月，中共中央发布纪念"五一"劳动节口号，首次提出了"各民主党派、各人民团体、各社会贤达迅速召开政协协商会议，讨论并实现召集人民代表大会，成立民主联合政府"的主张，得到了各民主党派和社会各界的广泛支持。1949年6月15日，新政协筹备会议在北平开幕，中国共产党以及各民主党派、无党派民主人士、人民团体共23个单位134位代表参加了筹备会议，会议通过了建立新中国的有关文件。9月17日，会议决定将新政治协商会议正式更名为"中国人民政治协商会议"。

中国人民政治协商会议第一届全体会议。为完成中华人民共和国建国法理基础的最重要的一次会议。1949年9月21日，中国人民政治协商会议第一届全体会议在北平隆重开幕，会议通过了《中国人民政治协商会议共同纲领》《中国人民政治协商会议组织法》《中华人民共和国中央人民政府组织法》，作为建国的指导原则；随后又通过了中华人民共和国国都、纪年、国歌、国旗四个决议案；30日，全体会议上选举出180人组成的中国人民政治协商会议第一届全国委员会，选举毛泽东为中央人民政府主席，朱德、刘少奇、宋庆龄、李济深、张澜、高岗为副主席，周恩来、陈毅等56人为中央人民政府委员会委员。第一届政协于9月30日闭幕，从而在法理上最后完成了建国的准备工作。

《中国人民政治协商会议共同纲领》。简称"共同纲领"。1949年9月29日在北平举行的中国人民政治协商会议第一届全体会议上通过，具有临时宪法的作用。共7章60条。包括：序言和总纲、政权机关、军事制度、经济政策、文化教育政策、民族政策、外交政策等。纲领对中华人民共和国的国体、政体、国家结构形式及经济结构的总体框架等作了规定。规定中华人民共和国为人民民主主义的国家，实行工人阶级领导的、以工农联盟为基础的、团结各民主阶级和国内各民族的人民民主专政；国家政权属于人民，人民行使国家政权的机关是各级人民代表大会和人民政府等内容。纲领还规定了中华人民共和国人民的基本权利和义务，其权利主要包括依法拥有选举权和被选举权，有思想、言论、出版、集会、结社、通讯、人身、居住、迁徙、宗教信仰及示威游行的自由权。妇女在政治、经济、文化教育、社会生活各方面，均有与男子平等的权利。实行男女婚姻自由。中华人民共和国国民均有保卫祖国、遵守法律、遵守劳动纪律、爱护公共财产、应征公役兵役和缴纳赋税的义务。此外，纲领对国家的军事制度、文化教育政策、民族政策和外交政策作了具体规定，是中华人民共和国成立初期中央人民政府的施政纲领，在1954年《中华人民共和国宪法》颁布前，起着临时宪法的作用。

中华人民共和国中央人民政府委员会。中华人民共和国成立之初到1954年9月第一届全国人大召开前行使国家权力的最高机关。对外代表中华人民共和国，对内领导国家政权。依据中国人民政治协商会议全体会议制定的《中国人民政治协商会议共同纲领》行使职权，主要包括：制定并解释国家的法律，颁布法令，并监督其执行；规定国家的施政方针；废除或修改政务院与国家的法律、法令相抵触的决议和命令；处理战争与和平问题；批准或废除或修改中华人民共和国同与外国订立的条约和协定；批准或修改国家的预算和决算；颁布国家的大赦令和特赦令；制定并颁布国家的勋章、奖章，制定并授予国家的荣誉称号；任命政府高级工作人员，包括政务院正副总理，政务委员，各部委署正副部长、正副主任、正副署长，科学院正副院长；根据政务院的提议，任免或批准任免各大行政区和各省市人民政府的正副主席和主要工作人员；任免驻外大使、公使和全权代表；任免人民革命军事委员会的正副主席、人民解放军的正副总司令、正副总参谋长、总政治部正副主任；筹备召开全国人民代表大会。由中国人民政治协商会议第一届全体会议选举产生中央人民政府主席1人，副主席6人，委员56人，并由中央人民政府委员会互选秘书长1人组成。中央人民政府主席主持中央人民政府委员会的会议，并领导中央人民政府委员会的工作。1949年10月1日，新成立的中央人民政府委员会第一次会议在北京举行。中央人民政府主席毛泽东，副主席朱德、刘少奇、宋庆龄、李济深、张澜、高岗，以及周恩来、陈毅等56名中央人民政府委员会委员宣布就职。会议宣布中华人民共和国中央人民政府成立，并决议以《中国人民政治协商会议共同纲领》作为中央人民政府的施政方针,选举林伯渠为中央人民政府委员会秘书长,任命周恩来为中央人民政府政务院总理兼外交部部长,毛泽东为中央人民政府人民革命军事委员会主席,朱德为中国人民解放军总司令,沈钧儒为中央人民政府最高人民法院院长,罗荣桓为中央人民政府最高人民检察署检察长。会议决议向各国政府宣布,中华人民共和国中央人民政府为中国唯一合法政府,愿与遵守平等、互利及互相尊重领土主权原则的任何外国政府建立外交关系。

中华人民共和国政务院。中华人民共和国成立之初到 1954 年 9 月第一届全国人大召开前行使国家政务的最高执行机关。由中央人民政府委员会任命总理 1 人、副总理若干人、秘书长 1 人,政务委员若干人组成。政务委员得兼任政务院所属各委员会主任委员和各部部长。其中,政务院总理总揽院务,副总理和秘书长协助总理履行职务。政务院下设政治法律委员会、财政经济委员会、文化教育委员会、人民监督委员会和 30 个部、委、院、署、行,对中央人民政府委员会负责并报告工作;在中央人民政府委员会休会期间,对中央人民政府主席负责并报告工作。主要职权有:颁布决议和命令,并审查其执行情况;废除或修改各委、部、会、院、署、行和各级政府与国家法律、法令和政务院的决议、命令相抵触的决议和命令;向中央人民政府委员会提出议案;联系、统一并指导各委、部、会、院、署、行及所属其他机关的相互关系、内部组织和一般工作;领导全国各地方人民政府的工作;任免县、市以上(除应属中央人民政府委员会任免范围以外)的主要行政人员。1949 年 10 月 1 日,中央人民政府委员会第一次会议任命周恩来为中央人民政府政务院总理,政务院成立后共召开 224 次政务会议,1954 年 9 月第一届全国人大召开后,根据《中华人民共和国宪法》的规定改称国务院。

金圆券。1948 年国民党政府发行的一种不兑现纸币。为遏制通货膨胀,国民党政府决定实行币制改革。1948 年 8 月 19 日,国民党政府颁布《财政经济紧急处分令》,宣布停止使用法币,改用金圆券,限期收兑人民所有黄金、白银、银币及外国币券,限期登记管理国民存放国外之外汇资产，整理财政并加强管制经济。但是，这项改革措施不出三个月即遭惨败，国民党失去继续维持其统治的资本。

《目前形势和我们的任务》。毛泽东在中共中央会议上做的一次重要报告。1947年12月25日至28日，中共中央在陕北米脂县杨家沟召开会议，部署党在新形势下的全国工作，准备夺取人民解放战争在全国范围内的胜利，毛泽东在会上作了《目前形势和我们的任务》的重要报告，分析了形势，总结了经验，提出了今后任务。在这个报告中，毛泽东提出了著名的十大军事原则，要点是集中优势兵力，歼灭敌人有生力量，先打弱敌，后打强敌，以运动战为主，打有准备之战。这些原则阐明了解放军作战战略战术的一系列重要问题，是当时条件下解放军作战制胜的重要依据。毛泽东还在报告中提出了新民主主义革命的三大经济纲领，即没收封建阶级的土地归农民所有，没收垄断官僚资本归新民主主义国家所有，保护民族工商业，并具体说明了实现这三大纲领的方针政策。毛泽东重申了中共的土改总路线，提出新民主主义经济的指导方针是发展生产、繁荣经济、公私兼顾、劳资两利。毛泽东强调指出，中共的政治纲领就是联合工农兵学商各被压迫阶级，团结一切可以团结的力量，组成最广泛的统一战线，打倒国民党统治，成立民主联合政府。毛泽东这个报告是对中共新民主主义革命理论的丰富和发展，是中共建立新中国的纲领性文件之一。

王世杰（1891—1981），字雪艇，湖北崇阳人。1910年（宣统二年）考入天津北洋大学采矿冶金科毕业，1911年任湖北都督府秘书。1913年入英国伦敦大学政治经济学院就读，1917年赴法国巴黎大学研究公法，获法学博士学位。1920年回国，参与创办《现代评论》，历任北京大学教授、法律系主任、国民政府法制局局长、武汉大学校长、教育部部长等职。抗日战争期间，任军事委员会参事室主任、国民参政会秘书长。1939年11月和1944年11月，两度出任国民党中央宣传部长。1943年9月当选为国民参政会主席团主席，率中国代表团访问英、美两国。1944年起，作为国民党谈判代表之一，与中共代表林伯渠等会谈。1945年随宋子文赴苏联谈判，签订《中苏友好同盟条约》。回国后作为国民党代表参加重庆国共谈判，参与签订《双十协定》。1947年4月任国民政府委员、行政院政务委员兼外交部部长，参与签订《中美通商条约》《中美航海条约》《对意和约》等文件。1948年被免职。后去台湾。著有《比较宪法》《王世杰日记》等。

张群（1889—1990），字岳军，四川华阳（今成都）人。1906年（光绪三十二年）入通国陆军速成学堂（保定军校前身）学习，后赴日本东京振武学校就读。1908年加入同盟会。曾与蒋介石、黄郛结拜。1928年起，先后任国民党中政会委员兼外交事务委员会委员、军政部政务次长、上海特别市市长、湖北省政府主席、外交部部长、国民党中央政治委员会秘书长兼外交专门委员会主任委员。"七七事变"后，任军事委员会秘书长、行政院副院长、国防最高委员会秘书长、成都行辕主任兼四川省政府主席。抗战胜利后，曾与王世杰、张治中、邵力子一起作为国民党代表，参与国共重庆谈判。1947年4月，任行政院院长。1948年9月，以总统代表身份赴日考察。1949年去台湾。

张治中（1890—1969），原名本尧，字文白，安徽巢县（今巢湖市）人。1916年毕业于保定军校第三期步兵科，后历任黄埔军校军事研究委员会委员、学生军官团团长、国民革命军第二师参谋长、中央军事政治学校武汉分校教育长兼学兵团长等职。1927年11月赴欧美和日本考察。回国后参加中原大战、参与镇压福建事变。抗日战争期间，历任第五军军长、京沪警备总司令兼第九集团军司令、湖南省政府主席、军事委员会政治部部长兼三青团书记长等职。1944年5—10月，作为国民党谈判代表之一，与中共代表林伯渠等在西安和重庆会谈。1945年8月28日，以军委会政治部部长身份，与美国驻华大使赫尔利一道陪同毛泽东等由延安飞抵重庆，参加国共重庆谈判。1946年2月，与周恩来、马歇尔组成三人军事小组，进行整军谈判。1949年任国民政府和平谈判代表团首席代表，赴北平参加与中国共产党的谈判。谈判破裂后留在北平，发表对时局的声明，表示要同中共竭诚合作。中华人民共和国成立后，历任西北军政委员会副主席、全国人大常委会副委员长、国防委员会副主席、民革中央副主席等职。著有《张治中回忆录》。

彭真（1902—1997），山西曲沃人。1923年加入中国共产党，是山西省党组织的创建者之一。1926年起，历任中共天津地委职工委员会书记、组织部部长、职工运动委员、中共天津市委书记、中共顺直省委常委、组织部部长、代理书记，先后组织领导石家庄和天津的纱厂工人斗争。1929年6月被捕，1935年夏刑满出狱后，任中共中央北方局天津工作组负责人。次年任中共北方局代表、组织部部长，在天津组织群众开展抗日救亡运动。后历任中央党校教育长、副校长、中共中央组织部部长、城市工作部部长等职。1946年1月，东北人民自治军改称东北民主联军，任第一政委。1947年后历任中共中央工作委员会常委、中共中央组织部部长、政策研究室主任兼北平市委书记。中华人民共和国成立后，历任北京市委书记兼北京市市长、中央政法委员会书记、全国人大常委会委员长等职。主要著作收入《彭真文选》。

闻一多（1899—1946），原名家骅，字友三，湖北浠水人。1912年考入清华学校，曾任《清华周刊》总编辑兼《清华学报》编辑。五四运动期间，曾作为清华学生代表赴上海参加全国学生联合会成立大会。1922年赴美国留学，1923年出版诗集《红烛》。1925年回国，先后在北京艺术专科学校、南京第四中山大学（后改为中央大学）、武汉大学、清华大学等校任教，参与《新月》杂志编辑工作。1938年到昆明，在西南联合大学中文系任教。1944年参加中国民主同盟，任民盟云南支部委，次年任民盟中央执行委员兼《民主周刊》社社长，支持昆明学生争民主、反内战运动。1946年7月15日被国民党特务杀害。主要著作收入《闻一多全集》。

胡宗南（1896—1962），字寿山，浙江镇海人。1924年毕业于黄埔军校。1926年参加北伐，历任团长、师长等职。1930年任国民政府军第一师副师长、师长。1932年起，多次参与对红军和革命根据地的"围剿"行动。抗日战争期间，率第一军参加淞沪战役、豫东战役、武汉保卫战。1939年1月起，历任第三十四集团军总司令、第八战区副司令长官、第一战区司令长官等职,时人称其"西北王"。曾推行蒋介石消极抗战、积极反共政策,屯兵西北。1947年任西安绥靖公署主任,率部进攻陕甘宁边区,被解放军击败后,逃至川西平原。后被任命为西南军政长官公署副长官代行长官职权,总揽西南军政,试图在西昌最后一搏,失败后逃往台湾。

第十三章　中华人民共和国成立的伟大历史意义

"另起炉灶""打扫干净屋子再请客"。中华人民共和国成立后对外交往的基本原则。新中国成立之初，就规定了明确的外交政策："不承认国民党时代的任何外国外交机关和外交人员的合法地位，不承认国民党时代的一切卖国条约的继续存在，取消一切帝国主义在中国开办的宣传机关，立即统制对外贸易，改革海关制度"，收回驻军权和内河航行权。这一外交政策，清楚地体现了一个负责任的独立的主权国家的本质特点。只要同意上述外交政策，按照平等、互利及互相尊重领土主权等项原则，新中国可以与任何国家建立正常的外交关系。对于与资本主义各国建立外交关系，要求"各国无条件承认中国，废除旧约，重订新约"。这就叫作"另起炉灶"，"打扫干净屋子再请客"。在这个原则之下，到1950年10月，就有25个国家承认中华人民共和国，有17个国家与中国建立了正式的外交关系。

官僚资本。指国民党统治时期利用政治特权控制的国家巨大资本，即国家资本垄断了全国的经济命脉。官僚资本是半殖民地半封建社会形态下特有的经济形态，它对外勾结帝国主义，对内勾结封建势力，依靠国际金融垄断资本，排挤民族资本，操纵国家经济命脉，构成独裁统治的经济基础。官僚资本控制了全国银行总数的70%，产业资本的80%，控制了全部铁路、公路和航空运输。

附录　中国近代史大事记(1840—1949)

1840 年

1 月　英国等国家在广州近海大量走私鸦片，损害中国国家利益。清政府决定禁烟，任命林则徐为查禁鸦片钦差大臣。林则徐于 1839 年 3 月到达广州，严示禁烟措施。1840 年 1 月 5 日，林则徐宣布封港，断绝与英国贸易往来。

6 月 28 日　乔治·懿律率领英军到达广东海面，第一次鸦片战争爆发。

7 月 6 日　英军攻陷定海。

8 月 20 日　道光帝令琦善转告英人，允许通商和惩办林则徐，以求妥协。

8 月 25 日　英军在崇明岛登陆时被当地民众击退。

9 月 25 日　清廷将林则徐、邓廷桢交部严加议处，令琦善以钦差大臣身份到广州，兼署两广总督。

10 月　英军中疫病流行，400 多人死亡，1500 人染病。

11 月 29 日　懿律因病返英，陆海军指挥权由伯麦接替，外交事务由义律管理。

12 月　琦善开始与英方代表义律谈判。

12 月 14 日　英舰数量增加并驶近虎门，企图占据香港。

1841 年

1 月　琦善擅自与英国订立《穿鼻草约》，道光帝未批准，决定对英宣战。

1 月 6 日　清廷下令琦善、伊里布停止交涉，相机剿办。

1 月 7 日　英军攻陷大角、沙角炮台，副将陈连升战死，其子陈举鹏也力战牺牲。史家称第二次穿鼻之战。

1 月 26 日　英军占领香港。

2 月 19 日　英军集结驶向虎门海面，攻占虎门炮台前哨据点。

2 月 24 日　义律宣布中英谈判破裂。

2 月 26 日　英军攻陷虎门炮台，提督关天培战死。

3 月　琦善被革职拿办。

3 月 10 日　义律下令封锁广州。

4 月 14 日　道光帝任命奕山为靖逆将军，赴广州指导军务。

4 月 18 日　道光帝谕令奕山等"断不准提及通商二字"，以致贻误战机。

4 月 30 日　英国政府改派璞鼎查为全权大臣兼贸易监督，扩大侵华战争。

5 月　广州北郊三元里人民奋起反抗英军入侵，打死英军多人。

5 月 27 日　奕山委派余保纯完全遵照义律提出的条件，签订中英《广州停战协定》。

6 月 1 日　英军开始从广州撤退。

6 月 7 日　英国宣布香港为自由港。

6 月 28 日　清廷革去林则徐四品卿衔，与邓廷桢一道发往伊犁效力赎罪。

8 月 21 日　璞鼎查与英国海军司令巴克尔、陆军司令郭富率领英舰驰离香港北犯。

8月26日　厦门失陷。

10月1日　定海陷落。

10月13日　宁波失陷。

10月27日　台湾军民击退再犯基隆之英船。

12月27日　巴克尔、郭富等率领700余名英军溯江西犯，抵达余姚。

1842年

1月10日　巴克尔、郭富等率英军到奉化城抢掠。

3月5日　清军集结出发，准备与英军交战。

3月10日　清军开始对镇海、宁波两城发起反攻。

4月8日　清廷宣布"攘外必先安内"上谕，决心向英投降。

5月14日　清廷赏在台湾抗英的功臣达洪阿太子太保衔，姚莹二品顶戴。

7月16日　道光密令署杭州将军耆英向英军求和。

7月21日　英军攻占镇江。

8月9日　英国舰船到达南京下关江面。

8月29日　耆英、伊里布在英国战舰康华丽号上与璞鼎查签订了中国近代史上第一个不平等条约《南京条约》（史书又称《江门条约》《白门条约》）。鸦片战争结束。

10月17日　清廷命伊里布为钦差大臣、广州将军，赴广州办理税饷事宜。

1843年

4月6日　伊里布病逝后，清廷任命耆英为清朝大臣，赴广州与英国代表继续交涉。

6月　洪秀全最后一次去广州应试不中，在花县创立拜上帝会。

7月22日　中英《五口通商章程》正式公布，作为中英《南京条约》的补充。

10月8日　耆英、璞鼎查在虎门签订《五口通商附粘善后条款》即《虎门条约》。

11月　厦门、上海开埠。

同年，魏源编成《海国图志》刊行于世。

1844年

1月1日　宁波开埠。

3月19日　清政府任命耆英为两广总督。

4月22日　清政府任命耆英为钦差大臣。

5月8日　德庇时接替璞鼎查任英国驻华公使。

7月3日　耆英和顾盛订立中美《望厦条约》，福州开埠。

10月24日　耆英和法国专使拉萼尼在广州黄埔法国兵舰上签订《中法黄埔条约》。

11月11日　清廷批准天主教弛禁。

是年，清廷设五口通商大臣，由两江总督兼任；台湾嘉义洪协领导农民起义。

1845年

5月18日　清廷命直隶、山东、河南各省督抚饬拿"教匪""盗匪"。

6月　法国船只运送鸦片战争后第一批华工到海外。此后，厦门成为西方人口贩子掠卖华工的主要港口。

8月1日　清廷命耆英捉拿广州三合会、卧龙会等反清会众。

8月20日　葡萄牙女王宣布澳门为自由港，派亚马勒为澳门总督。

11月29日　英驻沪领事巴富尔与上海道宫慕久签订《上海租地章程》

23条，首开租地恶例。

是年，姚莹撰写《康輶纪行》，记述西藏地理、历史、政治、宗教、风俗习惯，揭露英、俄的侵略野心。冯云山在紫荆山区发展拜上帝会，韦昌辉、石达开先后入会。

是年及下年，洪秀全写成《原道救世歌》《原道醒世训》《原道觉世训》等。

1846 年

1月　广州人民取得反对英国侵略者入城斗争胜利，知府刘浔逃走。

4月4日　耆英、德庇时签订归还舟山条约5款。

7月8日　广州民众抗议英国人无理殴打中国商人，包围英国商馆。

1847 年

3月11日　洪秀全、洪仁玕赴广州，到美国传教士罗孝全处学习基督教教义。

3月20日　清廷与瑞典、挪威签订《五口通商章程》。

4月6日　耆英接受德庇时提出的七项要求，包括允许英人两年后进入广州城等。

5月14日　林则徐调任云贵总督。

7月20日　"徐家汇教案"发生，这是中国近代史上第一个教案。

9月　沙皇任命穆拉维约夫为俄国东西伯利亚总督，加紧侵略中国黑龙江流域。

10月26日　洪秀全、冯云山率拜上帝教捣毁象州甘王庙，声威大震。

1848 年

1月17日　冯云山被捕。4个月后获释。

3月8日　英传教士麦都思等非法进入江苏青浦县传教，遭漕船水手殴伤。

4月6日　杨秀清利用民间的"降僮"习俗，假托"天父"下凡，号令拜上帝会众。

7月30日　俄国商船抵达上海，要求贸易未果。

10月　冯云山出狱后回到紫荆山区。

10月5日　萧朝贵初托"天兄"下凡传言，以号令拜上帝会众。

11月16日　初试海运漕粮（自上海至天津）。

11月27日　英国驻沪领事强迫上海道同意扩大上海英租界范围。

同年，徐继畬撰写《瀛寰志略》10卷，刊印出版。

1849年

2月15日　两广总督徐广缙到虎门会见英香港总督文翰，拒绝英人入城要求。

4月6日　广州社学群众10万人守卫珠江两岸，取得反入城斗争第三次胜利。

4月25日　澳门总督亚马勒驱逐澳门同知、拒交地租、强占澳门。

6月　沙俄入侵库页岛和黑龙江口。

7月　拜上帝会形成以洪秀全、冯云山、杨秀清、萧朝贵四人为首的领导核心。

1850年

2月25日　道光帝病死。

3月9日　爱新觉罗·奕詝即位，以1851年为咸丰元年。

7月　洪秀全发布"团营"令，号召各地拜上帝会众到广西桂平县金田村聚集，准备起义。

8月13日　沙俄强占中国黑龙江口的庙街，改名"尼古拉耶夫斯克"。

9月30日　向荣从陕西提督调任广西提督。

12月15日　林则徐于上月赴广西任上病死，两江总督李星沅受命接任，驰赴广西办理军务。

1851年

1月11日　拜上帝会在金田村起义，建号太平天国。

3月23日　洪秀全在武宣东乡称天王。杨秀清任左辅正军师，领中军主将；萧朝贵任右弼又正军师，领前军主将；冯云山任前导副军师，领后军主将；韦昌辉任后护又副军师，领右军主将；石达开任左军主将。

8月6日　沙俄强迫清政府签订《伊犁塔尔巴哈台通商章程》。

9月25日　太平军攻克永安州。

12月17日　洪秀全在永安封王建制。

1852年

2月3日　太平天国颁行《太平天历》。

6月3日　太平军克全州。

6月10日　南王冯云山牺牲。

8月17日　太平军攻克湖南郴州。

9月11日　太平军攻长沙，西王萧朝贵中炮弹牺牲。

12月　太平军先后攻克岳州（今岳阳）、汉阳、汉口。

是年，张乐行等率众起义，称为"捻"或"捻子"，后称"捻党"，以抗粮抗捐、打富济贫为斗争方式。

1853年

1月8日　清政府命曾国藩帮办湖南团练。

1月12日　太平军攻克武昌。

3月20日　太平军攻占南京。

3月29日　天王洪秀全入南京,改南京为天京。

5月　太平军分兵北伐和西征,对清朝统治区主动出击。

9月7日　上海小刀会起义。

是年冬,太平天国颁布《天朝田亩制度》。

1854 年

1月14日　太平天国在天京宣布开科取士并开设女科,准许妇女应试。

4月4日　驻守上海英军与清军发生"泥城之战"。

5月26日　穆拉维约夫发布入侵黑龙江的出征令。

5月27日　美国驻华公使麦莲与裨治文"访问"天京,搜集情报资料。

7月5日　英、法、美三国驻上海领事公布《上海英法美租地章程》。是日,湘军攻陷岳州(今岳阳)。

10月9日　广西天地会首领胡有禄、朱洪英等攻克广西灌阳,建号"升平天国"。胡有禄自封为南王、朱洪英为镇南王。

10月14日　湘军攻陷武昌、汉阳。

1855 年

2月17日　上海小刀会失败,首领刘丽川牺牲。

3月15日　林凤祥在北京就义。

6月11日　李开芳被杀害。

8月　各路捻军于安徽亳州雉河集会盟,推张洛行为盟主。

9月27日　广东天地会在陈开率领下攻占广西浔州(今桂平),建立大成国。

11月10日　清军攻陷庐州。

11月24日　石达开率军攻入江西,攻克新昌(今宜丰)、临江(今清江)、吉安等地。

1856年

2月29日　"马神甫事件"又称"西林教案"发生。
4月3日　秦日纲等攻破清军"江北大营"。
6月20日　太平军攻破清军"江南大营"。
8月22日　杨秀清逼迫天王册封其为"万岁"。
9月2日　"天京事变"发生,东王杨秀清被杀,两万多名太平军将士被害。
10月8日　英国驻广州领事巴夏礼,在广州制造"亚罗号事件",为发动战争找借口。
10月23日　英国挑起第二次鸦片战争。
11月　洪秀全诛韦昌辉。
12月19日　湘军攻陷武昌、汉阳。

1857年

6月2日　石达开带十多万太平军,离京出走。
7月　英国侵华全权代表额尔金率军抵达香港。
10月　法国侵华全权代表葛罗率军抵达香港。
12月15日　英法联军侵略广州。
12月29日　英法联军攻陷广州。

1858年

1月　两广总督叶名琛被俘,后死于印度加尔各答。
5月28日　沙俄强迫奕山签订不平等的《瑷珲条约》,此约当时未获清政府批准。

6月　清政府与俄、美、英、法分别签订《天津条约》。

11月　桂良、花沙纳与额尔金在上海签订《中英通商章程善后条约》。

1859年

4月22日　天王封洪仁玕为干王。

6月　陈玉成晋封为英王。

11月　洪秀全颁布《改历诏》，调整天历；英、法组成新的侵华联军，以英陆军中将格兰特、法陆军中将孟托班为英、法远征军总司令，准备扩大侵华战争。

12月　李秀成晋封为忠王。

是年，洪仁玕提出《资政新篇》。

1860年

2月　英、法政府决定再派额尔金、葛罗为特使，率军侵华。

3月19日　太平军攻克杭州，迫使江南大营分兵往援。

4月21日　英法联军占领定海。次日占领舟山。

5月6日　太平军二破江南大营，和春、张国梁逃往镇江。天京第二次大解围。

6月2日　李秀成、李世贤攻占苏州，旋建立苏福省，以苏州为省会；美国人华尔在上海组成洋枪队。

6月26日　英、法政府通告欧美各国对中国宣战。

8月10日　清政府实授曾国藩为两江总督，以钦差大臣督办江南军务，所有大江南北水陆各军悉归节制。

8月18日　太平军进攻上海。

8月21日　英法联军攻陷大沽炮台。24日占领天津。

9月9日　咸丰帝下诏：亲统六师，直抵通州，以伸天讨。

9月22日　咸丰帝率众逃往热河，命奕䜣留京办理议和事宜。

10月6日　英法联军侵占北京。

10月18日　英法联军纵火焚烧圆明园。

10月24—25日　清政府被迫与英、法分别订立《北京条约》。

11月14日　沙俄迫订中俄《北京条约》。

1861年

1月20日　清政府设总理各国事务衙门，由恭亲王奕䜣、大学士桂良、户部左侍郎文祥经办洋务；天津开埠。

1月24日　清政府任命英人李泰国为海关总税务司。

3月25日　外国公使开始进驻北京。

5月29日　崇厚与法国公使签订天津紫竹林租地条款。

6月20日　英国人赫德代理总税务司，开始把持中国海关。

8月21日　咸丰帝诏立长子载淳为皇太子，命怡亲王载垣、郑亲王端华、户部尚书肃顺等八人为"赞襄政务王大臣"。

8月22日　咸丰帝病死于热河避暑山庄，载淳继位。

9月5日　安庆失守后，洪秀全将洪仁玕、陈玉成革职，朝政由洪仁发、洪仁达掌握，并下令大封诸王。

10月4日　清廷上东、西两太后徽号尊号为慈安皇太后、慈禧皇太后。

10月26日　两宫太后从热河启程，携幼帝回京。

11月　冯桂芬著《校邠庐抗议》。

11月2日　慈禧太后与恭亲王奕䜣发动祺祥政变，免去肃顺等八人赞襄政务王大臣职务，慈禧垂帘听政。

11月11日　载淳登极，以1862年为同治元年。

11月20日　清政府以曾国藩统辖苏、皖、赣、浙四省军务，所有四省巡抚提督以下各官，悉归节制。

12月　曾国藩设立安庆内军械所。

12月29日　李秀成率军攻占杭州，次日攻克杭州满城。

1862年

1月1日　汉口开埠。

1月7日　忠王李秀成兵分五路，再次进攻上海。

3月16日　洋枪队改称"常胜军"。

3月17日　"南昌教案"发生。

3月27日　美商上海轮船公司成立，通称"旗昌轮船公司"，以长江航运为经营的重点，是上海港第一家外商轮船公司。

4月17日　陕西回民首领任武在渭南起义。

5月　陈玉成被诱捕。

5月26日　李秀成击败"常胜军"，攻克嘉定，再次进攻上海。

5月30日　曾国荃率军进逼天京，扎营雨花台，天京第三次被围。

6月4日　陈玉成就义。

7月11日　京师同文馆成立。

9月22日　"常胜军"领队华尔在浙江慈溪被太平军击毙。

10月12日　经清政府批准，左宗棠在浙江与法国侵略军组成"常捷军"，由法军水师副将勒伯勒东以署浙江总兵名义统领。

11月　李秀成与湘军在天京城外激战不胜，遂撤军；石达开率军渡过金沙江，往四川叙州方向逼近。

12月1日　太平军自天京渡江，进北攻南。

1863年

1月17日　太平军于绍兴击毙"常捷军"统领勒伯勒东。

1月31日　石达开军自四川叙州进入云南境内。

3月2日　左宗棠率军攻陷浙江金华。

3月13日　重庆教案发生。

3月23日　捻军领袖张乐行战败被俘。

3月25日　戈登接任"常胜军"统领。

4月　张乐行被杀害。

5月11日　忠王李秀成与捻军联合进攻安徽六安。

6月25日　石达开在成都被杀。

9月21日　上海英、美租界合并为公共租界。

10月2日　太平天国西北远征军攻克陕西汉中。

12月4日　容闳奉命出洋采办机器,准备在上海建立江南制造局。

12月12日　清军攻陷无锡。

1864 年

2月28日　湘军攻陷天京钟山天保城要塞。

3月2日　曾国荃率湘军进军天京太平门、神策门,天京被合围。

5月5日　台湾海关税务司成立。

6月1日　太平天国天王洪秀全病逝,终年50岁。

6月6日　洪秀全长子洪天贵福即位,为幼天王,时年16岁。

7月3日　曾国荃率军攻占天京保城。

7月19日　天京为清军攻陷,李秀成拥幼主洪天贵福冲出天京,乱军中彼此失散。

7月22日　李秀成被俘,8月7日在南京被曾国藩杀害。

10月7日　沙俄强迫清政府于新疆塔城签订《中俄勘分西北界约记》。

10月9日　洪仁玕在江西广昌被俘,11月23日在写了《自述》后于南昌就义。

10月15日　"常捷军"解散。

10月25日　太平天国幼主洪天贵福在江西石城被俘。

11月18日　清政府在南昌将洪天贵福凌迟处死。

12月　捻军与西北军共推遵王赖文光为首领,继续进行斗争。

是年，京师同文馆美国教习丁韪良翻译惠顿的《万国公法》刊行，为京师同文馆出版的第一部译著。

1865 年

4 月 11 日 阿古柏入侵新疆。

5 月 18 日 赖文光率新捻军全歼僧格林沁军于山东曹州高楼寨，僧格林沁被击毙。

8 月 29 日 海关总税务司署自上海迁到北京。

9 月 第一次"酉阳教案"发生。

9 月 20 日 曾国藩、李鸿章在上海创建江南机器制造总局。

10 月 26 日 清政府允准招商开发云南铜矿。

是年，李鸿章建立金陵机器局；清政府向英国借款 143 万英镑。

1866 年

1 月 19 日 赖文光率捻军在湖北麻城击败清军。

6 月 25 日 闽浙总督左宗棠在福州创建船政学堂，是清末最早的海军学校。

8 月 19 日 左宗棠设福州船政局，是近代专门制造轮船的企业。

10 月 新捻军分东、西两支，由赖文光、张宗禹率领，继续战斗。

11 月 12 日 孙中山（名文，字逸仙）生于广东香山县翠亨村。

12 月 7 日 新政府任命李鸿章为钦差大臣，专司"剿"捻事宜。

是年，清政府改五口通商大臣为南洋通商大臣；吟唎著《太平天国革命亲历记》在伦敦出版。

1867 年

2 月 15 日 清政府以李鸿章为湖广总督，仍负责督办"剿捻"事宜。

2月22日　清政府任命陕西总督左宗棠为钦差大臣，督办陕甘军务。

4月　北洋三口通商大臣崇厚创设天津机器制造局。

6月13日　美国派军舰进入中国台湾南部，攻击土著居民，寻求复仇，被当地台湾土著人民击退。随后，美国驻厦门领事李仙得前往出事地点调查。

8月28日　东捻军自山东进入江苏赣榆境内。

10月24日　西捻军进入陕北。

11月21日　清政府委托前美国驻华公使蒲安臣为办理中外交涉事务大臣，出使美、英、法、俄等国。

是年，阿古柏在新疆建立所谓"哲德沙尔汗国"，自称为汗。

1868 年

1月5日　东捻军败于扬州，10日，赖文光就义。

4月17日　西捻军进入山东境内。

6月7日　甘肃回民起义军首领董福祥向左宗棠投降。

6月14日　清政府派都兴阿为钦差大臣，赴天津会同左宗棠、李鸿章进攻捻军。

7月28日　蒲安臣擅自与美国务卿西华德在华盛顿签订中美《续增条约》即《蒲安臣条约》。

8月16日　西捻军败于山东，梁王张宗禹死难。捻军起义至此全部失败。

9月28日　江南机器制造总局制成第一号轮船，名"恬吉"，后改"惠吉"。

1869 年

1月2日　第二次"酉阳教案"发生。

4月27日　中俄改订《陆路通商章程》。

6月10日　福州船政局造成"万年清"号轮船。

6月14日　贵州遵义教案发生。

9月16日　山东巡抚丁宝桢将安德海正法。

9月24日　英、俄、德、美、法五国公使在北京订立《上海公共租界土地章程》。

11月26日　美国传教士丁韪良任京师同文馆总教习。

1870年

1月8日　清廷命李鸿章赴贵州督办军务。

6月21日　天津民众反对法国天主教堂拐卖并残害中国儿童，殴毙法领事丰大业，史称"天津教案"。

6月28日　清政府派三口通商大臣崇厚为出使法国钦差大臣，赴法道歉。

7月1日　清政府派奎昌赴塔尔巴哈台与沙俄交涉立界事宜。

8月29日　曾国藩调任两江总督、李鸿章任直隶总督。

11月4日　天津机器局建成。

11月12日　清政府裁撤三口通商大臣，设北洋通商大臣，由直隶总督兼任。

1871年

1月6日　清军攻陷陕甘回民起义据点金积堡，马化龙投降。

7月4日　沙俄派兵侵占新疆伊犁九城。

8月13日　福建古田教案发生。

9月13日　中日《修好条规》及通商章程在天津签字。

12月　琉球60多人乘船漂流到台湾南部瑯桥，大部分被当地高士佛、牡丹社原住民杀害，有12人逃脱被送到福州，被清政府当局遣送琉球。

1872 年

4 月 30 日　英人美查在上海创办《申报》。

5 月 19 日　清政府署伊犁将军荣全与沙俄代表谈判交还伊犁问题。

6 月 8 日　沙俄特使柯尔巴斯与阿古柏密议《俄阿商务条约》五条，主要包括：沙皇政权承认阿古柏为新疆首领；俄人得在新疆任何区域经商；俄国货物定为值百抽二点五的税率；在南疆各城设立俄国商务专员和建立商馆；俄国商人及其骆驼队有经过新疆到达邻国的权利。

8 月 12 日　陈兰彬、容闳等带领第一批学生詹天佑等从上海启程赴美留学。

9 月 14 日　日本册封琉球王为藩王。

12 月 23 日　李鸿章奏请在上海试办轮船招商局。

是年，陈启源在广东创设继昌隆缫丝厂；祝大椿在上海开办"源昌号"，经营煤铁五金行业。

1873 年

1 月 14 日　上海轮船招商局成立。

2 月 23 日　同治帝亲政。

5 月 21 日　江西瑞昌教案发生。

6 月 12 日　中国第二批赴美留学生从上海启程。

11 月 20 日　法军将领安邺率军占领越南河内。

12 月 21 日　刘永福率黑旗军在河内击败法军，安邺被击毙。

是年，李鸿章改轮船招商公局为轮船招商局，唐廷枢为总办，徐润、朱其昂、盛宣怀为会办。

1874 年

2 月 2 日　英国代表与阿古柏签订《通商条约》。

2 月 6 日　法越协定签字，法军退出越南。

4 月　日本政府成立台湾事务局，大隈重信任长官。

5 月 7 日　日军陆军中将西乡从道率日本舰队从琅桥登陆，妄图侵占台湾，遭到台湾人民的顽强抵抗。

5 月 14 日　清政府派福建船政大臣沈葆桢率兵前往台湾察阅海防。

5 月 23 日　清政府以沙俄不交还伊犁，命左宗棠率军迅速西征。

6 月 2 日　日军分三路发起进攻，焚烧牡丹社等处。

6 月 3 日　广州机器局设立。

6 月 14 日　沈葆桢带领兵船到达台湾，一面与日军交涉，一面布置全台防务。

9 月 5 日　美国传教士林乐知将《教会新报》改名为《万国公报》。

9 月 19 日　第三批赴美留学生唐绍仪等从上海启程。

10 月 31 日　中日《台湾专条》签字，再次明确整个台湾岛是中国的领土，清政府赔偿日军 50 万两白银，日军从台湾撤退。

是年，福建船政大臣沈葆桢创办台湾基隆煤矿。

1875 年

1 月 12 日　同治帝载淳病死。光绪帝载湉即位。

1 月 15 日　慈禧再度垂帘听政。

2 月 21 日　英使馆翻译马嘉里在云南永昌被打死。

3 月 19 日　英使威妥玛就"马嘉理事件"正式向总署提出六项要求。

5 月 3 日　清政府命左宗棠为钦差大臣，督办新疆军务。

5 月 20 日　清政府命李鸿章督办北洋海防，沈葆桢督办南洋海防。

6月10日　日本政府宣布派兵驻扎琉球。

8月28日　清政府首次正式派出常驻国外公使郭嵩焘出使英国。

9月20日　日本出兵侵略朝鲜，制造"江华岛事件"。

10月14日　第四批赴美留学生从上海启程。

12月11日　清政府任命陈兰彬、容闳为出使美、秘等国钦差大臣。

1876年

2月1日　湖北孝感教案发生。

4月8日　四川江北厅教案发生。

5月　左宗棠率湘军大举出关，进入新疆北部。左宗棠大营移节肃州。

6月　吴淞铁路通车。

8月17日　清军在乌鲁木齐以北的古牧地，大败阿古柏军，收复乌鲁木齐等地，11月初收复玛纳斯南城，平定天山北路。

9月13日　清政府与英国签订了丧权辱国的中英《烟台条约》。

是年，李鸿章在天津设开平矿务局；翁同龢受命在毓庆宫行走，为光绪帝讲读功课。

1877年

1月　沙俄特使与阿古柏签订《俄阿边界条约》。

1月15日　清政府派福建船政学堂学生严复等30人赴英、法留学。

4月1日　湖北宜昌、安徽芜湖、浙江温州开埠。

5月22日　清军进军南疆，阿古柏服毒自杀（一说被部下杀死）。

9月　李鸿章派唐廷枢等在滦州设立开平矿务局，官督商办。

10月　清军相继收复喀喇沙尔、库尔勒、拜城、阿克苏、乌什等地。

11月23日　四川涪州、内江、南充、巴州等地民众拆毁教堂。

12月　清军相继收复喀什噶尔、叶尔羌城、英吉沙尔等地，阿古柏余部白彦虎等逃入俄境。

1878 年

2 月 1 日　清军收复和田，南疆平定，除伊犁外，新疆全部收复。
6 月 22 日　清政府派崇厚为钦差大臣，出使沙俄，谈判索还伊犁事宜。
8 月 25 日　清政府派曾纪泽、李凤苞为驻英、德公使。

是年，朱其昂在天津建立贻来牟机器磨坊；左宗棠筹建兰州机器织呢局。

1879 年

3 月 20 日　日本侵占琉球，废琉球国王，改置为冲绳县。
10 月 2 日　崇厚与沙俄签订《里瓦几亚条约》，中国损失大量权益。
11 月 10 日　上海祥生船厂工人举行罢工。

1880 年

1 月 5 日　清政府下令将崇厚开缺候议。27 日，下令将其革职拿问。
2 月 19 日　清政府派曾纪泽取代崇厚任钦差大臣，出使俄国，继续对俄谈判，并正式照会沙俄政府不承认《里瓦几亚条约》。
3 月 1 日　谕令李鸿章统筹北洋及天津防务。
8 月 12 日　在英、法、德等国公使干预下，崇厚开释。
9 月 18 日　李鸿章奏设南北洋电报，获准在天津设立电报总局。
10 月　天津设立电报学堂。
11 月 17 日　中美《移民条约及商约》在北京订立。

是年，李鸿章在天津开办电报学堂。

1881 年

2 月 20 日　李鸿章电令留美学生回国。

2 月 24 日　曾纪泽在彼得堡签订中俄《伊犁改订条约》和《改订陆路通商章程》，俄国归还中国伊犁地区，但获得土地割让、赔款和商务权益。

5 月 22 日　清政府颁布开平矿务局章程。

6 月　英国商人在上海创办自来水公司。

12 月 1 日　中国第一条电报线，上海至天津线建成并交付使用，24 日通报。电报总局设在天津，上海、苏州、镇江、济宁、清江、临清设分局。

1882 年

2 月　清政府收回伊犁。

4 月 23 日　李鸿章奏请在上海试办机器织布局。

4 月 25 日　法军攻占越南河内。

5 月 18 日　《沪报》在上海创刊。

8 月 7 日　因朝鲜京城发生兵变，清政府于 13 日派提督吴长庆率兵东渡朝鲜平定兵变。

11 月 27 日　李鸿章与法国驻华公使宝海商订处理越南事宜备忘录，决定中国从越南撤兵，法国不侵占越南领土、政权，开放保胜为商埠，中法分巡红河南北。

12 月 9 日　中俄《喀什噶尔界约》签订。

1883 年

3 月 27 日　法军攻陷越南南定。

4 月 8 日　刘永福应邀带黑旗军往越南山西，助越抗法。

5月19日　刘永福黑旗军在河内附近大败法军。

6月　祝大椿在上海创设源昌机器五金厂。

6月6日　法国特使到中国重新开始谈判，企图使清政府承认法国在北越的侵略地位。

8月12日　中俄《科塔界约》议定。

8月25日　法越《顺化和约》签字，越南承认法国为保护国。

9月10日　广东人民焚烧沙石洋行，抗议英国水手杀害中国人。

10月3日　中俄《塔尔巴哈台西南界约》签订。

11月29日　越南发生政变，主战派立阮福昊为越王，否认《顺化和约》。

12月11日　孤拔率法军进攻清军和黑旗军，中法战争爆发。

1884年

3月　法军大举进犯，先后攻陷安南北宁、太原等地。

4月8日　慈禧太后下令罢黜奕䜣、翁同龢、李鸿藻、景廉、宝鋆等军机大臣职务，礼亲王世铎、额勒和布、阎敬铭、张之万、孙毓汶等接任军机大臣职务。

5月4日　清政府命李鸿章处理中法议和事宜。

5月8日　英商美查主办的《点石斋画报》创刊。

5月11日　李鸿章与法国水师总兵福禄诺在天津签订《中法会议简明条款》，新政府承认法国对越南的保护权。

6月3日　中俄签订《续勘喀什噶尔界约》。

8月5日　法国军舰进犯台湾基隆，基隆炮台被炸毁，基隆煤矿被破坏。

8月23日　中法马尾海战爆发，福建水师船舰多数被击毁，次日，马尾船厂被摧毁。

8月26日　清政府被迫对法宣战。

10月1日　法国海军攻陷基隆。23日孤拔宣布封锁台湾海面。

10月5日　香港工人举行反英、反法罢工。

11月17日　清政府设新疆行省，命刘锦棠为甘肃、新疆巡抚，督办新疆事务。

12月4日　朝鲜发生第二次京城兵变。

是年，广东、福建、浙江、贵州、云南等地人民焚毁天主教堂。

1885年

2月14日　法军攻占谅山。

3月22日　清政府派李鸿章为全权大臣，与法使谈判议和。

3月24日　法军再攻镇南关，冯子材率守军大败法军，获"镇南关大捷"。

3月29日　冯子材率军攻克谅山。

4月4日　中法在巴黎签订《停战协定》。

6月9日　在天津签订《中法会定安南条约》即《中法新约》，中法战争结束。

10月12日　清政府改台湾府为台湾省，任命刘铭传为第一任台湾巡抚。

10月13日　清政府设立海军衙门，奕譞总理海军事务。

10月30日　清政府任命袁世凯为驻朝鲜总理交涉通商事宜大臣。

1886年

1月12日　中英进行缅甸问题交涉。

7月24日　中英签订《缅甸条约》。

7月25日　重庆教案发生。

11月6日　天津《时报》创刊，英国传教士李提摩太任主笔。

是年，张之洞在广东设立广东缫丝局；刘铭传在台湾兴建台北到基隆的铁路。

1887 年

1月31日　清廷命李鸿章派员赴黑龙江查勘漠河金矿。

2月7日　光绪帝行亲政礼。

3月26日　葡萄牙迫清政府订立《里斯本议定书》，承认葡萄牙占据澳门。

10月9日　福建台湾水底电线建成。

11月1日　英国长老会传教士韦廉臣在上海创办"同文书会"，1894年改称"广学会"。

12月1日　中葡《和好通商条约》在北京签订。

是年，李鸿章组建"天津铁路公司"；张之洞在广州设机铸制钱局、枪弹厂；严信厚在宁波设通久源轧花厂。

1888 年

1月17日　李鸿章开办漠河金矿。

3月13日　台湾南北电线接通。

3月19日　英国侵藏战争开始；慈禧太后挪用建设海军经费修造颐和园。

3月22日　刘铭传开办台湾邮政。

4月3日　上海小车工人抗捐斗争获得胜利。

4月6日　海军衙门奏请编建第一支海军。

6月　上海机器织布局开工建设。

10月1日　美国总统批准限禁华工入境案。

11月8日　慈禧太后立桂祥之女叶赫那拉氏为光绪帝皇后；长叙之女

他他拉氏姐妹为瑾妃、珍妃。

12月17日　北洋海军建成，丁汝昌被任命为提督，林泰曾、刘步蟾为左、右翼总兵。

1889年

2月26日　光绪帝举行大婚典礼。

3月4日　慈禧宣布"归政"，光绪帝正式亲政。

8月27日　经张之洞奏请，卢沟桥至汉口铁路开始筹办。

12月29日　上海机器织布局调试完毕正式开车。

是年，张之洞设广东织布局；外国教会在广州开设格致书院，为岭南大学前身。

1890年

1月　德国在上海设立的德华银行开业。

3月17日　中英订立《藏印条约》，1893年又订《藏印续约》。31日，中英订立《烟台续增专约》。

4月　张之洞在武昌创立两湖书院；康有为在广州聚徒讲学，并从事著述。

4月20日　清政府命刘铭传帮办海军事务。

8月8日　四川大足县余栋臣等举行反洋教起义。

9月　湖南哥老会首领廖星阶率众起事被清军镇压。

12月4日　湖广总督张之洞创办汉阳铁厂及湖北枪炮厂。

是年，张之洞在湖北设湖北织布局；基督教传教士全国大会决定将学校教科书委员会改组成中华教育会，指导整个基督教在华教育事业，垄断了中国的教育阵地。

1891 年

4 月 25 日　第二次扬州教案发生。

5 月 13 日　芜湖教案发生。

6 月 5 日　湖北武穴教案发生。

8 月　康有为在广州长兴里开设万木草堂学馆，其著《新学伪经考》刊行。

9 月 2 日　宜昌教案发生。

10 月 19 日　英国允许中国在香港设领事。

1892 年

8 月　沙俄出兵帕米尔地区，强占萨雷阔勒岭以西中国领土。

9 月 18 日　湖南醴陵、宁乡等地哥老会在江西萍乡起事。

10 月 10 日　四川大足县余栋臣等再举起反洋教大旗起义。

是年，陈虬撰《治平通议》，陈炽撰《庸书》，郑观应增订《救时揭要》为《盛世危言》。

1893 年

2 月 17 日　中外商人合办《新闻报》创刊于上海，英国人丹福士任总董，蔡尔康任主笔。

7 月 1 日　湖北麻城教案发生。

10 月 19 日　上海机器织布局被焚。

11 月 29 日　汉阳铁厂建成。

12 月 5 日　中英签订《藏印续约》，辟亚东为商埠。

12 月 26 日　毛泽东诞生于湖南省湘潭县韶山冲。

是年，刘铭传建成台北至新竹的铁路。

1894 年

1月28日　张之洞奏设武昌自强学堂。

3月1日　中英订立《续议滇缅界务商务条款》。

3月17日　中美在华盛顿签订《限禁来美华工保护寓美华人条约》。

3月29日　朝鲜东学党在全罗道举事。

6月　孙中山在天津上书李鸿章论中国兴革之事，被拒。

6月2日　日本内阁决定出兵朝鲜。

6月9日　直隶提督叶志超率淮军1500人抵达朝鲜牙山县；日本海军先遣队8000人在朝鲜仁川登陆。

7月　甲午中日战争爆发。

8月　英、俄相继宣布对中日战争中立。

9月15日　左宝贵战死；17日，中日黄海海战，管带邓世昌等战死。

10月6日　英国正式向美、俄、德、法等国提出联合调停中日战争的建议。

10月20日　日第一军占领朝鲜新义州，随后越过鸭绿江，25日占领安东九城。

10月25日　日第二军在辽东半岛花园口登陆，进犯旅顺、大连。

11月6日　日军攻陷金州、大连湾。

11月19日　清政府派天津税务司德国人德璀琳赴日议和，被日本政府拒绝。

11月22日　日军攻占旅顺后进行大屠杀。

11月24日　孙中山在美国檀香山创立中国第一个资产阶级革命团体兴中会。

12月　日军相继攻占海城、复州（今复县）。

是年，中国民族资本创办的近代工矿企业已达七八十家。

1895 年

1月5日　清政府任张荫桓、邵友濂为全权大臣，赴日议和。

1月31日　日本政府任命伊藤博文、陆奥宗光为全权大臣，办理中日和谈事宜。

2月1日　日方代表拒绝与张荫桓等会晤，日本政府指名要李鸿章为全权代表。

2月5日　中国定远号铁甲舰在威海卫被日军鱼雷击沉。

2月9日　日军攻入山东宁海州，中国军舰靖远号被击沉。

2月10日　北洋海军右翼总兵刘步蟾自尽。

2月12日　提督丁汝昌、总兵张之宣以死殉国。

2月13日　清政府派李鸿章为头等全权大臣，与日本议和。

2月21日　孙中山设兴中会总部于香港，推黄咏商为临时主席。

3月29日　日军攻占澎湖。

4月17日　中日《马关条约》签订，中国被迫割让辽南、台湾等地，赔款2亿两白银，中日甲午战争结束。

4月23日　俄、德、法三国驻日公使联合向日本政府提出把辽东半岛"归还"中国的照会。

5月2日　康有为联合各省举人一千余人上万言书，要求拒和、迁都、变法，史称"公车上书"。

5月25日　台湾绅民在万般无奈下，决定自主保台，还宣布成立"台湾民主国"，建元"永清"，以台湾巡抚唐景崧为总统，绅士丘逢甲为全台义军统领，刘永福为大将军。

5月29日　康有为第三次上书光绪帝请求变法。

6月　日军先后占领基隆、台北、新竹。

6月17日　日本在台北建立台湾总督府。

6月30日　康有为第四次上书光绪帝，提出"设议院以通下情"的主张。

7月6日　清政府与沙俄签订《四厘借款合同》即"俄法借款"。

8月1日　福建古田教案发生。

8月17日　康有为在北京创办《万国公报》，遍送达官贵人。

8月26日　日军攻陷台湾，提督陈尚志阵亡。

9月8日　清政府与沙俄签订《合办东三省铁路公司合同章程》。

10月　日军进攻嘉义，徐骧战死。21日，台南陷落。是月，上海强学会成立，张謇、黄遵宪、汪康年、章炳麟等参加。

10月14日　清廷派李鸿章为全权大臣，与日本使臣商谈交换辽东事宜。

10月26—28日　孙中山谋广州起义，事泄，流亡海外。

11月7日　陆皓东等被清廷杀害。

11月8日　中日付还辽东条约订立，增加赔款3000万两。

12月8日　清政府命袁世凯在天津小站督练"新建陆军"。

12月16日　北京强学会创刊《中外纪闻》，它是由被迫停刊的《万国公报》改名而成。

12月27日　张之洞奏请编练自强军、修筑沪宁铁路、兴办邮政等事宜。

1896 年

1月12日　康有为创办《强学报》。是月，北京、上海等地强学会被禁。

2月13日　华俄道胜银行在上海设立，是沙俄在华设立的第一家银行。

3月23日　总理衙门与汇丰银行、德华银行订立英、德借款合同，共借款1600万英镑。

4月2日　义和拳首领赵三多、阎书勤在山东冠县梨园屯"亮拳"三天，反抗天主教堂霸占玉皇庙。

4月8日　盛宣怀在上海设立南洋公学，为交通大学的前身。

6月3日　李鸿章与俄外务大臣罗拔诺夫在莫斯科签订《中俄同盟密约》。

8月9日　《时务报》在上海创刊，总经理为汪康年，梁启超任主编。梁启超《变法通议》在《时务报》陆续发刊。

9月8日　许景澄代表清政府与华俄道胜银行签订《中俄合办东省铁路公司合同章程》。

10月11日　孙中山被禁于伦敦中国使馆。

10月20日　设立芦汉铁路总公司，以盛宣怀督办。

10月23日　孙中山以英国政府干涉获释出中国使馆。

11月12日　命盛宣怀招商兴办银行。

1897年

1月　谭嗣同著《仁学》刊行。

2月11日　夏粹芳等于上海创设商务印书馆，先设印刷所。

4月　江标、唐才常等在沪创办《湘学新报》，后改为《湘学报》。

4月27日　盛宣怀与比利时银行团代表签订《芦汉铁路借款合同》。

5月　英商怡和纱厂开工。

5月27日　盛宣怀开办中国通商银行上海总行，是中国自办的第一家商业银行。

10月26日　严复、夏曾佑等在天津创办《国闻报》。是月，宋育仁在重庆创办《渝报》。

11月　湖南时务学堂开课，梁启超任中文总教习、李维格任西文总教习。

11月1日　巨野教案发生。山东巨野大刀会众击杀德国传教士韩理、能方济两人。

11月14日　德国出兵强占胶州湾，夺取青岛炮台。

12月　康有为著《孔子改制考》刊行。

12月15日　沙俄舰队侵入旅顺湾，强占旅顺、大连。

1898年

1月5日　康有为等在北京南海会馆创办粤学会。

1月13日　中德山东教案及胶澳交涉结束。

1月24日　康有为被请到总理衙门所在的西花厅，李鸿章、翁同龢、荣禄、廖寿恒、张荫桓五位大臣参与问话。是月，光绪帝命康有为把所有建议书面递呈，并要他把编著的《日本变政考》和《俄大彼得变政记》两书一并送上。

1月29日　康有为呈《应诏统筹全局折》，是其第六次上书。

1月31日　林旭等在北京成立闽学会。

2月21日　谭嗣同等在长沙设南学会。谭嗣同讲《论中国情形危急》，皮锡瑞讲《论立学会讲学宗旨》。

3月1日　总理衙门与汇丰银行、德华银行签订《英德续借款合同》。

3月6日　中德订立《胶澳租界条约》。

3月27日　中俄订立《旅大租地条约》。

3月29日　康有为进呈所著《日本变政记》等书。

4月　张之洞发表《劝学篇》，提出"中学为体，西学为用"观点。

4月13日　康有为等正式成立保国会于北京粤东会馆。

4月22日　严复译述英国赫胥黎名著《天演论》出版。

5月7日　许景澄与俄外务大臣订立旅大租借续约。

5月11日　汪康年在上海创办《中外日报》。

5月13日　中英订立沪宁铁路借款合同。

6月9日　清政府与英国订立九龙租借条约，即《中英展拓香港界址专条》。

6月11日　光绪颁布"明定国是"诏书，宣布变法，百日维新开始。

6月15日　慈禧下令，光绪下谕，革协办大学士翁同龢职，开缺回籍。

6月16日　光绪召见康有为、张元济，命康有为在总署章京上行走。

6月23日　荣禄实授直隶总督兼北洋大臣。

6月27日　裁撤督办军务处，令袁世凯编练之新军归直隶总督节制。

6月30日　山东巡抚张汝梅奏，将义和拳列入乡团之内，并将义和拳改为义和团。

7月　朱红灯领导的义和拳在山东长清县等地打击洋教；上海人民开展反对法国扩大租界的斗争。

7月1日　清政府与英国订立《租借威海卫专条》；四川大足县余栋臣发动反洋教起义，提出"顺清灭洋"的口号。

7月3日　开京师大学堂，派孙家鼐管理，官书局及译书局并入大学堂。

7月25日　清廷命将张之洞所撰《劝学篇》颁发各省，广为刊布。

7月26日　改《时务报》为官报，派康有为督办其事。

7月29日　清廷命各省兴办中小学堂。

8月2日　清政府设矿务铁路总局，王文韶、张荫桓负责主管具体事务。

8月9日　京师大学堂成立。

8月16日　清政府设译书局。21日，设农工商总局。

9月5日　赏杨锐、刘光第、林旭、谭嗣同加四品卿衔，在军机章京上行走，参与新政事宜。

9月14日　慈禧太后面责光绪皇帝"小子为左右荧惑，使祖宗之法自汝坏之，如祖宗何？"日本前内阁首相伊藤博文访华到达北京。

9月21日　慈禧太后宣布"临朝训政"。下谕：康有为结党营私，莠言乱政，革职。并其弟康广仁均著步军统领衙门拿交刑部，按律治罪。又谕宋伯鲁"滥保匪人"，革职永不叙用。

9月28日　谭嗣同、林旭、刘光第、杨深秀、康广仁、杨锐被杀，史称"戊戌六君子"。

10月15日　盛宣怀与英国银行公司签订《沪杭甬铁路借款草约》。

11月9日　山东发生"日照教案"。

11月14日　梁启超在日本横滨创办《清议报》。

12月4日　翁同龢被革职永不叙用，交地方官严加管束，不准滋事生端。

1899年

1月2日　谭嗣同《仁学》在《清议报》始刊。

2月28日　意大利企图租借浙江三门湾被拒。

3月　天津郊区群众秘密传播义和拳；山东清平县大刀会改名义和团。

3月14日　清廷命毓贤任山东巡抚。

3月22日　南京开埠。

4月　朱红灯在茌平领导拳众先后焚烧教堂多处，提出"先学义和拳，后学红灯照，杀了洋鬼子，灭了天主教"的口号；山东恩县、冠县、东昌、曹州一带义和拳纷纷活动，发展迅速。

5月7日　中俄签订《勘分旅大租界专条及辽东半岛租地专条》。

5月17日　赵三多在直隶正定大佛寺与阎书勤、朱九斌、刘化龙等聚会，决定联合静海、青县、东光等地的秘密结社，联合发动起义。

5月18日　许景澄、张翼与英、德签订《津镇铁路借款合同》。

7月20日　康有为与李福基等在加拿大组织成立保皇会，康有为任会长，梁启超、徐勤任副会长。

9月6日　美国宣布对中国实行"门户开放"政策。

10月11日　朱红灯在平原指挥拳众抵抗清军，将兵勇击退，正式树起了"天下义和拳兴清灭洋"的旗帜。

11月16日　中法签订《广州湾租界条约》。

12月5日　美国驻华公使康格照会总理衙门，要求撤换毓贤。

12月25日　新任山东巡抚袁世凯抵济南，随即发布《查禁义和拳匪告示》。

1900 年

1月11日　清廷颁布上谕，承认义和团是"自卫身家"的组织。

1月24日　慈禧太后诏立端王载漪子溥儁为大阿哥，是谓"己亥建储"。

1月27日　美、英、法、德、意等国驻华公使照会清政府，要求速下令镇压和取缔义和团及大刀会。

3月2日　各国公使要求清政府正式公布剿办义和拳上谕；直隶总督裕禄发布从严惩办义和团告示。

3月20日　美国宣布各国赞同中国门户开放。

3月21日　中德签订《胶济铁路章程》。

4月6日　英、美、德、法四国公使照会总署，要求两个月将义和团全部"剿除"，否则将派兵代为"剿平"。

4月20日　袁世凯与德国订立《山东胶澳交涉简明章程》。

5月17日　京城内外，义和团四处张贴揭帖，清政府下令一律严禁。

5月21日　列强11国公使联合照会总署，要求镇压义和团。

6月1日　英、法、德、意等国派兵至天津和北京；直隶定兴、永清、雄县、安肃等地义和团焚教堂，杀教士。

6月9日　慈禧太后决定招抚义和团，并命董福祥率甘军进驻北京城。

6月10日　英、美、法、德、意、奥、日、俄八国侵略联军2000余人，在英国海军中将西摩尔率领下，自天津向北京进犯。

6月13日　北京、天津义和团焚毁城内教堂。

6月17日　八国联军攻陷大沽口炮台。

6月19日　慈禧太后召开第四次御前会议，决定对列强宣战，并命裕禄召集团民御敌。

6月21日　清廷发布对外宣战谕旨，但未送达任何外国政府及其代理机构。

6月23日　清廷任命载勋、刚毅统领北京和天津的义和团；义和团和清军继续围攻使馆和西什库教堂，将意、比等国使馆焚毁。

7月　沙俄制造屠杀中国人民的"海兰泡惨案"和"江东六十四屯"血案。并出动17万侵略军，分六路入侵中国东北；唐才常在上海组织"自立会"并召开"中国国会"，容闳、严复任正副会长，拟组织自立军勤王。

7月1日　清政府发布上谕，命教民自首，并驱逐各地传教士。

7月14日　八国联军攻陷天津，疯狂屠杀和肆行抢劫。

7月29日　北京义和团民攻打西什库教堂。

7月30日　八国联军成立"暂行管理津郡城厢内外地方事务都统"即"都统衙门"，对天津实行军事殖民统治。

8月　慈禧太后先后杀了许景澄、袁昶、徐用仪、联元、立山五位公开站在光绪一边主和的大臣。

8月7日　清廷任命李鸿章为议和全权大臣；德皇宣布以瓦德西为联军统帅。

8月15日　八国联军攻陷北京，义和团坚持巷战。慈禧挟光绪帝离京西逃。

8月17日　列强最后同意瓦德西为八国联军总司令。

8月22日　唐才常等被捕杀，自立军起事失败。

8月29日　沙俄占领齐齐哈尔、宁古塔。

9月14日　清廷谕令剿杀义和团，并把联军入侵归为义和团"肇祸"。

10月8日　革命党人郑士良等联合会党在惠州三洲田起义。

10月26日　慈禧太后一行逃抵西安。

10月27日　各国公使一致通牒，要求惩治载漪、载勋等11人。

11月8日　沙俄强迫清廷代表在旅顺签订《奉天交地暂且章程》。

12月10日　八国联军成立"北京管理委员会"。

12月15日　沙俄占领安东，至此，沙俄已经占领东北各主要城市及交通线路。

12月22日　奕劻、李鸿章与十一国公使在西班牙使馆会商各使提出的议和大纲12条。

12月30日　中俄签订《天津俄租界条约》。

1901 年

1月2日　清廷命杨儒为全权大臣,与沙俄谈判东三省接收事宜。

1月29日　清廷发布变法上谕。

2月14日　清廷发布罪己诏。

2月21日　清廷发布上谕,最后全部接受列强条件,惩办"祸首"同时,宣布恢复了原来被朝廷处死的兵部尚书徐用仪等5人的官职。

4月21日　清廷宣布成立"督办政务处",作为举办新政的"统汇之区",以庆亲王奕劻、大学士李鸿章、荣禄、王文韶等为督办政务处大臣。

清政府全权大使奕劻、李鸿章与11国公使签订丧权辱国的《辛丑条约》。

10月　刘坤一、张之洞会奏江楚变法三折,条陈新政事宜;慈禧太后等从西安启程返京。

11月7日　李鸿章病死,清廷任命袁世凯为署理直隶总督兼北洋大臣。

1902 年

1月4日　京师大学堂正式成立,张百熙为京师大学堂管学大臣。

1月7日　慈禧太后一行回到北京。

1月30日　英日缔结同盟条约。

2月　梁启超在日本横滨创办《新民丛报》。

4月26日　孙中山、章炳麟等在日本横滨举行"中夏亡国二百四十二年周年纪念会"。

6月　实授袁世凯直隶总督兼北洋大臣。

6月17日　由天主教徒英华创办的《大公报》在天津出版。

6月22日　中英签订《上海会审公廨合同》。

8月　袁世凯从列强手里接收天津。

10月17日　清廷命各省仿效袁世凯订立警务章程，办理巡警。

11月24日　黄兴、陈天华等在日本东京创办《游学译编》。

12月　清廷正式向全国推广北洋袁世凯、湖北张之洞的练兵经验。

1903 年

1月29日　湖北留日学生刘成禺等在东京创办《湖北学生界》。

2月7日　浙江留日学生孙翼中等在东京创办《浙江潮》。

3月29日　江苏留日学生秦毓鎏等在东京创办《江苏》。

4月　上海爱国学社召开拒俄大会，随后成立拒俄义勇队。

4月11日　荣禄死。

5月　黄兴、陈天华等在东京成立"军国民教育会"；邹容所著《革命军》在上海大同书局出版。

6月　章炳麟著《驳康有为论革命书》刊行。

6月30日　章炳麟遭逮捕，"苏报案"发生。

8月　清廷正式设立商务部，作为"振兴商务之地"，主管路、矿、工、商、农垦、畜牧等方面实业。

8月7日　章士钊等在上海创办《国民日日报》。

11月　黄兴等在长沙成立革命团体华兴会。

12月　清政府在京师设立练兵处，作为全国组建、训练新军的中央办事机构。

12月10日　英印政府派遣荣赫鹏、麦克唐纳等率侵略军入侵中国西藏地区。

是年，陈天华著《猛回头》《警示钟》在东京刊行。

1904 年

1月　孙中山在檀香山创立中华革命军，首次提出：驱除鞑虏，恢复中华，创立民国，平均地权。

2月　日俄战争在中国境内爆发，清政府宣布局外中立，并划出交战区和中立区。

2月11日　《东方杂志》在上海创刊。

6月　胶济铁路建成通车。

8月　清政府宣布编练常备军36镇的计划。

9月　荣赫鹏强迫西藏三大寺代表签订《拉萨条约》，又称《英藏条约》。

孙中山在纽约发表《中国问题的真解决》一文，呼吁美国人民支持中国革命；黄兴等在长沙发动起义失败。

11月　蔡元培等在浙江成立革命团体光复会。

12月　黄兴、程潜等在日本东京成立革命同志会。

1905 年

2月　刘师培等在上海创办《国粹学报》，以"发明国学，保存国粹"为宗旨。

3月28日　清廷为王公大臣子弟专设贵胄学堂。

4月3日　邹容死于狱中。

5月　袁世凯宣布练成北洋六镇新军；上海总商会发起抵制美货，反对美国迫害华工，全国掀起反美爱国运动。

5月8日　《浙江潮》《新民丛报》等遭清廷查禁。

7月　清廷采纳直隶总督袁世凯、两江总督周馥、湖广总督张之洞等联名建议，决定派载泽、戴鸿慈、徐世昌、端方、绍英五大臣，于9月分赴日、美、英、法、比、德、意、奥等东西洋各国考察一切政治，以为清廷将来实行宪政作准备。

8月20日　中国同盟会在日本东京召开成立大会，孙中山为总理，黄兴为庶务，通过同盟会章程。

9月　清廷采纳袁世凯、张之洞建议，废除了实行一千多年的科举制度；清廷下令设立巡警部，管理京城内外工巡事务，督办各省巡警。

9月5日　日俄签订《朴茨茅斯条约》。

9月24日　革命党人吴樾在北京前门火车站炸伤出洋考察政治五大臣。

9月27日　清政府设立户部银行。

10月26日　清政府改派山东布政使尚其亨、李盛铎，与载泽、端方、戴鸿慈出国考察政治。

11月26日　中国同盟会机关报《民报》在东京创刊，孙中山在创刊号上正式提出并阐明三民主义。

12月6日　清政府成立学部，负责全国教育事业的筹划与管理。

12月8日　留日学生陈天华因反对日本取缔留学生，投海自杀。

12月22日　中日签订《会议东三省事宜条约》，日本获得沙俄侵占的中国东北南部的全部权益。

1906年

2月　南昌教案发生。

4月　东京《民报》出版号外，与《新民丛报》论战。

5月　同盟会湖北分会成立，日知会全体会员加入。

6月7日　日本设立南满洲铁道株式会社。

8月　考察宪政大臣奏请实行宪政。

9月1日　清廷批准考察宪政大臣报告，宣布"仿行宪政"，随后发布改革官制上谕。

慈禧太后基本否决了编纂宪政大臣关于中央官制改革报告，否决了取消军机处和实行内阁制的设想，但同意了11个部的设置，同意司法和行政分开以及设立资政院以作议院准备，清廷任命铁良为陆军部尚书，收回全国兵权。

孙中山首次提出"五权宪法"设想；萍浏醴起义在湖南、江西交界地区爆发；上海成立预备立宪公会，以郑孝胥为会长，张謇等为副会长。

是年，中国同盟会制订《革命方略》《军政府宣言》等一系列文件。

1907 年

1月　日知会遭查禁，刘静庵等被捕。

2月13日　康有为、梁启超将保皇会改组为国民宪政会。

5月22日　同盟会员陈涌波、余既成等在广东潮州黄冈起义。

5月—8月　京师发生"丁未政潮"，段芝贵、载振、瞿鸿禨和岑春煊被罢官。

6月2日　邓子瑜在广东惠州七女湖起义。

光复会发动浙皖起义。

8月31日　东京留学生张继、刘师培等成立社会主义讲习会。

9月　袁世凯调任军机大臣和外务部尚书，张之洞调任军机大臣、大学士。

9月1日　王和顺在广东钦州、廉城、防城起义。

9月20日　清廷拟开设资政院以为议院基础，派溥伦、孙家鼐为总裁。

10月　梁启超在东京组织政闻社，该社不久后迁回上海。

10月17日　清廷令各省设咨议局。

12月2日　黄明堂等在广西镇南关发动起义。

12月8日　邮传部奏设交通银行。

1908 年

1月13日　中、英、德签订《天津浦口铁路借款合同》。

2月　汉冶萍厂矿公司成立。

3月27日　黄兴、黎仲实等发动广东钦州起义。

4月30日　黄明堂、王和顺等发动云南河口起义。

6月30日　上海预备立宪公会会长郑孝胥及张謇、汤寿潜等发出请开国会通电。

7月1日　户部银行改称大清银行。

7月22日　清政府公布《资政院章程》《咨议局章程》。

8月27日　清政府公布《钦定宪法大纲》《议院未开以前逐年筹备事宜清单》。

11月　光绪皇帝、慈禧太后死，溥仪即位，改元宣统，醇亲王载沣摄政。

11月19日　安庆马炮营队官熊成基起义。翌日失败。

是年，山东发生抵制德货运动，两广发生抵制日货运动。

1909 年

1月2日　清廷罢斥袁世凯，将其逐回河南原籍，由皇室掌握军队。

1月6日　沪宁铁路建成通车。

4月　孙武在武昌设立"共进会"总机关。

5月15日　于右任等在上海创办《民呼日报》。

6月6日　张之洞与三国银行团签订《湖北湖南两省境内粤汉铁路鄂境川汉铁路借款草合同》。

8月18日　中日签订《安奉铁路节略》。

9月21日　冯如驾驶自制飞机试飞成功。

9月25日　由詹天佑设计的京张铁路宣告建成。

10月　同盟会在香港设立南方支部，胡汉民为支部长。

10月3日　于右任等在上海创办《民吁日报》。

11月13日　陈去病、柳亚子等在苏州发起成立"南社"。

11月27日　十六省咨议局代表到达上海，磋商进京请愿速开国会大计。

1910 年

1 月 16 日　请愿国会代表团向都察院递交请愿书，请速开国会遭到拒绝。

2 月　光复会在东京成立总部，章炳麟、陶成章任正副会长。

2 月 12 日　同盟会发动广州新军起义失败，倪映典等殉难。

3 月 31 日　汪精卫、黄树中、喻培伦等刺杀摄政王载沣败露。

4 月 13 日　长沙发生抢米风潮。

5 月 21 日　山东莱阳爆发农民抗捐起义。

5 月 23 日　清政府与英、德、法、美四国银行团在巴黎达成铁路借款协议。

十余个政治团体向都察院递交了第二份要求清廷速开国会的请愿书。

9 月 18 日　武昌革命党人成立革命团体振武学社。

10 月 3 日　清政府成立资政院，请愿国会代表团向都察院递交第三次请愿书。

10 月 15 日　于右任等在上海创办《民立报》。

11 月 4 日　清政府发布上谕，将预备立宪期限由九年缩短为五年。次日，国会请愿代表团解散。

1911 年

1 月 30 日　武昌革命团体召开文学社成立大会，以蒋翊武为会长。

4 月 27 日　黄兴领导第二次广州起义失败，史称黄花岗起义。

5 月　清廷组织皇族内阁，颁布铁路国有政策，任命端方为督办粤汉、川汉铁路大臣，强行将鄂、粤、川、湘四省铁路收归国有。

5 月 20 日　清政府与四国银行团签订《湖北湖南两省境内粤汉铁路、湖北省境内川汉铁路借款合同》，借款总额为 600 万英镑。

6月　四川保路运动掀起。

7月31日　宋教仁、陈其美、谭人凤等在上海成立同盟会中部总会。

8月　成都各界掀起罢市罢课保路斗争。

9月　四川总督赵尔丰制造成都血案，四川保路同志军起义。

9月16日　武昌文学社、共进会召开联席会议，筹划起义领导机构。

10月10日　武昌起义爆发。

10月11日　湖北军政府成立，以清军协统黎元洪为都督。

10月12日　清廷令陆军大臣荫昌前往武昌镇压起义。

10月14日　清廷任袁世凯为湖广总督，袁以"足疾"不就。

10月22日　湖南、陕西宣布独立。

10月27日　清廷任袁世凯为钦差大臣。

10月28日　黄兴、宋教仁到武汉前线督战。

10月29日　山西宣布独立。

10月30日　云南宣布独立。

10月31日　江西宣布独立。

11月1日　皇族内阁辞职，袁世凯任内阁总理大臣。

11月2日　黄兴任中华民国军政府战时总司令。

11月3日　上海宣布独立。

11月4日　贵州宣布独立。

11月5日　浙江、江苏宣布独立。

11月6日　广西宣布独立。

11月8日　福建、安徽宣布独立。

11月9日　广东宣布独立。

11月27日　四川宣布独立；清军攻陷汉阳。

11月30日　各省都督府代表于是日起在汉口英租界开会讨论组织临时中央政府等事宜。

12月1日　湖北军政府与袁世凯签订停战协议。

12月2日　江浙联军攻克南京。

12月3日　独立各省代表通过《中华民国临时政府组织大纲》。

12月18日　"南北和谈"在上海英租界开始,英、日、美、德、法、俄六国驻沪领事及上海外商代表李德立参加会议。

12月25日　孙中山自海外归来抵上海。

12月29日　十七省代表在南京选举孙中山为中华民国临时大总统。

1912 年

1月1日　孙中山在南京就任中华民国临时大总统,发表《临时大总统就职宣言》和《告全国同胞书》,宣布中华民国诞生。

1月3日　南京临时政府成立,黎元洪当选临时副总统。黄兴任陆军总长,黄仲瑛任海军总长,王宠惠任外交总长,陈锦涛任财政总长,蔡元培任教育总长,张謇任实业总长,程德全任内务总长,伍廷芳任司法总长,汤寿潜任交通总长,胡汉民任秘书长。

1月5日　孙中山发布对外宣言书。

1月14日　陈其美派人暗杀光复会首领陶成章。

1月18日　南京临时政府宣布清帝退位条件。

1月22日　孙中山宣布辞去临时大总统条件。

1月28日　南京临时参议院成立。

2月12日　宣统皇帝发布退位诏书。

2月13日　袁世凯通电声明赞成共和,孙中山向临时参议院提出辞职咨文。

2月15日　南京临时参议院选举袁世凯为临时大总统。

2月29日　袁世凯在北京制造兵变。

3月10日　袁世凯在北京就任临时大总统。

3月11日　南京临时政府颁布《中华民国临时约法》,规定"中华民国主权属于全体人民"。

3月13日　唐绍仪就任国务总理。

4月1日　孙中山正式向临时参议院辞职,解除临时大总统职务。

4月5日　南京临时参议院议决临时政府北迁。

5月8日　女子参政同盟会在南京发起成立。

5月9日　统一党、民社、民国公会、国民共进会、国民党联合组成共和党,黎元洪为理事长。

6月16日　唐绍仪辞国务总理职;29日,袁世凯任命陆征祥为国务总理。

8月10日　袁世凯公布国会组织法和议员选举法。

8月16日　张振武、方维等遭杀害。

8月25日　同盟会改组为国民党,孙中山为理事长,总部设在北京。

11月　民主党成立,梁启超任党魁。

1913年

3月20日　宋教仁在上海火车站被刺。

3月27日　孙中山回到上海,主张武力讨袁。

4月8日　袁世凯解散临时参议院,第一届正式国会开幕,到会议员682人。

4月26日　袁世凯政府与五国银行团签订"善后大借款"。
袁世凯起用段祺瑞为代理国务总理,组成战时内阁。

5月21日　袁世凯发表谈话,攻击孙中山、黄兴"捣乱"。

5月26日　孙中山、黄兴通电要求严究刺杀宋教仁"主名"。

6月　袁世凯下令免去李烈钧、胡汉民、柏文蔚三都督职务。
李烈钧在江西湖口成立讨袁军总司令部,江西独立。"二次革命"爆发。

7月15日　黄兴在南京组成江苏讨袁军,任总司令。随后,安徽、上海、广东、福建、湖南先后宣布独立。

南昌失陷,江西讨袁军失败。

8月29日　芜湖失陷，安徽讨袁军失败。

9月1日　南京失陷，江苏讨袁军失败。

10月4日　《大总统选举法》通过。

10月10日　袁世凯在北京太和殿就任中华民国大总统。

11月4日　袁世凯下令解散国民党，追缴该党国会议员证书、徽章等。

11月5日　袁世凯政府与沙俄签订《中俄声明》，表示中国政府承认外蒙古自治，以及承认俄国在外蒙古的权利后，沙俄承认了中华民国政府。

12月15日　罗福星被捕。

12月16日　袁世凯调张勋任长江巡阅使、冯国璋任江苏都督。

1914 年

1月10日　袁世凯宣布解散国会，停止参、众两院议员职务。

2月28日　袁世凯命令解散各省省议会。

3月3日　罗福星在台北监狱被日本侵略者处以绞刑。

3月15日　上海召开全国商会联合会。

5月1日　袁世凯废止《临时约法》，颁布《中华民国约法》；撤销国务院，设政事堂，任徐世昌为国务卿。

5月10日　国民党机关刊物《民国》、章士钊主编《甲寅》杂志在日本东京创刊发行。

6月30日　袁世凯下令废除各省都督。

7月8日　孙中山在东京成立中华革命党并当选为总理。1916年袁世凯死后，该党总部迁往上海。

8月6日　袁世凯就第一次世界大战爆发发表中立宣言。

9月2日　日军在山东龙口登陆。

9月28日　袁世凯身穿礼服至孔庙行三跪九叩礼祀孔。

11月　中华革命党人在广东惠州、顺德举兵讨袁。

11月7日　日军占领青岛。

12月23日　袁世凯至天坛祭天。

12月29日　袁世凯公布《大总统选举法》。

1915年

1月18日　日本驻华公使日置益正式向袁世凯政府递交"二十一条"要求。

3月10日　中华革命党揭露"二十一条"交涉真相。

5月9日　袁世凯正式接受"二十一条"。

5月25日　陆征祥与日置益分别代表中、日政府在"二十一条"上签字。

8月3日　袁世凯的美籍顾问古德诺发表《共和与君主论》，鼓吹帝制。

8月14日　杨度等在北京发起成立筹安会，主要成员有孙毓筠、严复、刘师培、李燮和、胡瑛等人。

9月　公民请愿团请求变更国体；中华革命党在东京集会反对袁世凯复辟帝制；云南军界召开反袁会议。

10月　参政院议定召开国民代表大会决定国体；袁世凯公布《国民代表大会选举法》；孙中山命陈其美、居正、朱执信、石青阳、于右任赴各地起兵讨袁。

11月20日　各省国民代表大会投票，"全体赞成"帝制。

12月　孙中山发表《讨袁宣言》。

12月11日　参政院以全国国民代表大会总代表名义向袁世凯上推戴书。

12月12日　袁世凯接受帝位，改国号为"中华帝国"。

12月13日　袁世凯在居仁堂接受百官朝贺。

12月22日　黄兴致函陆荣廷，敦促起兵讨袁。

12月25日　蔡锷、唐继尧联名宣布云南独立，组织护国军，通电武装讨袁。

12月31日　北京政府申令，改1916年为"洪宪元年"。

1916年

1月1日　云南发表《中华民国护国军政府檄》，宣布恢复云南都督府，唐继尧任都督，同时组成护国军总司令部，蔡锷、李烈钧分别任第一、二军总司令。

1月5日　袁世凯命曹锟督师进剿。

1月14日　蔡锷率云南护国军第一军从昆明出发讨袁。

1月27日　贵州宣布独立讨袁。

2月20日　李烈钧率护国军第二军从昆明出发讨袁。

3月15日　广西宣布独立讨袁。

3月22日　袁世凯宣布撤销承认帝制案，随即废止洪宪年号，仍称大总统。

4月2日　参政院撤销国民总代表名义及君主国体案。

4月6日　广东宣布独立。

4月12日　浙江宣布独立。

4月16日　江苏将军冯国璋致电北京劝袁退位。

4月22日　袁世凯任命段祺瑞为国务卿，组织责任内阁。

两广护国军都司令部在肇庆成立，以岑春煊为都司令；随后成立以唐继尧为抚军长的军务院。

5月9日　孙中山发表讨袁宣言；陕西宣布独立讨袁。

5月18日　冯国璋召集南京会议；是日，陈其美在上海被刺杀。

5月22日　四川宣布独立。

5月29日　湖南宣布独立。

6月6日　袁世凯抑郁而死。

6月7日　黎元洪就任大总统。

6月9日　孙中山通电促请"规复约法，恢复国会"。

6月29日　黎元洪宣布遵守《临时约法》，任段祺瑞为国务院总理。

7月　黎元洪宣布各省民政长改称省长，任命四川省长蔡锷等各省省长；北京政府下令惩办杨度等洪宪帝制罪犯；唐继尧等通电撤销护国军军务院。

8月1日　国会在北京众议院复会，黎元洪在国会宣誓就任大总统。

9月　张勋在徐州组成十三省区联合会。

9月30日　中美订立铁路借款合同。

10月　黄兴在上海病逝。

10月30日　国会选举江苏督军冯国璋为副总统。

11月　蔡锷在日本病逝。

11月19日　政学会在北京成立。

12月26日　蔡元培任国立北京大学校长。

1917 年

1月1日　胡适在《新青年》第二卷第五号发表《文学改良刍议》一文。

1月9日　张勋召开第三次徐州会议，要求解散国会、修改约法、改组内阁。

2月　张勋联合十六省督军、省长要求"速定孔教为国教"。

3月14日　北京政府公布对德绝交案，并布告全国。

5月23日　张勋召开第四次徐州会议，各督军赞成清帝复辟。

5月28日　北京政府任命李经羲为国务院总理。

5月29日　倪嗣冲宣布脱离中央。

5月30日　浙江独立。

5月31日　山东、黑龙江独立。

6月1日　福建独立。

6月12日　黎元洪下令解散国会。

7月　张勋拥溥仪复辟失败；段祺瑞就任国务总理，冯国璋在南京宣称代理大总统；孙中山率海军南下护法到达广州，倡议组织护法军政府。

8月11日　唐继尧通电护法，与两广一致行动。

8月25日　广州非常国会召开。

8月31日　广州非常国会通过《中华民国军政府组织大纲》。

9月10日　孙中山在广州就任军政府大元帅，宣言戡定内乱，恢复约法，奉迎元首黎元洪。

10月9日　孙中山主持召开军事会议，讨论北伐护法事宜。

11月2日　美日签订《蓝辛—石井协定》，美国承认日本在中国的"特殊利益"，日本政府不否认美国在中国的权益。

11月15日　段祺瑞辞掉国务总理职务。

1918年

3月7日　段祺瑞派王揖唐、王印川、光云锦等人在北京成立安福俱乐部。

4月　广州非常国会通过《中华民国军政府组织大纲修正案》，改大元帅制为总裁会议制。

4月18日　毛泽东等在长沙创建新民学会。

5月　广州军政府改组，孙中山辞去大元帅职务，前往上海。

5月18日　广州非常国会决定改大元帅制为总裁制。

孙中山致电列宁和苏维埃政府，表示："中国革命党对贵国革命党所进行的艰苦斗争表示十分钦佩，并愿中俄两党团结共同斗争。"

9月　徐世昌就任中华民国大总统。

10月15日　李大钊在《新青年》杂志第五卷第五号发表《庶民的胜利》。

11月22日　广州军政府下令休战，商定在上海开启南北和谈。

12月22日　李大钊、陈独秀、胡适等主编的《每周评论》创刊。

1919 年

1月　北京政府钱能训内阁改组，广州军政府改称广州护法政府；全国和平联合会致电出席巴黎和会各国政府首脑，誓死拒绝"二十一条"。

2月20日　南北"和平会议"在上海召开。

5月　北京爆发五四运动，李大钊发表《我的马克思主义观》。

5月28日　孙中山发表《护法宣言》。

6月　北京军警镇压学生运动，全国各大城市罢工罢市支援学生运动。

6月20日　北京政府下令将曹汝霖、章宗祥、陆宗舆免职。

6月28日　中国代表拒签巴黎和约。

7月　李大钊发表《法俄革命之比较观》；少年中国学会成立，王光祈任执行部主任，李大钊任编辑部主任，并创办《少年中国》作为会刊。

7月14日　毛泽东创办《湘江评论》。

7月20日　北京政府改"督办参战事务处"为"督办边防事务处"，改"参战军"为"边防军"，段祺瑞为督办。

7月—8月　李大钊与胡适展开"问题与主义之争"。

8月7日　孙中山致电广州国会，辞去政务总裁职务。

8月30日　《每周评论》遭封禁。

9月16日　周恩来等人在天津组建"觉悟社"。

10月10日　孙中山改组中华革命党为中国国民党，设总理一人，下设总务、党务、财政三部，还发表《建国方略》第一册。

12月28日　毛泽东等率驱张代表团到京，并组织"平民通讯社"开展宣传工作。

1920 年

1月　北京政府通令取缔学生、市民集会游行。

1月13日　广州军政府致电北京政府，要求撤换张敬尧。

3月　共产国际代表维经斯基来华，同李大钊、陈独秀等会面，探讨中国共产党成立事宜。

4月3日　苏联政府宣布放弃前沙俄在华一切权益，受到中国人民热烈欢迎。

5月1日　《新青年》等刊物出版五一劳动节纪念专号，北京、上海、广州、九江等地举办纪念活动。

7月　毛泽东创办"文化书社"。

7月12日　直皖战争爆发，直系军阀接管北京政权。

7月19日　皖系战败，段祺瑞通电辞职。

陈独秀、李达、李汉俊、陈望道等在上海发起成立共产主义小组，创办《劳动界》周刊。从1920年秋到1921年春，北京、武汉、长沙、济南、广州等地也陆续成立了共产党早期组织，在日本和法国也建立共产党早期组织。

9月1日　《新青年》成为上海共产主义小组机关刊物。

11月1日　谭延闿、赵恒锡等提出"联省自治"的主张。

11月10日　孙中山委任陈炯明担任广东省长兼粤军总司令。

12月　孙中山改组广州军政府为中华民国军政府。

1921 年

1月　孙中山建议仿南京临时政府在广州建立正式政府。是月，北京共产主义小组邓中夏、张国焘等创办的"长辛店劳动补习学校"正式开学。

2月　周恩来、李富春等在巴黎成立中国少年共产党，后改为社会主义青年团。

2月11日　上海法国巡捕封闭《新青年》杂志社。

3月　汉口人力车工人举行大罢工。

4月7日　广州非常国会召开会议，选举孙中山为非常大总统。

6月　共产国际代表马林抵达上海，同李达、李汉俊建立联系。

7月　中国共产党在上海成立。

8月　中国劳动组合书记部在上海成立，张国焘任主任，李启汉、李振瀛任干事。随后出版《劳动周刊》，举办工人补习学校，并在北京、武汉、长沙、广州、济南设立分部，作为党领导工人运动的机关。

10月13日　中共武汉党组织领导粤汉铁路武昌、长沙段工人罢工。

10月25日　中国劳动组合书记部领导上海英美烟厂工人罢工。

11月　中国共产党中央局发出建立、发展地方党组织通告。

11月4日　吴佩孚在武汉召开长江联防会议。

11月12日　华盛顿会议召开。

11月15日　孙中山誓师北伐。

11月17日　邓中夏等19人在北京大学发起组织马克思学说研究会。

12月14日　孙中山在桂林召开军事会议，讨论北伐事宜。

12月23日　共产国际代表马林在张太雷陪同下，在桂林与孙中山会面，建议孙中山"建立一个能联合各阶层、尤其是工农群众的政党"。

1922年

1月12日　香港海员举行罢工。到3月初，发展为香港工人同盟总罢工，罢工人数超过10万。

1月15日　中国社会主义青年团机关刊物《先驱》创刊。

1月21日—2月2日　共产国际在莫斯科召开远东各国共产党及民族革命团体第一次代表大会，王尽美、邓恩铭、张国焘、邓培等中共代表参会。

2月4日　中日签订《解决山东悬案条约》及《附约》。

2月6日　华盛顿会议闭幕，签订《九国公约》。

4月　第一次直奉战争爆发。

5月　孙中山在韶关誓师北伐。

5月1日　第一次全国劳动大会在广州召开。

5月5日　中国社会主义青年团在广州成立，通过团的纲领和章程，选举团中央执行委员会，施存统任书记。

6月　粤军总司令陈炯明炮轰孙中山非常大总统府；北京政府大总统徐世昌被迫下野，直系军阀拥黎元洪复位。

7月16—23日　中国共产党第二次全国代表大会在上海召开，大会明确提出反帝反封建的民主革命纲领，制定第一部《中国共产党章程》，大会选举陈独秀、李大钊、蔡和森、张国焘、高君宇为中央委员，邓中夏、向警予、李达为候补中央委员，组成中央执委会。陈独秀任委员长。

8月　中国共产党中央执行委员会在杭州西湖召开会议，会议决定共产党员以个人名义加入国民党，同国民党进行党内合作。接着，李大钊与孙中山进行会谈，并由孙中山介绍加入国民党。

8月16日　中国劳动组合书记部发布《劳动法大纲》19条，动员全国工人开展劳动立法运动。

8月24日　长辛店铁路工人大罢工。

8月25日　孙中山与越飞会面。

9月　粤汉铁路工人大罢工，安源路矿工人大罢工。是月，王宠惠代理国务总理，组成所谓的"好人内阁"。

9月13日　《向导》周报在上海创刊。

10月　山海关京奉铁路工人大罢工，开滦煤矿工人罢工。

12月　滇、粤、桂联军讨伐陈炯明。

12月10日　汉冶萍总工会成立。

1923年

1月1日　孙中山发表《中国国民党宣言》。后陆续公布《中国国民党党纲》《中国国民党总章》。是日，广东海丰县农会成立，彭湃任会长。

1月12日　共产国际做出《关于中国共产党与国民党的关系问题的决议》，指出国共合作的必要性，但要求中共"必须保持自己原有的组织和严格集中的领导机构",同时还认为中国工人阶级"尚未完全形成为独立的社会力量","工人运动尚不强大"。

1月26日 《孙文越飞宣言》发表,联俄政策确立。

2月1日 京汉铁路总工会成立。

2月4日 京汉铁路全线工人举行总罢工。

2月7日 二七惨案发生。

3月 广州陆海军大元帅府成立,孙中山任陆海军大元帅。

6月12—20日 中共召开第三次全国代表大会,确定同以孙中山为首的中国国民党建立统一战线;在直系军阀压迫下,北京政府大总统黎元洪出走天津。

7月 中共发表对时局的主张,提出召开国民会议的主张。

8月16日 孙中山派出以蒋介石为团长的访问苏俄代表团,为改组国民党作准备。

10月 苏联派出帮助国民党改组的鲍罗廷顾问到达广州。

10月10日 直系军阀曹锟通过贿选成为大总统。

10月20日 中国社会主义青年团机关刊物《中国青年》创刊。

11月 维经斯基再度来华,接替马林任共产国际驻中国代表。

11月12日 孙中山发表《中国国民党改组宣言》。

12月2日 中国青年党宣布成立。

12月25日 中共中央发出《中央通告第十三号》,要求共产党员全体加入国民党,参与国民党改组,促成国民党第一次全国代表大会召开。

1924 年

1月20—30日 中国国民党召开第一次全国代表大会,确定联俄、联共、扶助农工三大政策。

李大钊参加大会领导工作。中共党员进入国民党领导机构。

2月 孙中山创建黄埔军官学校,随后任命蒋介石为校长。

2月7日　全国铁路总工会成立。

4月1日　国民党制定农民运动计划。

5月31日　北京政府与苏联签订《中俄解决悬案大纲协定》《暂行管理中东铁路协定》。

6月13日　廖仲恺任广东省长。

6月16日　黄埔军校正式举行开学典礼。

6月17日—7月8日　共产国际召开第五次代表大会，中共代表李大钊、王荷波、彭述之、刘清扬出席大会。

7月　中国国民党成立中央政治委员会；反帝国主义同盟在北京成立；彭湃主持的第一届农民运动讲习所在广州正式开学。

7月18日　蒋介石任各军军事筹备委员长、汪精卫任各军政治训练筹备委员长、许崇智为筹划广州防卫委员长。

9月　江浙战争、第二次直奉战争发生。是月，中共发表时局主张，号召反对帝国主义、推翻军阀统治。

9月22日　国民党执委会决定以青天白日旗为党旗、军旗，以青天白日满地红旗为国旗。

10月　直系将领冯玉祥在前线倒戈，占领北京，大总统曹锟下台；广州政府军平定广州商团叛乱。

11月5日　清废帝溥仪被逐出故宫。

11月24日　北京组成中华民国临时执政府，段祺瑞任执政，公布临时政府条例。

12月13日　《现代评论》创刊。

12月31日　孙中山应冯玉祥之邀到达北京商谈国是，发表《入京宣言》。

1925 年

1月1日　国民党发表"废除不平等条约运动"宣言。

附录　中国近代史大事记(1840—1949)

1月11—22日　中共四大在上海召开，明确提出无产阶级在民主革命中的领导权问题和工农联盟问题。

1月28日　国民党中央政治会议移至北京，吴稚晖等任委员，鲍罗廷任顾问。

2月　段祺瑞在天津召开善后会议，孙中山命国民党员拒绝出席。

2月1日　广东政府开始东征，讨伐陈炯明部。

3月1日　国民会议促成会全国代表大会在北京召开，会议由中国共产党和国民党左派发起。

3月12日　孙中山在北京病逝。

4月19日　青岛纱厂工人举行大罢工。

5月1—9日　全国第二次劳动大会和广东省第一次农民代表大会在广州同时举行，中华全国总工会宣告成立，林伟民任委员长，刘少奇、刘文松任副委员长，邓中夏任秘书长。

5月15日　顾正红案发生。

5月30日　五卅惨案在上海发生。

6月1日　上海总工会成立，李立三任委员长，刘华任副委员长，刘少奇任总务科主任。

6月19日　香港、广州爆发省港工人大罢工。

6月29日　全世界被压迫民族国民大会在北京召开。

7月1日　中华民国国民政府在广州宣告成立，汪精卫任主席。

8月20日　中国国民党中央执行委员廖仲恺在广州被暗杀。

9月　瞿秋白发表《中国国民革命与戴季陶主义》，对戴季陶主义进行批驳。

10月1日　国民革命军进行第二次东征。

11月23日　国民党右派在北京西山召开反共会议，与会者张继、谢持、邹鲁、居正、林森等人被称为"西山会议派"。

12月1日　毛泽东首次发表《中国社会各阶级的分析》。

12月5日　毛泽东在广州主编的《政治周报》发行。

1926 年

1月　国民党中央农民部主办《中国农民》创刊。

1月1—19日　国民党第二次全国代表大会在广州召开。会议决定继续贯彻执行联俄、联共、扶助农工的三大政策，对"西山会议派"党纪制裁。

1月11日　奉系军阀张作霖在沈阳宣布东三省独立。

1月12日　法权调查会议在北京居仁堂召开，王宠惠担任临时主席。

2月21—24日　中共中央在北京召开特别会议，分析当时的政治形势，确定从各方面准备北伐战争。

3月9日　长沙召开市民大会，成立"湖南人民临时委员会"。

3月15日　广东政府通过"两广统一案"。

3月18日　段祺瑞在北京执政府门前制造三一八惨案。

3月20日　蒋介石制造"中山舰事件"。

4月　北京发生政变，段祺瑞逃往东交民巷使馆区。

4月20日　第一次全国农民代表大会在广州召开。

5月1日　第三次全国劳动大会在广州召开，苏兆征当选中华全国总工会执行委员会委员长。

5月3日　第六届农民运动讲习所在广州开学，毛泽东任所长，高语罕任政治训练主任，萧楚女任教务主任。

5月15—22日　国民党召开二届二中全会，谭延闿、蒋介石等9人联名向全会提出"整理党务案"，蒋介石当选国民党中央主席兼军人部长和组织部长。

6月5日　广州国民政府设立国民革命军总司令部，蒋介石任总司令。

7月1日　广州国民政府发表"北伐宣言"。

7月8日　广州国民政府颁布《国民革命军总司令部组织大纲》10条。

7月9日　广州国民政府举行北伐誓师典礼，北伐战争开始。

8月　叶挺独立团先后获得汀泗桥和贺胜桥战役的胜利。

9月5日　英舰炮轰万县，"万县惨案"发生。

9月17日　冯玉祥在五原誓师，任国民联军总司令。

10月　国民革命军攻克武昌；上海工人爆发第一次武装起义。

11月　国民革命军攻占南昌。

11月22日—12月16日　共产国际执委会第七次扩大全会在莫斯科举行，中共代表谭平山出席会议，邵力子代表国民党列席会议。

张作霖进入北京，组织安国军总司令部，自任总司令。是月，中共中央在汉口召开特别会议，讨论联合战线问题。

1927年

1月1日　中华民国国民政府定都武汉。

1月7日　蒋介石在南昌召开"中央政治会议"，决议中央党部和国民政府暂驻南昌。

1月8日　《神州日报》停刊。

2月19日　中共领导上海工人举行总同盟罢工。是日，英政府代表欧玛利与武汉国民政府代表陈友仁在汉口签订《收回汉口英租界协定》。

2月20日　中华全国总工会自广州迁至武昌办公。是日，《收回九江英租界之协定》签订。

3月　毛泽东发表《湖南农民运动考察报告》；上海工人举行第三次武装起义；北伐军占领南京。

4月12日　蒋介石在上海发动"四一二"反共政变。

4月18日　蒋介石在南京宣布成立"国民政府"。

4月15日　广州发生反共事变，萧楚女、熊雄等被杀害。

4月20日　中共中央发表《中国共产党为蒋介石屠杀革命民众宣言》。

4月26日　南京国民革命军总司令部政治部成立，吴稚晖任主任。

4月27日—5月9日　中国共产党第五次全国代表大会在武汉召开，大会批评了陈独秀的右倾错误，通过了《政治形势与党的任务议决案》

《土地问题议决案》，但没有提出纠正右倾错误具体方法。

4月28日　李大钊在北京被奉系军阀杀害。

4月29日　广东海陆丰农民举行武装起义。

5月5日　南京国民党中央常务委员会制定清党原则。

5月21日　马日事变发生。

6月18日　张作霖在北京就任中华民国陆海军大元帅，组成"安国军政府"。

7月3日　中共中央举行扩大会议，通过《国共两党关系决议案》，仍承认国民党"处于国民革命之领导地位"。

7月15日　汪精卫在武汉召开国民党中央执行委员会，正式做出了"分共"决定，发动反共政变。

8月1日　周恩来、朱德、贺龙、叶挺、刘伯承等发动南昌起义。

8月7日　中共中央在汉口举行紧急会议，撤销陈独秀的领导职务，确定实行土地革命和武装起义的总方针。

8月13日　蒋介石辞去国民革命军总司令，宣布下野。

8月18日　武汉国民政府迁都南京。

8月30日　湖南成立前敌委员会，毛泽东任书记，作为秋收起义的指挥机构。

9月9日　毛泽东在湘赣边发动秋收起义。

9月15日　国民党内宁、沪、汉三方代表在南京召开中央执监委员临时联系会议，决定成立国民党特别委员会、改组国民政府和国民党中央军事委员会。

9月29日　毛泽东率工农革命军到达江西省永新县三湾村，对部队进行改编，史称"三湾改编"。

10月　国民党内爆发宁汉战争。

11月9—10日　在瞿秋白主持下，中共中央临时政治局于上海召开扩大会议。会议通过了《中国现状与共产党的任务决议案》，增选周恩来、罗亦农为中央临时政治局常委。"左"倾思想仍占据主导地位。

12月　国民党内爆发两广战争。

12月11日　中共广东省委书记张太雷发动广州起义，成立广州苏维埃政府。

12月13日　张太雷牺牲。

1928年

2月　以宁冈为中心的井冈山革命根据地初步形成。

2月2—7日　国民党二届四中全会开幕，指定蒋介石为军事委员会主席，谭延闿任国民政府主席。

3月7日　蒋介石任国民党中央政治会议主席。

4月25日　朱德、毛泽东在井冈山会师，会师后两支部队合编为工农革命军第四军（后改称红军第四军），朱德任军长，毛泽东任党代表。

5月3日　日军在山东制造济南惨案。

5月14日　西北工农革命军成立，刘志丹任军委会主席。

5月20—22日　毛泽东在江西宁冈茅坪主持召开湘赣边界第一次党代会，毛泽东当选湘赣边界特委书记。

6月　国民政府发表"统一宣言"，坚持反共，对外谋求"邦交之亲睦"。

6月4日　日本关东军在沈阳附近制造"皇姑屯事件"。

6月18日—7月11日　中共第六次全国代表大会在莫斯科召开，大会通过《政治决议案》《土地问题决议案》等文件，正确估计了革命形势，确定了新形势下党的任务和方针，制定民主革命中的十大纲领。

7月4日　张学良任东三省保安司令。

7月7日　国民政府发表废约宣言。

7月22日　平江起义发生，红五军成立，彭德怀任军长，滕代远任党代表。

8月8日　国民党二届五中全会召开，决定取消各地政治分会，实现军令、政令统一。

10月8日　国民党中央会通过蒋介石任国民政府主席兼陆海空总司令。

12月　红五军与红四军在井冈山会师，《井冈山土地法》公布。

12月29日　张学良发表东北易帜通电，宣布服从国民政府，改易旗帜。

1929年

3月　蒋介石以国民革命军总司令名义讨伐桂系盘踞的武汉。

3月18—28日　国民党三大召开，通过《确定训政时期党政府人民行使政权治权之分际及方略案》。

4月　毛泽东主持制定兴国《土地法》。

4月8日　国民党中央全会第三次会议通过蒋介石担任中央党部组织部长。

5月　粤桂战争爆发，李宗仁失败。

6月　中共六届二中全会在上海召开。会议决定继续深入开展土地革命、游击战争、扩大苏区、建立红军。

6月15日　国民党三届三中全会召开，定训政时期为六年。

10月10日　西北军将领宋哲元、孙良诚通电反蒋。

11月15日　中共中央政治局开会决定开除陈独秀党籍。

11月28日　国民党中常会决定开除王法勤、王乐平、陈树人、顾孟余、郭春涛等人党籍。

12月　古田会议召开，确定人民军队建设的基本原则。

12月11日　邓小平、张云逸等领导的百色起义发生。

1930年

1月5日　毛泽东给林彪复信《星星之火，可以燎原》，批评他和党内存在的"右"倾悲观倾向，总结革命根据地的经验，发展了"工农武装割据"的思想。

2月13日 鲁迅、冯雪峰等在上海发起成立"中国自由运动大同盟"。

3月1—6日 国民党召开三届三中全会，决定开除汪精卫党籍。

3月2日 中国左翼作家联盟在上海宣告成立，主要参加者有鲁迅、夏衍等人。

4月18日 国民政府外交部部长王正廷与英使蓝浦生签订《收回威海卫专约》《英国展租刘公岛协定》。

5月 《新思潮》月刊推出中国经济研究专号，中国社会性质论战开始。

5月11日 蒋、桂、冯、阎中原大战爆发。

5月20日 中共中央在上海秘密召开第一次全国苏维埃区域代表大会。

6月11日 李立三主持召开中共中央政治局会议，通过《新的革命高潮与一省或几省的首先胜利》的决议，立三"左"倾路线出现。

8月23日 朱德任总司令、毛泽东任总政委的中国工农红军第一方面军组建。

9月 阎锡山、汪精卫等反蒋派在北平组织"国民政府"，随即解散。

9月24—28日 中共六届三中全会在上海召开。会议批评了以李立三为代表的"左"倾错误，停止了全国总起义和集中全国红军进攻中心城市的冒险计划。

10月7日 江西省苏维埃政府成立，曾山任主席。

10月27日 雾社起义发生。

11月3日 国民政府公布电影检查法。

11月5日 蒋介石任鲁涤平为总司令，发动对中央革命根据地第一次"围剿"。

11月12—18日 国民党召开三届四中全会，讨论召开国民会议与制定约法问题，决定蒋介石兼任行政院长。

12月 国民政府外交部发表"废除治外法权宣言"。蒋介石第一次

"围剿"中央革命根据地失败。

1931 年

1月7日　中共六届四中全会在上海召开，以王明为代表的"左"倾教条主义错误开始在党内占主导地位。

1月17日　"左联"成员李伟森、柔石、胡也频等被捕。

1月31日　国民政府公布《危害民国紧急治罪法》。

2月7日　上海市警察局在龙华枪杀著名共产党员和作家24人，造成龙华惨案。

2月28日　蒋介石诱捕立法院院长胡汉民。

5月　反蒋派在广州成立"国民政府"；工农红军粉碎蒋介石对中央革命根据地第二次"围剿"。

5月5日　蒋介石在南京召开国民会议，将国民党一党专政的政治体制固定下来。

5月9日　中共中央发表《目前的政治形势及党的紧急任务》的决议。

5月28日　广东国民政府成立，汪精卫、唐绍仪、孙科等任常务委员。

6月1日　国民政府公布训政时期约法。

7月　日军制造"万宝山惨案"。

7月23日　蒋介石在南昌行营提出"攘外必先安内"方针。

9月6日　日军伪造"中村事件"，图谋侵华战争。

9月15日　工农红军粉碎蒋介石对中央革命根据地第三次"围剿"。

9月18日　日本关东军制造"柳条湖事件"，进攻沈阳，"九一八"事变爆发。

11月1—5日　赣南会议召开。

11月7—20日　中华苏维埃第一次全国代表大会在江西瑞金召开，宣告中华苏维埃共和国临时中央政府成立，毛泽东当选主席，张国焘、项英为副主席。

11月27日　中华苏维埃第一次全国代表大会在江西瑞金召开，通过《中华苏维埃共和国宪法大纲》《中华苏维埃共和国劳动法》《中华苏维埃共和国土地法》《中华苏维埃共和国关于经济政策的决定》等文件，宣布成立中华苏维埃共和国临时中央政府。

12月15日　蒋介石迫于党内压力，通电请辞国民政府主席等本兼各职。

12月20日　时任外交部部长顾维钧就日本侵占东三省发表对世界宣言。

12月22—29日　国民党四届一中全会在南京召开，通过《修正中华民国国民政府组织法》。

1932年

1月1日　林森宣誓就任国民政府主席，胡汉民、汪精卫、孙科等通电取消广州国民政府，统一的国民政府实现。

1月28日　日军在上海制造"一·二八"事变，十九路军开始淞沪抗战。

1月30日　国民政府发表迁都洛阳宣言。

2月　国民政府在洛阳成立军事委员会，蒋介石随后任委员长。

2月3日　茅盾、鲁迅、叶圣陶、郁达夫、丁玲等43人联名发表《上海文化界告世界书》，揭露日本帝国主义侵略行径，支持十九路军抗击外侮，反对国民党的不抵抗主义。

3月6日　国民党中政会决议任命蒋介石为军事委员会委员长，阎锡山、冯玉祥、李宗仁、张学良等为委员。

3月9日　日本扶持清废帝溥仪在长春成立伪"满洲国"，年号"大同"，改长春为"新京"。

3月11日　国联通过"和平解决远东争端之决议案"。

4月21日　国联调查团抵达沈阳。

5月　全国商会联合会等在上海发起成立"废止内战大同盟"。

5月4日　国联调查团第一次报告书发表。

5月5日　国民政府代表与日本签订《中日上海停战及日方撤军协定》。

6月15日　蒋介石在庐山召开豫、鄂、湘、赣、皖五省"清剿"会议，部署剿灭革命根据地的军事行动。

6月19日　汪精卫、宋子文等在北平会晤国联调查团。

9月9日　日本内阁会议正式通过承认伪"满洲国"。

9月15日　武藤信义与郑孝胥在《日满议定书》上签字。

10月2日　国联调查团报告书在日内瓦、南京、东京发表。

11月15日　国民政府下令招商局收归国营；国民党中央宣传委员会公布宣传品审查标准，规定凡共产主义、国家主义、无政府主义者，均属"反动"；凡批评国民党政策者，均为"危害民国"，"一律禁止"。

12月1日　国民党中央党部、国民政府由洛阳迁回南京。

12月17日　宋庆龄、蔡元培、杨杏佛等在上海发起成立"中国民权保障同盟"，要求国民党当局释放政治犯，废除非法拘禁、酷刑等。

1933年

1月　日军进攻山海关，中国守军开始长城抗战。是月，中共临时中央政治局离开上海，迁至江西中央革命根据地。

1月31日　蒋介石在南昌召开"剿匪"军事会议。

2月2日　西南国防委员会成立，陈济棠、李宗仁、白崇禧、蒋光鼐、蔡廷锴等为委员。

2月6日　国联投票表决不承认伪满洲国。

3月　工农红军粉碎蒋介石对中央革命根据地第四次"围剿"；日军攻陷热河，张学良引咎辞职。

3月8日　国民政府公布《银本位币铸造条例》。

4月5日　孔祥熙担任中央银行总裁。

4月6日　国民政府财政部通令即日起废两改元。

4月10日　蒋介石在南昌扩大纪念周上发表演说，宣称："抗日必先剿匪，征诸历代兴亡，安内始能攘外，在匪未清前绝对不能言抗日，违者即予最严厉处罚。"

5月26日　冯玉祥、吉鸿昌等组织察哈尔民众抗日同盟军，并通电全国，主张联合抗日，收复失地。

5月31日　中日《塘沽协定》签字。

6月30日　中共中央革命军事委员会决定8月1日为中国工农红军成立纪念日。

7月18日　蒋介石开办庐山军官训练团，训练"剿共"军官，发表《庐山训练之意义与革命前途》的演说。

7月22日　中国、印度、西班牙、澳大利亚、美国等9国在伦敦签订《白银协议》。

7月23日　蒋介石、汪精卫等在庐山召开军事会议，商讨第五次"围剿"行动计划。

9月　蒋介石调兵100万，自任总司令，第五次"围剿"中央革命根据地。

11月20日　李济深等率十九路军在福州成立"中华共和国人民政府"，公布《人民权利宣言》《人民政纲》等。

11月21日　中华苏维埃临时中央政府与福建人民政府签订抗日停战协定4条。

11月24日　福建人民政府任命蔡廷锴为人民革命军总司令。

1934年

1月15—18日　中共中央在江西瑞金召开六届五中全会，"左"倾路线发展到顶点。

1月21日—2月1日　中华苏维埃第二次全国代表大会在瑞金召开，大会通过《中华苏维埃共和国宪法大纲》等文件。

2月7日　国民政府特派张学良任鄂豫皖三省"剿匪"总司令部副司令。

2月19日　蒋介石发起新生活运动，宣称"新生活运动"就是"要使全国国民军事化"。

3月1日　伪"满洲国"改称"大满洲帝国"，改年号为"康德"，溥仪为傀儡"皇帝"。

4月20日　由中共提出，经宋庆龄、何香凝等签字，发表《中国人民对日作战的基本纲领》，号召建立反帝统一战线，把日本帝国主义驱逐出中国。

7月15日　毛泽东等发表《为中国工农红军北上抗日宣言》。

9月21日　中共中央革命军事委员会决定，将红军第二十一、二十三师合编为红军第八军团，周昆任军团长，黄甦任政治委员。

10月10日　中央革命根据地第五次反"围剿"失败，中共中央、中革军委率领中央红军主力8月6万余人，开始长征。

12月10—14日　国民党四届五中全会重申坚持"攘外必先安内"政策。

1935年

1月15—17日　中共中央政治局在贵州遵义召开扩大会议，会议结束了王明"左"倾教条主义在中共中央的统治，确立了毛泽东在党和红军中的领导地位。

2月1日　蒋介石就中日"亲善"问题接受访谈，指出"制裁一时冲动及反日行为，以示信宜"。

2月14日　蒋介石在庐山答《朝日新闻》记者问，称"中国不但无排日之行动与思想，亦无排日之必要"。

6月15日　毛泽东等发表《为反对日本并吞华北和蒋介石卖国宣言》。

6月18日　瞿秋白在福建长汀就义。

6月27日　"秦土协定"达成。

7月6日　"何梅协定"达成。

8月1日　中共中央发表"八一宣言"即《为抗日救国告全体同胞书》。

10月　张国焘在川边自立"中央",中共中央决定责令张国焘停止一切反党活动;中央红军到达陕北保安县吴起镇,标志着红军结束25000里长征。

10月25日　立法院通过修正后的《中华民国宪法草案》。

11月4日　国民政府宣布进行币制改革。

11月28日　中华苏维埃共和国中央政府和中国工农红军革命军事委员会发布《抗日救国宣言》,号召全国人民团结起来,一致抗日。

12月4日　国民党五届一中全会决定明年5月5日公布宪法"草案",即《五五宪章》,11月12日召开国民大会。

12月9日　北平学生爆发声势浩大的抗日救亡运动,史称"一二·九运动"。

12月25日　中共中央政治局在陕北瓦窑堡召开会议,确定了抗日民族统一战线的方针。

1936年

1月　东北抗日联军总司令部成立,下辖七个军;沈钧儒等在上海成立上海各界救国联合会。

1月20日　中共中央联络局局长李克农抵陕西洛川与张学良会谈。

1月25日　毛泽东、朱德、彭德怀等发表《致东北军全体将士书》,表示愿意同东北军联合抗日。

2月　平津学生成立中华民族解放先锋队。

2月17日　中华苏维埃政府和红军革命军事委员会联合发表《东征宣言》,组成中国人民抗日先锋军。

3月　刘少奇到天津任中共中央北方局书记。

4月9日　周恩来与张学良在延安举行会谈，双方达成联合抗日协议。

5月5日　国民政府公布《中华民国宪法（草案）》，简称"五五宪草"。

5月6日　《救亡情报》创刊。

5月31日　全国各界救国联合会在上海成立，制定《抗日救国初步政策》，响应中共"停止内战，一致抗日"的主张。

8月　李宗仁等在南宁筹组军政府，拒绝国民政府新任命；中共中央致书国民党中央，呼吁"集中国力，一致对外"。

9月1日　中共中央书记处发出《中央关于逼蒋抗日问题的指示》，指出"在日帝继续进攻，全国民族革命运动继续发展的条件之下，蒋军全部或其大部有参加抗日的可能。我们的总方针，应是逼蒋抗日"。

10月　红军三大主力会师甘肃会宁，完成红军战略大转移；蒋介石在西安逼迫张学良、杨虎城"剿共"。

10月19日　鲁迅逝世。

11月　傅作义部在绥远抗战中收复百灵庙，振奋了全国人民的爱国热情和民族精神，激发起抗日救亡运动的高潮。

11月23日　沈钧儒、邹韬奋、李公朴、章乃器、王造时、沙千里、史良等"七君子"被国民政府逮捕入狱。

12月12日　张学良、杨虎城对蒋介石实行兵谏，"西安事变"发生。

12月18日　中共提出和平解决西安事变的五项条件。

12月19日　中共中央召开政治局扩大会议，向全党发出《中央关于西安事变及我们的任务的指示》，确定了和平解决西安事变的基本方针。

12月24日　宋子文、宋美龄代表蒋介石与张学良、杨虎城、周恩来谈判，达成和平解决西安事变的《西安协定》。

1937 年

1月　中共中央迁往延安；国民政府命令将张学良交军事委员会"严

加管束"。

2月　国共两党开始举行合作抗日谈判。

2月15—22日　国民党五届三中全会召开，决定取消中央常务会议主席制，改为常务委员制。是日，台湾总督府宣布全台公立学校一律废除中文，改学日文。

3月23—31日　中共中央政治局在延安召开扩大会议，讨论目前国内政治形势和党的任务，批评了张国焘的错误。

4月9日　顾维钧任出席国联特别大会代表。

4月22日　国民党中常会公布《国民大会组织方法》《国民大会代表选举法》。

5月2—14日　中共全国代表大会在延安召开，毛泽东在会上作了《中国共产党在抗日时期的任务》的报告和《为争取千百万群众进入抗日民族统一战线而斗争》的结论，会议总结了党在白区工作的经验教训，批判了"左"倾关门主义的错误。

5月29日　国民党中央派考察团抵达延安考察。

6月25日　宋庆龄、何香凝、胡愈之等16人发起救国入狱运动并发表《救国入狱运动宣言》。

7月7日　卢沟桥事变发生。

7月8日　中共中央发出《中国共产党为日军进攻卢沟桥通电》。

7月17日　蒋介石在庐山发表谈话，指出"无论何人皆有守土抗战之责任"；周恩来、蒋介石在庐山举行国共两党第二次合作谈判，中共代表提议以《中共中央为公布国共合作宣言》作为两党合作的政治基础。

7月31日　"七君子"释放出狱。

8月　国民党中常会决定蒋介石为陆海空军大元帅；日军进攻上海，国民政府发表《抗暴自卫声明》和全国总动员令，全面抗战开始。

8月25日　中共中央发布《中国共产党抗日救国十大纲领》；中国工农红军改编为国民革命军第八路军，朱德为总指挥、彭德怀为副总指挥，叶剑英为参谋长。

9 月　陕甘宁边区政府成立，林伯渠任边区政府主席，直辖于国民政府行政院。

9 月 22 日　国民党中央通讯社发表《中国共产党为公布国共合作宣言》，蒋介石对此发表谈话。这表示国共两党合作的实现，以国共合作为主体的抗日民族统一战线正式形成。

9 月 25 日　八路军第 115 师平型关首战告捷。

10 月 2 日　中共与国民党达成协议，南方 8 省 13 区红军游击队改编为国民革命军新编第四军，军长叶挺，副军长项英，在长江南北、闽、浙地区开展抗日游击战争。

11 月　国民政府发表迁都重庆宣言。

12 月 2 日　德国驻华大使陶德曼与蒋介石会面，商谈对日谈判条件。

12 月 13 日　日军侵占中国首都南京，南京大屠杀暴行发生。

12 月 20 日　国民政府发表宣言，否认北平伪中华民国临时政府组织。

1938 年

1 月　蒋介石不再兼任行政院长，孔祥熙接任；晋察冀边区政府成立；前山东省政府主席、第三集团军总司令韩复榘因贻误战机，在武汉被枪决。

1 月 11 日　《新华日报》在汉口创刊。

2 月 6 日　国民政府军委会政治部成立，陈诚任部长，周恩来、黄琪翔任副部长，张厉生任秘书长。

3 月 23 日　台儿庄战役开始。

3 月 27 日　日军操纵的"中华民国维新政府"在南京成立，设行政、立法、司法三院，行政院下设 7 部及议政委员会。

3 月 29 日—4 月 1 日　国民党临时全国代表大会在武昌召开，蒋介石当选国民党总裁。

4 月 2 日　国立西南联合大学成立。

4 月 5 日　陕甘宁边区政府代主席张国焘叛逃，到武汉投靠国民党。18 日，中共中央做出《关于开除张国焘党籍的决定》。

4月6日　台儿庄大捷。

5月　毛泽东发表《论持久战》。

6月9日　花园口决堤。

6月14日　宋庆龄等在香港创建"保卫中国同盟"。

7月　国民政府公布《抗战建国纲领》；武汉会战开始。

7月6—15日　国民参政会第一届一次会议在汉口召开，公布《国民参政会首次大会宣言》。

9月17日　国民政府任命胡适为驻美全权大使。

9月29日—11月6日　中共扩大的六届六中全会在延安召开，提出了马克思主义中国化的命题。

9月26日　国民政府公布省、市临时参议会组织条例。

10月　日军占领广州、武汉。

11月13日　长沙大火。

12月19日　汪精卫集团投敌叛变，汪精卫、周佛海、陶希圣等叛逃河内。

1939 年

1月13日　中共中央在重庆成立南方局，周恩来、秦邦宪、凯丰、吴克坚、叶剑英、董必武六人为常委，周恩来为书记。

1月15日—2月4日　陕甘宁边区第一届参议会召开。

1月20日　蒋介石担任国民参政会议长。

1月21—30日　国民党五届五中全会召开，会议通过《党务报告决议案》、《限制异党活动办法》等文件，确立了"溶共""防共"和"限共"的反共方针。

2月　陕甘宁边区召开生产动员大会，毛泽东提出"自己动手"的口号。

2月7日　国防最高委员会在重庆成立，蒋介石兼任委员长。

2月10日　日军登陆海南岛，攻占海口。

3月11日　国防最高委员会颁布《国民精神总动员纲领》。次日，蒋介石宣布实行国民精神总动员。

3月18日　国防最高委员会会议通过《国民精神总动员组织大纲》，决定会长由国防最高委员会委员长兼任。

6月　国民党公布《限制异党活动办法》。

6月11日　国民党制造"深县惨案"。

6月12日　国民党制造"平江惨案"。

6月16日　《中苏通商条约》签订。

6月30日　毛泽东发表《当前时局的最大危机》，号召"巩固团结，巩固抗日民族统一战线，巩固国共合作"。

7月7日　中共中央发表《为抗战两周年纪念对时局宣言》，提出"坚持抗战，反对投降，坚持团结，反对分裂，坚持进步，反对倒退"的政治口号。

7月8日　刘少奇在延安马列学院作题为《论共产党员的修养》演讲。

8月17日　张君劢以国社党名义声讨汪精卫。

8月23日　印度国民大会主席尼赫鲁访华。

9月　伪"蒙疆联合自治政府"成立。

9月1日　国民党宣布三民主义青年团（简称"三青团"）成立。

9月14日　长沙会战开始。

9月19日　国民政府颁布《县各级组织纲要》，实行新县制。

9月20日　国民政府教育部、文化部先后颁布《文化团体组织大纲》《抗战时期文化团体指导工作纲要》，严控战时文化活动。

10月　毛泽东发表《〈共产党人〉发刊词》，指出统一战线、武装斗争、党的建设是中国共产党在中国革命中战胜敌人的三个法宝。

11月30日　宪政促进会成立，下设秘书处以及联络、宣传、研究三个委员会。

12月　国民党颁布《异党问题处理办法》《运用保甲组织防止异党活动办法》。

12月30日　汪精卫与日本签订卖国条约《日支新关系调整纲要》，即"日汪秘约"。

12月31日　昆仑关大捷。

1940年

1月　毛泽东发表《新民主主义论》。

2月　国民党第一次反共高潮被粉碎。

2月23日　东北抗日联军第一路军总司令杨靖宇牺牲。

3月　汪精卫伪国民政府在南京成立。

3月6日　中共中央发出关于《抗日根据地的政权问题》的指示，指出抗日根据地的政权实行"三三制"原则。

4月17日　台湾革命团体联合会在重庆举行割台四十六周年纪念会。

5月31日　陈嘉庚率领南洋华侨回国慰劳视察团到延安慰问。

7月16日　国民党中常会通过《关于陕甘宁边区及第十八集团军、新四军作战地境编制问题的提示案》。

8月20日　八路军发动百团大战。至9月10日完成第一阶段作战，歼灭日军7600人。

11月14日　国民政府军令部拟订《黄河以南剿灭共军作战计划》。

12月　国民政府战时经济会议成立，隶属行政院。

12月9日　蒋介石命令新四军限期北移。

1941年

1月　日军制造"潘家峪惨案"。

1月6日　皖南新四军军部北移途中，在泾县茂林地区，遭到国民党军包围伏击，至14日，全军覆没，是为"皖南事变"。

1月17日　国民政府军事委员会发布通令，取消新四军番号，并将军长叶挺革职。

1月20日　中共中央军委命令重建新四军军部，任命陈毅为新四军代理军长，刘少奇为政治委员。

3月1日　国民参政会第二届第一次会议在重庆召开，因国民党当局拒绝接受中共提出的"十二条"，中共参政员未出席。

3月19日　中国民主政团同盟在重庆秘密成立，会议通过《中国民主政团同盟政纲》和《中国民主政团同盟简章》等，选举黄炎培、张澜、左舜生、张君劢、梁漱溟等13人为中央执行委员。

5月1日　《陕甘宁边区施政纲领》发表。

5月13日　中共中央西北局成立，高岗任书记。

5月20日　中共中央华中局成立，刘少奇任书记。

7月　晋冀鲁豫边区政府成立。

10月10日　中国民主政团同盟在香港公开宣布成立，其机关报《光明报》刊登《中国民主政团同盟成立宣言》和《中国民主政团同盟对时局主张纲领》。

12月9日　太平洋战争爆发后，中国政府正式对日、德、意宣战。

12月17日　中共中央发出《关于太平洋战争爆发后抗日根据地工作的指示》，号召全党全军实行"精兵简政"。

1942 年

1月1日　中国政府在《联合国家宣言》上签字，蒋介石出任中国战区最高统帅，国际反法西斯统一战线正式形成。

2月　整风运动在全党普遍展开，毛泽东作整风报告。

3月29日　国民政府颁布《国家总动员法》。

4月22日　山东省政府主席、第三十九集团军总司令孙良诚率部投敌。

5月2日　中共中央在延安杨家岭召开文艺座谈会。

5月25日　八路军副参谋长左权在与敌作战时牺牲。

9月12日　魏道明接替胡适任驻美全权大使。

10月13日　中国共产党谈判代表林彪到重庆，与国民党重开谈判。

1943年

1月11日　中美、中英"新约"签订，治外法权等以及《辛丑条约》废除。

3月10日　由陶希圣执笔、以蒋介石名义发表的《中国之命运》出版。该书鼓吹"一个主义，一个党，一个领袖"，鼓吹"中国的命运完全寄托于中国国民党"，污蔑八路军、新四军是"新式军阀"，根据地是"变相割据"，暗示要尽快消灭共产党。

3月16—20日　中共中央召开政治局会议，通过《中共中央关于中央机构调整及精简的决定》，推选毛泽东为中央政治局主席、中央书记处主席。胡宗南在陕北洛川召开反共军事会议，部署闪击延安计划，掀起第三次反共高潮。

7月4日和6日，朱德分别致电胡宗南、蒋介石，抗议国民党军队在陕甘宁边区的反共活动。

8月1日　国民政府主席林森逝世。国民政府接收滇越铁路。

9月13日　蒋介石任国民政府主席兼行政院长。

10月30日　中、美、英、苏签订《关于普遍安全之宣言》。

11月2日　常德会战开始。

11月12日　国防最高委员会宪政实施协进会成立，孙科、王云五、黄炎培等为召集人。

11月19日　蒋介石启程赴开罗参加开罗会议。

12月1日　国民政府正式发表《开罗宣言》。

12月2日　广东人民抗日游击队东江纵队成立，宣布接受中共中央领导。

1944 年

1月3日　由左舜生、王造时、张君劢等发起，重庆各民主党派召开宪政问题座谈会。

3月19日　郭沫若在《新华日报》发表《甲申三百年祭》。

4月17日　豫湘桂战役开始，为日本侵华史上规模最大的作战，由豫中、长衡、桂柳三阶段的战役组成。

5月　长沙、衡阳会战开始。

6月9日　中外记者西北参观团抵达延安。

7月22日　美军观察组第一批成员飞抵延安。在此期间，毛泽东、周恩来、朱德等同观察组成员谈话，系统地介绍了中共领导抗日军民坚持敌后抗战的情况。

8月　八路军发起秋季攻势。

9月11日　新四军第四师师长彭雪枫在河南作战时牺牲。

9月15日　中共代表林伯渠在国民参政会上正式提出结束国民党一党专政，建立"民主联合政府"的主张。会后，中国共产党又向国民党当局书面提出民主联合政府的主张。

9月24日　重庆各界、各党派、各阶层代表及爱国人士董必武、张澜、沈钧儒、冯玉祥等500余人举行会议，要求改组国民政府、结束国民党一党专政、成立民主联合政府。

10月1日　宋庆龄等在重庆发起邹韬奋追悼大会。

10月17日　中共代表林伯渠、董必武与罗斯福私人代表开始首次会谈。

11月10日　汪精卫病死日本名古屋，陈公博就任南京伪国民政府行政院长、伪国民政府代理主席。

11月11日　柳州失陷。

11月24日　南宁失陷。

12月　中国陆军总司令部在昆明成立，何应钦任总司令。

12月26日　蒋介石会见赫尔利，明确指出拒绝中共提出的联合政府主张。

1945年

1月　周恩来飞抵重庆与国民党谈判联合政府问题。

1月1日　蒋介石发表广播讲话，声称要"还政于民"，召开"国民大会"。

2月　重庆文化界人士要求召开紧急国是会议、商讨建立联合政府；美、英、苏三国首脑发表《雅尔塔协定》，原则规定对德战争结束三个月后，苏联出兵对日作战。

2月2日　周恩来代表中共中央向国民政府、中国国民党、中国民主同盟提议，先召开党派会议，讨论如何结束党治和改组政府以及起草共同施政纲领，遭到国民党拒绝。

3月　昆明文化界人士集会要求结束一党专政，组织联合政府。

4月2日　赫尔利在华盛顿发表谈话称：美国只同蒋介石合作，不同中共合作。

4月23日—6月11日　中共在延安召开第七次全国代表大会，毛泽东作了《论联合政府》的报告。会议制定了党的政治路线，确立了毛泽东思想在全党的指导地位。

5月5—21日　中国国民党在重庆召开第六次全国代表大会，决定于1946年11月12日召集国民大会，制定宪法。会议坚持独裁政治，拒绝成立联合政府。

6月26日　《联合国宪章》在美国纽约通过，中国代表团参加了筹备工作，中共代表董必武是代表团成员之一。

7月　国民参政会黄炎培等6名参政员访问延安；延安成立中国解放区人民代表会议筹备委员会，周恩来为主任。

7月26日　美、英、中三国发表《波茨坦公告》，正告日本必须接受《开罗宣言》，立即投降。

8月　苏联对日宣战，毛泽东发表《对日寇的最后一战》；毛泽东赴重庆与国民党展开谈判。

9月9日　侵华日军投降仪式在南京举行。日本中国派遣军总司令冈村宁次签署向中国投降书。

10月　《国共会谈纪要》（《双十协定》）签字；台湾回归祖国怀抱。

10月1—12日　中国民主同盟召开临时全国代表大会。

11月3日　何应钦在北京发布紧急内战命令，下令国民党军队分三路进攻张家口、承德、沈阳。

11月9日　蒋介石在重庆召开军事会议，策划"围剿"八路军、新四军作战计划。

11月19日　重庆文化界、工商界代表成立反内战联合会。

11月23日　国民政府公布《处理汉奸条例》。

12月　国民党军队和特务在昆明镇压学生运动，造成"一二·一"惨案；中共代表周恩来在政治协商会议上提出无条件停止内战办法。

12月20日　美国总统杜鲁门派马歇尔以"调停中国内部纠纷"名义来华。

12月30日　中国民主促进会在上海成立；蒋经国赴莫斯科，以蒋介石私人代表身份与斯大林会谈。

1946 年

1月5日　国共在重庆达成《关于停止国内军事冲突的协议》，建立军事三人小组，会商停止军事冲突事宜。

1月10—31日　重庆召开政治协商会议，通过政府改组案、和平建国纲领案、军事问题案、国民大会案、宪法草案案等协议。

2月10日　国民党特务破坏重庆各界庆祝政治协商会议成功的集会，

打伤郭沫若、李公朴等人,制造较场口惨案,随后在重庆组织反苏反共游行。

2月14日　军事三人小组周恩来、张治中、马歇尔举行正式会议,讨论国共两军整编问题。

3月　新四军军长叶挺获释,东北抗日联军领导人李兆麟被国民党特务杀害。

4月　东北民主联军发起四平保卫战;南京伪政府头目陈公博被判处死刑;王若飞、秦邦宪、叶挺等乘飞机飞回延安途中失事遇难。

5月4日　九三学社在重庆成立。

5月5日　国民政府还都南京。

6月　国民政府派出30万大军围攻中原解放区,全面内战爆发。

7月　中国共产党、中国民主同盟及无党派人士抗议国民党召开国民大会;11日、15日,国民党特务在昆明先后刺杀民主同盟中央委员李公朴、闻一多。

8月10日　美国特使马歇尔与司徒雷登发表联合声明,宣布"调处"国共失败。

11月15日　国民党违背政治协商会议决议,擅自在南京召开"制宪国大",中共代表团离开南京返回延安。

12月　蒋介石在密令中指出:今后一年内彻底消灭共产党。

1947 年

1月1日　国民政府公布《中华民国宪法》,确认国民党独裁统治的国家体制。

1月2日　人民解放军发动鲁南战役和豫皖边战役。

2月　中华民族解放行动委员会易名为中国农工民主党。蒋介石表示中共问题"政治解决的途径已经绝望"。中共驻南京、上海、重庆机关工作人员被迫撤回延安。第二次国共合作彻底破裂;胡宗南集中20个旅的兵力进攻延安，中共中央主动撤离延安。

2月28日　台湾地区发生"二二八事件"。

3月1日　国民政府宣布改组立法院和监察院。

4月18日　蒋介石宣布改组国民政府，声称改组后是"多党之政府"。

5月1日　蒙古自治区政府正式成立，乌兰夫当选为自治区政府主席。

5月4日　上海学生与市民举行反内战、反饥饿示威游行。

6月　刘伯承、邓小平率晋冀鲁豫野战军主力千里跃进大别山，人民解放军开始战略反攻。

7月4日　国民政府通过《厉行全国总动员，以戡平共匪叛乱，扫除民主障碍，如期实施宪政，贯彻和平建国方针案》，并撤销政治协商会议名义，随后在各地召开"戡乱建国动员大会"。

10月10日　人民解放军总部发表《中国人民解放军宣言》，提出"打倒蒋介石，解放全中国"的口号，宣布八项基本政策。

10月27日　中共中央发出必须将革命进行到底的指示；国民政府内政部宣布中国民主同盟为非法团体。是日，中共中央公布《中国土地法大纲》。

11月12日　人民解放军解放石家庄；是日，台湾民主自治同盟成立。

12月7—28日　中共中央在陕北米脂县杨家沟村召开会议，讨论并通过毛泽东所作《目前形势和我们的任务》的书面报告。

1948 年

1月1日　蒋介石在元旦讲话中称一年内消灭中共。是日，中国国民党革命委员会在香港成立，宋庆龄为名誉主席，李济深为主席。

1月5日　中国民主同盟在香港召开第一届中央委员会第三次全体会议，宣布与中国共产党携手合作。

2月　国民党设立东北"剿匪"总司令部。

3月29日　南京"行宪国大"选举蒋介石为中华民国第一届总统，并且授予蒋介石超过"宪法"规定的采取必要的紧急措施的权利。

4月22日　西北解放军解放延安。

4月30日　中共中央发布"五一"国际劳动节口号,提出"打到南京去"的口号,并号召"各民主党派、各人民团体、各社会贤达迅速召开政治协商会议,讨论并实现召集人民代表大会,成立民主联合政府"。

5月　中共中央机关及中央主要领导人进驻河北省平山县西柏坡村。

6月　翁文灏等组成第一届"行宪内阁"。

7月　蒋介石确定重点防御方针,撤退东北,确保华中。

9月　在东北野战军司令员林彪指挥下,辽沈战役打响。

9月26日　华北人民政府成立,董必武任主席,薄一波、蓝公武、杨秀峰任副主席。

10月　东北全境解放,辽沈战役胜利结束。

11月　中共中央军委决定对人民解放军实行统一编制;人民解放军华东和中原野战军发动淮海战役;华北及东北野战军发动平津战役。

12月24日　华中"剿总"总司令白崇禧向蒋介石发出和平通电,逼蒋介石下野。

1949年

1月1日　蒋介石发表新年求和文告。

1月10日　淮海战役胜利结束。

1月14日　毛泽东发表关于时局的声明,提出和平谈判八项条件。

1月15日　天津解放,中国人民解放军成立天津军事管制委员会。

1月21日　蒋介石发表引退文告,其职权由副总统李宗仁代理。

1月22日　各民主党派支持中共和谈条件。

1月31日　北平和平解放,辽沈、淮海、平津三大战役胜利结束。

2月3日　中国人民解放军举行盛大北平入城仪式。

3月5—13日　中共中央在西柏坡村召开七届二中全会,大会提出

"两个务必"，着重讨论党的工作重心由乡村向城市实行战略转移的问题。会后，中共中央和人民解放军总部进驻北平。

4月1日　国共两党在北平就和平问题进行谈判。

4月21日　李宗仁代表的国民政府拒绝在《国内和平协定》上签字。人民解放军占领南京。南京政府消亡。

5月27日　人民解放军占领上海，上海市人民政府正式成立，陈毅任市长。

6月　新政治协商会议筹备委员会在北平召开。

6月11日　国民党中央决定成立非常委员会，蒋介石为主席，李宗仁为副主席。

8月　湖南省军政长官程潜通电起义，湖南和平解放。

9月　中国人民政治协商会议第一届全体会议在中南海怀仁堂开幕，通过《共同纲领》；绥远、新疆和平解放。

10月1日　中华人民共和国中央人民政府正式宣布成立，以中国人民政治协商会议通过的《共同纲领》为施政纲领，毛泽东为中央人民政府主席，周恩来为政务院总理。从此，中华人民共和国中央人民政府成为代表中国唯一合法的政府。

参考文献

蔡鸿源、徐友春主编：《民国会社党派大辞典》，黄山书社 2012 年版。

陈旭麓、方诗铭、魏建猷主编：《中国近代史词典》，上海辞书出版社 1982 年版。

陈旭麓、李华兴主编：《中华民国史辞典》，上海人民出版社 1991 年版。

郭毅生、史式主编：《太平天国大辞典》，中国社会科学出版社 1995 年版。

黄邦和、皮明庥主编：《中外历史人物词典》，湖南人民出版社 1987 年版。

李新总编：《中华民国史·大事记》（12 卷），中华书局 2011 年版。

廖盖隆主编：《中国共产党历史大辞典（增订本）总论·人物》，中共中央党校出版社 2001 年版。

廖一中主编：《义和团大辞典》，中国社会科学出版社 1995 年版。

乔明甫、翟泰丰主编：《中国共产党建设大辞典》，四川人民出版社 1991 年版。

万里主编：《湖湘文化辞典》，湖南人民出版社 2011 年版。

夏征农、陈至立主编，熊月之、姜义华等编著：《大辞海（中国近现代史卷）》，上海辞书出版社 2013 年版。

张岱年主编：《中国哲学大辞典》，上海辞书出版社 2010 年版。

张海鹏主编：《中国近代通史》（十卷本），江苏人民出版社 2009 年版。

张宪文、方庆秋等主编：《中华民国史大辞典》，江苏古籍出版社 2001 年版。

郑天挺，谭其骧主编：《中国历史大辞典》，上海辞书出版社 2010 年版。

郑天挺、荣孟源主编：《中国历史大辞典·清史卷》，上海辞书出版社1992年版。

朱汉国、杨群主编：《中华民国史》（全十册），四川人民出版社2006年版。

后　记

　　本书是按照中国社会科学出版社编写要求撰写的，由翟金懿博士根据《简明中国近代史读本》框架设计书写体例，由他撰写了绝大部分条目，由我来修改、补充和审定。初稿完成后，又在北京和济南听取了一些学者的意见后，做了修改。不妥和不周在所难免，敬请读者指正。

张海鹏

2017 年 5 月 26 日

于北京东厂胡同一号